L'EUROPE DES LUMIÈRES
sous la direction de Michel Delon et Jacques Berchtold
12

La Description double

Zugl. : Kassel, Univ. & Paris, Univ. Paris-Sorbonne, Diss., 2008.
Disp. : Univ. Kassel, FB 02, 27.10.2008.

Christof Schöch

La Description double

dans le roman français des Lumières (1760-1800)

PARIS
CLASSIQUES GARNIER
2011

Christof Schöch a été assistant au département de langues et littératures romanes de l'université de Kassel (Allemagne) avant de rejoindre l'université de Würzburg. Il a édité, avec Franziska Sick, un volume collectif, *Zeitlichkeit in Text und Bild* (Heidelberg, 2007) et dirigé une édition électronique de l'*Essai sur le récit, ou entretiens sur la manière de raconter* par Bérardier de Bataut (www.berardier.org, 2010).

ISBN 978-2-8124-0347-7
ISSN 2104-6395

INTRODUCTION

> Il résulte de tout ce que nous venons
> d'exposer qu'il y a dans l'histoire
> naturelle deux écueils également
> dangereux, le premier, de n'avoir
> aucune méthode, et le second, de
> vouloir tout ramener à un système
> particulier.
> BUFFON[1]

L'époque des Lumières, et plus particulièrement la seconde moitié
du XVIIIe siècle, constitue pour l'histoire de l'écriture descriptive dans
le roman un moment d'épanouissement décisif et pourtant négligé par
la critique. Le présent ouvrage voudrait donner du relief à ce moment
en dégageant les principaux enjeux et en analysant le fonctionnement
de l'écriture descriptive dans le roman de cette époque. S'appuyant sur
l'analyse d'un corpus de trente-deux romans écrits ou publiés entre 1760
et 1800, l'ouvrage cherche à circonscrire la notion même de l'écriture
descriptive, à définir son statut dans le roman et les modalités de son
intégration dans le contexte narratif ainsi qu'à éclairer les relations
qu'elle entretient avec la peinture.

Pourquoi les enjeux et la spécificité de l'écriture descriptive dans
le roman du XVIIIe siècle n'ont-ils pas, jusqu'à présent, été mis au jour
de manière systématique ? Cela s'explique par au moins trois raisons :
la critique et la théorie littéraires ont longtemps négligé la description
en général ; la place et l'intérêt de la description dans le roman du
XVIIIe siècle ont longtemps été sous-estimés ; enfin, lorsque la théorie
littéraire s'est enfin penchée sur la description, elle l'a fait en se fondant
avant tout sur la pratique descriptive du roman du XIXe siècle.

De façon générale, la description littéraire et notamment romanesque
a longtemps été, et reste encore, le parent pauvre de la critique et de

---

1   Buffon, « Premier discours » (1749), *Œuvres*, 2007, p. 41.

la théorie littéraires : tandis que de vifs débats et des efforts soutenus ont produit, pour ce qui est de la théorisation du récit, des approches diversifiées, regroupées sous la dénomination commune de « narratologie », on ne trouve ni une animation ni un corps de travaux théoriques comparables du côté de la description. On peut s'expliquer cette absence par le fait que la critique littéraire de la seconde moitié du XXᵉ siècle a hérité d'une longue tradition de mépris ou de méfiance envers la description, de la part tant des écrivains que des critiques : cette tradition, déjà vivante au XVIIᵉ siècle chez Boileau et à Port-Royal, se prolonge chez Lessing ou Marmontel au XVIIIᵉ et persiste chez Lukács, Valéry et Breton au XXᵉ siècle[1]. Dans la seconde moitié du XXᵉ siècle, le structuralisme prend la relève et se défie de la description : dans une perspective structuraliste, la description résulte d'une pratique peu réglée et difficilement codifiable, surtout par contraste avec les structures narratives qui semblent être plus récurrentes, ordonnées et cohérentes. Tandis que l'analyse structurale de la narration semblait promettre de donner accès à la structure profonde du récit et aux lois régissant l'activité narrative, les descriptions ne semblaient correspondre, aux yeux des structuralistes, qu'à un phénomène de surface, une enveloppe finalement inessentielle qu'il convenait d'écarter pour mieux découvrir l'armature du récit : la distinction introduite par Roland Barthes entre les *fonctions* et les *indices* dans le récit n'est que l'exemple le plus connu de cette tendance[2].

S'il est vrai que dans un premier temps, le structuralisme impliquait une absence d'intérêt pour la description, ceux qui se sont au début des années 1970 tournés malgré tout vers la description romanesque, comme Philippe Hamon, Mieke Bal ou Algirdas Julien Greimas, l'ont fait avec un regard et une méthodologie renouvelés par la sémiotique, le structuralisme et la narratologie en plein épanouissement[3]. Cependant, ils se

---

1   Philippe Hamon (*Du descriptif*, 1981/1993, p. 9-36) consacre un chapitre à l'histoire de cette méfiance envers la description, comme le fait Jean-Michel Adam (*La description*, 1993, p. 5-25), ce dernier parlant d'un « rejet quasi unanime ».

2   Barthes, « Introduction à l'analyse structurale des récits », 1966. – Avant l'avènement du structuralisme, certains travaux se sont explicitement tournés vers l'étude de la description au XVIIIᵉ siècle, mais cette dernière y est uniquement envisagée, soit dans la perspective d'études thématiques, comme un élément de caractérisation des personnages ou comme moyen de créer une certaine atmosphère, soit dans la perspective de la stylistique, comme un lieu où s'affirmerait de manière privilégiée le style personnel d'un auteur : voir Buchner, *A Contribution to the Study of the Descriptive Technique of Jean-Jacques Rousseau*, 1937 et Walker, *Chateaubriand's Natural Scenery*, 1946.

3   Hamon, « Qu'est-ce qu'une description ? », 1972 ; Bal, « Fonction de la description romanesque », 1974 ; Bal, « Description », 1979 ; Greimas, « Description et narrativité », 1973. Dans les années 1980, plusieurs revues consacrent des dossiers thématiques à la

sont intéressés exclusivement, tout du moins au début, à la description dans les romans, contes et nouvelles du XIXe siècle. C'est notamment le cas de Philippe Hamon, qui s'est très tôt attaché à dégager, dans une perspective spécifiquement littéraire, la poétique du « descriptif » dans le roman du XIXe siècle, mettant l'accent sur les signaux démarcatifs de la description, sur les compétences de lecture spécifique qu'elle exige ainsi que sur les modalités d'articulation entre description et narration[1]. Le second effort majeur pour théoriser la description est celui qui a été fait par Jean-Michel Adam et son équipe (André Petitjean et Françoise Revaz), dans le cadre de la linguistique textuelle. Les travaux de Jean-Michel Adam ont le mérite de s'être intéressés à la description comme à un des *types de textes* fondamentaux, à côté de la narration, de l'argumentation, de l'explication et du dialogue, sans préjugé quant aux genres, littéraires ou non, aux époques, récentes ou lointaines, qui fournissaient l'objet d'étude[2]. L'importance de ces travaux pour le présent ouvrage consiste surtout dans le fait qu'ils permettent de définir avec quelque précision les formes que l'écriture descriptive prend dans le roman et qui, loin de se limiter au « morceau » descriptif statique, se dynamisent et se différencient très souvent dans les romans étudiés ici.

Certes, dans les études littéraires, un intérêt renouvelé pour l'histoire de la description est très sensible depuis quelques années[3]. Cependant, ces travaux sur l'histoire de la description romanesque ont longtemps négligé le XVIIIe siècle : le renouveau des pratiques descriptives à cette époque, lequel a contribué à la richesse et la variété des formes de l'écriture descriptive dans le roman, a longtemps été méconnu. Ce renouveau de l'écriture descriptive dans le roman contraste avec une phase d'une certaine retenue descriptive, à partir du dernier tiers du XVIIe siècle. On peut comprendre cette retenue comme une réaction contre les romans héroïco-galants et pastoraux qui contenaient de nombreuses descrip-

---

description, pour en faire tantôt l'histoire, tantôt la théorie : *Littérature*, 38, 1980 : « Le décrit », *Poétique*, 43, 1980 : « Sur la description » et *Yale French Studies*, 61, 1981 : « Towards a Theory of Description ».

1 Hamon, *Du descriptif*, 1981/1993.

2 Notamment Adam & Petitjean, *Le texte descriptif*, 1989 et Adam, *Les textes : types et prototypes*, 1992/2008.

3 Ce renouveau est sensible tant dans le domaine français (voir *Pratiques*, 109/110, 2001 : « Histoire de la description scolaire », Spica, *Savoir peindre en littérature*, 2002 ou *Études romanesques*, 7, 2002 : « Le parti du détail : enjeux narratifs et descriptifs ») que dans le domaine allemand, dans une perspective diachronique (Kullmann, *Description*, 2004 et Drügh, *Ästhetik der Beschreibung*, 2006) ou systématique (Pflugmacher, *Die literarische Beschreibung*, 2007).

tions – en particulier des portraits et des descriptions de *loci amœni*[1]. À partir du dernier tiers du XVIIᵉ siècle, ces descriptions étaient perçues par les romanciers comme démesurément longues et ennuyeuses. De plus, la description était considérée comme une digression détournant de la progression de l'intrigue ; enfin on la soupçonnait de faciliter l'introduction, dans le roman, de détails bas, peu propres à maintenir le respect des bienséances[2].

Quoique juste, le constat de cette situation a cependant conduit la critique à sous-estimer la place que l'écriture descriptive tient en réalité dans le roman du XVIIIᵉ siècle. Entre la seconde moitié du XVIIᵉ et la fin du XVIIIᵉ siècle, à partir des « histoires » de Mme de Lafayette en passant par le *Gil Blas* de Lesage et les contes philosophiques de Voltaire jusqu'aux abstractions romanesques d'un Laclos, la description, pensait-on, était une quantité négligeable dans la poétique du roman. *Les Aventures de Télémaque* de Fénelon, *La Nouvelle Héloïse* de Jean-Jacques Rousseau ou *Paul et Virginie* de Bernardin de Saint-Pierre étaient considérés comme appartenant à peine au genre romanesque[3], comme des exceptions qui ne changeaient rien à la règle, ou encore comme des précurseurs du romantisme témoignant simplement d'une « non-simultanéité du simultané[4] ». La description était pendant cette période, pensait-on, cantonnée au domaine érudit ou scientifique, c'est-à-dire aux grands projets d'accumulation et de diffusion du savoir qu'étaient l'*Histoire naturelle* de Buffon et de Daubenton, l'*Histoire des deux Indes* de l'abbé Raynal ou l'*Encyclopédie des arts et des métiers* de Diderot et de d'Alembert[5].

---

1   L'importance des nombreuses descriptions dans la fiction narrative et la poésie pastorale du XVIIᵉ siècle, dans lesquelles l'héritage de la conceptualisation rhétorique de la description comme morceau de bravoure et comme ornement du discours était resté vivant, est elle-même redécouverte récemment ; voir par exemple Van Elslande, *L'imaginaire pastoral du XVIIᵉ siècle : 1600-1650*, 1999 et Macé, « Les mutations de l'espace pastoral dans la poésie baroque », 2002.

2   Jacques Robichez (« Le refus de la description dans *Gil Blas* », 1975) analyse les diverses raisons d'un véritable « refus » conscient de la description qu'il constate dans le *Gil Blas* de Lesage.

3   Que *Les Aventures de Télémaque* ne soient pas à proprement parler un roman est une opinion répandue dès le XVIIIᵉ siècle, que ce soit chez Bricaire de la Dixmerie (« Discours sur l'origine, les progrès & le genre des Romans », 1773, p. XLV) ou chez Bérardier de Bataut (*Essai sur le récit*, 1776/2010, p. 671).

4   L'idée d'une « Ungleichzeitigkeit des Gleichzeitigen » vient de l'historien de l'art Wilhelm Pinder (*Das Problem der Generation in der Kunstgeschichte Europas*, 1926/1961, p. 33).

5   De nombreux travaux récents, en particulier dans le domaine anglo-saxon, analysent justement la description au XVIIIᵉ siècle en dehors du roman, et dans une perspective de l'histoire des idées ou de l'épistémologie et des sciences : c'est le cas de Bender & Marrinan, éd., *Regimes of Description*, 2005 et de Stalnaker, *The Unfinished Enlightenment*, 2010.

Outre le rejet de la description hérité du XVIIᵉ siècle, l'attention accordée à la progression de l'intrigue et le règne de la raison semblaient s'opposer à ce que la description joue un rôle important dans le roman. Par conséquent, la description romanesque au XVIIIᵉ siècle a rarement été étudiée pour elle-même, bien que dans certains travaux classiques, elle joue un rôle important[1].

La place importante de la description au XVIIIᵉ siècle a pu être reconnue au fur et à mesure qu'une vision plus nuancée du XVIIIᵉ siècle s'élaborait : on commençait à se rendre compte des fondements d'un renouveau des pratiques descriptives qu'étaient l'apparition d'une idéologie bourgeoise se plaisant à dénombrer, inventorier et détailler les intérieurs et les objets, l'essor des sciences naturelles, de l'empirisme et de l'épistémologie qui soulignaient le rôle de l'observation, ainsi que la nouvelle sensibilité pour la nature extérieure et concrète[2]. De plus en plus clairement, la critique s'est aperçue que ces évolutions contribuaient à un véritable renouveau des pratiques descriptives dans des genres d'écriture aussi divers que l'*Encyclopédie*, l'*Histoire naturelle*, la critique d'art naissante et les *Salons* diderotiens, les récits de voyages, la poésie descriptive et les nouveaux écrits sur la ville[3]. Ces écrits ont ouvert le champ des référents potentiels des descriptions, tels les machines, les objets du quotidien, les plantes et les animaux, et ont produit une renaissance très sensible de la description. Cette renaissance de la description précède, accompagne et facilite, à son tour, le renouveau de l'écriture descriptive dans le roman lequel s'est fait sentir en particulier à partir des années 1760 et est concomitant d'une « réhabilitation romanesque du détail[4] ».

Une fois que ce renouveau descriptif général a pu être mis au jour, la critique s'est tournée davantage vers l'écriture descriptive dans le roman. L'honneur revient à Henri Lafon d'avoir constaté, pour protester, que « le roman du XVIIIᵉ siècle a longtemps passé pour être peu descriptif[5] ». Dans le roman, la renaissance de la description n'est possible qu'à condition qu'elle change de statut, c'est-à-dire qu'elle ne soit plus susceptible d'être

---

1 Pour Erich Auerbach (*Mimesis*, 1946/1988), par exemple, le XVIIIᵉ siècle constitue une étape importante dans l'histoire de la *mimesis*, étape pendant laquelle la représentation du réel est soumise aux exigences de l'idéologie des Lumières, mais le critique n'étudie pas la description comme technique d'écriture.

2 Sur ce sujet, l'article de Henri Lafon (« Sur la description dans le roman du XVIIIᵉ siècle », 1982) fait date. Sur le roman anglais, voir Wall, *The Prose of Things*, 2006.

3 Sur tous ces sujets, la bibliographie est évidemment immense. Le lecteur est renvoyé aux chapitres pertinents de cet ouvrage pour des références précises.

4 Delon, « Le détail et l'histoire », 2007, p. 160.

5 Lafon, « Sur la description dans le roman du XVIIIᵉ siècle », 1982, p. 303.

considérée comme une digression facultative ou un ajout ornemental, mais qu'elle se voie attribuer des fonctions thématiques précises et aisément repérables. La critique a montré de telles fonctionnalisations pour un grand nombre de référents de l'écriture descriptive : dans ce contexte, on peut nommer les portraits à charge et descriptions du corps dit éloquent[1], les espaces de séduction ou espaces incitatifs[2], la tradition pastorale et l'esthétique du paysage et des jardins[3], la nouvelle fascination pour les objets, le décor et les machines[4], mais également les tableaux littéraires à forte implication libertine ou pathétique[5].

L'histoire des travaux critiques sur la description ainsi esquissée a largement contribué à mettre en lumière la place centrale que l'écriture descriptive tient dans les lettres de la seconde moitié du XVIIIe siècle. Cet état de la recherche implique que jusqu'à présent, seul le rôle de l'écriture descriptive dans les genres non-romanesques ainsi que certaines fonctions thématiques de l'écriture descriptive dans le roman ont été analysés, mais que l'écriture descriptive dans le roman du XVIIIe siècle a très peu été étudiée pour elle-même, dans son fonctionnement spécifique. De plus, le XVIIIe siècle est marqué par un indéniable affaiblissement de la rhétorique en tant que domaine de référence de l'écriture descriptive. Cependant, le vide que cet affaiblissement représente n'est pas rempli immédiatement par une poétique de l'écriture descriptive telle que Philippe Hamon l'a développée pour le roman du XIXe siècle. En fait, le fonctionnement de l'écriture descriptive n'est pas simplement une version moins complète ou moins cohérente des stratégies descriptives que l'on

---

1   Sur les portraits de personnages : Gevrey, *L'illusion et ses procédés*, 1988 ; Saisselin, « Portraiture and the Ambiguity of Being », 2006. Sur la physiognomonie et le corps éloquent : Tytler, *Physiognomy in the European Novel*, 1982 et Desjardins, *Le corps parlant*, 2001.

2   Sur l'espace : Showalter, « Symbolic Space and Fictional Forms in the Eighteenth-Century French Novel », 1975 ; Saisselin, « The Space of Seduction in the Eighteenth-Century French Novel and Architecture », 1994 ; Lafon, *Espaces romanesques du XVIIIe siècle (1670-1820)*, 1997 ; Dubost, « Lieux de séduction, séduction des lieux », 2004 ; Ferrand, éd., *Locus in Fabula*, 2004 ; Martin, *Espaces du féminin dans le roman français du dix-huitième siècle*, 2004.

3   Sur le genre pastoral : Haquette, *Échos d'Arcadie*, 2009. Sur le paysage et les jardins : Lobsien, *Landschaft in Texten*, 1981 ; Ehrard, « Le jardin de Paul », 1997 ; Haquette, « Le jardin de Julie dans la *Nouvelle Héloïse* », 2001.

4   Sur le décor et le mobilier : Lafon, *Les décors et les choses*, 1992 ; Delon, « L'ottomane et la chaise longue », 2003 ; Sebbah, « Le mobilier libertin », 2005. Sur les objets : Proust, « De l'*Encyclopédie* au *Neveu de Rameau* : l'objet et le texte », 1972/1980 et *Lumières*, 5, 2005 : « Esthétique et poétique de l'objet au XVIIIe siècle ». Sur les machines : *Revue des sciences humaines*, 186-187, 1982 : « La machine et l'imaginaire (1650-1800) », Delon, « Machines gothiques », 1984 et Gaillard, « Un monde de machines », 2005.

5   Sur le roman libertin : Goulemot, *Ces livres qu'on ne lit que d'une main*, 1991 et Delon, *Le savoir-vivre libertin*, 2000.

trouve dans le roman du XIXᵉ siècle. Au contraire, l'écriture descriptive au XVIIIᵉ se trouve prise dans une situation particulière engendrant des enjeux et des stratégies d'écriture qui lui sont propres.

Afin de mettre au jour ces enjeux et ces stratégies, le présent ouvrage est organisé de manière non pas chronologique, mais systématique. Chacune des trois parties de l'ouvrage, portant sur une problématique précise de l'écriture descriptive, cherche à reconstituer le contexte esthétique pertinent et s'appuie sur une approche méthodologique appropriée, en l'absence d'une théorie qui puisse fournir un cadre commun à l'étude de l'écriture descriptive. Le dénominateur commun des trois approches est qu'elles sont toutes trois à la fois typologiques et historiques, dans le sens où elles tendent à développer des typologies dont la base et le *telos* sont l'époque étudiée. Une telle approche permet de dégager un fonctionnement prototypique des différents aspects de la pratique descriptive, lequel peut servir de base de comparaison aux analyses de romans individuels. Plusieurs romans sont analysés de manière séparée, dans la perspective d'une problématique donnée, avec l'objectif de concrétiser les analyses générales et d'exemplifier les réponses individuelles que certains auteurs ont trouvées aux problèmes qui se posaient à propos de l'écriture descriptive dans le roman.

Pour désigner l'objet d'étude, j'ai choisi d'utiliser le terme « écriture descriptive » plutôt que « description ». Ce choix mérite commentaire. À mon sens, les significations les plus courantes du terme « description » ne rendent pas justice à la théorie et à la pratique de l'écriture descriptive de l'époque étudiée ici. Le terme « description » tel qu'il est employé aujourd'hui dans les ouvrages de référence universitaires et dans de nombreux travaux critiques est associé à un certain nombre d'idées et de connotations : avec la représentation de référents statiques, comme les personnages, les lieux et les objets, avec un arrêt du temps de l'histoire qui provoque une pause narrative, avec l'idée enfin d'un « morceau » textuel clairement délimité et identifiable[1]. Dans cette perspective, la description est conçue comme s'opposant structurellement et ontologiquement à la narration. C'est ce que Gérard Genette a appelé notre « conscience littéraire » moderne de la notion de description[2]. Ni les réflexions théoriques, ni la pratique d'écriture dans les romans, au XVIIIᵉ siècle, ne suggèrent cependant la pertinence d'une telle définition de la notion de descrip-

---

1   Voir, par exemple, l'entrée « Description » de Prince, *A Dictionary of Narratology*, 1987 ou Schmid, *Narratology : an Introduction*, 2003/2010, p. 5-7.
2   Genette, « Frontières du récit », 1966/1969, p. 56.

tion. Un second sens du terme « description » apparaît dans les traités de rhétorique de cette époque. Cette notion rhétorique de la description dérive finalement de l'*ekphrasis* grecque définie comme discours doué d'évidence, par exemple dans les *Progymnasmata* traduits et commentés pendant la Renaissance et le XVIIᵉ siècle ; il y importe peu, finalement, si le référent de la description est statique (un personnage, un lieu ou un objet) ou dynamique (une tempête, une bataille ou le siège d'une ville). Le plus important, dans la description rhétorique, c'est qu'il s'agit d'un discours qui évoque son objet de manière à la fois claire, animée et vive, afin de le présenter au lecteur ou à l'auditeur comme s'il était réellement présent sous ses yeux. Dans cette perspective, la description ne s'oppose pas à la narration, mais à tout type de discours simple. Cette définition de la description ne fait pas non plus justice à la richesse de l'écriture descriptive dans les romans étudiés ici.

Dans ce contexte, je défends la position selon laquelle la notion rhétorique et la notion moderne de la description coexistent étroitement au XVIIIᵉ siècle, quoiqu'elles aient des enjeux différents et qu'elles soient *a priori* incompatibles, parce que définies à des niveaux différents. Pour faire justice à cette situation particulière, qui me paraît spécifique à l'époque étudiée, et pour ne pas opérer une limitation de mon objet d'étude à l'une ou à l'autre des notions associées au terme de description, j'ai choisi de parler de l'*écriture descriptive* pour désigner l'ensemble des pratiques d'écriture qui relèvent, au XVIIIᵉ siècle, soit de l'une, soit de l'autre notion de description. Dans la première partie de ce travail, qui s'appuie sur une analyse des réflexions théoriques sur la description que l'on peut trouver au XVIIIᵉ siècle ainsi que sur l'étude du champ lexical de la description dans les romans étudiés, je montre la validité d'un tel point de vue. J'y établis également que ces deux notions de la description sont associées, chacune, à certaines formes de l'écriture descriptive que l'on peut décrire à l'aide de la linguistique textuelle : la notion moderne est associée de manière assez claire à des formes de l'écriture descriptive plutôt statiques, relativement circonscrites et que je réunis sous l'appellation *passages descriptifs*. La notion rhétorique de l'écriture descriptive peut également concerner ces *passages descriptifs*, mais entretient un lien privilégié avec des formes plus dynamiques et aux limites plus floues de l'écriture descriptive que j'appelle *discours descriptif*. Cependant, chacune des deux notions de l'écriture descriptive est essentiellement soumise à des contraintes particulières et réinterprète ou met en œuvre, en fonction du contexte esthétique pertinent, les enjeux qui lui sont propres.

Les enjeux propres à la notion moderne de l'écriture descriptive sont étudiés dans la seconde partie du travail. Sous l'influence du renouveau descriptif dans le champ des lettres et dans le contexte d'une permanence de conventions romanesques antérieures, les enjeux primordiaux des passages descriptifs sont leur statut dans le roman et les stratégies de leur légitimation et intégration dans le tissu narratif. Tandis que le renouveau de l'écriture descriptive au XVIIIᵉ siècle contribue à faciliter l'essor de l'écriture descriptive dans le roman, la persistance de conventions romanesques héritées du XVIIᵉ siècle, comme la primauté de la progression continue de l'intrigue, soumet l'écriture descriptive à des contraintes relativement fortes. La conjonction de ces deux tendances rend problématique le statut de l'écriture descriptive dans le roman. La manière dont cette situation se répercute dans les traités sur le récit publiés pendant cette période est étudiée dans l'*Essai sur le récit* de Bérardier de Bataut, texte méconnu où l'auteur propose une théorie des « circonstances du récit » qui définit avec une certaine précision les conditions sous lesquelles les circonstances (descriptives et autres) peuvent légitimement être incluses dans un récit[1]. Dans le contexte de leur statut ambivalent, les passages descriptifs n'apparaissent dans le roman qu'accompagnés de stratégies de légitimation ou d'intégration particulières, analysées à l'aide d'un modèle typologique qui à la fois s'inspire et se démarque de la théorie du « système configuratif de la description » développée par Philippe Hamon. Soit les passages descriptifs sont légitimés explicitement par les narrateurs ou épistoliers, à travers des remarques métadiscursives, soit ils sont fondus dans le contexte narratif à l'aide de la motivation narrative. Le fonctionnement systématique de ces stratégies de légitimation et d'intégration peut être décrit comme une poétique de l'écriture descriptive dans le roman.

Les enjeux propres à l'écriture descriptive envisagée comme discours doué d'évidence sont étudiés dans la troisième grande partie du présent travail. Cette notion de l'écriture descriptive est associée de manière privilégiée au *discours descriptif* mais peut concerner également les *passages descriptifs*. L'époque est caractérisée par un affaiblissement de la conceptualisation rhétorique de l'évidence, une remise en question partielle du principe de l'*ut pictura poesis* – avec la fidélité qu'il implique au principe de l'*imitatio naturæ* comme dénominateur commun des arts et comme lieu de passage entre les arts – ainsi que par l'apparition d'une conception des arts selon laquelle ces derniers ont chacun des objets privilégiés et surtout des moyens techniques particuliers. Au lieu d'une

---

1   Bérardier de Bataut, *Essai sur le récit*, 1776/2010.

libre circulation des contenus entre les arts, l'enjeu d'une référence à un autre art est désormais l'aspiration à en imiter ou à en transposer des qualités qui sont considérées, *a priori*, comme lui étant propres. Dans le cas de l'écriture descriptive romanesque, cela s'exprime par le fait que la référence à l'art de la peinture concerne, autant que le renvoi à des thèmes ou motifs picturaux, l'aspiration à transposer, dans l'écriture descriptive, des qualités attribuées à la peinture, comme sa limitation à l'instant ou au visible mais aussi son effet émotionnel jugé particulièrement fort. Selon les référents, tableaux peints ici, épisodes romanesques là, l'esthétique picturale de l'écriture descriptive présente de grands contrastes. Je propose de comprendre ce traitement contrasté comme une dissociation entre peinture et picturalité, c'est-à-dire entre la peinture en tant que *référent* d'une description et la picturalité en tant que *qualité* d'une description : l'écriture descriptive efface plutôt la picturalité dans le cas des tableaux peints, tandis qu'elle la souligne dans certains épisodes romanesques.

Bien que je recoure, dans chacune de mes trois parties, à des méthodes d'analyse différentes, je cherche toujours à expliquer comment les différents aspects pertinents d'un enjeu donné entrent systématiquement en rapport les uns avec les autres. Pour ce faire, je prends en compte trois types de textes ou d'informations : les phénomènes textuels pertinents, tels qu'on peut les observer dans les romans ; les conceptualisations historiques du champ d'étude, telles qu'elles ressortissent à la terminologie en cours à l'époque ; enfin les catégories analytiques et typologiques récentes, résultant souvent d'une activité de théorisation importante. Réunir ces trois ensembles permet de regrouper les phénomènes textuels isolés en unités plus larges et d'en définir les relations fonctionnelles ; ainsi peut-on aller au-delà d'une description vers une explication du fonctionnement de l'écriture descriptive. Les modèles du fonctionnement des différents aspects de l'écriture descriptive qui en résultent sont certes des constructions *a posteriori*, mais elles cherchent à faire justice à l'époque étudiée et font ressortir des lignes de force cachées sous le nombre immense des instances de l'écriture descriptive que l'on rencontre dans les romans étudiés ici.

L'analyse des enjeux de l'écriture descriptive proposée dans le présent travail se fonde sur le dépouillement approfondi, aidé d'une base de données de descriptions établie à cet effet, d'un corpus de trente-deux romans français de la seconde moitié du XVIIIe siècle, écrits plus précisément entre 1760 et 1800. Ces limites chronologiques correspondent à un moment fort dans l'histoire de la description dans le roman : l'époque étudiée commence au début du renouveau – décrit plus haut – de l'écriture descriptive dans le roman et en dehors de ce dernier ; elle s'étend jusqu'au moment où il ne s'agit plus de conquérir ou de défendre sa place, mais où l'écriture descriptive est en passe de devenir une partie intégrante et programmatique de l'écriture romanesque, au début du XIXᵉ siècle. Les quatre décennies sont envisagées comme un ensemble cohérent dans lequel les mêmes problématiques trouvent des réponses similaires chez la plupart des auteurs. Cela ne signifie pas que cet ensemble ne soit pas traversé de nombreuses tensions, que l'on ne puisse observer des rapports de force qui changent ou que certains auteurs privilégient des stratégies descriptives que d'autres négligent.

Puisqu'il s'agit d'atteindre à une poétique et une esthétique de l'écriture descriptive qui se manifestent dans les conventions respectées tacitement par les romanciers, il a semblé important d'ouvrir le plus possible le champ de l'enquête et d'inclure une grande variété d'auteurs, dont ceux qui se sont peu soumis à l'exigence (nouvelle) de l'originalité et de l'innovation pour respecter davantage les normes et contraintes qu'ils rencontrent et auxquelles ils répondent par des solutions conventionnelles[1]. Cette ouverture, qui contribue à la représentativité des résultats du présent travail, trouve cependant des limites dans la nécessité d'assurer une certaine cohérence. Il en résulte un corpus de trente-deux romans couvrant de manière à peu près égale la période entre 1760 et 1800. Le corpus contient, entre autres, des romans de Jean-Jacques Rousseau, Tiphaigne de la Roche et Mme Leprince de Beaumont pour le début de la période étudiée, de Rétif de la Bretonne, Choderlos de Laclos et Claude-Joseph Dorat pour son milieu, de Sade, Révéroni Saint-Cyr et Sénac de Meilhan pour sa fin. Les romans du corpus peuvent être classés dans un certain nombre de divisions thématiques comme le roman mondain, libertin, noir, d'aventures, sentimental ou utopique ; ils sont limités au niveau des formes du récit romanesque aux trois formes principales de l'époque que sont le roman épistolaire, le roman-mémoires et le roman à la troisième personne ; enfin, ils font l'objet, à des degrés divers, d'une reconnaissance par l'histoire de la littérature.

L'approche ainsi esquissée implique un certain nombre de partis pris : d'abord, vu que je cherche à mettre au jour des techniques descriptives littéraires, l'étude des contenus des descriptions n'est pas au centre de mon attention. Ensuite, puisque je m'efforce à dégager une poétique et une esthétique de l'écriture descriptive qui puissent servir de référence

---

1 Pour une documentation de la production romanesque de l'époque, voir Martin, Mylne & Frautschi, *Bibliographie du genre romanesque français, 1751-1800*, 1977.

à des pratiques particulières, je ne définis pas des styles descriptifs de tel ou tel auteur, et n'accorde pas une place privilégiée aux grands auteurs de l'époque étudiée. Enfin, parce que je cherche à reconstruire les enjeux de l'écriture descriptive à l'intérieur d'une époque clairement circonscrite, je n'écris pas une histoire de l'écriture descriptive, même si je tente de replacer les résultats de mes analyses dans un contexte chronologiquement plus large que la seule seconde moitié du XVIIIe siècle.

Plutôt, j'espère apporter un éclairage nouveau sur les enjeux et le fonctionnement spécifique de l'écriture descriptive dans le roman du XVIIIe siècle. Étudier la notion de l'écriture descriptive telle qu'elle a été en cours entre 1760 et 1800 permet d'évoquer l'évolution à laquelle cette notion est soumise à une époque au cours de laquelle notre conscience moderne de la description littéraire s'est élaborée. Réfléchir sur le rapport entre description et narration dans le roman du XVIIIe siècle, c'est également proposer des différenciations historiques parfois trop peu prises en compte, ce qui pourrait contribuer à une vision plus nuancée de cette question, laquelle concentre une grande partie des efforts de théorisation de la description. Mieux comprendre le statut de l'écriture descriptive dans le roman permet aussi de porter un nouveau regard sur le problème de la poétique narrative des romans du XVIIIe siècle qui, sans admettre que l'on décrive pour le plaisir de décrire, s'ouvrent cependant à la description et lui accordent des fonctions variées au sein du récit. Développer une poétique de l'écriture descriptive permet de montrer comment les modalités d'intégration de la description dans le roman sont soumises à des conditions spécifiques, ce qui entraîne des stratégies d'intégration particulières, certes, à l'époque, mais qui préparent en même temps le terrain pour le roman réaliste et naturaliste. Analyser le rapport qu'entretiennent au XVIIIe siècle la description romanesque et le domaine de la peinture permet de mieux comprendre comment la transition de la caution rhétorique des relations entre les arts sous le signe de l'imitation et de l'*ut pictura poesis* à une pensée de la spécificité des arts et de leur autonomie s'est concrètement effectuée dans la pratique descriptive du roman. Au-delà du cadre du présent travail, ces résultats peuvent, je l'espère du moins, fournir une base de comparaison qui servira aux analyses d'autres romans individuels ou à celles de la pratique descriptive d'autres époques[1].

---

1   Je remercie Franziska Sick et Michel Delon d'avoir assuré à Kassel comme à Paris, avec bienveillance et efficacité, le suivi du projet. Je remercie Daniel Bengsch, Inken Bergenthun, Andreas Gelz, Kristina Hinz-Bode, Stéphane Lojkine, Stephanie Müller et Claire Paulian

NOTE SUR LES RÉFÉRENCES BIBLIOGRAPHIQUES

Les ouvrages et articles critiques sont cités, dans les notes, de manière abrégée ; le lecteur trouvera leurs références complètes dans la bibliographie en fin de l'ouvrage. Les romans faisant partie du corpus sont cités par l'abréviation de leur titre et les références exactes de la citation en question, selon le schéma « *Titre* tome.page partie.lettre ». Une table de ces abréviations, qui se trouve également dans la bibliographie en fin de l'ouvrage, permet de retrouver, pour chaque référence à un roman, l'auteur, le titre usuel et l'année de la rédaction ou de la première publication du roman.

---

pour leur aide, leurs conseils et leur soutien ainsi que Sylviane Dondainas pour son aide précieuse dans l'établissement du texte.

PREMIÈRE PARTIE

LA DESCRIPTION DOUBLE :
HISTOIRE ET THÉORIES
DE L'ÉCRITURE DESCRIPTIVE

Peindre ou décrire sont deux choses
différentes : l'une ne suppose que des
yeux, l'autre exige du génie. Quoique
toutes deux tendent au même but,
elles ne peuvent aller ensemble.
BUFFON[1]

L'opposition entre narration et
description, d'ailleurs accentuée
par la tradition scolaire, est un des
traits majeurs de notre conscience
littéraire. Il s'agit pourtant là d'une
distinction relativement récente, dont
il faudrait un jour étudier la naissance
et le développement dans la théorie
et la pratique de la littérature. Il ne
semble pas, à première vue, qu'elle
ait une existence très active avant le
XIXe siècle, où l'introduction de longs
passages descriptifs met en évidence les
ressources et les exigences du procédé.
Gérard GENETTE[2]

Comme le souligne Gérard Genette, notre imprégnation par la
lecture des grands romans du XIXe siècle, appuyée par la prédilection
de l'enseignement scolaire pour l'étude des morceaux choisis narratifs
ou descriptifs et les exercices d'écriture, contribue fortement à ancrer
l'opposition entre description et narration dans notre « conscience littéraire ». Cette opposition relève cependant d'une fausse évidence, dans
une perspective systématique aussi bien qu'historique : même dans la
pratique littéraire des romans du XIXe siècle, par exemple, narration
et description entrent dans une relation plus complexe que celle d'une
simple opposition bipolaire et mutuellement exclusive ; surtout, ce n'est
qu'autour du milieu du XVIIIe siècle qu'une opposition terme à terme de
la narration et de la description commence à supplanter des distinctions
et des définitions plus anciennes de la description.

---

1   Buffon, « De l'art d'écrire », s.d./1992, p. 38-39.
2   Genette, « Frontières du récit », 1966/1969, p. 56.

Comment donc le champ de l'écriture est-il structuré au XVIIIᵉ siècle ? Quelle est la place de l'écriture descriptive à l'intérieur de ce champ ? Et quelles définitions, quelles différenciations internes les auteurs proposent-ils pour l'écriture descriptive ? Au fond, et Buffon le dit bien, la seconde moitié du XVIIIᵉ siècle se caractérise par la coexistence de deux notions liées quoique différentes de l'écriture descriptive. La première notion correspond à ce que Buffon désigne comme « peindre » : cette notion est d'une plus grande ancienneté que la seconde et peut être comprise comme le dernier avatar en date de l'*ekphrasis* antique ; elle s'ancre dans une tradition rhétorique, se définit par son lien à l'*évidence* du discours et s'oppose avant tout à un discours simple et dépouillé. La seconde notion correspond à ce que Buffon désigne par le terme « décrire » : cette notion est plus récente que la première et peut être comprise comme étant en train seulement de se constituer comme notion ; elle se définit par des critères structurels et par ses référents et s'oppose notamment à la narration. La spécificité même de la pratique descriptive pendant la seconde moitié du XVIIIᵉ siècle – les formes qu'elle prend dans les romans et les enjeux qui s'y attachent – repose en grande partie sur la coexistence des notions ancienne et moderne de la description. Cette « description double », plongeant ses racines dans des époques différentes, marque le XVIIIᵉ siècle ; elle est en même temps révélatrice de la complexité et de l'historicité même de la notion de description que l'on tend, trop souvent, de prendre pour une réalité textuelle donnée d'avance. Au XVIIIᵉ siècle, en tout cas, la nature double de la description se dégage des réflexions théoriques autant qu'elle est à l'œuvre dans l'écriture descriptive telle que la pratiquent les romanciers.

LA NOTION DE DESCRIPTION
AU XVIIIᵉ SIÈCLE

La mise en place d'une différenciation du champ de l'écriture descriptive telle que la suggère Buffon peut être retracée en s'attachant à l'évolution, dans quelques textes théoriques, de la notion de « description » entre le XVIIᵉ et le XVIIIᵉ siècle. Les discussions théoriques autour de la description au XVIIIᵉ siècle ont été analysées dans plusieurs travaux critiques. Denis Reynaud analyse la notion de description dans le domaine de l'histoire naturelle : il montre comment la description s'y construit dans son rapport à l'image et comment son apparition et son prestige dans le domaine de l'histoire naturelle contribuent à une promotion de la description dans d'autres domaines des lettres[1]. Marc Buffat a analysé l'article « Description (littérature) » de l'*Encyclopédie* : il montre que la description y est conçue par opposition à la définition, qu'elle est dévalorisée par rapport à cette dernière pour des raisons idéologiques et esthétiques diverses et qu'elle est caractérisée plutôt que définie par son rapport privilégié à la peinture[2]. Pour Stéphane Lojkine, qui analyse la notion de description dans les *Salons* de Diderot, la description est, plutôt qu'une modalité énonciative parmi d'autres, un principe de « mise en évidence » ; celui-ci répond à une logique du supplément et s'appuie sur des techniques descriptives diverses englobant toutes les modalités énonciatives[3]. Emmanuelle Sauvage analyse les termes « description », « tableau » et « image » et leur rapport au « récit » dans quelques écrits théoriques de l'époque : elle montre comment les auteurs tentent d'instaurer des distinctions qu'en même temps ils désavouent dans leur emploi des termes et, le cas échéant, dans leur pratique littéraire et conclut à un « chassé-croisé permanent entre distinction et confusion » des notions de description et narration au XVIIIᵉ siècle[4].

---

1   Reynaud, « Pour une théorie de la description au XVIIIᵉ siècle », 1990.
2   Buffat, « Sur la notion de *description* dans l'*Encyclopédie* », 1989.
3   Lojkine, « Le problème de la description dans les *Salons* de Diderot », 2008, p. 53-56.
4   Sauvage, « Récit, description, tableau, image », 2005, p. 44.

Lorsqu'on se penche sur les écrits théoriques traitant, au XVIIIe siècle, de notions comme la narration ou la description, force est de constater qu'il y a effectivement un certain désordre terminologique. Dans les *Éléments de littérature* de Marmontel publiés en 1787, on peut lire, par exemple, le passage suivant :

> Dans l'épopée, en racontant, il est naturel que le poète *décrive*. Le lieu, le temps, les circonstances qui accompagnent l'action, et les accidents qui s'y mêlent, sont autant de sujets de *descriptions* : et comme le poète est un peintre, son récit n'est lui-même qu'une *description* variée. L'action de l'épopée n'est qu'un vaste tableau[1].

Le poète est un peintre, le récit est une description et l'action est un tableau : les domaines du narratif et du descriptif, du verbal et du pictural se superposent. Cependant, si effectivement le passage cité est fort peu propre à éclaircir les limites et la structure du champ sémantique de l'écriture descriptive, le discours théorique sur la description n'est pas entièrement dépourvu de différences et de constantes.

La situation terminologique est extrêmement complexe au XVIIIe siècle, parce que deux conceptualisations historiquement distinctes coexistent sans que la terminologie, qui est seulement en train de cerner cette duplicité, en reflète clairement l'opposition[2]. La superposition des anciennes catégories rhétoriques à des tentatives de redéfinir la description par opposition à la narration, en conjonction avec le maintien des termes traditionnels, entraîne des confusions terminologiques et conceptuelles. L'usage métaphorique très répandu des termes en accroît encore la polysémie et, partant, le désordre terminologique. De plus, les termes prennent des sens spécifiques selon les domaines dans lesquels on les emploie : la description est définie différemment en histoire naturelle et dans un traité rhétorique, et le « tableau », loin de rester identifiable à l'hypotypose, devient image mentale chez Condillac et unité de composition dans la théorie dramatique de Diderot[3]. Prendre ces points en considération permet cependant de s'apercevoir qu'abstraction faite de la terminologie, un répertoire limité et récurrent de concepts se laisse découvrir. La multiplicité même des termes en coexistence étroite mais d'origines diverses – comme « description », « hypotypose », « tableau » ou « peinture » – permet que se mettent en place des différenciations sémantiques.

---

1   Marmontel, *Éléments de littérature*, 1787/2005, p. 387 (article « Descriptif »).
2   Lafon, « Sur la description dans le roman du XVIIIe siècle », 1982, p. 304.
3   Frantz, *L'esthétique du tableau dans le théâtre du XVIIIe siècle*, 1998, p. 7-40.

LA DESCRIPTION AVANT LE XVIIIᵉ SIÈCLE

Ces différenciations, commençant à apparaître au XVIIᵉ siècle, se démarquent de la tradition rhétorique qui persiste cependant jusqu'au XVIIIᵉ siècle. Dans les textes antiques, il n'est pas vraiment question de la description en tant que figure clairement délimitée ou en tant que discours sur un objet précis. Il est plutôt question, dans le cadre rhétorique du discours judiciaire ou épidictique, d'un certain effet d'*évidence* qui fait que les auditeurs du discours croient voir ce dont il est question[1]. Ce n'est qu'au premier siècle de notre ère, notamment dans les exercices de rhétorique appelés *Progymnasmata*, qu'une telle évidence vient à être liée à un type de discours spécifique désigné par le terme d'*ekphrasis*[2]. Aelius Théon définit ainsi l'*ekphrasis* comme « un discours qui présente en détail (*periégèmatikos*) et met sous les yeux de façon évidente ce qu'il donne à connaître[3] ». L'exposé détaillé de l'*ekphrasis* est lié à une certaine vivacité ou animation censée transformer les lecteurs ou auditeurs en témoins, ce qui suppose également une transparence du discours. La clarté, également essentielle à l'*ekphrasis*, limite le risque du détail excessif et de l'obscurité. Ainsi, *energeia* (animation, vivacité) et *enargeia* (évidence, clarté) jouent tous les deux un rôle pour l'*ekphrasis* en tant que discours doué d'évidence[4]. Plus qu'une figure précise, l'*ekphrasis* est un discours qui détaille, explique et fait voir, en employant des procédés linguistiques divers et avec l'objectif de convaincre l'auditoire transformé en témoin oculaire. Aphtonios reprend au IVᵉ siècle la définition de l'*ekphrasis* proposée par Aelius Théon, la subdivise selon des objets de discours et indique quel ordre il convient d'y respecter – de la tête aux pieds pour les personnes, des racines vers le sommet pour les plantes, par exemple[5]. L'objet du discours *ekphrastique* n'est nullement restreint : il peut porter sur des personnes, choses ou faits,

---

1 Pour une mise au point historique concernant les définitions et les usages du concept de l'*évidence*, voir Kemmann, « Evidentia, Evidenz », 1996. Une synthèse précise sur l'évidence dans l'Antiquité est fournie par Claude Calame, « Quand dire, c'est faire voir », 1991.

2 Sur la notion d'*ekphrasis* et les origines rhétoriques de la description, voir Halsall, « Descriptio », 1994 et Graf, « Ekphrasis : Die Entstehung der Gattung in der Antike », 1995.

3 Aelius Théon, *Progymnasmata*, 1997, p. 66.

4 Michel Delon (*L'idée d'énergie au tournant des Lumières*, 1988, p. 36-40) commente la confusion qui entoure le rôle d'*energeia* et d'*enargeia* pour l'énergie du discours, depuis la *Rhétorique* d'Aristote.

5 Aphtonios, *Progymnasmata*, 2008, p. 147 (XII).

temps et lieux, animaux et plantes, sans que les objets matériels (ou, à plus forte raison, les objets d'art) soient expressément nommés[1]. L'opposition moderne entre description et narration n'est pas pertinente : seule compte l'opposition entre le discours simple, factuel et le discours détaillé, vivace, faisant appel à l'imagination de l'auditeur. Homère et Virgile illustrent cette tradition dans leurs descriptions d'armes, mais également dans leurs descriptions de personnages et de lieux[2].

Les origines de certains types de descriptions – envisagées plus comme des morceaux de bravoure que comme un effet discursif, préparant de ce fait l'émergence ultérieure de la notion moderne de la description – sont à chercher dans la rhétorique judiciaire antique où, dans la partie de l'exposition des faits, les arguments *a loco* ou *ad personam* pouvaient donner lieu à des représentations de lieux ou de personnes, selon une visée persuasive. Dans l'épopée, le *topos* du *locus amœnus* devient rapidement la principale forme de description de la nature, mais apparaît comme très conventionnel ; illustré par Homère puis par Virgile, il est considéré, depuis Horace, comme un type d'*ekphrasis*[3]. La description est également, de l'époque hellénistique jusqu'au Moyen Âge au moins, liée au genre épidictique, ce qui implique, outre une perspective de louange ou de blâme, un épuisement systématique de l'objet qui s'organise selon des configurations conventionnelles[4]. Ces descriptions épidictiques évoluent pour former certains sous-genres ou *topoi* descriptifs, comme le blason féminin ou le caractère.

Lorsque les rhéteurs Romains, comme Cicéron ou Quintilien, traduisent *ekphrasis* par *descriptio*, la définition de cette notion ne change guère ; sa qualité essentielle, l'*enargeia* grecque (du grec *enargôs*, « entouré d'un éclat, qui brille de lui-même »), est rendue à la fois par *repraesentatio* et par une nouvelle métaphore visuelle, celle de l'*evidentia* (du latin *e-videri*, « luire d'en lui-même »). Chez Quintilien, la *descriptio* relève de l'ornement, et fait davantage que d'être clair et plausible ; Quintilien insiste surtout sur ce que la *descriptio* présente « les choses dont nous parlons avec une telle clarté qu'elles semblent être sous nos yeux[5] » et indique que cet appel à l'imagination de l'auditeur peut se faire en évoquant un ensemble de

---

1   La réduction de l'*ekphrasis* à la description d'une œuvre d'art n'intervient que tardivement, à la fin du XIXᵉ siècle, selon Koelb, *The Poetics of Description*, 2006, p. 2-5.

2   Koelb (*ibid.*, p. 70-83) a étudié, par exemple, les descriptions de lieux ekphrastiques chez Virgile.

3   Curtius, *Europäische Literatur und lateinisches Mittelalter*, 1948/1993, p. 199 et 202.

4   Curtius (*ibid.*, p. 189) parle de « schèmes », comme celui dans lequel on décrit, dans l'ordre, la beauté, la noblesse et la vertu (*forma, genus, virtus*) d'un personnage.

5   Quintilien, *Institution oratoire*, 1975-1980, t. 5, p. 77 (VIII, 3.62).

détails ou bien en notant quelques circonstances isolées, mais évocatrices ou frappantes, ou bien encore par des comparaisons[1]. Les humanistes, redécouvrant les traités de rhétorique, intègrent l'exercice rhétorique de l'*ekphrasis* ou de la *descriptio* dans leurs éditions commentées et augmentées des *Progymnasmata*. La stabilité relative de la notion depuis l'Antiquité jusqu'au XVIIe siècle est due surtout aux manuels rhétoriques antiques qui continuent d'être utilisés à travers les siècles : les *Progymnasmata* d'Aphtonius, par exemple, traduits en latin et augmentés par Reinhold Lorich au XVIe siècle, sont souvent réimprimés et utilisés dans les collèges à travers l'Europe[2]. Les traités de rhétorique donnent des classifications diverses des différents types de descriptions, toujours selon l'objet du discours et, malgré des typologies plus ou moins fines, avec peu de changements de fond[3]. L'exigence d'évidence vaut cependant pour toutes les descriptions. À partir du XVIe siècle cependant, la terminologie se complexifie et à côté de la *descriptio* comme discours détaillé et doué d'évidence, apparaissent d'autres termes (quasi) synonymes, comme « hypotypose » ou « tableau ». À la suite de cette multiplication des termes, une tendance à la différenciation sémantique commence à se faire sentir, notamment à partir de la fin du XVIIe siècle. En effet, dans les traités de rhétorique des XVIIe et XVIIIe siècles, on peut voir qu'une multiplication des termes apparaît et permet, peut-être même promeut, une différenciation plus forte à l'intérieur du champ de l'écriture descriptive.

Certes, chez certains auteurs, au XVIIe siècle encore, une telle différenciation n'existe pas, et la description n'est rien d'autre qu'une figure de rhétorique ; elle n'est pas liée à un objet spécifique et ne s'oppose pas à la narration ; au contraire, elle peut figurer dans tout type de discours et se définit par sa manière particulièrement vive de représenter. Dans *La Rhétorique françoise* (1665) de René Bary par exemple, les deux termes « description » et « hypotypose » figurent comme parfaitement synonymes dans une entrée unique intitulée « De l'hypotypose ou de la description ». Bary note succinctement : « Cette figure consiste à faire une vive peinture des choses[4] ». Il souligne donc la vivacité de la représentation et recourt à la métaphore picturale. De manière significative, le premier exemple que Bary donne de cette figure est un discours sur le sac d'une ville ; celui-ci

---

1   *Ibid.*, p. 78-81 (3.66-73).
2   Voir Koelb, *The Poetics of Description*, 2006, p. 21.
3   Jean-Michel Adam (*La description*, 1993, p. 32-39) décrit la variation, au fil des siècles, du degré de différenciation des types de descriptions.
4   Bary, *La Rhétorique françoise*, 1665, p. 415.

n'a pas encore eu lieu mais il est redouté par les habitants et ses suites funestes sont tracées avec de nombreux détails, qui font explicitement appel à l'imagination des lecteurs ou des auditeurs. De plus, cet événement est traité dans une structure avant tout argumentative, puisqu'il s'agit de montrer pourquoi le sac d'une ville est une catastrophe. Cet exemple réunit la plupart des traits propres à la tradition *ekphrastique* : le passage porte sur un événement complexe et duratif quoique envisagé comme une unité ; cet événement n'a pas de référent dans la réalité et implique un important *pathos* ; la modalité de représentation fait appel à l'imagination. Envisagé dans la perspective de notre « conscience littéraire » moderne, il s'agirait pourtant d'un thème typiquement relaté sous forme narrative dans lequel la « description » au sens moderne n'a que peu de place.

Une première indication de la dissociation de la notion de description en deux types peut se lire chez Bernard Lamy, dans *La Rhétorique, ou l'art de parler* de 1675, ouvrage souvent réédité et resté influent au XVIIIᵉ siècle. Son innovation, par rapport à l'ouvrage de Bary, réside avant tout dans ce qu'il promeut le passage d'une rhétorique envisagée comme ajout ornemental et facultatif à une rhétorique dans laquelle les figures ont une réelle utilité pour représenter les passions et trouvent leur origine dans une émotion ressentie par l'orateur ou le poète[1]. Dans la première édition de l'ouvrage, Lamy ne parle que de l'hypotypose. Or, dans la troisième édition, parue en 1688, il distingue l'hypotypose de la description et leur consacre deux entrées séparées quoique consécutives. Dans l'entrée sur l'hypotypose, il écrit à propos de certaines descriptions de personnes auxquelles l'orateur est lié affectivement : « C'est pourquoi toutes les descriptions que l'on fait de ces objets sont vives & exactes. Elles sont appelées hypotyposes, parce qu'elles figurent les choses, & en forment une image qui tient lieu des choses mêmes ; c'est ce que signifie ce nom Grec Hypotypose ». Et il poursuit en disant :

> L'Ypotypose [sic] est une espece d'entousiasme qui fait qu'on s'imagine voir ce qui n'est point présent, & qu'on le represente si vivement devant les yeux de ceux qui écoutent, qu'il leur semble voir ce qu'on leur dit. La description est une figure assez semblable, mais qui n'est pas si vive. Elle parle des choses absentes comme absentes, cependant elle le fait d'une maniere qui fait une grande impression[2].

---

1   Christine Noille-Clauzade (« La figure de la description dans la théorie rhétorique classique », 2001) analyse le traité dans cette perspective et voit l'opposition entre hypotypose et description comme paradigmatique d'une telle réorientation.
2   Lamy, *La Rhétorique*, 1675/1688, p. 122-123 (II.9).

Il est significatif que l'hypotypose soit ici discutée à propos des évocations de personnes, ce qui devient inhabituel au XVIIIe siècle. Hypotypose et description ont en commun de représenter quelque chose et se distinguent selon leur degré de vivacité et d'illusion de présence. Les deux notions restent cependant confinées dans un cadre rhétorique et il n'est pas question de leur attribuer des objets spécifiques. Cependant, une différenciation de l'écriture descriptive en deux types se distinguant tous deux de tout autre type d'écriture, commence à se mettre en place.

LES AVATARS DE L'ÉCRITURE DESCRIPTIVE AU XVIIIe SIÈCLE

La différenciation interne du champ de l'écriture descriptive, amorcée au XVIIe siècle, s'affirme au XVIIIe siècle, surtout à travers l'essor d'un troisième terme, à côté d'hypotypose et de description : celui de « tableau », dans un usage métaphorique. Synonymes dans un premier temps, « hypotypose » et « tableau » sont, comme « description » et « hypotypose » un demi-siècle plus tôt, soumis à une différenciation progressive. Chez Dumarsais, en 1730, ils sont encore synonymes mais se distinguent de la description :

> L'hypotypose est un mot grec qui signifie *image, tableau*. C'est lorsque, dans les descriptions, on peint les faits dont on parle comme si ce qu'on dit était actuellement devant les yeux ; on montre, pour ainsi dire, ce qu'on ne fait que raconter ; on donne en quelque sorte l'original pour la copie, les objets pour les tableaux[1].

Le terme de description est le plus général ; « hypotypose », « tableau » et « image » désignent tous les trois un même type de description dont la marque distinctive est l'évidence qu'elle implique, quoique ce soit ici sur le mode du « comme si ». Dans cette définition, comme le formule Jean-Michel Adam, l'hypotypose est devenue, comme c'était déjà le cas chez Lamy, un « opérateur d'intensification[2] ».

Le comte de Caylus donne en 1757 un sens spécifique au terme « tableau » en renforçant et en concrétisant à nouveau son lien avec la peinture. Membre honoraire de l'Académie de peinture et de sculpture,

---

1 Dumarsais, *Traité des tropes*, 1730/1977, p. 110.
2 Adam, *La description*, 1993, p. 36.

Caylus se propose, dans son ouvrage intitulé *Tableaux tirés d'Homère et de Virgile*, de promouvoir la peinture française en indiquant aux artistes français les passages dans les grands poèmes épiques qu'il juge les plus propres à être représentés par la peinture. Le mérite d'un poème épique, explique-t-il, se mesure par le nombre et la variété des « tableaux » qu'il présente. Tableau littéraire et tableau pictural sont chez Caylus plus proches que chez Lessing, par exemple, qui défend peu après une notion plus abstraite de la peinture selon laquelle un poème peut être pictural sans fournir de beaux sujets de tableaux[1]. Mais comment Caylus conçoit-il donc le rapport entre tableau (littéraire), description et narration ? Lorsqu'il commente *Les Lusiades* du poète portugais Luís de Camões, il note, pour expliquer que cet ouvrage ne se prête guère à son projet : « Cependant son Poëme présente plus d'Images que de Tableaux, c'est-à-dire plus de Descriptions que d'Actions intéressantes[2] ». Cela pourrait suggérer un partage des fonctions entre tableaux portant sur des actions et descriptions portant sur des choses et des personnes. Cependant, ce n'est pas de cette manière que Caylus conçoit la question, puisqu'il ajoute en note :

> Le Tableau, pour parler exactement, est la représentation du moment d'une action ; je dis pour parler exactement, car ce mot a des acceptions différentes, trop longues à discuter dans une Note, & que tout le monde peut sentir. L'image, au contraire, n'a souvent point assez de corps pour être peinte dans les différens momens qu'elle présente, & n'est essentiellement qu'une Description : ce mot est souvent employé sans beaucoup de précision, de même que celui de Tableau. Ainsi le Tableau ne peint qu'un instant, une Image plusieurs instants successifs. Le Tableau, s'il m'est permis de le dire, tient au génie, & l'Image tient à l'esprit[3].

Non sans désinvolture, Caylus concède que l'usage de la terminologie manque de rigueur sans vouloir pour autant prendre la peine d'y remédier. Contrairement à ce que notre « conscience littéraire » moderne nous suggère, la « description » et l'« image » sont dites porter sur une suite d'événements successifs peu susceptible d'un exposé détaillé, tandis que le « tableau » est associé à la représentation d'un seul instant isolé faisant toutefois partie d'une action plus étendue. Quoique l'emploi du terme « description » rencontré ailleurs dans l'avertissement de Caylus soit d'une grande plasticité, il ressort du passage cité que chez Caylus,

---

1   Voir Lessing, *Laokoon*, 1766/1990, p. 112 (chap. XIV).
2   Caylus, *Tableaux tirés de l'Iliade, de l'Odysée d'Homere et de l'Éneide de Virgile*, 1757, p. IX.
3   *Ibid.*

les « tableaux » correspondent à des représentations verbales poignantes et denses, portant sur des événements ou actions intéressants et pris dans leur instant décisif ; ce qui fait qu'ils sont particulièrement propres à être représentés par la peinture. Bernard Dieterle voit dans ce passage « la mise en rapport du terme « tableau » avec une unité d'action dramatique, dense et animée qui se révèle dans un instant[1] ». La temporalité spécifique et l'intensité du « tableau » le distinguent en tout cas de la description simple et plus générale, portant sur tout type d'événement ou d'objet. Cependant, ni « tableau » ni « description » ne s'opposent, chez Caylus, à la narration.

Le même constat vaut encore pour l'article « Description » dans l'*Encyclopédie*. Dans l'*Encyclopédie*, les contextes dans lesquels on parle de la description se multiplient, et chaque fois, elle est définie de manière différente : le quatrième tome comprend plusieurs entrées pour le terme « description » dans l'histoire naturelle, la géométrie et les belles lettres, et chaque entrée est due à un auteur différent. Je n'envisage ici que l'entrée concernant le domaine des belles-lettres avec ses additions, due à l'abbé Mallet et au Chevalier de Jaucourt[2]. Pour l'abbé Mallet, dans une tradition empreinte du rationalisme du siècle classique et présente aussi bien dans la *Logique* de Port-Royal que dans le *Dictionnaire de Trévoux*, la description ne s'oppose ni à la narration, ni au discours simple, mais à la définition : « énumération des attributs d'une chose, dont plusieurs sont accidentelles[3] », la description est une définition imparfaite puisque, tandis que la description ne fait voir que ce qui est extérieur, sensible, changeant et accidentel, la définition seule révèle l'essence ou la nature de son objet.

Les différenciations internes de l'écriture descriptive sont régies, pour le domaine des belles-lettres, par les différents référents du discours : la description proprement dite porte sur les « choses » (dans un sens large qu'il importe de ne pas confondre avec les « objets », l'article indiquant qu'il peut s'agir d'un combat, d'un incendie, d'une contagion ou d'un naufrage) ; la « chronographie » est dite porter sur les temps, la « topographie » sur les lieux ; enfin, le portrait porte sur les personnes ; il est encore appelé « éthopée », cette dernière étant divisée en éthopée proprement dite, portant sur l'esprit et le corps, et en « prosopographie », portant sur le corps, le visage et

1   Dieterle, *Erzählte Bilder*, 1988, p. 16 (*je traduis*).

2   Pour une lecture précise de l'article, voir Buffat, « Sur la notion de *description* dans l'*Encyclopédie* », 1989, et pour une analyse comparative des différents articles, Stalnaker, *The Unfinished Enlightenment*, 2010, p. 11-26.

3   *Encyclopédie*, 1751-65/2010, t. IV, p. 878.

les vêtements[1]. Le cas des descriptions d'objets matériels n'est pas envisagé. Outre cette différenciation selon les objets, la modalité de la représentation joue également un rôle. Pour certains types de descriptions, l'*Encyclopédie* suggère qu'elles entretiennent un lien avec l'évidence rhétorique : pour les descriptions des « choses », l'article « Description » précise qu'elles « doivent présenter des images qui rendent les objets comme présens[2] » et pour les *topographies*, l'article qui leur est consacré précise que c'est une « figure qui décrit, qui peint vivement les lieux sur lesquels on veut engager l'auditeur ou le lecteur de porter ses regards[3] ». Enfin, l'*Encyclopédie* connaît évidemment l'hypotypose, dont l'objet n'est pas spécifié :

> HYPOTYPOSE, s. f. (*Rhetor.*) l'*hypotypose*, dit Quintilien, est une figure qui peint l'image des choses dont on parle avec des couleurs si vives, qu'on croit les voir de ses propres yeux, & non simplement en entendre le récit.
> On se sert de cette figure lorsqu'on a des raisons pour ne pas exposer simplement un fait, mais pour le peindre avec force ; & c'est en quoi consiste l'éloquence, qui n'a pas tout le succès qu'elle doit avoir, si elle frappe simplement les oreilles sans remuer l'imagination & sans aller jusqu'au cœur. […]
> Enfin, pour conclure cet article, les belles *hypotyposes*, en vers ou en prose, sont des peintures vives, touchantes, pathétiques, d'un seul ou de plusieurs objets, soit laconiquement, soit avec quelques détails, mais formant toujours des images qui tiennent lieu de la chose même ; c'est ce que signifie le mot grec *hypotypose*[4].

Encore une fois, l'hypotypose s'oppose à la représentation simple parce qu'elle « peint avec force », formule réunissant métaphore picturale et référence à l'énergie du discours. On constate également que les termes « fait », « choses » et « objets » sont employés de manière équivalente dans cette définition. Dans l'entrée sur le « Récit dramatique », le Chevalier de Jaucourt cite par ailleurs, comme exemples de l'hypotypose, quelques passages assez courts mais également un passage plus long tiré d'*Athalie* de Racine : la proximité entre ce « récit dramatique » et l'hypotypose est évidente :

> Le *récit dramatique* qui termine ordinairement nos tragédies, est la description d'un événement funeste, destiné à mettre le comble aux passions tragiques, c'est-à-dire à porter à leur plus haut point la terreur & la pitié, qui se sont accrues durant tout le cours de la piece[5].

---

1   *Ibid.*, p. 879.
2   *Ibid.*
3   *Ibid.*, t. XVI, p. 420.
4   *Ibid.*, t. VIII, p. 418 et 419.
5   *Ibid.*, t. XIII, p. 853.

Cette définition correspond à l'hypotypose du type « récit de Théramène ». Les termes « récit » et « description » sont utilisés de manière équivalente ; le terme « description », dans ce contexte rhétorique, s'applique à la représentation d'un événement ; enfin, le rapport à l'évidence est important mais s'infléchit vers l'effet émotionnel. L'*Encyclopédie* connaît également le terme « tableau », qu'elle définit de manière à le distinguer assez clairement de l'hypotypose :

> TABLEAU, (*Littérat.*) ce sont des descriptions de passions, d'événemens, de phénomenes naturels qu'un orateur ou un poëte répand dans sa composition, où leur effet est d'amuser, ou d'étonner, ou de toucher, ou d'effrayer, ou d'imiter, &c[1].

Dans cette définition, le « tableau » se distingue de l'hypotypose, parce que ses objets sont plus limités et que l'effet émotionnel sur le lecteur y importe plus que l'évidence visuelle.

Pour résumer, on peut dire que l'*Encyclopédie*, bien qu'elle donne un sens très général à la « description » dans le domaine des belles-lettres, suggère une différenciation sémantique du champ de l'écriture descriptive qui se base sur deux critères : d'une part l'objet du discours, d'autre part la modalité de représentation. Il y a les descriptions simples, l'hypotypose (qui produit une illusion de présence) et le tableau (qui produit un effet émotionnel sur le lecteur). Certains objets, notamment les événements, sont cependant plus susceptibles que d'autres d'être représentés sur le mode de l'hypotypose ou du tableau. Sans entièrement le remplacer, « tableau » prend toutefois, du moins dans l'usage, la relève du terme « hypotypose ». C'est le cas, par exemple, chez Saint-Lambert, qui emploie les termes « description » et « tableau » de manière concordante avec l'*Encyclopédie*, les opposant clairement et soulignant l'effet émotionnel du tableau[2].

En dehors du domaine des belles-lettres, dans celui de l'histoire naturelle, une autre différenciation terminologique apparaît, celle qui oppose les termes « description » et « histoire ». Buffon et Daubenton livrent chacun, dans l'*Histoire naturelle*, des réflexions sur les principes qui les ont guidés dans l'écriture de leurs contributions respectives. Les deux auteurs envisagent la description comme l'une des parties les plus importantes de leur travail et exposent leur point de vue sur la nature et la fonction qu'elle doit avoir dans l'écriture de l'histoire naturelle.

---

1 *Ibid.*, t. XV, p. 804.
2 Saint-Lambert, « Discours préliminaire » aux *Saisons*, 1769/1823, p. XI-XII.

Je n'envisagerai ces écrits, ici, que du point de vue de la définition de la description qui les sous-tend. Dans son « Premier discours : De la manière d'étudier et de traiter l'*Histoire naturelle* », Buffon définit la « véritable méthode » comme celle qui combine « l'histoire exacte » et la « description complète » de chaque plante et de chaque animal[1]. Sans justifier cette distinction, il précise ce qu'il entend par l'une et l'autre : la description doit renseigner le lecteur sur l'aspect extérieur (« la forme, la grandeur, le poids, les couleurs, les situations de repos & de mouvemens, la position des parties, leurs rapports, leur figure, leur action & toutes les fonctions extérieures ») et, dans quelques limites, l'anatomie intérieure d'un individu de l'espèce en question[2]. L'histoire doit renseigner le lecteur sur les étapes du cycle de vie de l'espèce en général (« leur génération, le temps de la prégnation, celui de l'accouchement, le nombre des petits, les soins des pères et des mères, leur espèce d'éducation »), sur les occupations habituelles de l'animal dans son environnement naturel (« leur instinct, les lieux de leur habitation, leur nourriture, la manière dont ils se la procurent, leurs mœurs, leurs ruses, leur chasse ») ainsi que sur son utilité pour l'homme[3]. Buffon et Daubenton distinguent la description et l'histoire de la définition et dévalorisent cette dernière par rapport à la description. Ils procèdent ainsi à un renversement des valeurs par rapport à la hiérarchie affirmée encore par l'abbé Mallet[4].

Cependant, la distinction si simple en apparence entre description et histoire se complique : Daubenton introduit une distinction entre la description de l'animal « à l'état de repos » et celle de l'animal « à l'état de mouvement[5] ». Pour donner du relief à cette distinction, il recourt à une analogie intéressante avec la peinture. Il compare la description à l'état de repos au portrait peint, et la description à l'état de mouvement au tableau d'histoire, renforçant ainsi le contraste de l'être et de l'action, du statique et du dynamique, dans les deux types de descriptions. Cependant, Daubenton a réintroduit une ambivalence que l'opposition entre description et histoire semblait avoir chassée : retournant à un schéma tripartite rappelant celui de Lamy,

---

1   Buffon, « Premier discours » (1749), *Œuvres*, 2007, p. 45.
2   *Ibid.*, p. 45-46.
3   *Ibid.*, p. 46.
4   Le discours de Daubenton est repris, dans une forme modifiée, dans l'*Encyclopédie* où il forme l'article « Description *(Hist. nat.)* ». Denis Reynaud (« Pour une théorie de la description au XVIIIᵉ siècle », 1990, p. 348) affirme à juste titre que « les deux articles de Daubenton et de Mallet, côte à côte dans l'*Encyclopédie*, proposent des conceptions [de la description] qui sont plus qu'opposées : inconciliables ».
5   Daubenton, « De la description des animaux », 1753, p. 122.

le discours descriptif se scinde en deux types, statique et dynamique, qui ensemble s'opposent à l'histoire[1]. Buffon développe, dans son petit texte « De l'art d'écrire » longtemps resté inédit, une distinction encore plus radicale :

> Peindre ou décrire sont deux choses différentes : l'une ne suppose que des yeux, l'autre exige du génie. Quoique toutes deux tendent au même but, elles ne peuvent aller ensemble. La description présente successivement et froidement toutes les parties de l'objet ; plus elle est détaillée, moins elle fait de l'effet. La peinture, au contraire, ne saisissant d'abord que les traits les plus saillants, garde l'empreinte de l'objet et lui donne de la vie. Pour bien décrire, il suffit de voir froidement ; mais pour bien peindre, il faut l'emploi de tous les sens. Voir, entendre, palper, sentir, ce sont autant de caractères que l'écrivain doit sentir et rendre par des traits énergiques. Il doit joindre la finesse des couleurs à la vigueur du pinceau ; les nuancer, les confondre ou les fondre ; former enfin un ensemble vivant, dont la description ne peut présenter que des parties mortes et détachées[2].

Dans le domaine de l'histoire naturelle, on trouve au bout du compte une différenciation interne semblable à celle des belles-lettres : un discours descriptif animé et doué d'évidence (« peinture » chez Buffon, « description en mouvement » chez Daubenton) s'opposant à un discours descriptif simple (« description » chez Buffon, « description en repos » chez Daubenton), tous les deux s'opposant à l'histoire, quoique de manière ambivalente : peinture et description en mouvement participent du dynamisme qui est propre à l'histoire bien que cette dernière ne soit pas nécessairement narrative.

Marmontel, dans sa *Poétique française* de 1763, semble avoir voulu opérer une impossible synthèse des différentes conceptions de la description rencontrées jusqu'ici. Il fait entrer à plusieurs reprises le terme « description » dans des oppositions avec d'autres termes, ce qui entraîne des définitions de la description chaque fois différentes. Dans la mesure où Marmontel commence par donner une définition rhétorique de la description et finit par formuler une notion « moderne » de la description comme s'opposant à la narration, il s'agit d'un ouvrage de transition. Dans un chapitre traitant « Du Coloris et des Images », Marmontel évoque les rapports entre « description », « tableau » et « image » de la manière suivante :

---

1   *Ibid.*, p. 122-124.
2   Buffon, « De l'art d'écrire », s.d./1992, p. 38-39 ; voir aussi son « Discours sur le style » de 1753, *Œuvres*, 2007, p. 427.

> La mort de Laocoön dans l'Enéide est un tableau ; l'incendie de Troye est une description ; la description diffère du tableau, en ce que le tableau n'a qu'un moment et qu'un lieu fixe. La description peut être une suite de tableaux ; le tableau peut être un tissu d'images ; l'image elle-même peut former un tableau : nous en allons voir des exemples. Mais l'image, comme je l'ai définie, est le voile matériel d'une idée ; au-lieu que la description et le tableau ne sont le plus souvent que le miroir de l'objet même[1].

Comme chez Caylus, « tableau » et « description » se distinguent par le fait que le tableau ne porte que sur un instant (le rapport à la peinture le suggère d'ailleurs), tandis que la description peut en comporter plusieurs. Quoique la mort de Laocoön soit un événement duratif, il ne comporte qu'une action unifiée, tandis que l'incendie de Troie comporte un grand nombre d'aspects et d'actions cohérents mais divers. Marmontel entend ici par « image », les figures de style qui opèrent par ressemblance ou analogie, comme la comparaison et la métaphore, lorsqu'elles servent à donner du relief à une abstraction. Plus loin, dans un chapitre consacré aux « diverses formes du discours poétique », Marmontel oppose la « description » à l'« image », et les deux termes à la « définition » :

> Le discours qui fait connoître une chose en elle-même, par sa nature et ses propriétés, s'appelle définition. Le discours qui présente une chose telle qu'elle tombe sous les sens, s'appelle image ; et si elle est détaillée, on la nomme description : *perspicua rei expositio*. L'une et l'autre conviennent à tous les genres de poësie, mais spécialement au poëme didactique, lequel n'imite que pour instruire avec plus d'agrément et d'attrait[2].

Ici, Marmontel perpétue la tradition inaugurée par la *Logique* de Port-Royal et reprise par l'*Encyclopédie*, quoiqu'en comparaison avec l'*Encyclopédie*, la dévalorisation de la description par rapport à la définition y soit moins nette. Ceci dit, Marmontel donne comme véritable lieu de la description non pas un grand genre comme la poésie épique, mais celui de la poésie didactique et il limite la description, en des termes « classiques » et « rhétoriques », à une fonction ornementale. Le terme « image » n'a pas ici le sens de figure de style, mais est défini comme une description simple et factuelle de l'aspect extérieur d'un objet. L'image s'oppose à la « description », laquelle a un sens plus restreint que dans le premier passage cité et dont la marque distinctive est qu'elle est plus détaillée que l'image.

---

1   Marmontel, *Poétique française*, 1763, vol. 1, p. 169. – Les textes de la *Poétique française* sont repris et parfois modifiés pour trouver place dans le *Supplément Pancoucke* de l'*Encyclopédie* (1776) puis dans les *Éléments de littérature* (1787) de Marmontel.
2   *Ibid.*, vol. 2, p. 7.

Bien que le terme « choses » puisse avoir un sens très large, l'objet de la description (ou de la définition) semble être ici plus restreint que dans le premier passage, où l'incendie était donné comme un objet typique d'une description. Dans un passage qui suit directement celui qui vient d'être cité, Marmontel procède à une troisième distinction. Celle-ci se fonde sur une opposition binaire entre description et narration dans laquelle le critère distinctif est l'objet du discours :

> La *narration* est l'exposé des faits, comme la description est l'exposé des choses ;
> & celle-ci est comprise dans celle-là, toutes les fois que la description des choses
> contribue à rendre les faits plus vraisemblables, plus intéressans, plus sensibles[1].

L'opposition recouvre chez Marmontel une relation de dépendance asymétrique ; la description est subordonnée à la narration et son inclusion dans la narration n'est légitime qu'à condition de contribuer à la vraisemblance ou à l'intérêt de la narration, sans nuire à la clarté de l'exposé des faits. Ce n'est que dans ce contexte où les « choses » s'opposent aux « faits », que l'on doit comprendre les « choses » comme des objets matériels et sensibles, sens plus restreint que celui donné à ce terme dans le contexte rhétorique.

Pour résumer, on peut dire que chez Marmontel, le terme « description » se rencontre dans plusieurs oppositions où il renferme chaque fois une signification différente. Ces contradictions se laissent résoudre du moins partiellement si l'on suppose une division (au moins) tripartite du champ de l'écriture : Marmontel distingue d'une part la représentation narrative d'une succession d'événements ou d'un événement complexe et duratif ; il l'appelle tantôt « narration », tantôt « description ». Il distingue d'autre part une écriture descriptive qui s'oppose à une représentation narrative par son objet ; lorsque cet objet est un objet sensible, il parle d'« image » ou de « description » ; lorsque cet objet est un instant unique d'une action, il parle de « tableau ». Enfin, Marmontel distingue une représentation descriptive détaillée et douée d'évidence qui s'oppose à une représentation descriptive simple et qu'il désigne par le terme « description ». Une dualité de la notion d'écriture descriptive se dégage ainsi du désordre terminologique qui règne dans le discours théorique, même si ce n'est qu'à force d'une certaine abstraction de détails. La « description double » se partage ainsi en deux types, le premier conçu comme un discours détaillé et doué d'évidence, et le second comme un discours simple qui s'oppose à la narration.

---

1   *Ibid.*, vol. 2, p. 7-8.

LE CHAMP LEXICAL DE L'ÉCRITURE DESCRIPTIVE
DANS LE ROMAN

La différenciation à l'œuvre dans le discours théorique se manifeste également dans les romans, comme le montre l'emploi que font les romanciers étudiés ici de quelques-uns des termes les plus courants pour désigner l'écriture descriptive. Les termes « description » et « décrire », « peinture » et « peindre » ainsi que « tableau » sont les plus riches et les plus révélateurs. On s'aperçoit que les différents termes pertinents sont loin d'être synonymes ou équivalents, mais se distinguent selon leurs significations, leurs connotations, les contextes de leurs emplois et leurs champs d'application. Plus précisément, leur emploi confirme qu'une distinction entre deux manières d'envisager l'écriture descriptive est opératoire. De plus, quelques emplois lexicaux confirment une certaine proximité entre les notions de l'écriture descriptive et la narration, tandis que d'autres suggèrent plutôt une opposition entre écriture descriptive et narration.

Quoique le champ d'application de « description » et de « décrire », comme de « peinture » et de « peindre » soit relativement vaste, et malgré la topicalité indubitable de la métaphore picturale, ces termes ne sont pas équivalents. Les domaines d'application par excellence de « description » et de « décrire » sont la représentation de différents types de lieux, de « choses » au sens d'événements complexes, du physique et du moral des personnages. Par contraste, les domaines de prédilection de « peinture », sont surtout, à côté du physique et du moral, les émotions passagères des personnages. De manière similaire, « peindre » est particulièrement courant lorsqu'il est question du physique, du moral et des émotions des personnages. Ces termes s'opposent également par les qualifications qu'ils reçoivent : tandis que les « descriptions » sont le plus souvent connotées de manière négative, puisqu'elles « n'amuseront pas tout le monde » ou sont « fatigantes » (*Félicia* 756 et 812), les « peintures » sont dites « frappantes » ou « tristes » (*Paysan* 2.87 CLXI et *Amants* 33 IX), ce qui souligne surtout l'effet émotionnel.

Dans certains cas, pour lesquels on peut supposer un emploi quelque peu réfléchi ou stratégique des deux verbes, on peut constater une différence révélatrice et caractéristique entre « peindre » et « décrire ». Dans *Le Compère Mathieu* de Dulaurens, « décrire » est utilisé pour la représentation d'un palais et des objets qui s'y trouvent, et la métaphore picturale est réservée à la description détaillée et animée d'une bataille (*Mathieu* 1.233-234). Dans *Les Sacrifices de l'amour* de Claude-Joseph Dorat, le Marquis *** rend compte de l'exécution d'un projet libertin au Chevalier de **. Il avait entrepris de séduire une femme en organisant savamment une soirée pendant laquelle les sens étaient l'un après l'autre stimulés : l'œil par le décor extravagant, l'ouïe par une agréable musique, enfin le goût par un dîner exquis. Lorsque dans son récit, il est arrivé au moment où il était temps de passer au boudoir, le marquis écrit : « J'aime bien mieux te peindre le triomphe, que de t'en décrire le lieu » (*Sacrifices* 69). On dit « décrire » pour le simple lieu, mais l'on emploie « peindre » pour l'événement essentiel, quoique cet événement ne soit figuré, dans le texte, que par une ellipse que remplit subtilement la notation d'une musique « animée, rapide, expressive ». Une distinction semblable, quoique dans un contexte tout autre, se trouve dans *L'Émigré* de Sénac de Meilhan. Le président de Longueil, décrivant les ouvrages de sa bibliothèque, condamne la manière dont en France on a écrit l'histoire et il l'oppose à celle de Tacite : des « récits sans intérêt [...], de « fades panégyriques et des compilations faites sans discernement » ne valent rien ; le véritable historien doit « approfondi[r] la moralité de l'homme » et montrer ses relations aux « institutions civiles et religieuses » afin de « présenter le tableau de l'homme des divers siècles ». Et le président de Longueil ajoute : « Si Tacite en peignant les Germains n'eût fait que décrire des armures bizarres, des costumes singuliers [...], le mérite même de son style ne soutiendrait pas l'ouvrage » (*L'Émigré* 262 LXXXVI). Dans ces deux derniers exemples, les termes « décrire » et « peindre » font le partage entre les deux manières d'écrire l'histoire : *décrire* l'apparence extérieure et superficielle ne suffit pas, il importe de *peindre* les Germains en tant qu'êtres moraux. La distinction entre « décrire » et « peindre » acquiert, dans ces deux derniers exemples, une certaine consistance et une profondeur presque idéologique : l'extérieur et le banal sont *décrits*, tandis que l'essentiel, le moral et l'extraordinaire sont *peints*. Sans que la question de l'évidence du discours soit ici concernée, ces deux exemples d'une rare conjonction des deux verbes suggèrent un partage des fonctions se recoupant avec celui que fait Buffon entre « décrire » et « peindre » dans son « De l'art d'écrire ».

Un troisième terme pourrait faire concurrence à « peinture », celui de « tableau ». Bien qu'ils relèvent tous deux de la métaphore picturale, leurs significations et leurs champs d'application se distinguent nettement. Dans les romans étudiés ici, le terme « tableau » est employé notamment pour désigner des passages plus variés thématiquement et d'une plus grande extension que celle à laquelle le terme « peinture » renvoie généralement. La spécificité du terme « tableau » réside dans ce qu'il suppose, malgré cette ouverture, une unité, une cohérence, une délimitation. D'une part, on appelle « tableau » un passage qui présente de manière synthétique un objet complexe : l'exposé d'une existence humaine forme un tableau lorsqu'on en résume rapidement les grandes étapes ; le portrait des principaux membres d'une « société » forme un tableau, lorsqu'on les envisage comme un groupe uni ; un portrait moral est un tableau lorsqu'on décrit non pas un individu, mais un type de personnage. Ce premier sens n'implique qu'une relation abstraite du « tableau » verbal à la peinture : ce n'est pas l'aspect visuel de la peinture qui compte, mais plutôt le cadre d'un tableau et l'unité qu'il suppose. D'autre part, on appelle « tableau » un aspect de la réalité qui, lui aussi, se présente comme un ensemble cohérent et fermé : un paysage vu par un personnage et formant une unité compositionnelle, une scène domestique dans laquelle les personnages forment une constellation signifiante, ou l'ensemble des activités qui se déroulent en même temps dans un lieu, envisagées comme unité signifiante. De manière générale, ce genre de « tableau » est qualifié par des adjectifs exprimant l'effet émotionnel de la scène ou du tableau décrit.

En dernier lieu, la relation entre « description » ou « peinture » (et des verbes correspondants) et « récit » ou « narration » est également révélatrice de la façon dont les romanciers conçoivent l'écriture descriptive. On trouve à la fois des exemples de mise en équivalence de « description » et « narration » et des exemples de leur opposition. Parfois, et plutôt au début de la période étudiée ici, la description apparaît comme élément intégral quoique subordonné à la narration : dans un roman-mémoires publié en 1769, le narrateur Ambroise Gwinett écrit : « On me dispensera d'embellir mon récit de la description de cette effrayante tempête » (*Mendiant* 1.49). La description est explicitement envisagée comme un ornement du récit, en tant que figure que l'on peut ajouter ou non au récit pour « l'embellir ». De plus, le référent de la « description » en question est une tempête, référent topique de la description dans une tradition rhétorique. Ces deux traits montrent bien que la description est ici envisagée dans une perspective rhétorique ; elle ne s'oppose pas terme à terme à la narration, mais en est une composante subordonnée et facultative. Dans un roman publié en 1775, « peindre » et « conter » sont mis en équivalence. Félicia fait la connaissance du chevalier d'Aiglemont qui se met à lui raconter ses aventures galantes (lesquelles n'apparaissent cependant pas dans le texte). Félicia commente : « Entendre le chevalier raconter ses innombrables galanteries, n'était pas le moins amusant de mes passe-temps. Il lui était arrivé des aventures si plaisantes ; il les contait avec tant d'agrément et de feu, que le plaisir de l'écouter ne manquait jamais de conduire à celui de réaliser ce qu'il savait si bien peindre » (*Félicia* 783). Conter des aventures ou les peindre, c'est presque la même chose, quoique « peindre » ne soit lié à « aventures » que par anaphore. Parfois, il y a même une réelle mise en équivalence ou confusion entre « description » et « récit » ; c'est le cas dans un roman de Sade écrit pour l'essentiel vers la fin des années 1780, *Aline et Valcour*. Dans la bouche de Sarmiento parlant à Valcour, on trouve, exceptionnellement il est vrai, une telle mise en équivalence : « Mais reprenons : quel fruit recueilleras-tu de la description que tu me demandes, si tu en interromps sans cesse le récit ? » (*Aline* 590 XXXV), formule qui impliquerait que l'on peut faire le récit d'une description.

Par contraste, on trouve un partage de fonctions plus moderne dans un roman publié vers la toute fin du XVIIIe siècle, *L'Émigré* de Sénac de Meilhan. Victorine de Loewenstein oppose les « peintures [...] outrées » que les romans contiennent aux « aventures » qu'ils « décrivent » (*L'Émigré* 48 VI). Vu la tendance générale de « peinture » à s'appliquer aux portraits physiques et moraux, on peut supposer que Victorine oppose ici la représentation des personnages (les « peintures ») à la narration de l'intrigue (les « aventures »). Cependant, la *terminologie* qu'elle emploie, notamment le verbe « décrire », ne participe pas de cette opposition entre personnages et intrigue, puisque Victorine applique « décrire » aux « aventures ». L'époque connaît bien une distinction qui correspond à l'opposition moderne entre la description et la narration, mais cette distinction ne se manifeste pas (encore) toujours clairement dans la terminologie. D'autres personnages du même roman emploient également les termes « peinture » et « récit » ou « description » et « récit » selon un partage moderne des fonctions. Le Marquis de Saint-Alban, commentant le compte rendu qu'il fait de ses voyages, écrit :

> Je pourrais aussi, en parlant de l'Angleterre, rapporter la description des jardins célèbres, m'extasier sur la verdure britannique et copier, en parlant du Gouvernement, Lolme qui a copié Blackstone. Je bornerai le récit de mes voyages à un court résultat, que je me rappellerai toute ma vie avec un regret amer. (*L'Émigré* 84 X)

La description des jardins ou du « gouvernement » s'oppose clairement au récit des voyages. De même, Mlle Émilie, pour résumer son
appréciation de ce même compte rendu des voyages du Marquis de
Saint-Alban, écrit : « J'ai été frappée du ton de vérité qui règne dans
le récit qu'il fait des événements, et la peinture de quelques personnages » (*L'Émigré* 87 XII). Dans ces deux cas, description ou peinture
d'un côté, narration de l'autre s'opposent clairement dans les faits et
dans la terminologie.

La division du champ de l'écriture et les différenciations internes de
l'écriture descriptive recourent à un certain nombre de termes récurrents mais utilisés de façon différente à la fois par différents auteurs et
dans des passages différents d'un même auteur. Cette confusion terminologique s'est installée, même à l'intérieur du domaine des belles-
lettres, parce que la multiplication des termes et la différenciation
interne du champ de l'écriture descriptive ne se sont pas déroulées
de manière coordonnée. Or, si l'on fait abstraction des termes utilisés
et si l'on simplifie quelque peu, il semble que la division tripartite
du champ de l'écriture comportant une double notion de l'écriture
descriptive puisse être considérée comme une sorte de dénominateur
commun. Deux critères sont avant tout décisifs pour cette structuration du champ de l'écriture : la temporalité propre à l'objet du discours et la modalité de représentation. L'objet peut être pourvu d'une
temporalité de l'instant ou de la succession ; la modalité de représentation peut être soit simple, soit détaillée et douée d'évidence. Ainsi,
l'époque étudiée connaît trois types d'écriture, dont deux liés historiquement à l'écriture descriptive :

   – Un type d'écriture portant sur des objets pourvus d'une tem-
     poralité de la succession ou de l'instant et répondant à une
     modalité de représentation détaillée et douée d'évidence ; c'est
     la notion rhétorique de la description.
   – Un type d'écriture portant sur des objets pourvus d'une tem-
     poralité de l'instant ou dépourvus d'une temporalité propre
     et répondant à une modalité de représentation simple ; c'est
     la notion moderne de la description.
   – Un type d'écriture portant sur des objets pourvus d'une tem-
     poralité de la succession et d'une modalité de représentation
     simple ; c'est la narration.

Les limites et les différences entre ces trois notions et surtout entre les deux notions de l'écriture descriptive sont occultées par la terminologie historique. Le premier type de l'écriture descriptive, parce qu'il a une longue tradition sous le nom de l'*ekphrasis*, de la *descriptio*, de l'« hypotypose » et du « tableau », se caractérise surtout par la multiplicité des termes qui le désignent ; le second type de l'écriture descriptive, au contraire, en passe seulement d'être conceptualisé en tant que type de discours spécifique, est sous-représenté dans le discours théorique tout en se faisant une place importante dans les formes et le fonctionnement de la description romanesque. Tout au plus pourrait-on considérer qu'il est implicite dans les termes, plus spécifiques cependant, de « portrait » ou de « topographie ». L'analyse des discours théoriques de l'époque montre cependant que l'on ne fait nullement justice à la conception de l'écriture descriptive au XVIIIᵉ siècle lorsqu'on la réduit à la description d'objets, de personnages et de lieux ; il importe de ne pas exclure la représentation de situations, de scènes, de certaines suites d'événements envisagés dans leur ensemble, pourvu que cela se fasse sur le mode de l'animation, de l'évidence, du discours détaillé.

Cette situation particulière me paraît spécifique à l'époque étudiée : dans le roman du XVIIᵉ siècle, le contraste entre description et narration ne devient pas structurellement prégnant ni n'engage la légitimité de la description. Les portraits, par exemple, sont le plus souvent placés, d'une part, au début du roman et avant même que la narration commence, et sont légitimes, d'autre part, à la fois comme ornement rhétorique et comme partie conventionnelle du roman. Dans le roman du XIXᵉ siècle, la notion rhétorique fait place à la notion moderne de la description, dont l'opposition à la narration devient omniprésente, et la description n'a pas besoin d'une légitimité rhétorique, puisqu'elle fait partie intégrante du projet romantique puis réaliste du roman. Avec l'avènement du romantisme, au début du XIXᵉ siècle, la relation étroite entre l'individu et la nature était parmi les préoccupations majeures des auteurs romantiques, qui accordaient donc une place de choix à la description. Par la suite, la description fournissait aux romanciers réalistes et naturalistes un des principaux moyens pour mettre en œuvre leur conviction que l'homme est déterminé dans ses actions, sa pensée et sa personnalité par l'époque et le milieu dans lesquels il évolue. Dans les deux cas, les descriptions longues et détaillées des personnages, de l'univers urbain ou rural dans lequel ils évoluent, des objets et des machines qu'ils manipulent, ne sont plus des corps étrangers potentiels dans le roman, mais y jouent un rôle central et programmatique.

DÉFINITIONS MODERNES
DE LA DESCRIPTION

Un premier enjeu pour l'étude de l'écriture descriptive, conséquence de la distinction conceptuellement nette mais terminologiquement confuse de deux modes de l'écriture descriptive, est de penser à la fois l'unité fondamentale et les différences indéniables de ces deux modes coexistant au XVIIIe siècle, autrement dit, d'en définir avec précision les limites externes et internes. Cela permettra de circonscrire avec une certaine précision l'objet d'étude, et de donner du relief aux principaux enjeux de chacune des deux notions de l'écriture descriptive dans le roman de la seconde moitié du XVIIIe siècle.

LA DESCRIPTION COMME L'AUTRE DE LA NARRATION

L'examen de quelques-unes des théories modernes de la description montre que ces dernières sont marquées notamment par un souci de définir la description dans son rapport à la narration. La réflexion critique sur cette question ne s'est vraiment constituée qu'au moment où la critique structurale, ayant formulé avec quelque précision les éléments essentiels d'une narratologie, se tourna vers la description, qui apparaissait comme l'autre de la narration. Par conséquent, la réflexion sur la description s'est beaucoup concentrée, dans un premier temps, sur la question de sa délimitation par rapport à la narration. Cependant, une vision plus nuancée et plus différenciée de la description s'est progressivement développée.

Une première lignée de réflexions plonge ses racines dans le *Laocoön* de Lessing qui, en opposant la peinture comme art de l'espace à la poésie comme art du temps et en associant la description au domaine pictural et la narration au domaine poétique, oppose également description et narration[1]. Dans la France du XVIIIe siècle – où le principe de l'*ut pictura poesis* persiste et où l'influence de Lessing se fait sentir avec retard –, une telle opposition fondée sur la nature du référent reste pourtant minoritaire. Elle relie cependant cette époque au XXe siècle puisque, tout au long du XIXe siècle et au-delà, les traités de rhétorique fondent la différence entre description et narration sur une opposition ontologique, l'existence spatiale des objets qui sont le référent de l'une s'opposant à l'existence temporelle des actions qui sont le référent de l'autre[2]. Cette lignée de la réflexion prend un nouveau départ et une inflexion nouvelle, grâce à un article du critique marxiste Georg Lukács intitulé « Décrire ou raconter[3] ». Partant de deux traitements très différents d'une course hippique dans *Nana* d'Émile Zola et dans *Anna Karenina* de Léon Tolstoï, Lukács propose une opposition entre le mode du « décrire » et le mode du « raconter » qui devient de plus en plus radicale et idéologique tout au long de l'article. Lukács commence par des considérations formelles et littéraires comme la structure temporelle, le point de vue, ou le degré de cohérence, mais il passe bientôt à des considérations plus générales et plus idéologiques, comme l'objet fondamental du texte, la plus ou moins grande nécessité poétique ou le rapport aux classes sociales. À travers tous ces aspects, le mode descriptif est de plus en plus fortement dévalorisé par rapport au mode narratif. Cependant, Lukács oppose moins deux types d'énonciation littéraires que deux manières d'envisager la nature même de la littérature, la « vision du monde » dont elle est le produit et qu'elle transporte.

Gérard Genette, dans un article publié en 1966, recentre le débat sur une perspective moins idéologique et propose de nuancer fortement l'opposition entre narration et description. Tout d'abord, il souligne l'historicité de l'opposition entre narration et description ; il montre notamment que ni Aristote ni Platon, tout en distinguant chacun les deux modalités de l'imitation que sont la *diégèsis* et la *mimèsis*, ne différenciaient les « représentations d'actions et d'événements » des « représentations d'objets ou de personnages[4] ». La question que Genette pose devient en réalité celle de savoir s'il y a une différence systématique entre le discours sur les actions et le discours sur les objets. Le critique concède qu'il y

---

1   Lessing, *Laokoon*, 1766/1990, notamment chap. XV à XVII.
2   Pour une analyse des nombreux traités du XIXe siècle, voir Kullmann, *Description*, 2004. Selon Jean-Michel Adam (« Décrire des actions : raconter ou relater ? », 1994, p. 3), la *Rhétorique* d'Alexandre Égli perpétue encore, en 1912, cette opposition ontologique.
3   « Beschreiben oder Erzählen », 1936/1971 (trad. franç. 1975).
4   Genette, « Frontières du récit », 1966/1969, p. 56.

a quelques différences, notamment toute une série d'asymétries dans leurs relations, mais il relativise ces différences et finit par conclure :

> [...] en tant que mode de la représentation littéraire, la description ne se distingue pas assez nettement de la narration, ni par l'autonomie de ses fins, ni par l'originalité de ses moyens, pour qu'il soit nécessaire de rompre l'unité narrativo-descriptive (à dominante narrative) que Platon et Aristote ont nommée récit[1].

Cela amène également Genette à considérer que, du moins dans un contexte où la description n'est plus simplement ornementale, mais apporte une signification au récit, « l'étude des rapports entre le narratif et le descriptif se ramène [...], pour l'essentiel, à considérer les *fonctions diégétiques* de la description[2] ». Cependant, puisque c'est sur la base d'une distinction ontologique (d'après le référent du discours) que Genette conclut qu'il n'y a pas de distinction structurelle (statique/dynamique), il n'invalide que la pertinence de la distinction ontologique initialement posée, et non pas la possibilité d'une distinction entre narration et description selon d'autres critères que le critère ontologique. C'est précisément à une telle entreprise que Philippe Hamon s'attache dès 1972, lorsqu'il redéfinit la manière dont on peut comprendre la description : il se détache d'une distinction *a priori* résidant dans les référents respectifs des discours narratif et descriptif pour définir la description par une « logique du discours » distincte de celle de la narration :

> [Dans la description, on] passe d'une prévisibilité logique, celle du récit où la notion de corrélation et de différence sont primordiales [...], à une prévisibilité lexicale où la notion d'inclusion et de ressemblance l'emportent[3].

Et il précise, dans un esprit structuraliste, ce qui fonde la cohérence et les limites de l'extension d'une description :

> [T]oute description se présente donc comme un ensemble lexical métonymiquement homogène dont l'extension est liée au vocabulaire disponible de l'auteur, non au degré de complexité de la réalité elle-même ; elle est avant tout une nomenclature extensible à clôture plus ou moins artificielle, dont les unités lexicales constituantes sont d'une plus ou moins grande prévisibilité d'apparition[4].

---

1 *Ibid.*, p. 61.
2 *Ibid.*, p. 58.
3 Hamon, « Qu'est-ce qu'une description ? », 1972, p. 474.
4 *Ibid.*, p. 475.

Hamon, parce qu'il distingue de manière plus fondamentale que Genette la description de la narration, envisage la problématique de leur rapport de manière plus nuancée. Il voit notamment trois problèmes : celui de l'insertion de la description dans la narration, celui de sa structuration interne spécifique, et celui de son rôle ou de ses fonctions dans le récit[1]. La position de Hamon se complexifie en 1981, lorsqu'il propose de distinguer le *descriptif* comme principe ou effet de texte et la *description* comme une de ses « manifestations textuelles[2] ». Ainsi, selon Hamon, réduire le descriptif à la description reviendrait soit à n'y voir qu'une figure de rhétorique, soit à l'enfermer dans le cadre d'une taxinomie qui cherche à lui assigner « une essence stable et des traits fixes[3] ». Or le descriptif se caractérise plutôt – tout du moins dans ce que Hamon nomme le « texte lisible-classique[4] » –, par une relation privilégiée à la fonction tantôt référentielle, tantôt poétique du langage et par le fait qu'il demande, de la part du lecteur, une compétence de lecture spécifique, linguistique autant qu'encyclopédique[5]. En même temps, le descriptif (et cela s'applique notamment à sa réalisation textuelle en tant que description), s'oppose au narratif et à sa linéarité :

> L'essence du descriptif, s'il devait en avoir une, son effet, serait dans un effort : un effort pour résister à la linéarité contraignante du texte, au *post hoc ergo propter hoc* des algorithmes narratifs, au dynamisme orienté de tout texte écrit qui, du seul fait qu'il accumule des termes différents, introduit des différences, une vectorisation, des transformations de contenus[6].

Tandis que la logique syntagmatique est propre à la narration, le descriptif est, pour Hamon, « le lieu d'une conscience paradigmatique dans l'énoncé[7] ». Cette double approche du descriptif et de la description lui permet de décrire à la fois le fonctionnement et les marques linguistiques d'une « unité stylistique » et de dépasser ce cadre pour envisager le principe descriptif dans une perspective plus abstraite. Même si la référence la plus importante pour délimiter le descriptif reste la

---

1   *Ibid.*, p. 466.
2   Hamon, *Du descriptif*, 1981/1993, p. 165.
3   *Ibid.*, p. 5.
4   *Ibid.*, p. 5. Cette expression recouvre notamment le roman réaliste et naturaliste, mais également, et de manière quelque peu problématique, celui des XVIIe et XVIIIe siècles.
5   Nicolas Wanlin (« Remarques sur les problématiques actuelles de la théorie du descriptif », 2007) a proposé récemment une relecture du livre de Hamon axée sur cette tension entre référentialité et autoréférentialité.
6   *Ibid.*, p. 5.
7   *Ibid.*, p. 5.

narration et qu'une logique de l'opposition binaire prévaut, les critères de définition des deux notions ont été déplacés.

Les travaux qui tentent de définir une opposition claire et nette entre description et narration se heurtent systématiquement au problème des manifestations multiples du descriptif et des limites floues que représentent les nombreux cas-limites. Face à cette situation, certains proposent de repenser entièrement la division du champ de l'écriture littéraire. Peter Klaus, dans une perspective fortement ancrée dans la narratologie structuraliste, reprend et radicalise en 1982 le constat genettien d'une asymétrie constitutive entre narration et description. Il propose de redéfinir la relation entre description et narration et de faire une place à la description à l'intérieur de la narratologie. Selon lui, tout texte narratif suppose une situation narrative définie par la présence d'un narrateur et d'un focalisateur, ainsi que la présence de trois éléments, un état initial et un état final liés par une transformation portant sur le premier et produisant le second. Par contraste, la définition d'une description minimale ne suppose que l'existence d'une prédication aussi anodine qu'elle soit[1]. Ces préalables posés, Klaus peut considérer que, si la situation narrative reste identique, il suffit qu'un même sujet change de prédicat, d'un énoncé à l'autre, pour qu'il y ait aussi bien deux descriptions que la narration d'un événement résultant de la différence des deux états décrits[2]. Ainsi, deux descriptions minimales en corrélation peuvent signifier un événement et constituer une narration. Certes, cette démonstration prouve que la narratologie ne devrait pas exclure la description de son champ d'enquête. Comme elle repose sur des définitions extrêmement larges des deux notions qui effacent, par exemple, toute différence entre une simple prédication et une séquence descriptive, elle est cependant d'une pertinence plus théorique qu'analytique. Ayant volontairement coupé les ponts avec la pratique littéraire de la description, une telle théorie ne saurait prendre en compte ni le statut ni les enjeux spécifiques de l'écriture descriptive littéraire.

Une redéfinition non moins radicale, quoique très différente de celle de Klaus, est celle que propose Sophie Rabau. À la suite de Gérard Genette et de Philippe Hamon, mais avec une insistance encore plus grande, elle refuse le critère « ontologique » de l'objet du discours comme critère distinctif de la narration et la description. Dans un chapitre de son étude sur *La narration orale dans le texte romanesque*, elle analyse les

---

1 Klaus, « Description and Event in Narrative », 1982.
2 *Ibid.*, p. 212.

modalités de l'intégration de la narration orale dans le roman, ce qui l'amène à redéfinir les lignes de partage à l'intérieur du récit au sens large[1]. Elle observe d'une part que dans l'intégration de la narration orale dans le roman, qui se fait par le biais d'une rencontre entre un narrateur et un narrataire dans le récit-cadre, il se manifeste toujours, de la part du narrataire, un « désir de narration » qui est marqué, avant tout, par une « exigence du détail » : les narrataires demandent à ce que le récit qu'on leur fait soit « exhaustif, circonstancié, détaillé[2] ». Elle redécouvre d'autre part une asymétrie dans les définitions de la narration et de la description dans la rhétorique antique : tandis que la narration se définit par son objet (elle porte sur des événements réels ou fictifs), la description se définit par sa modalité discursive et son effet (elle est détaillée et douée d'évidence). Par conséquent, « rien n'empêche de décrire un événement selon un déroulement temporel et l'ekphrasis peut porter aussi bien sur des personnages ou des lieux que sur des faits qui incluent actions et événements[3] ». Si narration et description sont définies à des niveaux différents – l'objet ici, l'effet là – elles ne s'opposent plus « terme à terme » :

> Dès lors, la narration est un discours sur l'événement qui peut accueillir diffé-
> rents effets, dont l'effet descriptif ; la description se pense comme un effet qui
> peut se greffer sur n'importe quel discours, entre autres le discours narratif[4].

Sophie Rabau propose de généraliser ce constat historique et de « concevoir un discours qui ne serait pas spécifiquement narratif ou descriptif, qui ne choisirait pas entre les deux termes mais répondrait à une exigence plus générale : détailler, expliquer, décomposer[5] ». Le discours simple s'oppose au discours détaillé. Dans le contexte de la pratique romanesque du XVIIIe siècle, il semble cependant que la catégorie du discours détaillé que propose Sophie Rabaud ne prenne réellement sens qu'en opposition à deux autres catégories qui toutes deux sont opératoires à cette époque : la simple narration relativement pauvre en détails, mais également le passage descriptif clairement délimité.

---

1   Rabau, *Fictions de présence*, 2000, p. 55-68.
2   *Ibid.*, p. 55. De telles injonctions existent également dans les romans étudiés ici : chez Sade, Justine se montre réticente de faire d'autres « infâmes récits », mais ses auditeurs lui répondent : « oui, nous exigeons de vous ces détails » (*Justine* 325) ; voir encore *Clarice* 2.29, *Julie* 487 IV.VI, *Jacques* 814 ou *Journées* 84.
3   Rabau, *Fictions de présence*, 2000, p. 65.
4   *Ibid.*, p. 65-66.
5   *Ibid.*, p. 68.

VERS UNE DIFFÉRENCIATION INTERNE
AU CHAMP DE L'ÉCRITURE DESCRIPTIVE

D'une part, la distinction proposée par Philippe Hamon entre le descriptif et la description, en ouvrant la réflexion à des réalisations du descriptif autre que sous la forme de description, ouvrait la voie d'une différenciation interne de l'écriture descriptive. Dans le cadre d'une réflexion narratologique sur la description, Ansgar Nünning a récemment proposé des catégories permettant de décrire différents types de descriptions à plusieurs niveaux, à savoir les niveaux discursif, stylistique, structurel, thématique et fonctionnel[1]. D'autre part, l'étude de séquences textuelles qui, tout en relatant des actions, ne se laissent pas assimiler à des récits, a incité la critique à proposer de nouvelles manières de définir la description et d'assouplir l'opposition binaire entre description et narration ; on peut dans ce contexte penser aux travaux du critique américain Jeffrey Kittay ou à ceux de Françoise Revaz et de Jean-Michel Adam[2]. Mais ce n'est réellement qu'avec la formulation synthétique de sa théorie des « schémas séquentiels prototypiques » dans *Les Textes : types et prototypes* que Jean-Michel Adam a proposé, après une longue collaboration avec Françoise Revaz et André Petitjean, un cadre commun et cohérent à la réflexion sur les différenciations internes à l'écriture descriptive[3]. La réflexion d'Adam se situe au niveau de l'organisation linguistique de ce qu'il appelle les « séquences » textuelles, et qui peuvent être narratives, descriptives, argumentatives, explicatives ou dialoguées. Les marques grammaticales, les liens établis entre les propositions et l'ensemble d'une séquence déterminent à quel type de séquence un passage donné appartient. Les séquences textuelles fonctionnent sur le mode du « regroupement d'attributs » d'importance variable, ce qui amène naturellement Adam à envisager la question des réalisations plus ou moins typiques et donc mixtes sur le modèle des « gradients de typicalité », chaque séquence n'étant considérée que comme la réalisation ou l'exemplification plus ou moins complète d'un prototype abstrait[4].

---

1   Nünning, « Towards a Typology, Poetics and History of Description in Fiction », 2007, p. 101-116.
2   Voir Kittay, « Descriptive Limits », 1981, Revaz, « Narration, description ou tableau ? », 1991, Adam, « Décrire des actions : raconter ou relater ? », 1994.
3   Adam, *Les textes : types et prototypes*, 2008.
4   *Ibid.*, p. 18. Harold F. Mosher (« Toward a Poetics of « Descriptized » Narration », 1991), reprenant les idées du prototype et des gradients de typicalité de la sémantique et la

Pour définir la séquence narrative prototypique et avec référence aux travaux de Claude Bremond, Jean-Michel Adam propose six constituants ou critères qui doivent être réunis dans une séquence textuelle donnée. Il doit s'agir d'une succession d'événements qui requiert une certaine unité thématique, par exemple à travers la présence d'un sujet humain ou anthropomorphe. Il faut que les prédicats qualifiant la situation initiale du sujet soient transformés, ce qui équivaut au passage d'une situation initiale du sujet à une situation finale différente par un processus unifié qui relie situation initiale et finale au-delà de la simple succession d'événements ; il faut également qu'il y ait dans ce processus de transformation une causalité narrative se traduisant par une « mise en intrigue ». Pour ce qui est des marques linguistiques locales correspondantes, on peut constater que le passé simple n'est pas une condition nécessaire ni suffisante pour faire d'une séquence une séquence narrative, puisque le présent de narration et l'imparfait peuvent très bien s'y trouver. Toutefois, l'alternance entre passé simple et imparfait constitue malgré tout une constante de la séquence narrative. De même, on peut remarquer que les connecteurs temporels peuvent (et doivent) être complétés par des connecteurs logiques. La présence de verbes d'actions est également typique de la séquence narrative, tout comme la « forte densité d'anaphores pronominales » corollaires de la présence d'un sujet humain ou anthropomorphe[1].

À la base de la séquence descriptive prototypique, dont la fonction discursive consiste en la référence et l'acte de « faire voir » quelque chose, on trouve quatre procédures régissant la structuration des macro-propositions et propositions au sein de la séquence : l'objet de la description en tant qu'unité ou tout cohérent est nommé ; les différentes parties de l'objet sont dénombrées, ce à quoi s'ajoute l'indication des différentes qualités et propriétés de ces parties ; tout ou partie de l'objet de la description peut être assimilé à d'autres objets par le biais, par exemple, de comparaisons ou de métaphores. Ces opérations ne répondent à aucune logique temporelle, peuvent se combiner librement et s'enchâsser les unes dans les autres. Les relations qui s'établissent ainsi entre les objets du discours sont celles de contiguïté ou de métonymie. Quant aux

---

grammaticalisation, parle le premier d'un « spectrum » (angl.) entre description et narration ; voir également Adam, « Gradients de narrativité », 1997.

1   Adam, *Les textes : types et prototypes*, 2008, p. 45-74. Je souligne ici un peu davantage que Jean-Michel Adam les marques linguistiques locales dans la détermination des types de séquence.

marques linguistiques locales, la séquence descriptive réunit les attributs suivants : auxiliaires « avoir » et/ou « être » (ou bien absence de verbes), objets statiques ou donnés comme tels, aspect verbal inaccompli, temporalité diégétique nulle, établissement de liens de type spatial entre les propositions de la description, beaucoup de qualifications[1].

La théorie de la description de Jean-Michel Adam permet à la double notion de l'écriture descriptive, telle qu'elle se manifeste au XVIIIe siècle, et à la théorie moderne de la description de se recouper. L'enjeu de ce recoupement est surtout de donner à la « description double » une précision terminologique qu'elle n'a pas au XVIIIe siècle, sans gommer les différences graduelles entre description et narration et les différenciations internes à l'écriture descriptive. De cette manière, toute générale qu'elle est, la théorie d'Adam permet de tenir compte de l'historicité de la notion de l'écriture descriptive. Nuancée, explicite et générale, la théorie d'Adam ne saurait cependant, de par sa nature, être axée sur les enjeux spécifiques de l'écriture descriptive à une époque donnée. Or, le recoupement avec le discours sur l'écriture du XVIIIe siècle permet d'ajouter aux distinctions rendues possibles par la théorie d'Adam les enjeux proprement littéraires de l'écriture descriptive dans le roman du XVIIIe siècle et de forger ainsi des instruments d'analyse pertinents.

Les formes intermédiaires qu'on peut définir, suivant toujours Jean-Michel Adam, se définissent par le fait qu'elles comportent, à un degré plus ou moins fort selon les cas, des propriétés des deux types de séquences prototypiques, descriptive et narrative. L'unité de l'écriture descriptive résiderait, plutôt que dans la nature ou la temporalité de son référent, dans un principe structurel qui reposerait sur la décomposition du référent, sur le dénombrement de ses différents parties ou aspects ainsi que sur la prédication accentuée de ces derniers. L'écriture descriptive au XVIIIe siècle étant particulièrement riche en formes différentes, il est utile d'en distinguer les principaux cas de figure et de les regrouper dans deux catégories que je propose de nommer *passages descriptifs* et *discours descriptif*.

LES PASSAGES DESCRIPTIFS

Les formes de séquences descriptives qui constituent les *passages descriptifs* sont, outre la description prototypique, la description dynamisée, perceptive et procédurale. Ces formes de description préservent une unité structurelle forte et se distinguent clairement de la narration.

---

1 *Ibid.*, p. 75-102.

Les deux premières sont introduites ici bien que Jean-Michel Adam ne les ait pas définies lui-même ; elles sont cependant implicites dans la structure de sa théorie.

La *description dynamisée* ne se distingue de la séquence descriptive prototypique que dans la mesure où elle comporte, au lieu d'un usage exclusif des auxiliaires être et avoir, des verbes d'action employés en lieu et fonction des auxiliaires, et qui conservent leur aspect verbal inaccompli. Cette forme dynamisée de la description se trouve le plus souvent lorsqu'un objet, un paysage ou le physique d'un personnage sont décrits, et ce dans un passage descriptif clairement délimité par rapport au récit. Un exemple typique se trouve sous la plume de Castilhon au début de son roman *Zingha, reine d'Angola* :

> Le royaume d'Angola borné au nord par le Congo, par la souveraineté de Mulemba au levant, au midi par le royaume du Mataman, et au couchant par la mer atlantique, *renferme* huit vastes provinces toutes presque également fertiles, *arrosés* par mille ruisseaux qui *vont tous se jetter* dans la grande rivière de Calucala, dont les rives ornées d'une double rangée d'orangers, de grenadiers et de citroniers, *offrent au voyageur* le spectacle le plus brillant et le plus enchanteur ; des vignobles immenses, des champs qui tous les ans *se couvrent* d'une double moisson, de riches paturages, et, de distance en distance, des chemins *entretenus* avec le plus grand soin, et qui *conduisent* dans les huit provinces du royaume d'Angola ; (*Zingha* 226, texte de 1769, *je souligne*)

La différence par rapport à une description prototypique n'est pas très grande, mais il se dégage de l'emploi de tous ces verbes d'action, quoique employés pour exprimer des états, une certaine animation qui atténue l'impression de fixité qu'impliqueraient les auxiliaires employés à leur place. Par les objets typiquement décrits, comme par la modalité descriptive, ces descriptions dynamisées appartiennent clairement aux *passages descriptifs*.

La *description perceptive* a sa marque distinctive dans l'emploi de verbes de perception rattachés à un sujet percevant, donc à une motivation narrative, et par la possibilité pour l'aspect verbal d'être inaccompli ou accompli. C'est une forme intermédiaire qui peut éventuellement introduire une dimension temporelle dans la description, lorsqu'il y a la mise en scène d'un parcours du regard : soit un parcours orienté du regard, lorsqu'il s'agit de la description d'un objet ou d'un personnage, soit un parcours d'un personnage découvrant un paysage ou un bâtiment. L'accent de la description reste cependant clairement posé sur les parties et les qualités de l'objet regardé ou découvert. On en trouve un bel exemple dans *La Découverte australe* de Rétif de la Bretonne, lorsque Victorin découvre pour la première fois le « Mont-Inaccessible » :

> Victorin, prétextant une partie de chasse, était parti un matin avant-jour avec ses ailes et provisions pour la journée. Dès qu'il avait été dans la campagne, il s'était envolé vers le Mont-inaccessible, et il y arriva à l'aurore naissante. *Il trouva* sur cette montagne une esplanade très-agréable, avec un petit filet d'eau qui *filtrait* entre des rochers, et *rentrait* dans la terre presqu'aussitôt qu'il en était sorti. Une douce pelouse *tapissait* cet endroit charmant. Du côté du nord, *on voyait* une caverne assez profonde, et du côté du midi, les bords escarpés du mont étaient garnis d'arbrisseaux, presque tous couverts des nids de mille Oiseaux différents. Il y avait aussi quelques arbres sauvages, et entr'autres un châtaignier. Un essaim d'Abeilles *bourdonnait autour* d'un rocher exposé au midi, et fendu assez profondément pour loger ces utiles Insectes. Victorin passa la journée dans ce joli endroit, où *il eut la satisfaction d'apercevoir* quelques Chèvres sauvages. (*Découverte* 1115-16, *je souligne*)

La découverte de la montagne par Victorin implique clairement ici une dimension temporelle ; par ailleurs, on voit comment description dynamisée et perceptive peuvent se combiner, ce qui est une solution particulièrement élégante puisqu'elle évite de mettre trop l'accent sur le regard sans que la description paraisse moins animée. La curiosité de découvrir du nouveau est le moteur non seulement de ce passage descriptif, mais de l'ensemble du roman de Rétif. Il n'y a pas d'ailleurs que le regard qui se trouve ainsi être instrumentalisé :

> Lorsque dans un beau jour de printemps, assis au pied d'un arbre avec Plutarque ou Fénelon, *je vois* toute la nature briller autour de moi ; quand *j'entends* la musique harmonieuse des bois ; quand l'esprit des fleurs porté par un vent frais *réveille mon odorat* ; alors dans l'ivresse de mes sens, j'élève jusqu'à Dieu mes actions de graces ; je le bénis de ce qu'il m'a tiré du néant, de ce qu'il m'a donné des sens pour jouir des beautés de la nature, de ce qu'il a *rassemblé sous mes yeux* les vrais biens de la vie & les spectacles charmans de la création. (*Amants* 172-173 XLIII, *je souligne*)

Dans cette évocation du spectacle de la nature chez Nicolas Germain Léonard, tous les sens concourent à la structuration du passage descriptif.

Nettement moins fréquente que les formes précédentes, omniprésentes dans le corpus, la *description procédurale* trouve sa spécificité dans ce que ses référents ne sont pas décrits comme ils sont, de manière statique, mais à travers leur manipulation, leur usage ou leur fabrication, ce qui se marque par la présence de verbes d'action et de manipulation, à l'aspect accompli ou inaccompli. Cette forme descriptive a des antécédents illustres, puisque les descriptions du bouclier d'Achille ou de l'habit d'Agamemnon, chez Homère, fonctionnent selon ce principe[1]. Ce procédé est particulièrement adapté pour décrire le décor d'un lieu[2] ou les vêtements d'un personnage, comme c'est le cas, à plusieurs reprises, pendant les aventures de Faublas. À l'une de ces occasions, Madame de B*** vient déguiser Faublas :

> D'abord elle me fit ôter mon habit, et d'un petit paquet mystérieusement ouvert elle tira une grande robe noire dont je me vis aussitôt affublé. Une *batiste* menteuse, avec art disposée, parut révéler le trésor d'un sein pudique et naissant. Sur mon modeste front, déjà couvert d'un bandeau blanc, vint retomber encore un voile clair et léger, à travers lequel mon timide regard allait cherchant celui de l'officieuse amie qui me déguisait. Comme je la vis rougir et se troubler ! (*Semaines* 487)

À travers les différentes étapes du déguisement, c'est finalement l'apparence extérieure de Faublas déguisé en fille qui est décrite. Les nombreux déguisements et transformations, décrits très souvent sous forme de descriptions procédurales, sont d'ailleurs un trait distinctif des aventures de Faublas, soulignant la manipulation volontaire et la mobilité permanente des apparences.

Une variante de la description procédurale consiste à la combiner à la prise en compte d'un destinataire du discours, que ce soit dans une lettre, un récit enchâssé ou sous la forme d'une adresse au narrataire. Dans ce cas, le scripteur ou narrateur s'adresse à son destinataire et l'enjoint à s'imaginer ce dont il est question : qu'il ajoute ceci, qu'il imagine cela, pour former une image de l'objet à décrire. Le plus souvent, l'appel à l'imagination n'est fait qu'une fois, au début de la description (« figurez-vous » ou « représente-toi ») et ne structure pas l'ensemble de la description qui pour le reste est plutôt prototypique ; parfois, toute la description répond à ce principe, comme dans ce portrait physique plein de sarcasme que l'on trouve chez Mirabeau. Le narrateur parle d'une Madame Cul-Gratulos :

> Ce n'est pas que sa figure me tentât... *Représentez-vous*, mon ami, une tête, un cou, un corps et un cul tout d'une pièce ; *faites* de tout cela un paquet mal

---

1   Le terme de « description procédurale » a été proposé par Jean-Michel Adam ; Jean Ricardou (*Une maladie chronique*, 1989, p. 26) décrit le phénomène comme une forme de « diégétisation descriptive ».

2   L'une des descriptions procédurales les plus développées des romans étudiés ici est celle du jardin planté par Paul, dans *Paul et Virginie* (*Paul* 1248-50).

fagoté ; *ajoutez-y* des bras grossiers et de couleur bleu pourprin ; *attachez-y* de grosses cuisses, de vilaines jambes ; *percez* à son visage des trous bizarrement placés pour faire des yeux ; mais dont l'un immense annonce pour ailleurs la grande mesure ; *barbouillez cela* de rouge et de tabac ; *coëffez-le* d'une perruque ébouriffée, et puis par là-dessus des plumes, de la gaze, du ruban, des diamants… Voilà la comtesse physique. (*Conversion* 1014, *je souligne*)

Tout en participant d'une certaine dynamisation, les formes de l'écriture descriptive décrites jusqu'ici ont en commun qu'elles conservent une cohérence et une autonomie relativement grandes par rapport à la narration.

LE DISCOURS DESCRIPTIF

D'autres formes de l'écriture descriptive décrites par Jean-Michel Adam se rapprochent davantage, formellement, de la narration, tout en conservant une finalité descriptive. Elles peuvent être réunies sous la catégorie du *discours descriptif*. Quoiqu'en principe, le référent d'une telle description soit indifférent, il s'agit typiquement de passages qui conjuguent un décor avec plusieurs personnages. Dans la terminologie d'Adam et de Revaz, il s'agit de la *description de situation* et de la *description d'actions*[1].

La description de situation porte non pas sur un objet singulier et unique, mais sur un certain nombre de circonstances (concernant l'endroit et/ou le moment) et d'événements ou d'actions qui définissent une situation d'ensemble. La description de situation peut donc avoir comme référent des objets matériels et statiques, mais aussi des procès, des événements ou même des actions, que le plus souvent elle mêle. Elle a une structure temporelle particulière dans la mesure où les circonstances, événements ou actions différents ne sont pas présentés comme se déroulant les uns après les autres, mais comme se déroulant de manière plus ou moins simultanée dans un espace et un temps limités. Un premier ensemble d'exemples de la description de situation concerne les représentations de conditions météorologiques et de leurs conséquences, comme dans la description d'une tempête, où vent, tonnerre, pluie, mouvement des arbres constituent les événements simultanés qui forment le cadre d'une action (par exemple dans *Paul* 1304-05). Un second ensemble de descriptions de situation est plus axé sur les actions et attitudes simultanées des

---

1   Françoise Revaz (« Narration, description ou tableau ? », 1991) a la première défini ces deux types.

personnages, comme dans l'épisode de l'auberge de Burgos, dans *Aline et Valcour* de Sade. La lumière vient de se faire sur le *quiproquo* et les différentes attitudes des protagonistes sont décrites de la manière suivante :

> Comment vous rendre ici les sentiments divers qui nous agitèrent tous à la fois ? De quelles expressions se servir pour vous peindre Bersac, frémissant de rage du forfait trop certain qu'il éclaire ; sa femme apercevant son erreur, jetant des cris de désespoir ; le malheureux qui fait leur honte commune, s'esquivant à la hâte, fuyant au travers les ténèbres, et la femme qu'il déshonore, et le mari qu'il outrage ; (*Aline* 945 XXXVIII)

Le passage cité décrit les actions, les attitudes, les émotions de trois des personnages se déroulant simultanément. L'ensemble de la situation est désigné, par Léonore, aussi bien par le terme « scène » que par celui de « tableau » ; elle s'interroge également sur la manière de « peindre » Bersac ; ainsi, métaphore théâtrale et picturale se mêlent-elles.

La *description d'actions* porte non pas sur un référent statique ou décrit comme tel ou sur des événements ou actions simultanés, mais sur une action proprement dite et unique qui se déroule dans une succession temporelle. La description d'actions a donc la temporalité double du récit, mais il lui manque la mise en intrigue qui en ferait un véritable récit. À travers la description des actions, le personnage qui agit peut aussi être caractérisé ; cependant, l'accent porte clairement sur les actions et non pas sur les objets, ce qui se marque notamment par la distribution des qualificatifs qui concernent les verbes plutôt que les noms. Une telle description d'actions se trouve par exemple dans le même épisode de l'auberge de Burgos, dans *Aline et Valcour*. Pendant la nuit, Léonore est soudainement réveillée et réagit de la manière suivante : « Me dégager lestement de ses bras, sauter à terre, en criant au secours, et me précipiter dans le lit où je supposais Mme de Bersac, est pour moi l'affaire d'un instant » (*Aline* 945 XXXVIII). La représentation hésite entre la succession effective de ces actions et leur suite rapide dite quasi instantanée ; on remarque qu'aucun objet, aucun détail du lieu, aucun personnage n'est ici mentionné, mais que chacune des trois actions citées ci-dessus est soit qualifiée, soit exprimée à travers un verbe relativement précis.

Les recherches de Jean-Michel Adam permettent de procéder, en se fondant sur des critères formels concernant les marques linguistiques et les modalités d'organisation interne des séquences descriptives en question, à une différenciation interne du champ de l'écriture descriptive.

Une telle différenciation permet, dans le contexte de la grande variabilité de la notion de description à l'époque étudiée, de circonscrire l'écriture descriptive d'une manière à la fois suffisamment large pour ne pas exclure des phénomènes qui, à l'époque étudiée, en font bien partie, sans qu'ils correspondent toujours à notre « conscience moderne » de la description, et suffisamment précise pour lui donner toutefois des limites relativement claires.

Quel est cependant le rapport précis entre ces deux groupes de formes descriptives différentes, définies selon des critères formels, et les deux notions de la description propre au XVIIIe siècle, définies autant par la nature des référents concernés que par les qualités et enjeux attribués à chacune d'elles ? Il y a une grande affinité entre la notion moderne de la description et les *passages descriptifs* d'un côté, et entre la notion rhétorique de la description et le *discours descriptif* de l'autre. Ces affinités ne sont cependant pas absolues et mutuellement exclusives ; elles fonctionnent selon une logique des degrés et sont marquées, en outre, par une certaine asymétrie : plus exactement, les enjeux correspondant à la notion plus récente de la description au XVIIIe siècle apparaissent presque exclusivement dans les *passages descriptifs*. Ces enjeux découlent du contraste constitutif entre le tissu narratif dominant du roman et les descriptions et concernent le statut et la légitimation de l'écriture descriptive dans le roman de l'époque. Par une conjonction particulière de circonstances littéraires et extra-littéraires, ce type de description a, dans le roman du XVIIIe siècle, un statut ambivalent et précaire. Ce statut rend son intégration dans le contexte narratif problématique, ce qui se solde par la mise en place de différentes stratégies de légitimation et d'intégration des passages descriptifs dans le roman. Les formes différentes que les passages descriptifs peuvent prendre s'inscrivent également dans cette problématique, parce qu'elles participent à des degrés variables à l'intégration des passages descriptifs dans le contexte narratif.

Les enjeux correspondant à la notion rhétorique de la description au XVIIIe siècle concernent de manière privilégiée le *discours descriptif*, mais peuvent également concerner, quoique dans une moindre mesure, les *passages descriptifs*. Plus proche structurellement de la narration, le *discours descriptif* ne constitue pas un « corps étranger » dans la trame narrative du roman, du moins pas au même titre que le *passage descriptif*. L'enjeu du *discours descriptif* est autre : dans la tradition de l'*ekphrasis* grecque, relayée par la *descriptio* des rhéteurs latins, puis par les notions d'hypotypose et de « tableau » aux XVIIe et XVIIIe siècles, ainsi que dans le contexte des débats sur le pittoresque et l'*ut pictura poesis*, sa problématique propre est celle de l'*évidence* du discours et du rapport entre le discours descriptif et la peinture ou le théâtre. La seconde moitié du XVIIIe siècle commence à mettre en question le principe de l'*ut pictura poesis* et à définir la spécificité des arts en tant que systèmes sémiotiques différents ; dans ce contexte, la question de l'*évidence* se déplace et les romanciers emploient de nouvelles solutions pour tantôt transposer, tantôt mettre en scène l'évidence dans l'écriture descriptive.

DEUXIÈME PARTIE

LE STATUT DE L'ÉCRITURE DESCRIPTIVE DANS LE ROMAN ET LES STRATÉGIES DE SA LÉGITIMATION

Pourquoi y a-t-il eu dans le roman
de cette époque des réticences, des
résistances à la description ? Comment
se fait-il que le roman décrive
quand même ? À quelle sorte de
contradictions cela nous donne-t-il
accès ?
Henri LAFON[1]

La dualité de la notion de description, telle qu'elle caractérise le
XVIIIe siècle, doit mettre en garde contre des simplifications en ce
qui concerne le statut de l'écriture descriptive dans le roman de cette
époque. Certes, seuls les *passages descriptifs* se détachent nettement du
flux narratif et sont concernés directement et structurellement par la
problématique du statut, de la légitimité et de l'intégration dans le tissu
narratif. Or, la question du statut de l'écriture descriptive, et même du
passage descriptif, ne se laisse nullement réduire, à l'époque étudiée, à
une question structurelle ou formelle. En effet, si le statut du passage
descriptif devient problématique, c'est aussi parce que la « description »
ainsi que les différents termes qui s'y trouvent associés, entraînent avec
eux tout un ensemble d'idées, de valorisations, de conventions et de
traditions. C'est justement parce que l'époque distingue et confond à
la fois deux notions de la description que le champ entier de l'écriture
descriptive joue un rôle pour le statut du *passage descriptif* dans le roman.

À ne regarder que les conventions et traditions attachées à l'écriture
descriptive relevant du domaine romanesque, on pourrait avoir l'impression
qu'elles sont tellement strictes qu'il ne saurait à peine se trouver de
descriptions dans les romans. La présence incontestable de nombreux
portraits, descriptions de lieux, d'objets et de paysages dans le roman,
le fait que « le roman décrive quand même », selon les mots d'Henri
Lafon, ne s'explique qu'à la lumière des évolutions plus larges touchant
l'écriture descriptive de manière générale. La tension qui me semble au
cœur du statut de l'écriture descriptive, pendant la seconde moitié du
XVIIIe siècle, est celle qui existe entre deux tendances antinomiques :

---

1   Lafon, « Sur la description dans le roman du XVIIIe siècle », 1982, p. 303.

d'une part, dans différents domaines du champ culturel, on trouve une forte « promotion » théorique de la description à laquelle correspond un impressionnant épanouissement de l'écriture descriptive dans une variété de genres d'écriture ; d'autre part, cet épanouissement se heurte à une permanence de traditions et de conventions – en partie générales, en partie plus spécifiquement romanesques – qui limitent la place de la description dans le roman, permanence que l'on peut observer dans le discours des romanciers et critiques ainsi que dans la réflexion sur la poétique du récit menée par Bérardier de Bataut dans son *Essai sur le récit, ou Entretiens sur la manière de raconter* de 1776.

Le statut profondément ambivalent découlant de cette situation est à l'origine d'un certain nombre de faits que l'on observe dans les romans et qui sont liés à l'articulation entre passages descriptifs et tissu narratif ; parmi ces faits, on peut distinguer notamment des stratégies de légitimation explicite (à travers des remarques métadiscursives) et des mécanismes d'intégration tacite (à travers la motivation narrative). La complémentarité et l'équilibre de ces deux types de stratégies qui se dégagent de leur analyse typologique et fonctionnelle se confirment dans l'analyse de deux romans particuliers du corpus, les *Cent Vingt Journées de Sodome* de Sade et *La Découverte australe* de Rétif de la Bretonne. Bien que ni le statut ambivalent de l'écriture descriptive, ni la complémentarité des stratégies de légitimation ne soient formulées à l'époque étudiée, ils déterminent effectivement la pratique descriptive dans le roman.

LE STATUT DE L'ÉCRITURE DESCRIPTIVE

> Il serait bien intéressant d'étudier la description dans nos romans, depuis Mlle de Scudéri jusqu'à Flaubert. Ce serait faire l'histoire de la philosophie et de la science pendant les deux derniers siècles ; car, sous cette question littéraire de la description, il n'y a pas autre chose que le retour à la nature, ce grand courant naturaliste qui a produit nos croyances et nos connaissances actuelles.
> Émile ZOLA[1]

La grande étude synthétique dont Zola indique, comme il le dit lui-même, les « grands jalons », n'a toujours pas été entreprise, quoique beaucoup de travaux en aient cerné des aspects ou des étapes. Je voudrais ici envisager d'un peu plus près un de ces jalons, c'est-à-dire la question du statut de la description au XVIIIe siècle. S'il paraît quelque peu audacieux de réduire la « question littéraire de la description », au XVIIIe siècle, à « l'histoire de la philosophie et de la science », et de limiter la description aux seuls domaines des « dissertations philosophiques » et des « partis pris d'émotion idyllique », comme l'affirme Zola, il n'en reste pas moins vrai qu'au XVIIIe siècle, le statut de l'écriture descriptive

---

[1] Zola, « De la description », 1880/1971, p. 231. Zola poursuit : « Nous verrions le roman du dix-septième siècle, tout comme la tragédie, faire mouvoir des créations purement intellectuelles sur un fond neutre, indéterminé, conventionnel ; les personnages sont de simples mécaniques à sentiments et à passions, qui fonctionnent hors du temps et de l'espace ; et dès lors le milieu n'importe pas, la nature n'a aucun rôle à jouer dans l'œuvre. Puis, avec les romans du dix-huitième siècle, nous verrions poindre la nature, mais dans des dissertations philosophiques ou dans des partis pris d'émotion idyllique. Enfin, notre siècle arrive avec les orgies descriptives du romantisme, cette réaction violente de la couleur ; et l'emploi scientifique de la description, son rôle exact dans le roman moderne, ne commence à se régler que grâce à Balzac, Flaubert, les Goncourt, d'autres encore. Tels sont les grands jalons d'une étude que je n'ai pas le loisir de faire ».

dans le roman est fortement déterminé par des influences extérieures au domaine restreint du roman. Des tendances en philosophie et dans l'histoire des idées, des évolutions dans le domaine des belles-lettres, se conjuguent avec les conventions, traditions et valorisations appartenant en propre à la poétique du roman.

LA DESCRIPTION DANS LES SCIENCES
ET LES BELLES-LETTRES

Le XVIIIe siècle doit être considéré comme la grande époque d'une réhabilitation et d'une promotion de l'écriture descriptive dans un grand nombre de champs de l'activité intellectuelle. Ce n'est pas que ce soit un départ entièrement nouveau, sans précédents ni préparatifs. On peut même considérer, au contraire, qu'une première réappréciation de la description s'observe dès la fin du XVIe siècle : pour cette époque, Michel Simonin a exposé une situation provisoire qui, par le statut ambivalent de la description où promotion et ouverture s'associent à des critiques morales et esthétiques, n'est pas sans rappeler la situation au XVIIIe siècle. Cette « ouverture descriptive » acquiert un certain poids à partir de 1580 mais ne se maintient pas longtemps, sa portée étant rapidement réduite par un « recentrage classique », c'est-à-dire par la mise en place de la doctrine classique et du rationalisme cartésien[1]. L'essor même de la pratique descriptive dans des genres narratifs comme le roman pastoral se retourne contre celle-ci puisque la grande place qu'elle y prend est bientôt jugée excessive. De plus, la description se trouve associée au roman, genre dont le peu d'ancienneté et de noblesse n'est pas une bonne recommandation.

Est-il vrai, comme Michel Simonin l'affirme, que rien de nouveau ne se passe avant que le naturalisme ne donne, au XIXe siècle, une nouvelle place à la description ? Certes, certaines critiques de la description resteront une lourde hypothèque même au XVIIIe siècle. Cependant, beaucoup des facteurs que cite Michel Simonin en faveur d'un essor de la description réapparaissent au XVIIIe siècle, et d'autres s'y ajoutent. Bien avant le naturalisme littéraire du XIXe siècle, les transformations touchant la philosophie, les sciences et l'histoire des idées ainsi que les

---

1   Voir Simonin, « Le statut de la description à la fin de la Renaissance », 1981, p. 134-137.

innovations dans le champ littéraire naissant sont trop importantes pour ne pas influer sur le statut de l'écriture descriptive dans le roman. Quels sont donc les genres dans lesquels l'essor de l'écriture descriptive se fait le plus sentir, quelle place et quel statut leurs représentants accordent-ils à l'écriture descriptive, et quelle est l'influence de ces genres sur l'écriture descriptive dans la fiction romanesque ?

EMPIRISME, HISTOIRE NATURELLE ET *ENCYCLOPÉDIE*

Plusieurs travaux récents ce sont penchés sur la question de savoir quel lien existe, au XVIIIe siècle, entre la philosophie ou les sciences d'un côté, les lettres de l'autre. Dans la perspective d'une histoire sociale des représentations, Joël Castonguay-Bélanger montre comment, bien que le statut de l'imagination oppose de plus en plus les sciences et le roman, des liens thématiques nombreux et souvent étroits s'établissent entre ces deux domaines ; par exemple, de nombreux romans de la seconde moitié du XVIIIe siècle traitent de la génération biologique ou décrivent des vols en ballon et le roman représente ainsi autant un « instrument de vulgarisation » des savoirs qu'un « laboratoire de l'imaginaire[1] ». Dans une perspective axée sur l'écriture descriptive en dehors du roman, Joanna Stalnaker note que l'écriture descriptive de manière générale « was theorized and practiced like never before » pendant la seconde moitié du XVIIIe siècle. Et elle souligne que pour comprendre les pratiques descriptives multiples à cette époque, il convient d'être attentif aux tensions entre l'épistémologie et la poétique, d'opérer un va-et-vient permanent entre les sciences et les belles-lettres seulement en passe de devenir des domaines autonomes[2]. Enfin, Thomas Klinkert propose une analyse qui dépasse largement le domaine des Lumières françaises et est axée spécifiquement sur la question de savoir comment les textes littéraires ont recours aux savoirs, principes et discours scientifiques pour commenter ou refléter leurs propres thèmes, fonctions ou principes[3].

Au XVIIIe siècle, la mutation majeure dans le domaine philosophique est celle représentée par la montée en force de l'empirisme : après Bacon et Gassendi, c'est notamment avec l'*Essay Concerning Human Understanding* (1690, traduit en 1700) de John Locke, que s'affirme et se répand l'empirisme. De Descartes et des systèmes post-cartésiens

---

1 Castonguay-Bélanger, *Les écarts de l'imagination*, 2008, p. 11.
2 Stalnaker, *The Unfinished Enlightenment*, 2010, p. 6 et 8.
3 Klinkert, *Epistemologische Fiktionen*, 2010.

de Malebranche ou de Leibniz, des principes *a priori*, des idées innées
et de la déduction logique, on passe donc à Locke et à Condillac, à
l'induction, à la connaissance par les sens et à la méthode expérimentale[1]. L'empirisme produit, notamment à travers les travaux sensualistes
de Bonnet, d'Helvétius et de Condillac, une théorie de l'entendement
humain, de sa genèse et de son fonctionnement. Dans ce domaine, on
peut constater des liens relativement étroits entre science et fiction romanesque. On sait que le sensualisme en tant que réflexion sur la genèse
de l'entendement avait imaginé comment un être humain dépourvu
de tout sens et de toute connaissance acquerrait l'un après l'autre les
cinq sens, apprenant en même temps et progressivement des idées,
simples d'abord et plus complexes ensuite. Dans son *Traité des sensations*
(1754), Condillac recourt à la célèbre fiction de la statue pour analyser
ce processus. Si Condillac, dans sa réflexion sensualiste, s'appuie sur
une forme d'expérimentation par la fiction, un certain type de fictions
recourt inversement aux principes empiristes ou sensualistes. Il en
naît un genre fictionnel que Christophe Martin a appelé la « fiction
d'expérimentation pédagogique », dont des pièces comme *La Dispute*
(1744) de Marivaux ou des romans comme *L'Élève de la nature* (1763) de
Guillard de Beaurieu sont des exemples et dont les enjeux sont autant la
naissance de l'entendement que l'éducation et l'origine du langage[2]. Parmi
les romans étudiés ici, *Imirce ou la fille de la nature* (1765) de Dulaurens
relève de ce genre : Imirce, d'abord élevée à l'écart de la société, est dans
un second temps confrontée peu à peu à des personnages, des objets
ou des phénomènes naturels[3] ; cette thématique implique une écriture
donnant une large place à la description de ce que la jeune protagoniste
du roman perçoit, comprend ou ne comprend pas, et permet de décrire
des objets quotidiens comme un boudin, une épée ou un carrosse, objets
qui ne deviennent intéressants, étranges, nouveaux que sous le regard
ingénu de la jeune fille.

De manière générale, le passage du rationalisme cartésien à l'empirisme
implique une revalorisation de l'observation et une nouvelle confiance
dans les données des sens, ce qui modifie la manière même d'écrire :
lorsqu'on explique les phénomènes en s'appuyant sur une chaîne de

---

1   Voir Cassirer, *Die Philosophie der Aufklärung*, 1932/1998 et, plus récemment et axé plus
    spécifiquement sur l'empirisme, O'Neal, *The Authority of Experience*, 1996.
2   Sur ce genre, on peut consulter Martin, *Éducations négatives*, 2010.
3   Pour la tradition dans laquelle s'inscrit *Imirce*, voir également Racault, « Le motif de
    l'enfant de la nature dans la littérature du XVIIIe siècle », 1989.

déductions logiques qui mènent des principes *a priori* à ces phénomènes, on doit se servir d'une écriture avant tout argumentative. Mais lorsque l'on se propose surtout d'accumuler les observations, de documenter les phénomènes dans toutes leurs nuances, de les analyser et les expliquer, on doit employer une écriture qui mêle davantage description, explication et argumentation. La revalorisation de l'observation implique également que l'on accorde plus d'attention à des objets nouveaux, relevant de l'histoire naturelle, la géographie, la physiologie, l'anatomie, la botanique, la chimie, objets qui eux aussi appellent une écriture plus fortement orientée vers la description et l'explication. De nombreux ouvrages témoignent d'une telle évolution : le *Spectacle de la nature* (1732-50) de l'abbé Pluche, *L'Atlas physique* de Philippe Buache (1754), *L'Histoire des deux Indes* (1770 puis 1780) de Raynal, les *Études de la nature* (1784) de Bernardin de Saint-Pierre ou le *Traité élémentaire de chimie* de Lavoisier (1789), pour n'en nommer que quelques-uns. Les rapports entre une prise de position empiriste, une valorisation de la description et son influence éventuelle sur l'écriture descriptive dans le roman peuvent être constatés, par exemple, à partir de l'*Histoire naturelle, générale et particulière, avec la description du Cabinet du Roy* (1749-1789) de Buffon et Daubenton.

L'origine de l'histoire naturelle en tant que discipline peut être située vers le milieu du XVIᵉ siècle, et pour un siècle environ, son enjeu central était l'observation et la description des plantes et des animaux, avant que les questions de classification et d'explication causale des phénomènes ne reprennent le dessus au début du XVIIᵉ siècle[1]. Au XVIIIᵉ siècle, dans les discours théoriques qu'ils incluent dans l'*Histoire naturelle*, Buffon et son collaborateur Daubenton se font à nouveau les défenseurs à la fois de l'observation et de la description. Buffon s'oppose explicitement à l'épistémologie cartésienne et prend position pour l'empirisme, soulignant la nécessité de la connaissance par l'observation : « la seule et vraie science est la connaissance des faits, l'esprit ne peut pas y suppléer[2] ». Et il insiste sur le lien étroit entre observation et description, puisque « pour décrire exactement, il faut avoir vu, revu, examiné, comparé la chose qu'on veut décrire[3] ». Cependant, Buffon précise également que, bien qu'il importe que la description soit complète, elle ne doit pas présenter des détails excessifs et le style en doit rester « simple, net et

---

1 Voir Ogilvie, *The Science of Describing*, 2006, p. 1-8.
2 Buffon, *Œuvres*, 2007, p. 45 (« Premier discours », 1749).
3 *Ibid.*, p. 43.

mesuré[1] ». L'écriture de l'*Histoire naturelle* n'est pas seulement le résultat d'expériences et d'observations, encore doit-elle remplacer, pour le lecteur qui ne peut les faire lui-même, ces expériences ou observations. Ainsi, les descriptions, les planches, les gravures colorées et les tables comparatives sont, dans une telle logique du supplément, autant de « dispositifs de visualisation », comme le formule Benoît de Baere[2].

De son côté, Daubenton s'attache à démontrer la dignité et l'utilité de la description ; de manière plus explicite encore que Buffon, il opère un déplacement axiologique entre définition et description par rapport à la tradition héritée de la *Logique de Port-Royal*. Il souligne les limites de la définition, essentiellement classificatoire et donc lacunaire en tant que représentation, et il se démarque ainsi autant de la tradition scholastique que du principe linnéen de la description minimale[3]. La description, au contraire, parce qu'elle cherche à reproduire une observation approfondie de l'objet en question, le décrivant sous tous les aspects pertinents, tant extérieurs qu'intérieurs, en donnerait le « tableau » complet et pourrait seule apporter une véritable connaissance de son objet en tant qu'« ensemble[4] ». Or, Daubenton poursuit son argumentation et concède qu'il convient d'éviter tout excès descriptif, de ne pas tomber dans « de vaines recherches » et de ne pas décrire les « détails minutieux » ou les variations « accidentelles[5] ». En rejetant sur cette catégorie hypothétique des descriptions excessives tous les vices attribués à la description, il sauve en même temps la « bonne » description, claire, ordonnée, utile et même nécessaire. Cette distinction nouvelle soulève la question des limites de la bonne description[6].

Le lien étroit entre sciences et lettres se manifeste, dans ce contexte, par le fait que la question de l'étendue, du détail, de la clarté et de l'utilité des descriptions se pose de manière analogue aussi bien à Daubenton, dans le contexte de l'histoire naturelle, qu'à Bérardier de Bataut dans le contexte du récit littéraire ; cependant, le contexte épistémologique et générique infléchit fortement les réponses respectives. Daubenton s'explique en comparant deux types de descriptions, celle des anatomistes et celle des naturalistes : les premiers décomposent et individualisent

---

1   *Ibid.*, p. 45-46 et 43.
2   Baere, « Représentation et visualisation dans l'*Histoire naturelle* de Buffon », 2007, p. 613.
3   Daubenton, « De la description des animaux », 1753, p. 116. Mais voir la position de Lorraine Daston, « Description by Omission », 2005.
4   *Ibid.*, p. 118.
5   *Ibid.*, p. 119, 131.
6   *Ibid.*, p. 129-130.

l'animal, tandis que les seconds s'efforcent d'atteindre, à travers les différences et les ressemblances entre plusieurs animaux de la même espèce,
une certaine généralité[1]. Pour Daubenton, tout doit se soumettre à la
possibilité, pour le lecteur, de comparer mentalement les différentes
espèces d'animaux, mais cela à l'intérieur du cadre d'un ouvrage à
dominante descriptive se voulant avant tout accumulation d'un savoir.
Dans le récit, qu'il relève de l'histoire ou de la fiction, Bérardier doit
prendre en compte non seulement la nécessité de rendre les descriptions
agréables et variées, mais encore celle de donner des traits individuels
aux descriptions et de ne jamais perdre de vue leurs fonctions et leur
utilité par rapport au contexte narratif dans lequel elles s'insèrent[2]. En
1771, Claude-Joseph Dorat défend expressément, dans les « Idées sur
les romans » qui servent de préface à son roman *Les Sacrifices de l'amour*,
le goût du détail dans « l'étude de l'homme » et des sentiments des
écrivains anglais :

> On les a plusieurs fois accusés de s'appesantir sur les détails ; mais ces détails
> mêmes sont le secret du génie. Les Observateurs Britanniques ne négligent
> rien, quand il s'agit de l'étude de l'homme. Ils savent que le physique est
> le flambeau du moral ; la contraction d'un muscle leur donne la clef d'un
> sentiment. Un Anglais qui me regarde, me juge ; tel François me fréquente
> long-tems, sans me connoître. L'un a le coup d'œil profond, celui de l'autre
> est vague & indéterminé[3].

Dorat prend position ici dans le débat suscité par les romans de
Richardson dans lesquels les « détails » constituaient l'un des points de
litige, en particulier à cause de la tendance qu'on leur prêtait d'introduire
des objets bas dans le roman, accusation qui pesait lourd contre le
roman en tant que genre en quête de reconnaissance[4]. En appelant les
romanciers anglais les « Observateurs Britanniques » Dorat établit une
correspondance entre les « sciences » comme l'histoire naturelle d'un côté,
et les belles-lettres et notamment le roman de l'autre. Avant Rousseau
qui, dans une phrase devenue célèbre des *Rêveries d'un promeneur solitaire*
(1776-78) – « j'appliquerai le baromètre à mon cœur » –, associa de
manière paradoxale introspection personnelle et mensuration scientifique[5],

---

1   *Ibid.*, p. 137.
2   Bérardier de Bataut, *Essai sur le récit*, 1776/2010. Sur ce texte, voir ci-dessous, chap. « La
     place des circonstances dans le récit : l'*Essai sur le récit* ».
3   Dorat, « Idées sur les romans », 1771, p. 9-10.
4   Voir Lafon, « Sur la description dans le roman du XVIIIe siècle », 1982, p. 305-306.
5   Rousseau, *Œuvres complètes*, t. 1, 1959, p. 1000-01.

Dorat charge le roman d'être un outil pour l'observation et l'étude des hommes, de leurs mœurs et leurs sentiments, comme l'histoire naturelle se propose d'observer et d'étudier la flore et la faune. Le déplacement est significatif : tandis que romanciers et critiques soulignaient longtemps la fonction didactique du roman qui devait enseigner une morale, le roman devient maintenant outil d'observation.

Malgré les différences entre sciences et lettres, qui sont appelées à se renforcer par la suite, il ne fait pas de doute que l'*Histoire naturelle* promeut la description et élargit le champ des objets qu'elle peut prendre pour référents. Denis Reynaud précise que de manière générale, « l'élargissement du champ de la description doit évidemment beaucoup à l'histoire naturelle ; de nombreux objets jusque-là inconnus ou négligés sont soudain longuement décrits[1] ». Il semble cependant que l'influence directe d'une telle promotion de la description concerne davantage les belles-lettres de manière générale que le domaine de la fiction romanesque de manière spécifique. Dans ce dernier domaine, elle semble se limiter à un certain nombre de romans qui font office de passerelle entre histoire naturelle et roman.

C'est le cas, par exemple, dans l'*Histoire des Galligènes* (1765) de Tiphaigne de la Roche, où la plante imaginaire nommé « verseau » et le mystérieux « lin aérien » sont soumis à un examen et des descriptions précis axés surtout sur leur utilité pour la subsistance des habitants de l'île[2]. Plus nettement encore, *La Découverte australe* (1781) de Rétif s'inscrit dans l'histoire des idées du siècle des Lumières et entretient un rapport privilégié à l'histoire naturelle : la critique a montré, par exemple, les liens complexes entre le roman et la pensée de Buffon sur le rapport entre l'homme et les animaux ainsi qu'entre le roman et l'idée de « l'échelle des êtres » de Jean-Baptiste Robinet, par le biais des descriptions des différents espèces d'hommes-animaux[3]. Ainsi, toute la partie médiane du roman, dans laquelle les différentes espèces d'hommes-animaux sont décrites à travers les voyages de découverte des protagonistes, peut être comprise comme animée par un désir de

---

1	Reynaud, « Pour une théorie de la description au XVIIIᵉ siècle », 1990, p. 348-349.

2	La critique a surtout mis l'accent, dans les lectures de ce roman, sur la dimension utopique et viatique du roman ; voir Langenberger, « Tiphaigne de la Roche et son *Histoire des Galligènes* », 1988 ; Funke, « Die *Histoire des Galligènes* von Tiphaigne de la Roche : Utopie, Parodie, Utopie-Kritik », 1993 ; Horlacher, « Heterogenität, Kohärenz und das Prinzip der Reise », 1997.

3	Voir notamment Lo Tufo, « *La Découverte australe* et la littérature de voyage », 2000, sur le rôle de Robinet et de Mallet, ainsi que l'analyse très éclairante de Despoix, « Histoire naturelle et imagination littéraire », 2000.

transposer un discours scientifique et descriptif dans un contexte roma-nesque ; dans ce roman, la nécessité d'intégrer les descriptions dans la trame narrative et inversement, la nécessité de maintenir une trame narrative même mince, transforment les modalités narratives autant que descriptives[1]. Les autres textes contenus dans l'édition originale du roman confirment, parce qu'ils mènent une réflexion plus théorique sur la formation de l'univers et l'échelle des êtres, le lien étroit entre le roman de Rétif et l'histoire naturelle. En fin de compte, un tel lien direct reste cependant une exception ; Denis Reynaud constate que « la description fut autant prisée, dans les limites de la science, qu'elle demeurait suspecte en dehors » et formule même l'hypothèse d'une sorte d'effet rétroactif : « On a parfois l'impression que la description fut en histoire naturelle une réaction hyperbolique au discrédit et aux contraintes qui pesaient ailleurs sur elle[2] ».

Comme l'*Histoire naturelle*, la vaste entreprise de description et de diffusion des savoirs qu'est l'*Encyclopédie, ou Dictionnaire des sciences, des arts et des métiers* est tributaire du tournant vers l'empirisme. Dans le « Discours préliminaire » de 1751, d'Alembert s'oppose à « l'esprit de système », au principe de déduction, aux explications totalisantes de l'univers, pour proposer une nouvelle forme de rassemblement du savoir, qui dans un premier temps ne fait que documenter, décrire et expli-quer des phénomènes individuels[3]. L'*Encyclopédie* n'en a pas moins une ambition totalisante, et quoique l'ordre des articles soit alphabétique, l'organisation des savoirs et l'établissement des liens entre eux forment une partie essentielle du projet. En tout cas, l'*Encyclopédie* témoigne, par son ambition à traiter de l'ensemble des connaissances, mais aussi par la diversité de ses collaborateurs et par le succès commercial qu'elle a rencontré, d'une grande curiosité intellectuelle et d'un désir de savoir immense concernant autant la nature que les objets techniques. Par rapport à l'*Histoire naturelle*, l'apport principal de l'*Encyclopédie* quant à l'élargissement des objets légitimes de descriptions et pour ce qui est des techniques descriptives correspondantes concerne avant tout le champ de la description des arts. Représenter, par le texte et l'image, les outils, les machines et leur fonctionnement, les procédés de fabrication, les produits qui en résultent, était un défi au niveau de la terminologie (synonymes, néologismes), du style (clarté, énergie), de l'organisation du

---

1   Sur ce roman, voir ci-dessous, chap. « La motivation narrative dans *La Découverte australe* ».
2   Reynaud, « Pour une théorie de la description au XVIIIᵉ siècle », 1990, p. 348 et 349.
3   *Encyclopédie*, 1751-65/2010, t. I, p. XXXI.

texte et du rapport de la description verbale aux planches[1]. Selon Georges Benrekassa, le propos didactique de l'ouvrage, qui entend véritablement mettre le lecteur en position de comprendre et de pratiquer un art donné, implique l'idéal « d'une espèce d'hypotypose technique[2] ». L'écriture descriptive dans l'*Encyclopédie* aspire donc, comme dans l'*Histoire naturelle* (et dans la critique d'art), à suppléer à une perception ou une expérience non disponible. Or, dans le cas de l'*Encyclopédie* comme dans celui de l'*Histoire naturelle*, apparaissent les limitations auxquelles est soumis tout transfert direct d'un genre scientifique vers les belles-lettres. Dans l'*Encyclopédie* et dans les *Confessions* de Rousseau, Aurélia Gaillard a relevé un exemple intéressant du traitement contrasté de la fontaine de Heron, objet à la fois technique et merveilleux[3]. L'article « Fontaine artificielle » de l'*Encyclopédie*, dû à d'Alembert, contient évidemment une description précise et technique du mécanisme de la fontaine et renvoie à une figure dans les volumes de planches[4]. Par contre, dans l'épisode bien connu du troisième livre des *Confessions*, la fontaine ne fait l'objet d'aucune description un tant soit peu concrète ou technique ; elle y est simplement nommée et ce qui compte, ce sont les circonstances de l'épisode, les avantages qu'on espère tirer de la « merveille » et la naïveté du jeune Rousseau que l'épisode met en évidence[5]. On constate une relation comparable entre l'ensemble des articles sur l'horloge dans l'*Encyclopédie* et l'épisode du début du *Paysan perverti* où Edmond, arrivant en ville, s'émerveille devant l'horloge qu'il découvre en haut de la cathédrale[6]. Ces exemples sont tout à fait révélateurs de tout ce qui distingue le statut de la description dans l'*Encyclopédie* de celui qu'il a dans la fiction romanesque, où l'apport des objets à l'intrigue ou à la signification du roman prime souvent sur le détail ou l'évidence descriptive.

En effet, les objets techniques qui apparaissent dans les romans étudiés ici figurent la pensée scientifique et s'intègrent également dans l'intrigue romanesque, que ce soit sur un mode élogieux ou critique. Dans *Giphantie* (1760) de Tiphaigne de la Roche, le protagoniste-narrateur se retrouve, après avoir survécu à un violent ouragan de sable, dans le

---

1 Pour une analyse d'ensemble, voir Proust, *Diderot et l'Encyclopédie*, 1962/1995, p. 205-220. Pour une analyse des liens que la description entretient avec l'épistémologie et la temporalité, voir Stalnaker, *The Unfinished Enlightenment*, 2010, p. 99-123.
2 Benrekassa, « Décrire, écrire, instruire », 1995, p. 221.
3 Gaillard, « Un monde de machines : l'objet inventé au XVIIIᵉ siècle », 2005.
4 Voir *Encyclopédie*, 1751-65/2010, t. VII, p. 101.
5 Voir Rousseau, *Œuvres complètes*, t. 1, 1959, p. 101-102.
6 Voir *Encyclopédie*, 1751-65/2010, t. VIII, p. 298-302 et *Paysan* 1.17-18 I.

curieux « monde des esprits » et fait bientôt la rencontre du préfet de ce pays qui lui sert d'inévitable guide. À la fois voyage imaginaire et utopie scientifique qui s'organise « comme la visite d'un vaste cabinet de sciences naturelles[1] », un grand nombre d'objets techniques apparaît ; ce sont par exemple le globe et la baguette singuliers qui permettent de voir et d'écouter à distance ou les tableaux fixant le reflet de la réalité[2]. Ces objets sont évoqués à travers une description méthodique assumée par le narrateur-voyageur et qui révèle leur forme géométrique, leurs mesures précises et leurs principales fonctions, et par une explication pseudo-scientifique assumée par le guide, lequel explique le fonctionnement supposé de ces objets. Ces derniers sont souvent dotés de propriétés surprenantes représentant le progrès des sciences et étonnant le visiteur qui les découvre, mais leur fonction dans le roman est avant tout de permettre un regard moralisateur et critique sur la société française. Dans un roman noir plus tardif, *Pauliska ou la perversité moderne* (1798) de Révéroni Saint-Cyr, les objets techniques symbolisent le versant négatif et déréglé du progrès scientifique, qu'ils soient connus et à peine esquissés, comme la presse à imprimer que les faussaires utilisent également comme instrument de torture, ou imaginaires et décrits longuement, comme la « machine électrique » servant à recueillir le « fluide enfantin » du fils de Pauliska (*Pauliska* 98 et 189-190). Enfin, dans la parodie de roman noir qu'est *La Nuit anglaise* (1799) de Bellin de la Liborlière, les objets techniques sont délibérément privés de toute utilité et de toute fonction narrative, si ce n'est celle d'ironiser sur le vocabulaire technique que leur description nécessite et qui ne convient pas au discours romanesque (*Nuit* 176).

La promotion de la description, l'élargissement des référents potentiels et l'évolution des techniques descriptives dans des entreprises comme l'*Histoire naturelle* ou l'*Encyclopédie* ne font pas de doute. Cependant, on voit que la description y est elle-même soumise à des restrictions et soulève des problèmes épistémologiques ou linguistiques. Enfin, les thèmes et techniques descriptives qu'on observe dans ces domaines ne sont que rarement transférés d'une manière directe vers le domaine romanesque.

---

1 Boulerie, « L'objet scientifique ou la possibilité du progrès moral », 2005, p. 80 ; l'auteur analyse les objets scientifiques, dans *Giphantie*, comme « le signe visible de la pensée scientifique » (p. 91).

2 Voir *Giphantie* 1029-36 et 1044-45. Le roman est connu encore aujourd'hui, parmi les amateurs de romans de science-fiction, pour avoir ainsi décrit une sorte de téléviseur avant la lettre ainsi que le principe de la photographie argentique, plusieurs décennies avant sa réalisation effective par Joseph Nicéphore Niépce en 1825.

Qu'en est-il cependant de certains genres d'écriture appartenant, comme la fiction romanesque, au domaine des belles-lettres ?

LE DOMAINE DES BELLES-LETTRES

Dans le domaine des belles-lettres, des genres comme la poésie descriptive et la critique d'art, qui « naissent » au XVIIIe siècle, ou un genre comme le récit de voyage, qui se transforme profondément à cette époque, participent à une promotion de l'observation de la nature extérieure, de la surface visible et des détails concrets et individuels des choses, et contribuent par-là à un épanouissement du descriptif dans les belles-lettres.

La poésie descriptive est un genre apparu au milieu du XVIIIe siècle dans lequel se combinent l'influence de l'empirisme philosophique et de l'observation scientifique avec le « sentiment de la nature » qui se fait jour au XVIIIe siècle et qu'on peut sans doute compter parmi les vecteurs les plus importants pour l'essor de la description dans le roman[1]. La poésie descriptive apparaît en France autour de 1750, mais son véritable essor ne commence qu'en 1760 : l'impulsion décisive vient, sans doute, de la poésie anglaise, notamment des *Saisons* (1726-30) de James Thomson, dont la première traduction intégrale paraît en 1759. La même année, Jacques Delille achève les *Géorgiques* et les lit au début de 1760 à l'Académie française, avec un grand succès. Les précurseurs dont les poètes descriptifs se réclament eux-mêmes, se signalent par une commune ambition descriptive et un intérêt partagé pour la nature, sans toutefois faire de la description l'enjeu central : ils se trouvent parmi les poètes anciens (Virgile et Ovide), les poètes latins modernes (poésie didactique et pastorale), et les poètes contemporains anglais et suisses avant tout (James Thomson, James Macpherson, Salomon Gessner)[2]. Par rapport à ces précurseurs, l'innovation essentielle de la poésie descriptive est d'avoir créé « non pas la description poétique, mais le poème descriptif, grande composition dont la description constitue l'essentiel et non pas simplement un élément accidentel[3] ».

---

1   Voir l'ouvrage parfois expéditif de Daniel Mornet (*Le sentiment de la nature en France de J.-J. Rousseau à Bernardin de Saint-Pierre*, 1907/2000) et celui, plus nuancé, de Paul Van Tieghem (*Le sentiment de la nature dans le préromantisme européen*, 1960).

2   Voir Van Tieghem, *Le sentiment de la nature*, 1960, p. 11-13, et Guitton, *Jacques Delille et le poème de la nature en France de 1750 à 1820*, 1974, p. 39-63.

3   Cameron, *L'influence des* Saisons *de Thomson sur la poésie descriptive en France*, 1927/1975, p. 7.

Édouard Guitton, dans la vaste enquête qu'il consacre à la genèse, l'apogée et la déchéance de la poésie descriptive et didactique au XVIIIᵉ siècle, propose de voir dans l'*Encyclopédie*, l'*Histoire naturelle* et dans la philosophie nouvelle des Lumières de manière plus générale, les « provocateurs français » de la poésie descriptive ; il formule avec force qu'« une conversion à la méthode expérimentale est à l'origine de toute esthétique descriptive[1] ». La poésie descriptive unit concrètement science et poésie, en ajoutant aux vers des notes ou remarques à contenu et tonalité scientifiques. Mais la manière dont les poètes entendent donner un « répondant poétique » à la philosophie et aux sciences contemporaines engendre également des innovations stylistiques, en particulier descriptives : l'objectif de la poésie descriptive, écrit Guitton, « est de saisir la nature au passage, pour ainsi dire, de la fixer dans sa manifestation actuelle par le biais de la *description*[2] ». L'objet de la poésie descriptive est l'homme dans son rapport à la nature, que ce soit un rapport d'observation, d'intervention, de manipulation, ou simplement d'admiration. Saint-Lambert, à la fois représentant de la poésie descriptive, proche des « philosophes » et collaborateur de l'*Encyclopédie*, affirme en effet en 1769 : « Vous rendrez la nature intéressante, si vous la peignez toujours dans ses rapports avec les êtres sensibles[3] ». Jacques Delille, chef de file du genre descriptif, prend acte d'un déplacement de l'imitation d'une nature idéale vers la représentation de la nature concrète et sensible et défend le genre descriptif contre ses détracteurs :

> Décrire pour décrire est une sottise ; mais décrire pour rendre plus sensibles les procédés des arts et les phénomènes de la nature physique est non seulement permis, mais nécessaire ; et ce qui est nécessaire est toujours irrépréhensible[4].

La posture défensive de ces propos est clairement discernable, ce qui est une fois de plus révélateur du statut de la description à l'époque. Or, on note également dans ce passage que Delille (comme Daubenton en 1753) a recours à une argumentation double, qui lui fait concéder d'abord qu'un excès descriptif sans utilité est « une sottise » pour mieux défendre ensuite la place importante mais « irrépréhensible » qu'il accorde à la description. Enfin, la poésie descriptive a su changer les connotations des termes comme description ou décrire : Guitton

---

1 Guitton, *Jacques Delille et le poème de la nature*, 1974, p. 17.
2 *Ibid.*, p. 11 et 12.
3 Saint-Lambert, « Discours préliminaire » aux *Saisons*, 1769/1823, p. X.
4 Delille, « Discours préliminaire » aux *Trois règnes de la nature*, 1808, p. 11-12.

note que les poètes descriptifs ont compris et fait savoir « que la poésie est faite pour être vue et entendue, parce qu'elle parle aux sens au même titre que ses sœurs rivales, la peinture et la musique[1] ». De ce fait, la poésie descriptive a participé activement au fait que « les mots *décrire, description, descriptif* se sont chargés de connotations affectives, sentimentales, philosophiques, qui ouvraient le champ à une entreprise radicalement moderne, puisque ce n'étaient pas seulement les pensers qui devenaient nouveaux, c'était aussi le vers qui changeait de nature[2] ». Malgré de tels progrès, Édouard Guitton affirme que lorsque la poésie descriptive perd son élan vers la fin du siècle, le grand poème pittoresque et musical de la nature sensible que le cardinal de Bernis avait appelé de ses vœux était resté « une idée qui n'a pas trouvé son expression[3] » et qui s'est réalisée davantage dans la prose romanesque que dans la poésie[4].

On constate en tout cas, dans certains des romans étudiés ici, des influences relativement nettes de l'accent que la poésie descriptive avait mis sur la nature sensible ainsi que sur la relation entre l'homme et la nature. Comme dans la relation entre philosophie nouvelle et poésie descriptive, des liens entre poésie descriptive et fiction romanesque se tissent à travers des personnes : après Rousseau, qui inaugure une nouvelle sensibilité romanesque pour la nature, des écrivains tels que Nicolas Germain Léonard, auteur de poésies descriptives, d'idylles et de pastorales mais également romancier, ou encore Claude-Joseph Dorat, connaisseur en poésie contemporaine, polygraphe et romancier, peuvent être considérés comme des légataires de l'esthétique descriptive de cette poésie de la nature[5]. Les *Lettres de deux amants* (1783) du premier sont un roman épistolaire sentimental, inspiré autant du roman pastoral idéalisant du XVIIe siècle que des *Idylles* d'un Gessner, mais également de *La Nouvelle Héloïse*, avec laquelle il présente de nombreux parallèles. Le roman donne une grande place aux descriptions de paysage lesquelles n'évitent pas toujours les *topoi* descriptifs et sensibles et où frappent, plus que les qualités de « coloriste » que

---

1   Guitton, *Jacques Delille et le poème de la nature*, 1974, p. 569.
2   *Ibid.*
3   Voir Bernis, « Discours sur la poésie », 1743/1803 et Guitton, *Jacques Delille et le poème de la nature*, 1974, p. 35.
4   Voir Guitton, *Jacques Delille et le poème de la nature*, 1974, p. 572-573, et Van Tieghem, *Le sentiment de la nature dans le préromantisme européen*, 1960, p. 100.
5   Outre des vers, Dorat a notamment publié en 1769 une « Idée sur la poésie allemande », 1769, où il célèbre Haller et Gessner qui sont selon lui des « Peintres de la Nature » (p. 10).

William M. Kerby souligne, les notations assez fréquentes d'odeurs et de bruits de la nature[1]. Dans les romans épistolaires du second, comme *Les Sacrifices de l'amour* (1771), on retrouve, à travers les jardins dont les murs, bosquets et fleurs sont décrits, une nature plus domestiquée que chez Léonard, mais également rendue avec davantage de détails concrets et particuliers. Bernardin de Saint-Pierre est sans doute celui qui, dans *Paul et Virginie* (1788) a su marier le mieux la description précise et riche en couleurs d'une nature exotique, documentée dans les *Études de la nature*, à une esthétique du pittoresque et d'un lien sensible entre hommes et nature.

Le récit de voyage est sans doute d'une importance comparable à la poésie descriptive, en ce qui concerne son influence sur le statut de la description dans le domaine des belles-lettres. La littérature viatique au sens large connaît un essor important en France, à partir de la seconde moitié du XVIIe siècle : les guides de voyage, qui comportent souvent le terme « description » dans leur titre, ont une visée essentiellement pratique et culturelle et se limitent, pour l'essentiel, à la description des villes françaises ou étrangères avec leurs bâtiments, monuments ou cabinets de curiosité ; c'est le cas de la *Description de la ville de Paris et de tout ce qu'elle contient de plus remarquable* (1684) par Germain Brice, guide souvent réimprimé au XVIIIe siècle. Le traditionnel « grand tour » des élites culturelles ou politiques avec un passage obligé en Italie, donne lieu également à de nombreux journaux, lettres et récits de voyage au XVIIIe siècle, comme le *Voyage pittoresque d'Italie, ou Recueil de notes sur les ouvrages de peinture et de sculpture, qu'on voit dans les principales villes d'Italie* (1756) du peintre Charles-Nicolas Cochin. À la suite des missions jésuites, les « descriptions » et « histoires » de pays lointains se multiplient, décrivant la géographie, la flore et faune et les « mœurs » des habitants tant de l'Asie que de la « Nouvelle France » et de l'Amérique du sud ; l'exemple le plus imposant en est sans doute la *Description géographique, historique, chronologique, politique et physique de l'Empire de la Chine et de la Tartarie chinoise* (1735) compilée par l'historien jésuite Jean-Baptiste Du Halde. Mais le XVIIIe siècle français est surtout l'époque des grands voyages à mission scientifique et exploratrice et des rapports qui en sont rédigés ; c'est le cas, entre

---

1   William M. Kerby (*The Life. Diplomatic Career and Literary Activities of Nicolas Germain Léonard*, 1925, p. 242) note « the gracefulness and the brilliant colouring that adorn Léonard's descriptions of the beauties of Nature ». Le roman a été lu par Sade à la Bastille, selon Hans-Ulrich Seifert (*Sade. Leser und Autor*, 1983, p. 289).

autres, du *Journal du voyage fait par ordre du Roi à l'Équateur* (1751) de
La Condamine, ainsi que des compilations et synthèses sur les pays
et les peuples du monde, comme l'*Esprit des usages et des coutumes des
différents peuples* (1776) de Jean-Nicholas Démeunier.

Généralement, les écrits de voyage de toutes sortes étaient empreints
des recherches géographiques, biologiques, anthropologiques qui avaient
marqué le siècle des Lumières[1]. Le rôle important de la description
dans le récit de voyage tient à l'identité même du genre qui, selon Jean-
Michel Racault, répond directement à un « programme descriptif »,
puisque sa finalité consiste autant à raconter un voyage qu'à rapporter
des informations sur les pays parcourus[2]. Un tel programme descriptif
confronte le voyageur-descripteur à l'altérité de ce qu'il rencontre dans
les pays lointains et inconnus, altérité qui soulève des questions tant
épistémologiques (comment apercevoir et comprendre l'inconnu ?),
littéraires (comment le représenter par le discours ?) et idéologiques
(quelle position hiérarchique s'attribuer, face à cette altérité ?)[3]. Alexandre
Cioranescu a montré à quel point le récit de voyage représentait, face
à cette problématique, un important laboratoire pour des techniques
descriptives novatrices[4]. Il constate que ce n'est pas avant le XVIe siècle
qu'apparaît un type de description cherchant à « individualiser l'objet »
et que la description se dissocie de la rhétorique, puisqu'au lieu d'être
un ornement facultatif ou un moyen de persuasion, elle répond à un
véritable « besoin d'intelligence[5] ». Enfin, les objets décrits changent :
ce ne sont plus seulement des objets « nobles » mais aussi des objets
humbles qui intéressent le descripteur. La spécificité du récit de voyage
et des descriptions qu'il contient au siècle des Lumières, à la différence
aussi bien du siècle précédent que du Romantisme, semble résider dans
l'aspiration à une synthèse entre science et sensibilité, à une « union de
sentiment et des connaissances[6] ». Comme dans la poésie descriptive,
ce n'est pas seulement la nature qu'il s'agit de représenter, mais encore
la position et la réaction du voyageur lui-même face à cette nature qu'il

---

1   C'est ce que montre Michèle Duchet, *Anthropologie et Histoire au siècle des Lumières*, 1971.
    Voir aussi ses travaux consacrés spécifiquement à la littérature viatique, par exemple
    Duchet, « Aspects de la littérature française de voyages au XVIIIe siècle », 1966.
2   Racault, « Voyages et utopies », 2006, p. 292.
3   Voir les contributions de Roland Le Huenen (« Le discours du découvreur », 1990) sur les
    dimensions sémiotiques et idéologiques de la question et d'Arnold Esch (« Anschauung
    und Begriff », 1991) sur la problématique épistémologique et littéraire.
4   Cioranescu, « La découverte de l'Amérique et l'art de la description », 1962.
5   *Ibid.*, p. 167 et 168.
6   Wolfzettel, *Le discours du voyageur*, 1996, p. 235-236.

découvre : « Décrire, non pas les faits, mais les émotions suscitées par l'expérience des faits », comme l'écrit Friedrich Wolfzettel[1].

La proximité entre récits de voyages véridiques, récits de voyages imaginaires et fiction romanesque de l'époque est particulièrement grande. Le récit de voyage réagit, à la fin du XVIIe siècle, au discrédit que connaît à la même époque la fiction romanesque par une insistance sur son caractère spécifique « d'anti-littérature[2] » ; à travers des formes comme le journal ou la lettre qu'elles adoptent, les « histoires » et « relations » de voyage se donnent toutes les marques d'une authenticité recherchée : immédiateté de l'écriture, structure peu ordonnée de l'ensemble, absence apparente de recherches stylistiques, impression d'intimité de la lettre[3]. Puisque cette tendance rencontre une tendance analogue dans le genre romanesque, il en résulte, entre récit de voyage véridique et fiction romanesque, une convergence qui a facilité sans doute les influences réciproques. En effet, des ressemblances nombreuses, des échanges étroits, une véritable circulation de *topoi* peuvent être constatés. Certaines thématiques conventionnelles du récit de voyage véridique, répertoriées à l'époque dans des traités, circulent à l'intérieur de ce genre mais passent facilement aussi du récit de voyage véridique au récit de voyage romanesque : parmi les passages obligés du récit de voyage on trouve, en particulier, la description de la situation géographique de la ville visitée, de la côte et de ses ports, du climat de la région, de l'administration du pays, des mœurs et des habitudes vestimentaires des habitants[4]. Malgré leur « vocation référentielle indéniable », les récits de voyage authentiques sont ainsi un genre à l'intérieur même duquel une pratique intertextuelle importante est constamment à l'œuvre, que ce soit par citation, plagiat, allusion, reprise de thèmes, et ceci tantôt dans un souci d'enrichissement du texte, tantôt dans un souci de l'authentifier ou de lui adjoindre l'autorité d'une source reconnue[5]. Une telle pratique de l'intertextualité facilite et encourage également les échanges entre récits de voyages véridiques et romanesques.

Parmi les romans étudiés ici, plusieurs se fondent sur le voyage ou le périple aventureux et, dépassant les bornes de la France ou de l'Europe, étendent souvent leur horizon aux pays lointains, voire imaginaires.

---

1 *Ibid.*, p. 305.
2 Chupeau, « Les récits de voyages aux lisières du roman », 1977, p. 549. Voir aussi Racault, « Voyages et utopies », 2006, p. 317-318.
3 Ouellet, « Épistolarité et récit de voyage », 1996.
4 Michov, « Le récit de voyage », 2005, p. 462-468.
5 *Ibid.*

La structure du *Mendiant boiteux* est particulièrement proche du récit de voyage : il s'agit d'un roman de voyage imaginaire, sous forme de récit rédigé par un éditeur qui n'aurait fait que transformer des notes manuscrites en récit continu. C'est l'histoire d'Ambroise Gwinnett qui, poursuivi pour un meurtre qu'il n'a pas commis, quitte son Angleterre natale et va découvrir toute une série de pays étrangers aux mœurs souvent bizarres, entre autres le Japon, le Siam et l'Amérique centrale avant de retourner, toujours aussi ingénu qu'au début (ou presque), en Angleterre. Le respect des *topoi* thématiques et descriptifs conventionnels y est très sensible : dans sa description du Japon, par exemple, le narrateur parle très précisément des caractéristiques de la côte de ce pays, des quelques ports navigables, du climat, du gouvernement et de l'administration, des mœurs des habitants et même de leurs habitudes vestimentaires (*Mendiant* 1.50-57 et 1.61-67). La pratique d'écriture de Sade, qui n'avait séjourné qu'une fois en Italie mais lisait de nombreux récits de voyages, est plus intertextuelle que référentielle[1]. Ainsi, Roger Mercier et John C. Dolan ont montré que dans *Aline et Valcour*, roman dans lequel Léonore et Sainville voyagent notamment à travers l'Afrique, Sade a adapté des passages du *Voyageur françois* compilé par Joseph de La Porte puis par l'abbé de Fontenay pour ses descriptions du cruel royaume Butua ; de même le *Voyage autour du monde* (1771/1772) de Bougainville a inspiré une grande partie de la description de l'utopique île de Tamoé[2]. Cependant, dans ces sources, Sade s'intéresse plus aux mœurs des habitants qu'aux descriptions géographiques ou botaniques. L'*Histoire des Galligènes* de Tiphaigne de la Roche, structurellement plus proche de l'utopie que du récit de voyage, fait échouer son héros sur une île imaginaire, lointaine et utopique, sur laquelle il découvre des plantes aux propriétés étonnantes qu'il examine, décrit avec précision et qu'il finit par transformer en base de l'économie de toute l'île. Enfin, dans le cas de *Paul et Virginie*, roman pastoral et sentimental plus que roman de voyage, mais dont l'intrigue se déroule sur l'île de France, c'est l'activité de son auteur et sa genèse qui le rapprochent du récit de voyage. Bernardin de Saint-Pierre a publié le *Voyage à l'île de France* en

---

1   Depuis les travaux de Hans-Ulrich Seifert (*Sade, Leser und Autor*, 1983), puis ceux d'Alain Mothu (« La bibliothèque du marquis de Sade à La Coste », 1995), on sait que Sade avait à sa disposition, à la Bastille comme au Château de Vincennes et évidemment dans son château à La Coste, une bibliothèque riche en récits de voyageurs et en compilations de voyages.

2   Voir Mercier, « Sade et le thème des voyages dans *Aline et Valcour* », 1969 et Dolan, « Source and Strategy in Sade : Creation of « Natural » Landscapes in *Aline et Valcour* », 1986.

1773, puis entrepris l'écriture des vastes *Études de la nature*, dans lesquelles la nature exotique est décrite avec beaucoup de détails, avant de s'en servir pour l'écriture de *Paul et Virginie* – roman qui trouve par ailleurs sa place et son contexte immédiat dans ces mêmes *Études de la nature*, puisqu'il en constitue à l'origine un tome. C'est ici surtout la description de la nature et du paysage qui trouve ses modèles dans les écrits de voyages antérieurs.

La critique d'art, le genre descriptif le plus célèbre du XVIIIᵉ siècle, participe elle-aussi d'un essor et d'un renouveau des pratiques descriptives. On s'accorde généralement à dater sa « naissance » ou son « invention » en tant que genre autour du milieu du XVIIIᵉ siècle : La Font Saint-Yenne, qui publia ses *Réflexions sur quelques causes de l'état présent de la peinture en France* en 1747, est considéré comme le grand pionnier du genre[1], et Denis Diderot, qui écrivit des *Salons* pour la *Correspondance littéraire* de Grimm à partir de 1759, est sans doute le premier à avoir réalisé pleinement les virtualités du genre[2]. Mais l'émergence de la critique d'art est tributaire de la mise en place des salons de peinture en tant qu'événement institutionnalisé, régulier et public. Elle implique également une transformation du discours sur la peinture, puisque dès ce moment, la « description de tableaux », telle qu'elle a été inaugurée par Félibien dans la seconde moitié du XVIIᵉ siècle, commence à s'opposer à l'ancienne *ekphrasis*. En effet, l'*ekphrasis* telle qu'elle a pu être pratiquée depuis l'Antiquité et jusqu'à la Renaissance italienne et française, est en fait souvent narrative ; elle se concentre sur l'identification des personnages et sur le sens de l'histoire représentée dans le tableau, se fait le plus souvent sur le mode de la louange mais s'attache rarement à décrire la facture des tableaux[3]. À partir de 1737, lorsque les *salons* organisés par l'Académie de peinture et de sculpture ont à nouveau lieu de manière plus régulière et que s'y exposait un nombre de plus en plus grand d'ouvrages, même la description précise du tableau, tant au niveau du contenu représenté qu'au niveau de la manière de représenter, ne suffit plus ; il s'y ajoute, dans les *Réflexions* de La Font Saint-Yenne, un jugement du tableau : Saint-Yenne fait le

---

1   Voir Démoris, « Les enjeux de la critique d'art en sa naissance », 2003, ainsi que Kovacs, « La naissance d'un genre littéraire », 2001 et Démoris & Florence Ferran, éd., *La peinture en procès*, 2001.

2   Sur les *Salons* de Diderot, voir parmi beaucoup d'autres Bukdhal, *Diderot critique d'art*, 1980-82, Delon & Schlobach éd., *Le regard et l'objet*, 1989 et Lojkine, *L'œil révolté*, 2007.

3   Rosenberg, « André Félibien et la description de tableaux », 1997 ; voir également Dandrey, « L'ekphrasis poétique et la naissance du discours esthétique en France au XVIIᵉ siècle », 2004.

partage entre les bons et les mauvais tableaux, et par-là même prend acte d'une crise de la peinture française dont il entend analyser les causes. Quelques années plus tard, lorsque Diderot s'attache à écrire ses premiers *Salons* pour la *Correspondance littéraire*, il procède de la même manière : son projet descriptif ne se réduit nullement à une description (au sens moderne) des tableaux ; plutôt, il produit un discours protéiforme qui indique la composition du tableau, vise l'idée narrative ou morale qui y préside et fonde un jugement de valeur reposant sur des critères de plus en plus conscients et explicites[1]. Il s'agit de permettre aux lointains lecteurs princiers de la *Correspondance littéraire* de s'imaginer les tableaux, de proposer une critique raisonnée du tableau (et, *in fine*, de donner des conseils d'achat) : « Je vous décrirai les tableaux, et ma description sera telle qu'avec un peu d'imagination et de goût on les réalisera dans l'espace et qu'on y posera les objets à peu près comme nous les avons vus sur la toile », écrit Diderot dans le préambule du *Salon de 1765*[2]. Il s'agit bien ici, au même titre que dans l'*Histoire naturelle*, d'une « logique du supplément », le texte devant suppléer à une expérience visuelle non disponible[3].

Or, dans ce genre descriptif par excellence, il y a également une méfiance envers le descriptif ou tout du moins un jeu avec les connotations négatives de la description, révélateur du statut ambivalent de l'écriture descriptive. Dans le *Salon de 1765*, par exemple, Diderot écrit : « Permettez que je rompe un peu la monotonie de ces descriptions et l'ennui de ces mots parasites, [...] par quelque écart qui nous délasse[4] ». Il renvoie à la « monotonie » de l'écriture descriptive et à l'ennui que causerait la terminologie technique (dont il cite des exemples), et désigne par le terme d'« écart » une digression sur « l'Hercule de la fable ». Dans le *Salon de 1767*, il écrit encore : « Je m'ennuie de faire et vous apparemment de lire des descriptions de tableaux. Par pitié pour vous et pour moi, écoutez un conte[5] ». L'ennui des descriptions appelle un « conte », terme signifiant ici un texte aussi bien narratif que fictionnel, ce qui le distinguerait doublement de la description du tableau.

La pratique descriptive de Diderot montre plus précisément qu'il se soucie de gérer le degré de détails indiqués, de donner un ordre linéaire précis aux éléments du tableau, et d'animer les descriptions. Il importe

---

1   Voir sur ce point Lojkine, « Le problème de la description dans les *Salons* de Diderot », 2008, en particulier p. 54 et 72.
2   Diderot, *Salon de 1765*, 1984, p. 26.
3   Voir Lojkine, *L'œil révolté*, 2007, p. 88-89.
4   Diderot, *Salon de 1765*, 1984, p. 125.
5   Diderot, *Salon de 1767, Salon de 1769*, 1990, p. 307.

de trouver la longueur exactement appropriée d'une description, ce qui n'est pas seulement affaire de monotonie ou d'ennui. Dans le *Salon de 1767*, Diderot réfléchit sur cette problématique, dans un passage intitulé « Petite, très petite ruine » consacré à un paysage d'Hubert Robert :

> Plus on détaille, plus l'image qu'on présente à l'esprit des autres diffère de celle qui est sur la toile. [...] Sur [la description] qui précède, il n'y a personne qui n'accordât plusieurs pieds en carré à une petite ruine grande comme la main[1].

Plutôt que de fournir une image mentale précise, les détails produisent en fait une déformation de l'objet. Pour éviter ce défaut, on ne doit pas se perdre dans les détails, mais tâcher de communiquer rapidement une impression d'ensemble claire et adéquate. En même temps, il importe de trouver une adéquation entre la grandeur, non seulement matérielle mais encore symbolique, du tableau, et la longueur de la description qu'on y consacre. De très nombreuses descriptions de tableau sont régies par des principes de linéarisation simples : soit Diderot décrit le tableau d'un côté à l'autre, soit il décrit d'abord la figure centrale puis le reste de la composition ; cette « méthode scientifique » se double, dès au moins le *Salon de 1765*, de « méthodes poétiques » qui visent plus spécifiquement à restituer une impression d'ensemble, à reproduire l'effet du tableau par la force du langage[2]. Car il importe d'animer les descriptions, et Diderot déploie tout son art pour le faire : les descriptions procédurales – dans lesquelles Diderot s'adresse à un destinataire plus ou moins précis et lui recommande de s'imaginer d'abord ceci, d'ajouter ensuite cela au tableau qu'il se représente – sont présentes dès le *Salon de 1759*[3]. Beaucoup de descriptions sont animées par différents éléments dialogiques, surtout à partir du *Salon de 1765*[4] ; ces recherches culminent, en 1765, dans la célèbre vision onirique du « Corésus et Callirhoé » de Fragonard dans le *Salon de 1765*, puis dans la fiction encore plus développée de la « Promenade Vernet » dans le *Salon de 1767*[5]. L'on ne saurait cependant réduire ces

---

1 *Ibid.*, p. 342.
2 La terminologie est celle d'Else Marie Bukdhal, dans son « Introduction » au *Salon de 1765*, 1984, p. 5. Voir aussi le commentaire de Diderot, dans *Salon de 1767, Salon de 1769*, 1990, p. 301.
3 Voir, pour de beaux exemples, la description d'un tableau de Loutherbourg en 1763 (*Salons de 1759, 1761, 1763*, 1984, p. 223-225) ou celle d'une nature morte de Desportes neveu, en 1765 (*Salon de 1765*, 1984, p. 149).
4 Voir, par exemple, le dialogue que Diderot entame d'abord avec la jeune fille du tableau de Greuze puis avec Grimm, dans son article sur « La Jeune fille qui pleure son oiseau mort » de Greuze en 1765 (*Salon de 1765*, 1984, p. 179-184).
5 Diderot, *Salon de 1765*, 1984, p. 253-264 et *Salon de 1767, Salon de 1769*, 1990, p. 174-237.

stratégies descriptives à un simple souci d'animation et de variation ;
elles correspondent bien à une aspiration de « faire voir » les tableaux
exposés au *Salon*, par l'intermédiaire de l'écriture. Mais ces stratégies
descriptives sont également de véritables formes-sens qui déploient les
convictions de Diderot sur les rapports entre peinture et écriture et sur
les pouvoirs de la peinture, laquelle selon lui doit avant tout être « énergique », doit intéresser, émouvoir, frapper le spectateur ; et le texte qui
la décrit doit suivre les mêmes principes. Du contenu représenté, central
dans l'*ekphrasis*, à la facture du tableau, centrale dans les « descriptions
de tableau », puis au jugement du tableau, central dans la critique d'art
naissante, les *Salons* de Diderot aboutissent finalement à l'écriture non
pas du tableau lui-même, mais à la « mise en scène de l'expérience du
tableau », si l'on reprend les termes de Karlheinz Stierle[1]. Parallèlement
à cette transformation, on constate que s'est introduit dans la critique
d'art un double dépassement de la description, qui d'une part se fait
également jugement et appréciation critique, et d'autre part tend vers
l'animation, la narrativisation, la fictionnalisation du discours sur la
peinture, renouant en fait par ce biais avec l'ancienne *ekphrasis* et l'idée
de l'énergie du discours sur la peinture.

Ces transformations du discours sur la peinture, en particulier sa
tendance vers l'animation et la fictionnalisation, montrent non seulement
combien les contours de la description étaient flous et à quel point son
statut était ambivalent, au XVIIIe siècle, mais suppose également que les
rapports entre critique d'art et fiction romanesque sont particulièrement
complexes. Je n'aborderai directement cette problématique que dans la
troisième partie de la présente étude. On peut néanmoins constater que
l'influence matérielle et directe des *Salons* de Diderot sur les romans
de son époque est limitée du simple fait de leur distribution quasi
confidentielle, sous forme manuscrite, dans la *Correspondance littéraire*.
Parmi les auteurs du corpus, Dulaurens est le seul à avoir directement
« transplanté » dans un roman la description d'une œuvre d'art faite
sur le mode de la critique d'art : l'évocation du groupe du *Laocoön*, dans
Le Compère Mathieu, recourt à un style et une terminologie technique
relevant de la critique d'art ; cette évocation problématise les enjeux
esthétiques de l'œuvre et cite, dans une note qui a toutes les apparences
de l'érudition, des remarques élogieuses de Pline. Or, l'inclusion d'un tel
passage s'inscrit dans le caractère hybride du roman et l'enjeu véritable

---

1   Stierle (« Ästhetik des Interessanten », 1990, p. 262) parle d'une « Inszenierung der
     Bilderfahrung ».

de l'épisode n'est pas pictural ou esthétique, mais politique et satirique, puisque c'est le valet qui assume la description érudite du chef-d'œuvre, lequel n'intéresse même pas son maître borné (*Mathieu* 1.153-155). Dans les romans de Diderot lui-même, l'influence de la critique d'art est pour ainsi dire souterraine, à l'exception notable de la célèbre (et paradoxale) évocation d'un tableau de genre que Jacques « raconte » à son maître dans *Jacques le fataliste* et qui a un précédent direct dans le *Salon de 1765*[1]. Dans la plupart des romans étudiés ici, les descriptions de tableaux peints sont rares, brefs et plutôt simples, tandis que les épisodes romanesques se cristallisant dans des « tableaux » littéraires, sont nombreux et raffinés et fonctionnent en fait sur un mode pour ainsi dire « pictural ». Cette situation, qu'on trouve dans *La Religieuse* de Diderot ou dans *Les Sacrifices de l'amour* de Dorat, évolue cependant dans *Le Paysan perverti* de Rétif, où la peinture tient un rôle important, puis dans *L'Émigré* de Sénac de Meilhan, où le traitement contrasté des descriptions de tableaux et des « tableaux » littéraires tend à s'effacer. Cette problématique complexe, dont je ne viens d'esquisser ici que les données les plus fondamentales, sera développée dans la troisième partie de cette étude.

La valorisation de la notion de description et la place plus grande accordée à la pratique descriptive, aussi bien dans les genres comme l'histoire naturelle ou l'écriture encyclopédique que dans des genres appartenant au domaine des belles-lettres, participent bien d'une « promotion de la description » dans le champ culturel et intellectuel du XVIIIe siècle. Ils concourent à un véritable « climat descriptif » et produisent, dans de nombreux domaines, des innovations au niveau de la technique descriptive. L'influence de ces développements sur la description romanesque est cependant limitée de plusieurs manières : d'une part, la promotion de l'écriture descriptive ne fait pas l'objet d'un consensus, même à l'intérieur des genres décrits jusqu'ici, puisqu'on y trouve également des critiques ou des réserves à son égard ; d'autre part, cette promotion est limitée, soit parce que les frontières entre les domaines scientifique et littéraire commencent à s'affirmer ou sont de toute manière sensibles (ce qui est surtout le cas pour l'*Encyclopédie*), soit parce qu'elle ne concerne que certains types de romans (ce qui est surtout le cas du récit de voyages et de l'histoire naturelle, dont on peut

---

1   On peut comparer le passage du *Salon* (*Salon de 1765*, 1984, p. 169-170) à celui du roman (*Jacques* 814-815).

supposer qu'ils influencent surtout les récits de voyages imaginaires et les utopies). Toutes ces influences pour ainsi dire extérieures ne sont cependant que d'une importance secondaire par rapport à des facteurs internes au genre romanesque, déterminant de manière plus immédiate le statut de l'écriture descriptive dans le roman ainsi que l'étendue et les fonctions qu'elle peut y prendre.

LA DESCRIPTION DANS LE ROMAN : UN « DISCOURS CONTRAINT »

Quels sont donc, au-delà du « climat descriptif » général et des influences extérieures au genre romanesque, les facteurs déterminant de manière plus immédiate le statut de la description dans la fiction romanesque ? Certains éléments de réponse apparaissent de manière explicite quoique ponctuelle dans les réflexions des romanciers et critiques sur le genre romanesque ; d'autres sont formulés plus longuement dans une des rares réflexions approfondies et systématiques sur la question, celle de Bérardier de Bataut dans son *Essai sur le récit* de 1776, ouvrage qui mérite d'être analysé de manière plus détaillée ; d'autres enfin sont en grande partie implicites, comme les conventions, traditions et *topoi* romanesques liés à la description. Ces facteurs, loin de correspondre toujours à la situation plus générale dans les belles-lettres, s'y opposent souvent : ils constituent quelques ouvertures mais surtout des contraintes pour la pratique descriptive romanesque. Le statut ambivalent de la « description » dans le roman résulte précisément du décalage qui existe entre deux tendances : au niveau de l'histoire des idées, tout concourt à une « promotion » de la description qui se fait sentir jusque dans le genre romanesque et permet ainsi à celle-ci d'y prendre une plus grande place ; mais au niveau des traditions et contraintes plus immédiatement romanesques, tout freine et relativise l'essor de la pratique descriptive, ou plus exactement, impose des limitations relativement strictes aux descriptions qui se trouvent, malgré tout, dans les romans. Le roman, « le plus libre de nos genres de littérature », selon la formule de Laclos, est néanmoins marqué de normes et de conventions plus ou moins implicites[1].

---

1   Laclos, « Observations du général Laclos sur le roman théâtral de M. Lacretelle aîné », 1803/1979, p. 488.

LES RÉFLEXIONS DES ROMANCIERS ET DES CRITIQUES

Quoiqu'ils attachent en général plus d'importance à d'autres questions, les romanciers et traducteurs, dans leurs préfaces, et les critiques, dans leurs ouvrages sur le roman, consacrent néanmoins des remarques éparses à la description. Les romanciers et les critiques le font souvent lorsqu'ils traitent de la situation du genre romanesque et qu'ils passent en revue son histoire ; les traducteurs le font souvent lorsqu'ils comparent des productions françaises et étrangères.

Depuis l'étude désormais classique de Georges May, on sait que le roman, promis à devenir le genre littéraire dominant au XIXe siècle, est en quête de légitimation au XVIIIe siècle[1]. On l'accuse d'être un genre dépourvu d'ancienneté et de règles parce que l'Antiquité ne le connaissait pas et que les poétiques d'Aristote ou d'Horace n'en parlent pas ; on l'accuse d'être non seulement inutile mais encore dangereux, puisqu'il risque de corrompre aussi bien la moralité que le bon goût par la représentation des « passions » qu'il contient et la facture médiocre qu'on lui attribue. Ces critiques du roman sont notamment formulées par des auteurs tels que Boileau ou d'Aubignac pendant la seconde moitié du XVIIe siècle[2] et, dans une seconde vague de proscription du roman, par des auteurs de la première moitié du XVIIIe siècle, tels que Guillaume-Hyacinthe Bougeant ou Charles Porée[3]. On constate surtout leur écho dans des textes qui commencent à défendre le genre romanesque, comme le *Traité sur l'origine des romans* (1670) de Huet qui comporte, outre la célèbre définition du genre comme « fictions d'aventures amoureuses, écrites en prose avec art, pour le plaisir et l'instruction des lecteurs », une réflexion sur le roman qui s'attarde autant sur les qualités et potentialités de ce genre que sur ses imperfections et défauts difficiles à éviter[4].

---

1 May, *Le dilemme du roman au XVIIIe siècle*, 1963. La réflexion sur le roman au XVIIe siècle est analysée dans Esmein-Sarrazin, *L'essor du roman*, 2008 et documentée dans Esmein, éd., *Poétiques du roman*, 2005.

2 Boileau (« Dialogue des héros de roman », 1668/1966) critique le genre romanesque de manière générale, tandis que l'Abbé d'Aubignac (« Observations nécessaires pour l'intelligence de cette allégorie », 1664/2005, p. 298) condamne notamment les descriptions inutiles.

3 Bougeant (*Voyage merveilleux du prince Fan-Férédin dans la Romancie*, 1735/1992) critique notamment, dans ce récit de voyage allégorique et satirique par ailleurs fort descriptif (voir chap. II), le rapport inégal entre un fil thématique ténu et les ornements qui ne sont là que pour cacher cette faiblesse (chap. XII) ; Porée (*De Libris qui vulgo dicuntur romanenses*, 1736), professeur de rhétorique, poète et dramaturge néo-latin, condamne durement le roman.

4 Huet, « Traité sur l'origine des romans », 1670/2005, p. 441-442.

D'une manière plus offensive, des textes du XVIIIe siècle, comme *De l'usage des romans* (1734) de Lenglet Du Fresnoy ou le discours sur « Les romans » (1761) de l'abbé Irail tentent de répondre de manière systématique aux principaux chefs d'accusation contre le roman. Ces textes sont importants pour le statut de la description, parce que les prescriptions que les auteurs développent en réponse aux critiques qu'ils voient adressées au roman ont une incidence non négligeable sur la place que la description peut y occuper. *De l'usage des romans* est essentiellement une défense ironique du genre romanesque contre les reproches qui lui sont adressés ainsi qu'une énumération détaillée des règles à respecter pour écrire des romans qui ne soient plus sujets à ces critiques. Lenglet y rejette, non sans ironie et désinvolture, l'invraisemblance et l'immoralité supposées du roman comme causes de sa mauvaise réputation, l'épopée antique n'étant pas, selon lui, plus vraisemblable ni plus morale que les romans modernes. Il s'attache ensuite à montrer les défauts et les imperfections des livres d'histoire et les avantages correspondants du genre romanesque : l'histoire, par exemple, devrait expliquer au lecteur les causes et les motivations qui ont amené les événements historiques, mais elle en est le plus souvent incapable, faute de renseignements sur ces événements ; le roman, par contre, est dépourvu de ce type de limitations : il peut tout expliquer avec le degré de détails requis et peut même rapporter les pensées les plus secrètes des protagonistes[1]. Lenglet doit concéder, cependant, que le roman est partout menacé de défauts qu'il convient d'éviter : il ne faut ni porter atteinte à la religion, ni critiquer le roi, ni attaquer les gens en place, ni offenser les mœurs, ni enfreindre les bienséances. Mais Lenglet propose également des qualités qu'il importe d'accorder aux romans. Il commence par définir le roman comme « un Poëme héroïque en Prose » et déduit de cette assimilation du genre récent et dépourvu de règles à un genre établi et estimé quelques recommandations, dont celles qui demandent qu'on se limite toujours à « une seule & unique action » et que « les circonstances qui doivent être choisies parmi les plus belles, seront toujours noblement ou délicatement exprimées[2] ».

Quoiqu'il le fasse avec moins de désinvolture et dans une perspective plus descriptive que normative, l'Abbé Irail soulève dans son

---

1   Lenglet Du Fresnoy, *De l'usage des romans*, 1734/1970, chap. I et II. Lenglet n'en publie pas moins, l'année suivant la publication de son traité du roman, un ouvrage intitulé *L'Histoire justifiée contre les romans*.

2   *Ibid.*, p. 189-190.

traité essentiellement les mêmes questions que Lenglet. Après avoir plaidé pour l'ancienneté des romans qui existeraient, selon lui, depuis l'Antiquité, il s'attache à la question de la valeur du genre romanesque et rapporte les opinions négatives que différents auteurs ont énoncées à l'égard de ce genre[1]. Non seulement, note-t-il cependant, la pratique romanesque a évolué, mais il existe désormais de vrais défenseurs du genre, par exemple en la personne de Lenglet du Fresnoy. Irail constate qu'on s'aperçoit de plus en plus que le roman peut être utile à condition de mettre en action une morale édifiante, et que ce n'est pas le genre en soi qui est dangereux, mais les abus que l'on peut en faire[2]. Il loue surtout les romans anglais de Fielding ou de Richardson, dont les qualités sont à chercher dans le sentiment exprimé, dans la morale soutenue et dans la forme épistolaire choisie, même si on peut trouver également des défauts chez les romanciers anglais : il cite des opinions louant les « détails heureux » ou au contraire blâmant « la bassesse des détails[3] ».

Trois points émergent surtout des remarques de Huet, de Lenglet et de l'Abbé Irail. Premièrement, il semble y avoir un risque permanent à ce que les détails, circonstances ou descriptions soient perçus comme des atteintes potentielles soit aux bienséances, soit au bon goût. Deuxièmement, il importe selon eux de respecter la règle de l'unité d'action : il doit y avoir une action principale clairement définie, et toutes les actions secondaires (les « épisodes »), tous les faits et circonstances rapportés, doivent être en lien immédiat avec l'action principale et ne jamais apparaître comme des digressions de celle-ci ; la pertinence pour l'action principale sera donc une contrainte importante pour toute description romanesque. Troisièmement, la définition même du roman comme « fiction d'aventures amoureuses » (Huet) ou comme « poème héroïque en prose et en français » (Lenglet), conduit à une primauté très claire du narratif dans le roman, au détriment des réflexions et des descriptions. En effet, si l'objet principal est de raconter une histoire, tout ce qui n'y aide pas doit être considéré comme une digression : l'anathème concerne les passages argumentatifs (les « réflexions ») aussi

---

1 Irail, « Les romans », 1761, p. 335-337. Il cite ou fait allusion aux ouvrages de Boileau, de Huet et du Père Porée déjà évoqués.

2 Ceci l'amène tout de même à critiquer certains romans, tel *Manon Lescaut*, qui est « un livre de débauche », ou *La Nouvelle Héloïse* : « rien de plus dangereux que ce roman, par le mauvais exemple de l'héroïne, & par la manière vive & naturelle dont les passions & les foiblesses sont rendues » (*ibid.*, p. 344-346).

3 *Ibid.*, p. 350-351 et 353. Ces « détails » ne sont cependant pas à comprendre comme des détails uniquement ou nécessairement descriptifs.

bien que le dialogue (les « harangues » et « disputes ») et les descriptions, circonstances ou autres détails[1]. Cette contrainte limite la place de la description et renforce l'exigence de sa pertinence narrative. Ainsi ces textes défendant le genre romanesque, sans poser directement la question de l'écriture descriptive, représentent un enjeu non négligeable pour le statut de celle-ci dans le roman, parce qu'ils promeuvent nettement l'idée du discours romanesque comme « vecteur » décrit par Randa Sabry, discours dominé par un mouvement de l'avant et une linéarité dynamique, discours dans lequel la progression continue de l'intrigue peine à admettre les digressions de quelque nature qu'elles soient[2].

Comme dans les discours sur le roman, on ne trouve, dans l'abondance de préfaces, avant-propos ou discours placés dans les romans de l'époque, que peu de passages où la description apparaît explicitement. Sans être entièrement absente, la réflexion sur la description semble cependant se concentrer dans un certain type de préfaces, à savoir celles qui se confrontent à un « autre » roman, que ce soit celui d'une autre époque ou celui d'un autre pays. En effet, le statut particulier de l'écriture descriptive dans le roman du XVIIIe siècle ne s'explique que si l'on prend en compte les rapports de ce dernier au roman du XVIIe siècle. Nombreux sont les préfaces et discours sur le roman qui, se modelant de ce point de vue sur le texte séminal de Huet, en font l'histoire en jugeant les qualités et les limites d'une série de « romans » : les auteurs commencent tantôt avec les épopées et « romans » de l'Antiquité, tantôt avec les œuvres du XVIIe siècle, et vont en général jusqu'aux dernières productions contemporaines[3]. Quoique les écrivains aient une vision quelque peu limitée de l'histoire du roman au XVIIe siècle, cette époque est l'un des principaux foyers de réflexions sur ce que le roman est ou doit être : soit parce qu'il est vu comme un modèle qu'il importe d'imiter, soit parce qu'il est au contraire vu comme un contre-modèle dont il convient de se démarquer. En général, les auteurs distinguent trois étapes, dans le roman du XVIIe siècle : le roman pastoral, puis le roman historique, enfin le roman ou la nouvelle historique, chacune des étapes correspondant à

---

1   La question des réflexions dans le roman est au cœur de « l'Avertissement » à la seconde partie de *La Vie de Marianne* : les nombreuses réflexions de la narratrice ne sont de trop que si l'on considère, à tort dit-elle, l'histoire de sa vie comme un roman (Marivaux, *La Vie de Marianne*, 1731-1739/1997, p. 109-110).

2   Voir Sabry, *Stratégies discursives*, 1992, p. 136-137.

3   Dans la recherche de préfaces pertinentes, les deux volumes publiés par Jan Herman et Christian Angelet, respectivement (*Recueil de préfaces de romans du XVIIIe siècle*, t. 1 : *1700-1750* et t. 2 : *1750-1800*, 1999), m'ont été précieux.

un tiers du siècle[1]. Comment différents écrivains décrivent-ils la poétique narrative des romans du XVIIe siècle et quelle place y voient-ils accordée à la description ? La situation est résumée par Henri Lafon, qui note que « la prose romanesque s'écrit contre le modèle du roman héroïco-galant [...], dont l'un des défauts était, disait-on volontiers, d'être long et encombré de descriptions[2] ». Deux discours sur le roman parus dans la seconde moitié du XVIIIe siècle sont à cet égard instructifs puisqu'ils procèdent à un examen de l'histoire du roman et participent, en même temps, à une « deffense et illustration » du genre romanesque : le *Discours sur l'origine, les progrès & le genre des Romans* de Bricaire de la Dixmerie, paru en 1773, et les *Idées sur le roman* du marquis de Sade, parues en 1799.

Bricaire de la Dixmerie retrace, comme le titre de son ouvrage l'indique, les origines et l'évolution du roman[3]. Après avoir parlé des Grecs et des Romains, il en vient aux « romans proprement dits » pour parler de l'influence arabe en Espagne, des troubadours provençaux et des romans de chevalerie en France. Quoiqu'il fasse l'éloge du roman anglais, joignant selon lui l'utile à l'agréable, il défend l'origine française du roman moderne, qui aurait été le premier à remplir la finalité essentiellement morale du genre, ce qui l'amène notamment à commenter et à louer quelques romans français : il commence par l'*Astrée* et la *Princesse de Clèves*, puis commente Lesage, Prévost, Marivaux et Montesquieu avant d'évoquer enfin des romans plus récents de Crébillon et de Rousseau. Bricaire accepte les longueurs de l'*Astrée* parce qu'elles lui semblent appropriées aux personnages du roman, loue le fait que ce ne soient pas des « Paladins » mais des bergers dont il est question et juge, on s'en étonnera peut-être aujourd'hui, que ce roman « réunit assez complettement la vraisemblance physique & morale[4] ». Ce jugement de l'*Astrée* dépend du fait que le roman d'Urfé s'accorde avec une des grandes tendances du dernier tiers du XVIIIe siècle, en ce qui concerne la lecture des romans (et la posture de réception de toute production culturelle), à savoir celle qui insiste sur l'effet, l'intérêt et le sentiment.

---

1   Les auteurs laissent de côté des romans comme *Le roman comique* (1651 et 1657) de Paul Scarron ou *Le roman bourgeois* (1666) d'Antoine Furetière.

2   Lafon, « Sur la description dans le roman du XVIIIe siècle », 1982, p. 305.

3   Nicolas Bricaire de la Dixmerie (1730 ?-1791), écrivain et admirateur de Voltaire, est, entre autres, l'auteur des *Contes philosophiques et moraux* (1765), des *Lettres sur l'état présent de nos spectacles* (1765) et d'un ouvrage intitulé *Les Deux âges du goût et du génie français, sous Louis XIV et sous Louis XV* (1769).

4   Bricaire de La Dixmerie, « Discours sur l'origine, les progrès & le genre des Romans », 1773, p. XXXIX.

En effet, Bricaire note également : « On cessa d'être émerveillé, mais on se trouva ému ; & l'on sentit enfin que le moyen d'intéresser le cœur étoit de ne point trop vouloir étonner l'esprit[1] ». Ce n'est pas le cas des romans historiques baroques parmi lesquels il cite notamment la *Clélie* de Madeleine de Scudéry, qu'il critique assez sévèrement pour avoir négligé le principe du discours romanesque comme vecteur (négligence qui, non moins grande dans l'*Astrée*, ne semble cependant pas l'y avoir dérangé) : « C'étoient, quant à l'ordonnance, des especes de Poemes épiques, surchargées d'épisodes ; & quant aux détails, des descriptions exagérées, ou des conversations aussi insipides que diffuses[2] ».

Pour Bricaire, ce n'est qu'avec le roman et la nouvelle historiques de la fin du XVIIe siècle que le roman regagne ou même acquiert ses véritables lettres de noblesse. L'auteur note :

> *Zaïde* et la *Princesse de Clèves* ramenerent le Roman à son vrai ton ; supposé même que ce ton eût déjà été pris dans aucun Roman. C'est la vraisemblance d'action unie à des sentiments vrais ; ce sont des caracteres pris dans la Nature, & une marche tracée avec art, sans que l'art se fasse trop sentir[3].

Dans la production romanesque du XVIIIe siècle, Bricaire loue en général la retenue dans les descriptions, « tableaux » et digressions : dans les *Mémoires du Comte de Grammont* de Hamilton, il apprécie le style « rapide, léger, saillant, pittoresque » ; dans le *Diable boiteux*, les « tableaux raccourcis, mais saillants » ; chez l'abbé Prévost, il indique que les « tableaux » sont « intéressants » quoique fort « sombres » ; chez Rousseau, il blâme la présence de trop de digressions et de dissertations qui ôtent « l'intérêt » au roman[4]. C'est à propos de son propre roman, *Toni et Clairette*, auquel le discours sert de préface, que Bricaire explicite le plus la place qu'il entend accorder à la description :

> J'ai tâché de soutenir & de nourrir l'intérêt, qui est au Roman ce qu'est le je ne sais quoi dans une femme aimable, & j'ai essayé d'y jetter ces détails qui en font la parure ; mais je les ai souvent sacrifiés au mouvement de l'action : il ne faut point que la parure d'une femme l'embarasse[5].

---

1   Une vingtaine d'années plus tôt encore, en 1755, Armand-Pierre Jacquin (*Entretiens sur les romans*, 1755/1970, p. 275), jugeait que chez Honoré d'Urfé, « ce ne furent plus que de digressions ennuyeuses » et que « les descriptions n'eurent plus de fin ».
2   Bricaire de La Dixmerie, « Discours sur l'origine, les progrès & le genre des Romans », 1773, p. XLIII. Le terme de « détails » est ici l'hyperonyme de « descriptions » et de « conversations ».
3   *Ibid.*, p. XLIV.
4   *Ibid.*, p. XLVI-LIX.
5   *Ibid.*, p. LXXIII.

À nouveau, l'intérêt est le critère d'appréciation esthétique central ; la comparaison fait du roman une femme et des « détails » sa parure : non seulement, les descriptions sont donc envisagées comme des ornements accessoires et facultatifs, mais elles risquent encore d'empêcher le « mouvement de l'action ». Chez Bricaire de la Dixmerie, une vision de la description comme ornement, héritée du dernier tiers du XVIIe siècle, et la défense d'un discours romanesque comme vecteur coexistent donc avec des critères d'appréciation plus récents, comme l'effet émotionnel et l'intérêt.

Sade a une perspective sensiblement différente de celle de Bricaire, surtout parce qu'il prend en compte les romans anglais et s'attache, à travers une discussion de Richardson et de Fielding, à démontrer que « ce n'est pas toujours en faisant triompher la vertu qu'on intéresse[1] ». Quant au jugement qu'il porte sur les romans du XVIIe et XVIIIe siècle en ce qui concerne le principe du discours comme vecteur et l'écriture descriptive, il note comme Bricaire de la Dixmerie, mais avec un jugement plus catégorique, que le XVIIe siècle n'a produit qu'un « fatras inintelligible aujourd'hui » avant que ne vienne Mme de Lafayette qui, écrit-il, « quoique séduite par le langoureux ton qu'elle trouva établi dans ceux qui la précédaient, abrégea néanmoins beaucoup ; et en devenant plus concise, elle se rendit plus intéressante[2] ». De cette perspective analytique, Sade passe rapidement à une perspective prescriptive : le romancier doit soutenir l'intérêt par l'unité de l'action :

> Je n'exige essentiellement de toi qu'une seule chose, c'est de soutenir l'intérêt jusqu'à la dernière page ; tu manques le but, si tu coupes ton récit par des incidents, ou trop répétés, ou qui ne tiennent pas au sujet ; que ceux que tu te permettras soient encore plus soignés que le fond : tu dois des dédommagements au lecteur quand tu le forces à quitter ce qui l'intéresse, pour entamer un incident. Il peut bien te permettre de l'interrompre, mais il ne te pardonnera pas de l'ennuyer ; que tes épisodes naissent toujours du fond du sujet et qu'ils y rentrent[3].

Chez Sade, une dissociation s'amorce entre la question de l'unité du récit et celle de la description. La première ne concerne plus que la partie proprement narrative du roman : la place des « incidents » et des « épisodes » dans le récit. La question de l'écriture descriptive s'est déplacée :

---

1   Sade, *Idée sur les romans*, 1799/1970, p. 49. Sade reprend par ailleurs l'argument déjà mentionné de Lenglet sur l'avantage du roman par rapport à l'histoire, le tout en préparation de la défense d'*Aline et Valcour* qu'il inclut à la fin de son texte (p. 62).
2   *Ibid.*, p. 44.
3   *Ibid.*, p. 56-57.

> [...] si tu fais voyager tes héros, connais bien le pays où tu les mènes, porte la magie au point de m'identifier avec eux ; songe que je me promène à leurs côtés, dans toutes les régions où tu les places ; et que peut-être plus instruit que toi, je ne te pardonnerai ni une invraisemblance de mœurs, ni un défaut de costume, encore moins une faute de géographie : comme personne ne te contraint à ces échappées, il faut que tes descriptions soient réelles, ou il faut que tu restes au coin de ton feu ; c'est le seul cas dans tous les ouvrages où l'on ne puisse tolérer l'invention, à moins que les pays où tu me transportes soient imaginaires, et, dans cette hypothèse encore, j'exigerai toujours du vraisemblable[1].

Sans mettre en question l'utilité des descriptions topographiques, sans exiger d'en limiter la longueur, Sade insiste avant tout sur ce que, dans les récits de voyages et d'aventures, elles soient exactes (ou du moins vraisemblables) et permettent au lecteur de s'imaginer les lieux.

L'examen des romans qui appartiennent à l'histoire plus ou moins récente du genre fournit aux deux auteurs des arguments et des repères pour la défense de leur propre idée du roman. Malgré leurs différences, Bricaire comme Sade présentent les romans historiques du dernier tiers du XVIIᵉ siècle comme une réaction salutaire aux excès du roman des deux premier tiers du siècle. C'est ce qui explique l'importance que l'on continue d'accorder au principe du discours comme vecteur, importance qui reste l'une des principales contraintes pesant sur l'écriture descriptive dans la seconde moitié du XVIIIᵉ siècle.

Pour les traducteurs (supposés ou réels) de romans anglais, allemands ou italiens, commenter leur traduction représente souvent une occasion bienvenue pour comparer les productions étrangères aux romans français. Les pratiques descriptives ressenties comme différentes selon les pays d'origine des romans traduits deviennent parfois l'objet de commentaires intéressants. Les traducteurs se demandent (ou feignent de se demander) ce qu'ils doivent faire des descriptions qu'ils trouvent dans les romans qu'ils traduisent et qui leur paraissent souvent, à ce qu'ils écrivent, excessives, ennuyeuses ou respectant trop peu les bienséances[2].

Dans sa « Préface » au roman italien *Serpille et Lilla* dont il se dit le traducteur, Meusnier de Querlon loue, en 1761, ce petit roman qui, selon lui, pourrait servir de roman-modèle aux romanciers français puisqu'il

---

1   *Ibid.*, p. 57.
2   Voir sur le phénomène des traductions de l'anglais et sur leur incidence sur l'histoire littéraire Graeber, *Der englische Roman in Frankreich (1741-1763)*, 1995. Un grand nombre de préfaces ou d'avertissements aux romans traduits de l'anglais se trouve réuni par Cointre & Rivara, éd., *Recueil de préfaces de traducteurs de romans anglais (1721-1828)*, 2006.

est « parfait de tous points[1] ». C'est surtout parce que le romancier a su remplir un précepte tiré de l'*Art poétique* d'Horace (« semper ad eventum festinat ») que le roman aurait cette qualité de modèle. Meunier de Querlon détourne légèrement ce précepte pour prouver la nécessité de tout subordonner à l'intrigue et à son dénouement :

> [L'auteur] court toujours au dénouement. Chez lui tout sert à l'amener ; tous les faits nous y conduisent ou nous y entraînent. Ils se développent d'une manière simple & fort nettement, sans épisodes, sans écart ; en cela bien différent sans doute de la plûpart des Romans François, où le fil se rompt à chaque pas, & renoué mal adroitement, laisse voir une imagination émoussée. Ici point d'Acteurs inutiles qui partagent l'attention. Tout roule sur deux personnages qu'on ne perd point de vûe. Point d'événemens compliqués, ni de récits hors d'œuvre qui détruisent l'unité de l'intérêt, & qui fatiguent la mémoire. Les entretiens ne sont jamais déplacés, & ne sçauroient être plus courts. Peu de réflexions, mais indispensables & conçues en quatre mots. Enfin tout est presque en action[2].

Meusnier mentionne l'absence d'épisodes secondaires, le peu de réflexions, la brièveté des dialogues du roman italien et oppose ces qualités aux imperfections des romans français qu'il juge maladroits. Sans lier explicitement la question des descriptions à ce paragraphe sur le précepte horacien, Meunier enchaîne directement avec une remarque sur la description. En effet, malgré tous les éloges adressés au petit roman italien, Meusnier de Querlon n'hésite pas à critiquer les descriptions qu'il considère comme des ornements inutiles sans pour autant oser les supprimer dans sa traduction : « Je ne dis rien des Descriptions, ornemens dont, à mon Avis, l'Ouvrage auroit bien pû se passer, mais que je n'ai point osé supprimer, pour conserver le goût du terroir[3] ». En même temps, il critique un peu plus loin les récits de l'Antiquité qui n'avaient pas, selon lui, la possibilité d'insérer des descriptions détaillées comme cela se fait dans les romans modernes : « les Anciens étoient réduits à narrer, à peindre assez nuement des faits, ornés de quelques descriptions[4] ».

---

1   Meusnier de Querlon, « Préface » à *Serpille et Lilla*, 1761, p. 162. Anne-Gabriel Meusnier de Querlon (1702-1780) était écrivain et journaliste prolifique ainsi que l'éditeur, entre autres, de la première édition du *Journal du voyage de Montaigne en Italie* (1774). *Serpille et Lilla* est un bref roman pastoral à narrateur hétérodiégétique, qui comporte deux portraits assez longs, une longue description animée du printemps sous l'influence d'Amour ainsi qu'un *locus amœnus* teinté d'érotisme.
2   *Ibid.*, p. 163-164.
3   *Ibid.*, p. 164.
4   *Ibid.*, p. 173.

C'est une situation quelque peu paradoxale : d'une part, la primauté donnée au discours romanesque comme vecteur conduit à une critique des descriptions jugées inutiles ; par conséquent, les longues descriptions dans *Serpille et Lilla* sont condamnées. En même temps, la rareté des descriptions chez les Anciens est présentée comme un défaut potentiel ; ce qui, finalement, sert surtout à justifier le maintien des descriptions dans la « traduction » du roman. On voit bien à quel point la situation de la description dans le roman est ambivalente et pose problème.

Quelques années plus tôt seulement, un autre « traducteur », Gain de Montagnac, se montre plus sévère pour les descriptions qu'il a rencontrées dans un roman qu'il présente comme la « traduction libre » d'un ouvrage attribué à Fielding. Il commente son travail de traducteur :

> J'ai tâché de conserver les beautés de l'original en les appropriant à notre goût ; j'ai supprimé quelques descriptions que j'ai trouvées trop libres, quelques conversations, qui, quoique remplies des plus grandes beautés par le naturel qui y règne, auraient pû choquer la délicatesse de nos mœurs, quelques détails qui m'ont paru ralentir l'intérêt. L'Ouvrage est, de même que la plûpart des Romans Anglais, écrit en Lettres ; je pense, & je ne suis pas le seul, que la forme épistolaire nuit à la rapidité de l'action ; c'est ce qui m'a fait adopter la division par Livres ; voilà à peu près tous les changemens que je me suis permis[1].

Gain de Montagnac aborde ici une problématique concernant la description qui n'était restée le plus souvent, dans les textes discutés jusqu'ici, qu'implicite : celle du rapport entre description et bienséances. En effet, il dit avoir « supprimé quelques descriptions [...] trop libres » et on ne peut que supposer, faute du roman « original », à quel type de descriptions il renvoie. Toujours est-il que la trop grande liberté reprochée à ces descriptions semble être plus morale qu'esthétique, et une telle méfiance envers la description, qui risquerait de rendre le vice attachant, est souvent exprimée par les traducteurs[2]. Bien que la nature exacte des descriptions « supprimées » reste vague, la mention d'une telle modification équivaut à une démonstration de moralité et de bienséances, et participe également d'une stratégie d'authentification plus ou moins ludique, de manière analogue à la fiction d'éditeur[3]. Le

---

1   Gain de Montagnac, « Avant-Propos » aux *Mémoires du Chevalier de Kilpar*, 1768, p. IX-X. Louis-Laurent Joseph Gain de Montagnac (1731-1780 ?) fut militaire puis homme de lettres. Il semble que l'attribution à Fielding doive être considérée comme fictive.

2   Voir encore Toussaint, « Préface du traducteur » à *La Vie et les aventures du petit Pompée*, 1752.

3   Sur le *topos* du manuscrit trouvé, on peut consulter par exemple Goubier-Robert, « Le topos du manuscrit trouvé : de la tradition à la subversion (1745-1799) », 1995, qui le

second « changement », celui de transformer la forme épistolaire en une forme intermédiaire entre lettres et mémoires, est employé pour montrer que le traducteur s'est aussi soucié de la « rapidité de l'action » ; ce changement sous-entend que les romanciers anglais ne respectent pas avec la sévérité qu'attendraient les lecteurs français le principe du roman comme discours vectorisé. Guidée par la même idée, la traductrice d'un roman gothique d'Anne Radcliffe fait état de la nécessité « d'élaguer quelques épisodes », de « raccourcir quelques descriptions » et de supprimer des « détails minutieux » qui « déplaisent à la vivacité française [et] épuisent sa patience[1] ».

Bien qu'il ne s'agisse pas d'une traduction, Claude-Joseph Dorat a lui aussi recours, dans les « Idées sur les romans » déjà mentionnées, à une comparaison des romans français et anglais, comparaison qui se solde par le constat d'une déchéance du roman français et d'une supériorité claire et nette du roman anglais, ce qui lui sert de point de départ pour la défense de sa propre vision du roman :

> La littérature n'offre plus [aujourd'hui] qu'un champ ravagé ; on a détérioré jusqu'aux germes… Qu'êtes vous devenus, jours de l'enthousiasme, beaux jours de cette effervescence, productrice des belles actions & des bons écrits ! L'élan de l'ame expire sous la combinaison. Une raison sèche et mesquine étouffe l'instinct de grandeur qui nous animoit. La nation eut des hommes qui sentoient ses forces ; elle a des Sages qui les calculent… Elle est désenchantée[2].

Dorat n'exprime son admiration pour Crébillon et Rousseau que parce qu'ils font exception dans le « champ ravagé » de la littérature française et il s'inscrit, en ce début des années 1770, dans une réaction contre l'omniprésence de la raison et un renouveau de l'émotion, des sentiments et de la sensibilité[3]. Par conséquent, Dorat admire sans réserve les romanciers anglais et notamment Richardson : face à la froideur et au calcul des romanciers français, il défend expressément le goût du détail dans « l'étude de l'homme » et des sentiments chez les romanciers anglais qu'il appelle les « Observateurs Britanniques[4] ». Considérant le roman comme un outil pour l'observation des mœurs et des sentiments des hommes, Dorat opère un déplacement dans la fonction du roman qui,

---

présente comme « supercherie qui fonde l'illusion romanesque en prétendant la dénoncer » (p. 217).
1   Moylin-Fleury, « Avertissement du traducteur » à *Julia*, 1797, p. 3.
2   Dorat, « Idées sur les romans », 1771, p. 14.
3   Frank Baasner (*Der Begriff « sensibilité » im 18. Jahrhundert*, 1988) fait le tour de la question.
4   Dorat, « Idées sur les romans », 1771, p. 9-10.

au lieu d'enseigner une morale, devient un instrument de connaissance. Dans les faits, le roman anglais contribue en tout cas à une promotion de l'écriture descriptive, même si les traductions s'adaptent souvent au goût du public français, ce qui ne manque pas de concerner également la place qu'elles accordent aux descriptions. Dorat affirme – ce qui le distingue de la plupart des autres écrivains de l'époque – la primauté de la peinture des mœurs sur la narration elle-même :

> Je n'ai point chargé ces Lettres d'incidens romanesques. J'ai mis en jeu des caractères & des passions. La peinture des mœurs suffit à l'esprit, & tout est événement pour le cœur. Que de nuances ! Que de révolutions ! Quelle instabilité dans le même sentiment ! Malheur à celui qui, pour écrire, en est toujours réduit à imaginer. Il parle souvent une langue étrangère ; & l'on est bientôt las de l'entendre[1].

Par la promotion des nuances et des gradations des sentiments, ce programme est à rapprocher à la fois des *Lettres d'une portugaise* (1669) de Guillerages et de ce que l'on appelait déjà le « marivaudage ». Ce n'est donc pas quelque chose d'absolument nouveau, mais tandis que Bricaire de la Dixmerie en 1773 n'accepte que bon gré mal gré le style de Marivaux[2], Dorat non seulement défend ce genre de représentations détaillées, mais y joint une défense explicite de la concentration sur les mœurs et les sentiments, puisque « tout est événement pour le cœur ». Dans ce sens, son programme relève d'une mise en cause de la stricte primauté de la logique narrative et du discours romanesque comme vecteur, ce qui permet aussi à la description de prendre une plus grande place. Cependant, cet éloge du détail concerne avant toute chose la description détaillée et l'explication précise des sentiments et du physique humain qui l'exprime, et n'est pas étendu à la description de la nature. Gabriel Seigneux de Correvon, le traducteur d'un roman écrit par l'écrivain et poète descriptif Haller, procède à la même époque et de manière plus générale, à la justification de la description en la rattachant à la finalité didactique du roman : « Jamais on ne trouve mieux à instruire que lors qu'on trouve le secret de plaire, & l'on est sûr de plaire par des descriptions, des caracteres & des tableaux[3] ». Il semble cependant qu'en

---

1 *Ibid.*, p. 17.
2 Bricaire (« Discours sur l'origine, les progrès & le genre des Romans », 1773, p. XLIX) juge que Marivaux avait un style qu'on « ne doit ni imiter [...], ni peut-être [...] blâmer. C'étoit le sien ».
3 Seigneux de Correvon, « Avant-propos » à *Usong, histoire orientale*, 1772, p. IX (*graphies originales*).

1772, une telle mise en équivalence entre écriture descriptive et plaisir de lecture soit encore une opinion minoritaire.

Pour tous les auteurs, critiques et traducteurs, le statut de l'écriture descriptive n'est pas une question isolée, mais dépend directement de la manière même d'envisager l'histoire, la fonction ou la nature du genre romanesque. Certes, la majorité des auteurs continue de considérer que le roman doit avant tout raconter une histoire et répondre au principe du discours comme vecteur, ce qui limite fortement la place des digressions, épisodes, réflexions et descriptions. Toujours est-il que la position de Dorat représente une ouverture majeure du roman vers ce qui n'est pas exclusivement narratif et participe ainsi d'une promotion de l'écriture descriptive dans le roman.

LA PLACE DES CIRCONSTANCES DANS LE RÉCIT : *L'ESSAI SUR LE RÉCIT*

Les réflexions des auteurs, critiques et traducteurs évoquées jusqu'ici ne pouvaient ni ne voulaient en aucune manière prétendre à un traitement systématique de l'écriture descriptive dans le récit; elles n'abordent la question de la description qu'indirectement et de manière ponctuelle. L'unique ouvrage qui pose la question de manière systématique, quoique par le biais de la notion de circonstances plutôt que par celui de la description, est l'*Essai sur le récit, ou Entretiens sur la manière de raconter* de François-Joseph Bérardier de Bataut, publié en 1776[1]. Les remarques détaillées qui y sont consacrées à la place et aux fonctions des « circonstances » dans le récit, catégorie qui comprend mais dépasse celle de la description, éclairent de manière privilégiée la problématique du statut et de la légitimité de l'écriture descriptive dans le roman de la seconde moitié du XVIIIe siècle[2].

L'*Essai sur le récit* s'inscrit dans la tradition, très vivante aux siècles classiques, du dialogue philosophique platonicien : deux personnages, Euphorbe et Timagène, s'y entretiennent sur la « manière de raconter »

---

1   Bérardier de Bataut, *Essai sur le récit*, 1776/2010. Je citerai le « texte de lecture » de cette édition électronique (qui fournit également une transcription linéaire) en l'identifiant par l'abréviation *Essai* et en y adjoignant le numéro de page pertinent.

2   L'abbé Bérardier de Bataut, qu'il ne faut pas confondre avec l'abbé Denis Bérardier, est né à Paris en 1720 et mort en 1794. Après des études de théologie, il devient professeur d'éloquence au collège du Plessis, puis prieur à Serqueux en Champagne-Ardenne. En dehors de l'*Essai sur le récit*, il est notamment l'auteur d'un *Précis de l'histoire universelle*, 1766 (deux rééditions, en 1776 et en 1823) et le traducteur, en 1786, de *L'Anti-Lucrèce* de Melchior de Polignac. Sur cette traduction, voir Albertan(-Coppola), « La poésie au service de l'apologétique », 1990-1991.

dans différentes sortes d'écrits[1]. Ils se sont retrouvés dans la maison d'Euphorbe, située à l'écart du trouble mondain dans une campagne agréable, dans un lieu propre à la réflexion. Chacun des douze entretiens qui composent le texte commence par une rapide description de l'endroit où il a lieu et par une légère esquisse d'un cadre narratif, ce qui place les deux personnages dans une situation de communication concrète et rattache les objets des entretiens aux personnages. Les rôles des deux personnages sont assez clairement définis : Euphorbe, qui a consacré la majeure partie de sa vie aux belles-lettres, est dans le rôle de Socrate qui fait « accoucher » Timagène, ancien militaire et homme de bon sens, de connaissances insoupçonnées. Au gré de leurs échanges, chacun interroge, illustre ou nuance les prises de position de l'autre, et les entretiens progressent selon cette dynamique. La structure maïeutique du dialogue n'est cependant que superficielle et ne cache qu'imparfaitement une volonté assez transparente de délivrer un certain savoir. En réalité, les douze entretiens sont didactiques sinon normatifs : le savoir qu'ils communiquent est le résultat des réflexions et des échanges éclairés, raisonnés et équilibrés des deux personnages. La forme dialoguée a néanmoins une fonction réelle et importante pour le contenu de l'ouvrage, parce qu'elle permet d'énoncer des prises de positions marquées, extrêmes, même si elles sont immédiatement nuancées, dans la suite de l'entretien, sans pour autant être gommées. Cette stratégie étend les possibles du discours théorique, en particulier aux points névralgiques de l'ouvrage, comme par exemple la définition du récit. Les entretiens portent d'abord sur la nature du récit et la (bonne) manière de raconter de manière générale, puis ils examinent différents genres narratifs, tant fictionnels comme la fable, le roman ou le conte, que non fictionnels comme l'histoire, le récit badin ou le récit oral d'un fait quotidien. L'objectif est, de manière parfaitement explicite, d'enseigner une compétence narrative critique qui doit permettre au lecteur de reconnaître les « pièges » qu'un auteur peut lui tendre en introduisant une perspective biaisée et partisane dans la présentation de son récit (*Essai*, p. V-VI). Au centre du débat, occupant la plus grande partie des quatre premiers entretiens, se trouve la question du statut des « circonstances » des faits racontés : la catégorie des circonstances recouvre le plus souvent, mais non exclusivement ou nécessairement, de brèves notations descriptives, des séquences descriptives plus étendues

---

1   Stéphane Pujol (*Le dialogue d'idées au dix-huitième siècle*, 2005) fournit une synthèse sur l'histoire du genre au XVIIIe siècle ; l'*Essai sur le récit* n'y est cependant pas pris en compte.

ou des narrations détaillées. Le texte constitue une défense raisonnée, différenciée de la description ou des circonstances d'une action dans un récit et en constitue une promotion modérée dans la mesure où il insiste aussi bien sur ce qui en justifie l'apparition que sur ce qui en limite la présence.

Il est difficile de juger dans quelle mesure l'ouvrage était connu et apprécié des romanciers de l'époque. On sait seulement que deux journaux importants consacrent des comptes rendus à l'ouvrage l'année même de sa parution. Le compte rendu paru dans L'Année littéraire, journal longtemps dirigé par Fréron et attaché à l'esthétique classique, dégage les idées principales de l'Essai sur le récit et loue l'auteur pour avoir « du goût, de la raison, un jugement sain, & des principes épurés ». L'objet de l'ouvrage est classé dans le domaine de la rhétorique : « Cet essai sur le récit doit être regardé comme un traité complet de cette partie importante de la Rhétorique, qui a pour objet la narration. L'auteur en développe les principes avec justesse & avec méthode, & il embrasse les différens genres de littérature qui sont de son ressort[1] ». Le compte rendu paru dans le Journal encyclopédique, dirigé par Castilhon et proche des « philosophes », commence par insister sur l'utilité pratique de l'ouvrage, puis il expose de manière assez détaillée les idées principales de Bérardier de Bataut[2]. Les auteurs des deux comptes rendus ne sont pas d'accord sur la fonction que l'ouvrage accorde au roman : le premier rapporte qu'il propose le roman anglais comme modèle pour « donner à ce genre de littérature un but plus noble, plus solide & plus moral », tandis que le second critique l'auteur pour ne pas avoir reconnu « le but vraiment moral & philosophique de plusieurs romans, tels que Pamela, Clarisse, Grandisson, &c. » puis cite Diderot, qu'il appelle l'« éloquent panégyriste » de Richardson, pour prouver le bien-fondé de son affirmation[3].

Après avoir été, semble-t-il, presque oublié pendant le dix-neuvième siècle, l'Essai sur le récit est redécouvert par Albert Chérel dès 1917, puis par quelques autres. Les analyses et jugements de l'Essai sur le récit restent cependant rares à ce jour et, s'ils s'accordent à souligner son importance, ils le font pour des raisons le plus souvent divergentes. Jean Sgard a récemment consacré des remarques synthétiques à l'Essai sur le récit. Il y souligne qu'il s'agit vraisemblablement de la réflexion

---

1   Anonyme, « Lettre VI : Essai sur le récit », 1776, p. 122.
2   Anonyme, « Essai sur le récit », 1776, p. 273-274.
3   Anonyme, « Lettre VI : Essai sur le récit, 1776 », p. 135 et Anonyme, « Essai sur le récit », 1776, p. 287.

la plus soutenue, au XVIIIe siècle, sur la nature du récit et il note que Bérardier attribue aux descriptions, portraits, réflexions et anecdotes un rôle important dans le récit. Enfin, il précise qu'il ne s'agit pas d'une rhétorique, mais bien d'une poétique du récit, mais juge que Bérardier « ne se pique pas d'originalité, il reprend la doctrine traditionnelle[1] ». Jean-Michel Adam, pour sa part, dans un article consacré à l'histoire de l'analyse linguistique du récit, affirme que « l'on peut considérer [l'*Essai sur le récit*], avec *La Poétique* d'Aristote, comme l'ancêtre de nos modernes traités de narratologie[2] ».

Quelle place convient-il donc d'accorder à Bérardier de Bataut et à l'*Essai sur le récit*, par rapport aux grands courants de pensée du siècle des Lumières ? Lorsqu'on approche l'ouvrage dans cette perspective, on ne peut manquer d'être frappé dans un premier temps par la manière dont Bérardier se positionne lui-même clairement dans le camp des Anciens. Il met en garde son lecteur, dès la préface, qu'il ne trouvera pas dans l'*Essai sur le récit* « de ces traits piquants, de ces réflexions hardies, empruntés de la prétendue philosophie moderne, si fort à la mode » (*Essai*, p. VII). Lorsqu'on examine les auteurs auxquels Bérardier emprunte la majeure partie de ses nombreuses citations, la prédominance des auteurs de l'Antiquité romaine, tels Horace et Quintilien, Tite-Live et Tacite, ainsi que du XVIIe siècle, tel Boileau, La Fontaine ou Dominique Bouhours, est évidente. Les auteurs du XVIIIe siècle représentés dans l'*Essai sur le récit* sont surtout des historiens, comme l'abbé de Vertot, César de Saint-Réal ou le Père Rapin, et des auteurs comme Marmontel ou La Motte, dont Bérardier retient surtout les contes. Les valeurs ou principes esthétiques auxquels Bérardier recourt pour juger les ouvrages et les exemples qu'il cite s'inspirent directement de valeurs antiques et classiques, l'objectif central du récit étant pour lui le principe horatien de *delectare et prodesse*, c'est-à-dire une utilité à travers l'agrément et l'instruction. Les qualités qui importent le plus dans le style du récit selon Bérardier, à savoir la clarté et la brièveté (de manière générale) ainsi que la vérité (dans l'historiographie), sont dérivées des rhétoriciens antiques.

Cependant, Bérardier conjugue ces valeurs et exigences classiques avec des catégories et des prises de positions plus modernes. Il met par exemple l'accent non pas sur la perfection et l'harmonie de l'œuvre, mais sur une catégorie esthétique plus progressive, celle de l'intérêt, c'est-à-dire sur la réponse émotionnelle du lecteur ou de l'auditeur.

---

1   Sgard, « Poétique des vies particulières », 2008, p. 37-38.
2   Adam, « L'analyse linguistique du récit », 1990, p. 7.

Ainsi permet-il également que l'auteur néglige les règles et privilégie l'émotion et l'imagination. On peut également observer comment, dans le dernier entretien de l'*Essai sur le récit* qui porte sur le roman, Bérardier donne la préférence à une position clairement moderne, lorsqu'il permet à Timagène de réfuter les critiques d'ordre moral et esthétique qu'Euphorbe adresse au roman. Surtout cependant, la notion même de récit trouve chez Bérardier une redéfinition signifiante, puisqu'il souligne l'importance constitutive des circonstances et des détails ou digressions pour le récit. Dans ce contexte, Bérardier développe une typologie des circonstances narratives qui se démarque de celle, temporelle ou causale des *circumstantiae* rhétoriques, et les classe selon des degrés de légitimité qui s'établissent en fonction de leur nécessité ou utilité dans le récit[1]. Malgré une forte et incontestable présence de l'héritage classique dans l'*Essai sur le récit*, l'ouvrage apporte ainsi une position originale et particulière à la réflexion sur la narration au XVIIIe siècle.

Dès le début du premier entretien, Euphorbe affirme que le récit, comme la peinture d'histoire, doit représenter les « faits » (c'est-à-dire les événements) avec certaines circonstances, afin de donner « un intérêt plus vif à l'action » (*Essai*, p. 6). Les circonstances sont également à l'origine de l'illusion référentielle : « Du choix des circonstances naît cette espèce d'enchantement, qui nous transporte au-delà des temps et des lieux » (p. 9). La nécessité où se trouve le récit, dans l'esthétique narrative du XVIIIe siècle, de susciter l'intérêt comme d'entretenir l'illusion référentielle, permet à Euphorbe de conclure que les circonstances sont, au même titre que les « faits », constitutives du récit : « Présenter rapidement les parties les plus essentielles d'un fait, ce n'est donc pas proprement raconter », affirme-t-il, et ajoute : « le détail des circonstances est donc nécessaire au récit » (p. 10). Or, cette affirmation – qui va à l'encontre de la *doxa* de l'époque sur le discours romanesque comme vecteur (Randa Sabry) –, se trouve nuancée par l'étape suivante de l'argumentation. Euphorbe propose de distinguer deux sortes de circonstances :

---

1   Le terme de « circonstances », qui traduit les *circumstantiae* de la tradition rhétorique, prend à l'âge classique l'un de deux sens : soit, il traduit le latin *adjuncta*, et désigne donc les circonstances immédiates d'un fait qui permettent d'établir des preuves (correspondant aux questions *qui, quoi, où, de quelle manière, pourquoi, comment, quand*) ; soit, il correspond à un sens plus large, qui inclut les *adjuncta* mais également les *antecentiae* et les *consequentiae*, c'est-à-dire les circonstances qui précèdent, accompagnent et suivent un fait (voir Le Guern, « Les antécédents rhétoriques de la notion de circonstance », 1998). Bérardier comprend les « circonstances » dans le second sens, plus extensif, moins directement rhétorique ou persuasif et mieux adapté aux genres narratifs divers qu'il aborde.

> [...] distinguez avec moi deux espèces de circonstances. Les unes, que j'appelle circonstances principales, contribuent à faire connaître l'objet que l'on veut peindre. Sans elles, il ne fait qu'effleurer notre esprit ; et quelque différentes qu'elles puissent être, elles sont essentielles : les autres, que j'appelle circonstances d'ornement, jettent dans le récit de l'intérêt et de l'agrément ; mais il peut absolument s'en passer. L'écrivain ne peut se dispenser d'employer les premières ; et, s'il veut faire un grand effet, il n'omettra pas les autres. (*Essai*, p. 12)

Du coup, certaines circonstances seulement sont « nécessaires » et « essentielles », tandis que d'autres, même celles qui ajoutent de l'intérêt au récit, ne sont plus que facultatives. Ici, la catégorie de l'intérêt se trouve ravalée au même rang que « l'agrément ». La distinction entre ces deux types de circonstances est illustrée à l'aide de la fable du chat et des souris par trois auteurs : Ésope, Phèdre et La Fontaine. Euphorbe commente la version d'Ésope :

> Rien de si clair et de si naturel que ce récit ; mais aussi rien de si simple. Tout y est nécessaire. L'auteur ne se permet d'autres détails, que ceux dont dépend l'action qu'il raconte. Il s'en tient aux circonstances principales. (*Essai*, p. 14)

Il s'agit donc bien d'un récit et non de la simple évocation d'un fait, mais les circonstances sont réduites à ce qui est strictement nécessaire à la bonne compréhension de l'histoire. Dans la version de Phèdre, l'opposition entre les rats, rapides et alertes, et le chat, affaibli par la vieillesse et quelque peu engourdi, est soulignée, puis le quatrième rat est distingué par son âge et son expérience. Euphorbe commente : « Le mot *retorridus*, qui caractérise le rat défiant et précautionné, est un coup de pinceau qui fait seul un portrait achevé, et que l'auteur rend encore plus frappant, en ajoutant, que *souvent il était échappé aux pièges et aux souricières* » (*Essai*, p. 15-16). Euphorbe souligne l'efficacité de la mention du petit détail « frappant » que représenterait ce seul mot « retorridus », détail descriptif qui, sans être absolument nécessaire, paraît cependant efficace et légitime. Quant à la version de La Fontaine, elle est la plus riche en circonstances ajoutées au pur récit des faits. Timagène remarque que cet auteur « a certainement [le mérite] de l'embellissement et de la richesse », mais Euphorbe lui fait remarquer que « le récit pouvait s'en passer, sans rien perdre de sa nature » (p. 19). Il s'agit donc de circonstances qui ne sont pas constitutives de ce récit, ni d'un type de circonstances considéré comme constitutif du récit en tant que tel. Les trois versions représentent donc chacune un cas de figure prototypique : dans la première, le récit ne contient que les circonstances principales ; dans la seconde, il s'ajoute aux circonstances principales quelques rares circonstances d'ornement qui augmentent l'intérêt et l'efficacité du récit ; dans la troisième, une surabondance de circonstances d'ornement ne répond plus au critère de l'efficacité et devient un défaut.

La position selon laquelle les circonstances sont *a priori* constitutives du récit se trouve donc immédiatement limitée dans la pratique. Si la distinction entre circonstances principales et circonstances d'ornement est relativement catégorique, le premier entretien soulève cependant la question de savoir comment le narrateur, l'orateur ou l'historien, mais également le lecteur ou l'auditeur, peuvent faire le partage entre les circonstances d'ornement qui sont légitimes sans être nécessaires, et celles qui sont illégitimes. La question est d'importance, puisque « en effet, le choix des circonstances me paraît le grand art, pour jeter de l'ornement dans un récit » (*Essai*, p. 171), comme le dit Timagène.

Deux qualités attribuées à un « excellent récit » limitent le degré de circonstances dont il peut être doté : « une clarté qui le met à la portée de tous ses lecteurs ; une brièveté qui ne laisse aucun lieu à l'ennui » (*Essai*, p. 27). Les deux interlocuteurs en déduisent une double exigence selon laquelle il faut que le sujet principal reste central, soit par l'absence d'autres sujets (digressions), soit par l'absence de circonstances qui ne sont pas directement liées au sujet principal (détails inutiles). De plus, la clarté dépend des qualités du discours : l'emploi du langage figuré doit être limité et l'ordre des mots correspondre, autant qu'il est possible, à l'ordre « naturel » qui, dans le cas du récit, est l'ordre des événements constituant l'action[1]. L'exigence de la brièveté n'exclut cependant pas les circonstances d'ornement, ces dernières paraissant légitimes aux deux interlocuteurs si elles produisent de l'intérêt ou de l'agrément :

> C'est là précisément, ajouta Euphorbe, l'effet des circonstances détaillées à propos, et qui allongent le récit sans nuire à sa brièveté. Les unes plus sérieuses, m'attachent à un objet important, excitent ma curiosité et me donnent une agréable impatience de voir l'issue d'un événement intéressant par lui-même, ou par les personnages qui y figurent : les autres peignent la nature toujours belle, même lorsqu'elle est sans ornements, et cette vue fait naître un sentiment délicieux, qui répand dans le cœur le calme et la joie. (*Essai*, p. 61-62)

---

1 *Essai*, p. 38-29 et 43. Les deux interlocuteurs consacrent de plus amples remarques à la question de l'ordre naturel dans le cinquième entretien (p. 239-250).

L'agrément peut encore être produit par une « variété » que les digressions (descriptives ou non) fournissent lorsqu'elles sont ni trop longues, ni trop fréquentes, ni répétitives, et surtout, lorsqu'elles sont bien placées et « détournent un moment l'attention du lecteur, pour la ramener ensuite, avec un plaisir plus vif, à l'objet principal » (*Essai*, p. 79).

Cependant, plus important encore que la variété est l'« intérêt », ce « penchant secret du cœur, qui nous rend sensibles aux événements heureux ou malheureux que nous entendons raconter, ou dont nous sommes les témoins » (*Essai*, p. 105). Euphorbe précise en disant que « le grand art, pour rendre un récit intéressant, est donc d'examiner avec soin, quelle impression ferait l'objet lui-même sur ceux qui doivent en lire ou en entendre le détail » (*Essai*, p. 113) et constate que la catégorie de l'intérêt est historique et changeante, les Grecs par exemple étant « plus délicats et plus sensibles que les Romains » (*Essai*, p. 113). Si les moyens pour susciter l'intérêt varient avec les cultures et les temps, le narrateur doit bien connaître son public pour relever précisément les circonstances qui suscitent chez celui-ci de l'intérêt. L'esthétique de l'intérêt, telle que les deux personnages de Bérardier de Bataut la développent ici, s'inscrit dans deux tendances majeures de l'époque des Lumières, le projet de démontrer l'historicité de toutes les notions et de tous les usages humains et la tendance sensualiste de penser l'œuvre artistique en termes non pas ontologiques, mais épistémologiques, prenant en compte la perspective de la réception[1].

La perspective de la réception est également responsable de l'attention que les deux interlocuteurs accordent à l'imagination : il faut éveiller la curiosité du lecteur, exciter son imagination et tenir son esprit en suspens, en lui cachant une partie de l'action, en ne lui donnant que quelques indices, en l'induisant ainsi à s'imaginer lui-même ce que le texte ne précise pas : « Un objet qui ne se découvre qu'à moitié, irrite les désirs, et met en jeu l'imagination, qui se figure dans ce qu'elle ne voit pas, plus de beautés peut-être, qu'il n'en renferme » (*Essai*, p. 123-124). Plus loin, les deux amis développent davantage cette idée à propos du portrait, en reprenant la comparaison traditionnelle entre le voile en peinture et la brièveté dans les arts verbaux :

---

1   L'intérêt et l'« intéressant » deviennent des catégories esthétiques centrales, au XVIIIᵉ siècle, que ce soit chez l'abbé Dubos, chez le Diderot des *Salons* ou enfin dans la *Allgemeine Theorie der schönen Künste* (1771-74) de Johann Georg Sulzer. Sur la notion d'intérêt au siècle des Lumières, on peut consulter Stierle, « Diderots Begriff des "Interessanten" », 1979 ; Moser-Verrey, « L'émergence de la notion d'intérêt dans l'esthétique des Lumières », 1987 et Stierle, « Ästhetik des Interessanten », 1990.

> Je me rappelle toujours, avec plaisir, l'artifice de ce peintre qui représentait sur la toile le sacrifice d'Iphigénie. Il avait épuisé son adresse et son art à rendre la douleur d'Iphigénie et de Clytemnestre. Ne sachant plus comment exprimer le désespoir d'Agamemnon, il s'avisa de lui mettre à la main un mouchoir, dont il se couvrait le visage. C'était appeler à son secours la nature et l'imagination du spectateur. À la vue de cette attitude, que ne se figure-t-on point dans un père présent aux autels, où va couler le sang de sa fille ? (*Essai*, p. 233-234)

À partir de cela, Euphorbe transpose le procédé du « voile » en peinture à la description d'un personnage en disant que la brièveté, le choix judicieux d'une ou deux épithètes ou la notation d'un petit détail suggestif peuvent avoir, par un mécanisme analogue, l'effet d'animer l'imagination du lecteur et donc de renforcer l'impression que la description fera sur lui[1].

Enfin, le choix des circonstances d'ornement doit se faire en prenant en compte les critères de la vérité et de la vraisemblance d'une part, ceux de l'utilité ou pertinence narrative d'autre part (*Essai*, p. 171-172). Les deux amis se fondent sur la distinction que Timagène établit entre deux sortes de vérité : d'un côté la « vérité des faits » ou vérité de l'histoire, qui réside en le respect des faits et circonstances réels et consacrés, de l'autre côté la vérité de la nature, qui consiste dans une ressemblance du contenu avec la « belle nature », et dans le « naturel » pour ce qui est de la manière de raconter. L'histoire se doit avant tout à la vérité des faits, mais la fiction ne doit pas négliger la vérité de la nature (p. 160-168). L'exigence de vraisemblance concerne surtout les genres consacrés de l'épopée, de la tragédie et de la comédie qui doivent s'inspirer de l'*historia*, tandis que des genres comme la fable, le conte et le roman sont, par leur apparition plus récente ou leur moindre degré de reconnaissance officielle, moins codifiés et moins soumis aux exigences de la vraisemblance historique. Par conséquent, les seconds sont plus libres dans « l'invention » de circonstances frappantes que les premiers, qui doivent s'en tenir à une évocation des faits accompagnés de leurs circonstances principales[2]. L'analyse du « récit bien circonstancié » (p. 175) de la

---

1   L'imagination et la perspective de la réception dans les considérations esthétiques, si centrale dans le *Laocoön* de Lessing, n'apparaît chez Batteux que comme un aspect parmi d'autres. L'association de ce problème avec la peinture est reprise de Quintilien qui commente le tableau, perdu, de Timanthe de Kythnos intitulé *Sacrifice d'Iphigénie*, comme le décrit Bernard Vouilloux (« Du figural iconique », 2006).

2   L'idée que le vraisemblable dépend du genre littéraire concerné est un acquis du XVIIIᵉ siècle, selon Todorov, « Introduction au vraisemblable », 1971, p. 94.

traversée des Alpes d'Annibal rapportée par Tite-Live vient illustrer ces exigences. Les deux amis concluent que le passage en question répond bien aux critères de l'intérêt et de l'utilité :

> Il [Tite-Live] entre dans un détail qui paraîtrait et qui serait minutieux partout ailleurs : mais il ne dit rien qui ne contribue à rendre intéressante cette fameuse expédition. Il ne s'amuse point à nous peindre les curiosités du pays, les fruits qu'il porte, les animaux qui y naissent, la figure, les mœurs, les usages des habitants. Tout ce qu'il décrit, ne tend qu'à nous montrer la constance inébranlable du général Carthaginois au milieu des obstacles sans nombre qu'il rencontre. [...] Tout ce qui tend à montrer la fermeté et la résolution du héros de Carthage, est utile au but qu'on se propose, et doit trouver ici sa place (*Essai*, p. 175-176)

Le récit de Tite-Live que les amis commentent montre bien la difficulté qu'il y a à vouloir trop radicalement séparer narration et description, puisque ce récit, malgré tout son « détail » et ses descriptions, constitue plutôt une narration détaillée continuelle qu'un récit interrompu de passages descriptifs avec une alternance de deux types de textes distincts. L'utilité des circonstances est jugée de la plus grande importance et contrebalance même l'éventuelle bassesse de l'objet ou de la circonstance, comme les deux amis le constatent ; un récit de Tacite leur sert d'autorité :

> Messaline, femme de Claude, avait porté l'effronterie jusqu'à épouser publiquement un certain Silius. Pendant un voyage que l'empereur fit à Ostie, et où il apprit ce désordre, elle célébra dans sa maison de Rome une fête des Bacchanales. Entre les extravagances auxquelles se livra cette infâme compagnie, et que l'historien nous décrit, un certain Vectius Valens s'avisa de monter sur un grand arbre ; et comme on lui demanda ce qu'il découvrait de si haut, « Un orage affreux, répondit-il, qui se forme du côté d'Ostie. » Cette circonstance, assurément, n'était pas digne du sujet, si elle n'eût contribué à annoncer d'avance la catastrophe sanglante de cette espèce de comédie. (*Essai*, p. 189)

Parce que le détail évoqué a une valeur de prédiction et est donc hautement fonctionnel sur le plan narratif, il peut légitimement être évoqué malgré sa valeur de détail bas, « pas digne du sujet ». Dans ce débat, qui avait beaucoup occupé les romanciers et critiques du roman, les deux amis tranchent donc clairement pour l'utilité des circonstances. Dans le passage cité, on constate le sens large donné au verbe « décrire » dans ce passage, qui veut simplement dire « évoquer un fait » ou « indiquer une circonstance » puisque ce sont des actions, des « extravagances », qui sont « décrites ».

En effet, bien que les circonstances d'ornement ne soient pas toujours réalisées sous forme de descriptions, mais peuvent également prendre la forme de digressions argumentatives ou même narratives un peu développées, les détails ou digressions descriptives en sont une des manifestations les plus importantes ; aussi, Euphorbe et Timagène consacrent-ils une grande partie du troisième et quatrième entretien à cet aspect du récit et y formulent-ils des exigences qui précisent celles qu'ils viennent d'établir pour les circonstances. Mais qu'entendent donc les deux personnages par « description » ? À Timagène qui lui pose cette question, Euphorbe répond :

> On peut avoir à peindre, répartit Euphorbe, une action, un lieu, un être raisonnable ou supposé tel. Le détail d'un fait particulier, par exemple, d'une bataille, d'une tempête, d'un voyage, l'énumération de ce qui compose un pays ou un canton, s'appelle description. Le portrait et le caractère ne conviennent qu'aux êtres raisonnables, ou du moins animés ; et dans cette dernière espèce, le portrait expose les qualités extérieures et intérieures ; au lieu que le caractère, pris à la rigueur, doit se borner à celle de l'âme : mais souvent on le confond avec le portrait, comme vous le pouvez voir dans La Bruyère. Un rhéteur vous ferait d'autres divisions, qui ne sont admises que dans les écoles. (*Essai*, p. 197-198)

La description peut porter sur un grand éventail d'objets et se définit non pas par sa temporalité discursive, mais par les nombreux détails qu'elle renferme ; elle s'oppose dans un premier temps au caractère et au portrait, définis par leur objet et perçus comme des entités autonomes. Ailleurs, « description » sert également comme hyperonyme recouvrant description, portrait et caractère, avec le sens d'un passage où le narrateur représente en détail une chose ou une personne. Le véritable hyperonyme, permettant un jeu d'oppositions au sein du « récit », est le terme « digressions » ; celles-ci peuvent être descriptives, argumentatives et narratives et incluent donc également les digressions auctoriales, les réflexions des personnages ou les dialogues ou débats prolongés. Ces « digressions » de toutes sortes, qui retardent l'intrigue et font l'objet d'un besoin de légitimation, s'opposent à l'exposé des événements qui seuls font avancer le récit en tant que discours comme vecteur. Timagène le souligne, lorsqu'il dit qu'il voudrait « qu'il n'y eût de description qui ne fût attachée à la place qu'elle occupe par quelques traits particuliers et nécessaires » (*Essai*, p. 207). Euphorbe est encore plus catégorique sur ce point : « faire une description trop longue est un écart, mais surtout, lorsqu'elle n'a peu ou point de rapport à la matière dont l'écrivain doit être occupé » (p. 207-208). Cependant, les deux interlocuteurs s'accordent sur le fait que les digressions descriptives peuvent être des ornements légitimes du récit, à condition cependant de répondre à des exigences telles que l'originalité et la concrétude, la vivacité et la qualité spectaculaire, enfin la beauté dans l'expression et le style.

Dans les digressions descriptives, comme l'avait déjà remarqué Euphorbe, les « lieux communs » représentent un écueil, et Timagène reprend ce fil en critiquant assez sévèrement la pratique descriptive des écrivains passés et présents :

> Que de lieux communs où l'on décrit une campagne, un torrent, une tempête, et qui peuvent convenir à toutes sortes de sujets ? Ce sont des espèces de pièces de rapport qu'on déplace à son gré et qu'on enchâsse où l'on veut. On pourrait en faire un répertoire disposé par lettres alphabétiques en forme de dictionnaire, pour la commodité des plagiaires. (*Essai*, p. 206-207)

Euphorbe, qui en convient en principe, nuance la position de Timagène en précisant que si « l'exactitude de la prose ne souffre point, il est vrai, ces peintures générales et communes » et que « la sévérité de l'histoire ne permet pas non plus qu'on y répande des fleurs avec prodigalité », la poésie « admet [cependant] ces détails où l'imagination se joue et distrait un moment son lecteur » (*Essai*, p. 207). Dans ce contexte, les deux amis s'interrogent sur le degré d'originalité possible dans la description d'une tempête en en comparant plusieurs exemples ; le résultat de cette comparaison est assez clair, en tout cas pour Euphorbe qui s'appuie sur les catégories du « goût » et de l'imitation de la (belle) nature :

> Il n'est donc pas étonnant que plusieurs grands auteurs se rencontrent dans les tableaux qu'enfante leur imagination. Plus ils ont de goût, plus ils doivent se rapprocher, parce qu'ils copient le même modèle, c'est-à-dire, la nature, qui est une. Puiser dans cette source féconde, ce ne fut jamais être plagiaire. (*Essai*, p. 214-215)

Dans le cas des descriptions de tempêtes (ou de batailles), l'absence d'originalité ne saurait donc être reprochée à un auteur qui n'a fait que se conformer à la nature. Dans le cas des portraits de personnages particuliers, cependant, la situation n'est pas la même, leurs modèles ayant tous « des traits qui leur sont propres, et que le peintre doit saisir. Il serait inexcusable, si son tableau convenait également à plusieurs personnes différentes » (*Essai*, p. 216). La simple « ressemblance exacte » même n'y suffit pas, il importe d'individualiser véritablement le portrait : « il doit y avoir certains traits particuliers à la personne qu'il représente », comme le dit Euphorbe (*Essai*, p. 218-219).

Quant à la vivacité et à la qualité spectaculaire requises dans une description, Timagène reprend cet aspect déjà évoqué par Euphorbe dans le premier entretien :

> [...] ces morceaux saillants ont l'avantage de faire une impression plus vive sur l'esprit, et par là se gravent plus aisément dans la mémoire. Je n'oublierai jamais la description du combat de Télémaque avec Hyppias. [...] N'êtes-vous point enchanté, comme moi, de la vivacité de cette peinture ? [...] Voilà ce que le pinceau ne peut exprimer sur la toile. C'est moins une lecture, qu'un spectacle intéressant. (*Essai*, p. 198-199)

Ici, la description est directement rattachée à l'hypotypose, par l'idée de la vivacité, de l'impression vive, par le rapprochement avec la peinture, par l'idée d'une disparition du texte (de la lecture) qui donne lieu à un spectacle ; cependant, cet effet ne repose pas seulement sur la vivacité, mais à nouveau sur le fait que le texte doit suggérer ce « spectacle » à l'imagination du lecteur se mettant à la place d'un spectateur potentiel de la scène décrite :

> Il y a une espèce d'adresse dans le récit, qui le transforme, pour ainsi dire, en drame, et qui lui donne toute la vivacité d'une action, lorsqu'on sait ne présenter au lecteur que ce qui pourrait être aperçu par un spectateur, et lui laisser deviner tout le reste. (*Essai*, p. 200)

Pour finir, « le style et l'expression » de la description, qui correspondent à « l'effet des couleurs » dans la peinture, ne doivent pas être négligés, dans l'écriture (*Essai*, p. 226). Les deux amis vont par ailleurs jusqu'à la formulation approximative d'une esthétique de la laideur lorsqu'ils disent que la beauté de l'expression peut compenser la laideur (et la bassesse) de l'objet décrit – « Un habile pinceau prête des grâces à l'objet le plus vil » (p. 231) –, reprenant des idées souvent agités au XVIIIe siècle depuis l'abbé Dubos[1].

En fin de compte, il se dessine à travers les échanges d'Euphorbe et de Timagène, dans les premiers cinq entretiens de l'*Essai sur le récit*, une vision très différenciée et nuancée des composantes du récit et des degrés de légitimité des circonstances et des digressions descriptives qu'un auteur ou narrateur peut ajouter aux faits relatés dans son récit. Plus encore que les contraintes formulées à l'égard des circonstances, les exigences concernant les digressions et détails descriptifs sont pertinentes pour la poétique de l'écriture descriptive dans le roman. Lorsque Bérardier,

---

1   Voir Dubos, *Réflexions critiques sur la poésie et sur la peinture*, 1719/1993, p. 1.

dans son ouvrage, lie les valeurs et exigences classiques à des catégories et des prises de positions plus modernes, il témoigne d'une incontestable permanence de l'héritage classique au XVIIIe siècle, mais apporte en même temps une position originale et particulière à la réflexion sur la narration au XVIIIe siècle. Sans former une poétique normative des circonstances, les exigences énoncées par Bérardier systématisent un ensemble d'idées et de contraintes concernant la place des circonstances et des digressions descriptives dans le récit. L'autorité institutionnelle limitée de l'auteur et la diffusion probablement restreinte du livre impliquent également qu'on ne doive sans doute pas attribuer à l'ouvrage le pouvoir d'exercer lui-même une contrainte active sur la production romanesque. Il faut plutôt comprendre l'*Essai sur le récit* comme un ouvrage qui donne cohérence et plasticité à des idées présentes dans le champ littéraire et pertinentes, l'analyse des romans m'en a laissé convaincu, pour la pratique descriptive pendant la seconde moitié du XVIIIe siècle.

CONVENTIONS ET TRADITIONS LIÉES À LA DESCRIPTION

Le souci de la pertinence de la description représente le respect d'un principe fondamental de la poétique du roman au XVIIIe siècle, formant à la fois une contrainte générale pour l'écriture descriptive dans le roman et un facteur local pour la plus ou moins grande légitimité d'une description donnée. La légitimité de toute description qui a suffisamment de longueur et d'indépendance syntaxique pour être perçue comme un *passage descriptif* précis est ainsi en cause à travers la question de la fonction narrative de la description.

Lorsque la rhétorique avait été réduite progressivement, après la Renaissance, à un répertoire de figures, et que la description n'était plus devenue qu'une figure, on l'envisageait comme un ornement du discours, facultatif et « supplémentaire ». La description pouvait dès lors fonctionner comme un « morceau de bravoure » dans lequel l'écrivain faisait montre de sa virtuosité, et une telle fonction était sa seule source de légitimité au sein du texte. Or, au XVIIIe siècle, la rhétorique en tant que répertoire de figures est en crise et la description rejoint du même mouvement l'exigence de son utilité et de sa pertinence narrative. Gérard Genette a décrit comment se modifient, à la suite de cette évolution, les rapports entre description et narration :

> [...] l'évolution des formes narratives, en substituant la description significative à la description ornementale, a tendu (au moins jusqu'au début du XXe siècle),

à renforcer la domination du narratif : la description a sans aucun doute perdu en autonomie ce qu'elle a gagné en importance dramatique[1].

Ce rapport proportionnellement inverse entre autonomie et fonction narrative me paraît juste ; cependant, il ne faudrait pas opposer outre mesure la description ornementale à la description significative ; la description ornementale au sens strict et à l'intérieur des genres narratifs n'est sans doute qu'une forme transitoire de la description qui, depuis les rhéteurs de l'Antiquité grecque et latine jusqu'à la Renaissance, et à nouveau dans le haut classicisme et à l'époque des Lumières, doit répondre à une exigence de pertinence narrative, de signification à l'intérieur de l'ouvrage dans lequel elle se trouve insérée.

Les travaux sur la description dans le roman, la nouvelle et d'autres textes narratifs sont riches en interprétations de descriptions qui, selon les genres ou les époques étudiés, permettent de constater des fonctions narratives récurrentes. La profusion des fonctions attribuées à la description montre la richesse et le potentiel de production de sens qu'elle apporte à différents niveaux[2]. Dans les romans étudiés ici, la plupart des fonctions répertoriées dans les travaux critiques existants sont présentes, à l'exception notable peut-être de deux d'entre elles ; la fonction esthétique ne vient jamais seule, ce type de description ornementale et ostentatoire étant, comme le montrent bien les réflexions des romanciers et critiques et l'*Essai sur le récit*, quasiment exclue du discours romanesque ; et la fonction mimésique, selon laquelle la description sert avant tout à produire l'illusion d'un mode fictif cohérent, est limitée, puisque les espaces et les décors restent souvent relativement abstraits et, pour ainsi dire, fragmentés[3]. Quelle que soit la fonction attribuée à

---

1   Genette, « Frontières du récit », 1966/1969, p. 59.

2   Le roman du XIXe siècle a été un laboratoire particulièrement fécond, pour cette question : Mieke Bal (*Narratologie*, 1977, p. 96, 98, 104-5) montre la fonction de caractérisation des personnages et la fonction prémonitoire de la description dans *Madame Bovary*. Georges Jacques (*Paysages et structures dans* La Comédie humaine, 1975, p. 180-85 et 196-197) souligne sa fonction de créer du suspense dans la *Comédie humaine*. Jean-Michel Adam et André Petitjean (*Le texte descriptif*, 1989, p. 7-68) distinguent six fonctions de la description de paysage, qui peut être esthétique, expressive, productive, mathésique, mimésique et sémiosique.

3   Parmi les fonctions de la description qui sont typiques du le roman au XVIIIe siècle, on peut noter la fonction « incitative » des descriptions de lieux dans le roman libertin (voir Martin, « Espaces "incitatifs" », 2003 ; Dubost, « Lieux de séduction, séduction des lieux », 2004) ou celle d'être l'expression d'une intériorité ou d'une subjectivité ; c'est ce que Merete Grevlund (*Paysage intérieur et paysage extérieur dans les* Mémoires d'outre-tombe, 1968) nomme le « paysage intérieur » et Janice Koelb (*The Poetics of Description*, 2006) la

une description donnée dans les romans étudiés ici, l'essentiel dans le contexte du statut de l'écriture descriptive dans le roman est qu'elle en ait une, qu'elle soit clairement repérable et que la description participe ainsi à la signification du roman.

Autant que la pertinence narrative plus ou moins grande, plus ou moins évidente, les conventions et traditions liées à différents types de descriptions contribuent à déterminer le statut plus ou moins problématique d'une description donnée. La description des personnages restant de loin, dans le corpus romanesque, la catégorie descriptive la plus importante, suivie par les descriptions de paysages et de lieux, et les traditions de ces deux types de descriptions étant particulièrement riches et bien documentées, je me limite dans les remarques qui suivent à ces deux types de descriptions.

On sait que les premières origines du portrait sont à chercher dans la rhétorique antique, en particulier dans les *argumenta a persona* du discours judiciaire[1]. Dans le discours épidictique, l'éloge et le blâme ou le parallèle (qui souvent réunit les deux premiers) peuvent porter en principe sur les personnes, les animaux et les plantes, les lieux ou les objets, mais les exemples les plus célèbres portent sur des personnes. Ces discours sur les personnes ont leurs propres *topoi*, qui concernent autant l'origine, l'éducation et le parcours du personnage que ses qualités morales et physiques et sa condition sociale[2] ; la structure qui en résulte sous-tend encore de nombreux portraits de personnages dans le roman du XVIIIᵉ siècle. Une telle ancienneté est seule une source de légitimité pour le portrait, mais le portrait des protagonistes du roman peut par ailleurs s'appuyer sur une double légitimité, dérivée de la pertinence narrative des portraits – le lecteur est en droit de s'attendre à connaître les protagonistes, parce que ceux-ci jouent un rôle important dans l'histoire –, et d'une longue tradition du portrait en tant que pratique mondaine et sous-genre descriptif quasi autonome. On peut distinguer, en effet, toute une série de moments pendant lesquels le portrait était une pratique d'écriture spécifique : au Moyen Âge, celle-ci concernait avant tout la description de la femme idéale ; au XVIᵉ siècle, il y a une véritable mode du *blason féminin* ; vers le milieu du XVIIᵉ siècle, elle concernait la pratique du portrait mondain ; pendant la seconde moitié du XVIIᵉ siècle encore,

---

« ethical place description ». La meilleure preuve de la multiplicité et de la pertinence narrative des décors et des objets dans le roman du XVIIIᵉ siècle reste le livre de Henri Lafon, *Les décors et les choses*, 1992.

1   Quintilien, *Institution oratoire*, 1975-1980, t. 3, p. 133-135 (V, 10.23-31).

2   Voir, par exemple, dans Aphtonios, *Progymnasmata*, 2008, p. 131-146 (VIII-X).

elle concernait la pratique du « caractère ». Chacun de ces moments apporte à la pratique du portrait, au XVIIIe siècle, non seulement une ancienneté et, partant, une légitimité, mais encore une tradition vivante : celle-ci fournit à la fois de grands modèles de portraits célèbres et des conventions d'écriture des portraits sur lesquels les romanciers peuvent s'appuyer ou desquels, au contraire, ils peuvent se démarquer.

La tradition du portrait de la femme idéale participe, dès les *Progymnasmata* et à nouveau à partir du Moyen Âge, de la mise en place d'une convention concernant l'ordre qu'il convient de donner aux éléments d'un portrait physique : celui-ci doit commencer en haut, avec les cheveux, et terminer en bas, avec les pieds[1]. Le blason en tant que poème descriptif épidictique apparaît au XVe siècle et est pratiqué surtout pendant la première moitié du XVIe siècle. En principe, tout objet est susceptible d'être célébré sous forme de blason, mais le blason de la femme et des parties du corps de la femme est particulièrement présent, surtout sous l'influence de Marot[2]. Le genre tend à s'érotiser, mais il apparaît également le contre-blason qui, au lieu de faire l'éloge de la beauté féminine, dénonce la laideur[3]. Cette courte mais intense pratique du blason féminin, dont le portrait mondain prend le relais au XVIIe siècle, survit ponctuellement jusqu'au XVIIIe siècle, comme en témoigne, par exemple, le recueil intitulé *Éloge du sein des femmes, ouvrage curieux* et publié par Mercier de Compiègne en 1746. Quoique circonscrit clairement à un genre poétique en vers, le blason féminin pèsera néanmoins sur les portraits des personnages dans le roman : il contribuera à renforcer le caractère épidictique du portrait, qui sera, au XVIIe siècle surtout, marqué par une tendance vers l'éloge stéréotypé et l'hyperbole. Cette tendance est peu propre à produire une image ressemblante et individuelle de la personne représentée, qualités cependant de plus en plus exigés des portraits. S'affaiblissant au XVIIIe siècle, cette tendance n'est que rarement attaquée de front : Mirabeau ou Sade par exemple produisent des séries de portraits qui insistent sur la laideur féminine et s'inscrivent dans la tradition du contre-blason tout en la subvertissant[4]. De plus, le blason féminin consacre le lien entre le portrait (physique)

---

1   Voir *ibid.*, p. 147 (XII), ainsi que Pommier, *Théories du portrait*, 1998, p. 65-68.
2   Des recueils de blasons féminins sont publiés, sur l'initiative de Marot, en 1536 et 1543.
3   Voir Wilson, *Descriptive Poetry from Blason to Baroque*, 1967 et Tomarken, « The Rise and Fall of the Sixteenth-Century French Blason », 1975. Plus récemment, Kendall Tarte (« Seductive Topographies », 2004) a mis en parallèle topographie et blason érotique.
4   Chez Mirabeau, c'est le cas dans une série de portraits (*Conversion* 979, 987-988 ou 1014) et chez Sade, dans les portraits des quatre servantes (*Journées* 52-53).

des personnages et l'érotisme, ce qui représentera une lourde hypothèque pour la description à la fin du XVIIe et encore au XVIIIe siècle : le roman réagira soit par l'abstraction, soit par le stéréotype, soit encore par l'élimination presque entière des portraits physiques.

La pratique mondaine du portrait galant a connu son année de gloire en 1659. Autour de Mlle de Montpensier, les « précieuses » la cultivent pour leur divertissement : il en résulte deux recueils de portraits, les *Divers portraits* et le *Recueil de portraits et éloges en vers et en prose*, tous deux de 1659, qui consacrent à la fois le portrait en tant que genre autonome et fixent un principe essentiel de sa composition qui consiste à décrire dans un premier temps le physique et ensuite seulement le moral[1]. La même année paraît en outre *La Description de l'isle de portraiture et de la ville des portraits* de Charles Sorel, qui, conjuguant voyage imaginaire comique et allégorie topographique, représente une réflexion sur la pratique mondaine du portrait pictural et littéraire. Parallèlement à la mode du portrait mondain, le portrait acquiert également une place importante dans les romans du milieu du XVIIe siècle, notamment dans ceux de Mlle de Scudéry, comme *Le Grand Cyrus* de 1653 ou *Clélie, histoire romaine* de 1660, dans lesquels de longs portraits très développés abondent. La pratique du portrait mondain reste un amusement et un divertissement de la bonne société, même au XVIIIe siècle[2]. Une conséquence importante de ces traditions du portrait est que le portrait devient sinon un genre littéraire, du moins une forme d'écriture relativement autonome, du fait de sa structuration interne codifiée et parce qu'il est pratiqué en dehors d'un contexte narratif.

Les pratiques non seulement du portrait, mais plus généralement de la présentation des personnages et de leur insertion dans la trame narrative, évoluent de manière significative, comme l'a montré Françoise Gevrey pour la nouvelle allant de Mme de Lafayette à Challe. Le traitement des personnages se construit surtout par opposition aux longs romans baroques, et sous l'influence des mémoires et des écrits moralistes : le principe du roman comme discours vectorisé et le respect des bienséances font que les portraits, relativement rares, sont le plus souvent directement soumis aux nécessités de l'intrigue, et seules les indications essentielles à l'intrigue sont données. Or, tandis que Mme de Lafayette respecte ces principes, tend à

---

1   Voir Plantié, *La mode du portrait littéraire en France, 1641-1681*, 1994.
2   Elle apparaît même dans le roman, par exemple dans *L'Émigré*, où la société au château de Lœwenstein pratique le même jeu mondain, que ce soit par la peinture ou par l'écrit (lettres XV et XVI).

rester assez abstraite dans les portraits et ne s'éloigne que ponctuellement d'une modalité laudative ou hyperbolique, Robert Challe est beaucoup plus concret et dépeint la vie quotidienne des personnes ordinaires en se libérant, du moins partiellement, des limitations qu'impose la bienséance[1]. Au cours du XVIIIe siècle, le portrait des personnages continue de s'individualiser et de se particulariser, jusqu'à la revendication du petit défaut vrai chez le Diderot des « Deux Amis de Bourbonne[2] ».

En dehors du domaine littéraire et mondain, par exemple dans le contexte des registres militaires, se développent progressivement, à partir du XVe siècle, des techniques de « signalement », c'est-à-dire de l'enregistrement écrit des caractéristiques physiques dans le but de l'identification. Au XVIIIe siècle apparaissent la fiche policière et l'avis de recherche concernant les prisonniers, criminels ou soldats, descriptions écrites et détaillées du corps et du visage comme de l'impression d'ensemble d'une personne ; ces descriptions, basées moins sur les anciens codes rhétoriques que sur les signes particuliers et les mensurations, deviennent parfois polyphoniques et contradictoires puisqu'elles sont compilées de sources diverses[3]. Ces pratiques administratives ne manquent pas d'exercer une influence sur la pratique romanesque du portrait, surtout vers la fin du siècle : « Le signalement transforme le portrait, il le précise, le détaille, le quantifie et parfois le remplace[4] ».

La consolidation du portrait comme forme d'écriture relativement autonome se solde, pour l'écriture du portrait dans le roman, par ce que le portrait des personnages se présente comme un bloc descriptif qui ne s'insère ou ne s'intègre que difficilement dans la trame narrative. Dans ce contexte, la question de savoir où placer le portrait des protagonistes devient un véritable sujet de controverse. Traditionnellement, on les place au début du roman : c'est le cas dans la plupart des « histoires » dans les *Illustres françaises* (1713) de Robert Challe, dans *Manon Lescaut* (1731) de l'Abbé Prévost, ou encore dans *L'Histoire du Marquis de Cressy* (1758) de Mme Riccoboni, pour ne citer que quelques exemples connus. Françoise Gevrey montre encore que cette convention s'était ancrée de plus en plus solidement dans la pratique de la nouvelle, au tournant du XVIIe siècle, mais que, plus les nouvelles sont longues, plus il est courant de faire

---

1 Gevrey, *L'illusion et ses procédés*, 1988, p. 64-66, 80-81 et 105-107.
2 Voir Diderot, *Contes et romans*, 2004, p. 449.
3 Voir en particulier About & Denis, *Histoire de l'identification des personnes*, 2010 et Porret, « "Signalement", "portrait parlé", cliché judiciaire », 1998.
4 Delon, « Du portrait au signalement », 2010, p. 55. Voir aussi Denis, « Fiction dans les archives ? », 2010.

précéder ces portraits d'une description de l'environnement social, le plus souvent la cour, dans lequel les protagonistes évoluent. Par ailleurs, on peut constater des stratégies pour échapper au portrait statique et initial, comme le portrait distribué, « par touches successives », ou le portrait qui résulte d'un dialogue[1]. Les narrateurs des romans étudiés ici font allusion à cette convention du portrait initial pour légitimer leurs portraits, comme c'est le cas par exemple chez Nerciat :

> Les romans ont coutume de débuter par les portraits de leurs héros. Comme malgré la sincérité avec laquelle je me propose d'écrire, ceci ne laissera pas d'avoir l'air d'un roman, je me conforme à l'usage, et vais donner aux lecteurs une idée de ma personne. (*Félicia* 597)

Dès le début, l'ironie est au rendez-vous. L'« usage » ou la « coutume » de présenter le portrait du héros avant d'entamer l'histoire, n'est ici revendiqué qu'à moitié, dans la mesure où l'acceptation d'une convention romanesque entre en conflit avec l'exigence d'authenticité du récit dont la narratrice s'est faite la porte-parole dans le premier chapitre. Or, malgré leur fonctionnalisation narrative obligatoire, les portraits placés au début du roman sont parfois ressentis comme empêchant la mise en route de la narration. Madame de Benouville, par exemple, dans une longue « Préface qui contient tout » à un roman épistolaire resté inachevé, écrit :

> Si j'avais des portraits à faire, je les placerais dans ma préface afin que l'on pût se dispenser de les lire, car j'entends tous les jours que l'on se plaint d'en trouver trop partout, sans que toutes ces copies corrigent [sic] jamais un seul de leurs originaux. En effet, depuis que La Bruyère a donné le ton, il a fait une infinité de mauvais copistes, mais je ne veux pas être du nombre[2].

Bérardier de Bataut, dans son *Essai sur le récit*, aborde lui aussi la question de la place des portraits dans le récit. Euphorbe loue d'abord un portrait placé au milieu d'un récit, qu'il dit former « une espèce d'intermède » qui donne au lecteur un moment de répit, une brève distraction agréable. Ensuite, il critique Isaac de Larrey, auteur en 1718 d'une *Histoire de Louis XIV*, pour avoir « entass[é] l'un sur l'autre, à l'entrée de son ouvrage, tous les portraits de ceux qui devaient y paraître avec éclat » (*Essai*, p. 80-81). Enfin, il propose un compromis selon lequel il conviendrait de placer le portrait du protagoniste en tête du récit, mais d'insérer les portraits des autres personnages là où ils sont utiles, parce

---

1   *Ibid.*, p. 66-67 et 105-106.
2   Bénouville, « Préface qui contient tout », 1758/1999, p. 95.

qu'ils se rapportent au moment de l'histoire, et agréables, parce qu'ils forment un « intermède » au récit (*Essai*, p. 83-84). Sade se montrera sensible à ce genre de questions et de réflexions : dans les *Cent Vingt Journées de Sodome*, il choisira de placer tous les portraits des protagonistes dans le prologue de son récit, d'ajouter un récapitulatif de cette longue série de portraits à la fin du prologue, et de ne faire intervenir les portraits plus rapides de personnages épisodiques qu'au moment où ils apparaissent dans les récits des historiennes.

À cette convention du portrait en tête du récit s'ajoute, pour ce qui est des conventions attachées aux portraits de personnages, un *topos* descriptif particulier : la réunion ou la présence d'un certain nombre de personnes dans un château ou une maison de campagne donne lieu, par convention, à une série de petites descriptions physiques et morales des principales personnes qui composent cette « société ». Une variante de ce *topos* est la description, rapide mais quasi obligée, des voyageurs qui se trouvent dans une chaise de poste ou un autre type de voiture ou qui en descendent devant une auberge. Cette dernière variante du *topos* est suffisamment bien rodée pour que l'on puisse, dès 1734, la détourner pour en faire la parodie : ainsi Bougeant, dans son *Voyage merveilleux du prince Fan-Férédin dans la Romancie*, commente-t-il les dernières parutions de romans en France sous le titre : « Arrivée d'une grande flotte. Jugements des nouveaux débarqués[1] ».

Comme le portrait, la description de lieux et de paysages acquiert une certaine légitimité de son histoire et des conventions et traditions qui s'y attachent. La rhétorique judiciaire définit les *argumenta a loco*, les arguments fondés sur le lieu du crime, et leur mise en valeur nécessite la description de lieux[2]. Dans une moindre mesure, le discours épidictique fournit également, à travers l'éloge ou le blâme d'un lieu, des modèles de descriptions topographiques. Mais surtout, la description topographique peut asseoir une certaine légitimité sur l'existence de *topoi* descriptifs anciens et reconnus, en particulier sur celui du *locus amœnus* : la traditionnelle description d'un lieu idyllique remonte jusqu'à Homère (on peut penser par exemple à la description de la grotte de Calypso, au début de l'*Odyssée*) et est très présente dans l'*Énéide* de Virgile (qui forge par ailleurs le terme). Elle reste vivante tout au long du Moyen Âge, comme l'a si bien montré Ernst-Robert Curtius[3] et continue d'informer

---

1   Bougeant, *Voyage merveilleux du prince Fan-Férédin dans la Romancie*, 1735/1992, p. 107-113 (chap. XIII).
2   Quintilien, *Institution oratoire*, 1975-1980, t. 3, p. 137-138 (V, 10.37-41).
3   Curtius, *Europäische Literatur und lateinisches Mittelalter*, 1948/1993, p. 199-204 (chap. 10).

la description de lieux jusque dans la poésie romantique, ainsi que l'a évoqué Janice Koelb pour le domaine anglais[1]. Le *topos* fournit, non pas un ordre obligatoire, mais des éléments stéréotypés : arbres, gazon, fleurs, cours d'eau, oiseaux, fruits, l'essentiel étant l'appel aux différents sens.

L'histoire du *topos* au XVIIIe siècle est marquée par une vraisemblance grandissante quant aux arbres, fleurs, fruits et oiseaux présents dans l'aire géographique où le lieu est censé se trouver. Dans les romans étudiés ici, le *locus amœnus* apparaît tantôt lié étroitement à la tradition pastorale (dans *Les Amours de Mirtil* de Sacy ou dans les *Lettres de deux amants* de Léonard)[2], tantôt comme lieu d'un déploiement idéalisé de la nature pseudo-sauvage (dans *La Nouvelle Héloïse* de Rousseau, dans *Paul et Virginie* de Bernardin de Saint-Pierre ou encore chez Léonard)[3], tantôt enfin comme lieu de la séduction par les sens, dans le roman mondain et libertin (dans *Félicia ou mes fredaines* de Nerciat ou dans *La Fin des amours de Faublas* de Louvet)[4]. Le pendant négatif du *locus amœnus*, le *locus terribilis* ou *horribilis* n'apparaît que rarement dans les romans du corpus, un exemple fortement ancré dans la tradition rhétorique se trouvant cependant dans *Les Amours de Mirtil* – un roman pastoral publié en 1761 et très proche d'un poème épique mythologique par sa thématique et sa facture – : c'est le « séjour de la Vieillesse » (*Mirtil* 26-27).

Un autre type de description topographique conventionnelle est la description initiale du lieu de l'action : quoique présente dans le dialogue philosophique au XVIIe et XVIIIe siècle, que ce soit dans les *Entretiens sur la pluralité des mondes* (1686) de Fontenelle ou encore dans le *Neveu de Rameau* de Diderot[5], ainsi que dans les descriptions de l'environnement social où évoluent les protagonistes, enfin dans la nouvelle historique de la même époque, elle est cependant peu répandue dans la fiction romanesque et apparaît en tout cas rarement dans le corpus : ce n'est que dans *Zingha, reine d'Angola* de Castilhon, avec la description initiale

---

1   Voir Koelb, *The Poetics of Description*, 2006.

2   Voir en particulier *Mirtil* 113-115 et *Amants* 163-164 XLIII.

3   Le « jardin de Julie » (*Julie* 470-478 IV.XI) ou le « repos de Virginie » (*Paul* 1252-54) et la demeure du vieillard narrateur (*Paul* 1288-89). À plusieurs reprises, le *locus amœnus* apparaît chez Léonard, explicitement désigné comme « lieu de délices » (*Amants* 165-167 XLIII) ou implicitement (*Amants* 170-171 XLIII, *Amants* 196 XLVII).

4   Un bel exemple se trouve dans *Félicia* 764-765. Chez Louvet, la description d'un « jardin anglais » sur le modèle du jardin de Julie (*Fin* 694) est directement suivie par celle d'une grotte qui donne un sens plus concrètement sensuel au terme de « lieu de délices » (*Fin* 694-695).

5   Voir sur ce point Roelens, « La description inaugurale dans le dialogue philosophique aux XVIIe et XVIIIe siècles », 1978.

de l'Éthiopie et du royaume de Congo, et dans *Paul et Virginie*, avec la longue description de l'île au tout début du roman, que l'on trouve une véritable description de paysage en position d'*incipit* (*Zingha* 10-15 et *Paul* 1229-1230). Dans *Atala* de Chateaubriand, on trouvera au début du XIXe siècle une description des rives du « Meschacebé » qui forme le prologue au récit. Mais la patiente préparation du récit par une description topographique inaugurale ne devient réellement courante qu'au XIXe siècle : qu'on ne pense qu'à la description de Verrières au début de *Le Rouge et le Noir* (1831) de Stendhal ou à la description de Saumur et de la maison Grandet au début d'*Eugénie Grandet* (1834) de Balzac. Enfin, un *topos* narratif plus récent, celui de « l'arrivée dans la capitale » implique également une description topographique qui apparaît à quelques rares reprises dans les romans du corpus. Si l'arrivée d'Edmond en ville, dans *Le Paysan perverti* (1775/1782), se fait sur le mode de l'émerveillement et de l'admiration, le début d'*Une Année de la vie de Faublas* (1787) de Louvet de Couvray, reprend et réfute en même temps cette tradition, puisque le décalage entre le Paris littéraire et le Paris de la réalité est mis en avant : « Je cherchais cette ville superbe dont j'avais lu de si brillantes descriptions. [...] Je voyais la population nombreuse et l'horrible misère » (*Année* 53). Non seulement l'arrivée dans la capitale n'est pas suivie ici d'une de ces descriptions élogieuses et hyperboliques qui forment l'horizon d'attente de Faublas (et peut-être du lecteur), encore la misère qu'il voit n'est-elle qu'imparfaitement rachetée par la promesse du père de lui montrer des lieux parisiens plus agréables ; ainsi, ce bref épisode annonce à la fois les grandes ambitions de Faublas, les succès illusoires qu'il va connaître et la désillusion qui marquera durement sa trajectoire.

Au tout début du XIXe siècle, la description de paysage devient l'objet de réflexions explicites de la part des romanciers étudiés ici. La position que Sade a défendue, dans ses « Idées sur le roman », sur l'exactitude des descriptions topographiques, a déjà été mentionnée. La position de Chateaubriand envers la description de paysages est complexe : d'une part dans sa préface à la première édition d'*Atala* publiée en 1801, il revendique le droit de donner une large place aux descriptions de paysages et excepte ces dernières de « l'extrême simplicité de fond et de style » qu'il entend avoir donnée à l'ouvrage ; d'autre part, il dénonce la bassesse et la laideur des « détails fastidieux » que l'on trouverait dans le roman du XVIIIe siècle, reprenant ainsi le vieux reproche à l'égard de la description, celui d'introduire des « détails bas » dans le roman. De plus, il affirme que ce n'est pas la « pure nature », mais la « belle nature » que le roman doit représenter, tout en revendiquant par ailleurs la scrupuleuse exactitude de ses descriptions[1]. Mais ce n'est qu'avec l'article de Senancour, « Du style dans les descriptions » de 1811, que la description de paysage est à nouveau amenée à acquérir une valeur esthétique propre, en dehors d'une fonctionnalisation narrative directe, quoique son rapport avec le protagoniste devienne en même temps plus étroit[2].

On peut conclure qu'au fond, la situation de la description de paysages ne diffère pas tant de celle du portrait des personnages : les traditions existantes lui donnent une certaine légitimité, mais font également d'elle des morceaux détachés qui ne s'intègrent que difficilement dans la trame narrative. De plus, la fonctionnalisation de la description, que ce soit par rapport à l'intrigue ou aux personnages, reste une ferme contrainte de la description de paysages. Ce n'est que peu à peu que la description de paysage acquiert au XVIIIe siècle une nouvelle fonction, celle de figurer l'état d'esprit d'un personnage qui le contemple ou qui le traverse. Comme dans la poésie descriptive, la nature ne saurait encore être représentée pour elle-même : elle n'entre dans le roman qu'à condition d'être reliée à un destin humain.

On le voit, le statut de l'écriture descriptive dans le roman de manière générale, et celui d'une description précise dans un roman donné, dépendent d'une multiplicité de facteurs. Les développements au niveau de l'histoire des idées, dans les écrits scientifiques et encyclopédiques ainsi que dans certains genres d'écrits appartenant au domaine des belles-lettres constituent une « promotion du descriptif » sans précédent qui ne cesse pas d'influencer le roman, quoiqu'elle ne soit pas elle-même sans réserves. Cependant, les traditions et contraintes concernant plus directement le genre romanesque lui-même, le statut du genre romanesque et sa poétique, avec le principe du discours romanesque comme vecteur, enfin les conventions et traditions dans lesquelles s'inscrit la description, constituent plutôt des freins à l'essor de la description romanesque. C'est précisément cette conjonction d'une promotion et des freins de l'écriture descriptive qui rend son statut ambivalent, voire précaire le cas échéant. C'est comme une réaction à ce statut ambivalent de la description que l'on doit comprendre les deux principales stratégies de légitimation et d'intégration de la description dans la trame romanesque que sont le métadiscours et la motivation narrative.

---

1   Chateaubriand, « Préface à la première édition » d'*Atala*, 1801/1971, p. 260 et 261.
2   Senancour, « Du style dans les descriptions », 1811/1984.

STRATÉGIES POUR LÉGITIMER
LES PASSAGES DESCRIPTIFS

Le statut ambivalent de l'écriture descriptive dans le roman de la seconde moitié du XVIIIe siècle, tel qu'il résulte de la conjonction d'une promotion du descriptif en-dehors du roman et des conventions romanesques restrictives, façonne la pratique descriptive dans les romans étudiés ici. En effet, les narrateurs montrent une conscience parfois aiguë des contraintes portant sur l'écriture descriptive, ce qui fait que l'on observe dans le roman ce qu'Henri Lafon a appelé un « jeu d'inclusion et de rejet[1] » des *passages descriptifs* qu'il s'agit maintenant d'analyser de plus près. Deux stratégies d'écriture sont surtout employées pour légitimer et intégrer les passages descriptifs dans le roman : les remarques métadiscursives et la motivation narrative. Les premières permettent aux narrateurs de fournir des commentaires explicites sur la présence ou l'absence d'un passage descriptif donné et de ménager ainsi l'articulation entre la progression de l'intrigue et les informations contenues dans les descriptions ; les secondes règlent de manière tacite l'insertion formelle des passages descriptifs dans le contexte narratif.

Les *passages descriptifs* surtout sont soumis à la problématique du statut ambivalent de l'écriture descriptive, parce qu'ils ont une certaine longueur et une certaine indépendance syntaxique par rapport au discours narratif environnant. Par conséquent, ce sont surtout eux qui sont susceptibles d'être légitimés par les remarques métadiscursives ou intégrés à l'aide de la motivation narrative. Chacune de ces deux stratégies est susceptible de se réaliser sous des formes variées dont une approche typologique, appuyée sur un relevé complet des passages descriptifs du corpus romanesque, peut faire percevoir la richesse et le fonctionnement. Analyser la place que prend chaque stratégie de légitimation dans un roman donné permet en outre de dégager les enjeux de chacune pour la poétique narrative. Enfin, en rassemblant les résultats de ces enquêtes, on peut cerner les stratégies de légitimation

---

1   Lafon, « Sur la description dans le roman du XVIIIe siècle », 1982, p. 303.

ainsi décrites dans leur fonctionnement systématique, et tenter de situer ce dernier dans l'évolution des relations entre description et narration, dans l'histoire du roman entre le XVIIe et le XIXe siècle.

LA LÉGITIMATION PAR LES REMARQUES MÉTADISCURSIVES

Les remarques métadiscursives reviennent sur le discours narratif lui-même et se rapportent donc de manière explicite aux passages descriptifs. Elles se trouvent placées le plus souvent directement avant, plus rarement après, le passage descriptif concerné et sont assumées par les narrateurs, les épistoliers ou même parfois par une figure d'auteur qui fait intrusion. Elles renvoient à un certain nombre d'arguments servant à justifier la présence ou à commenter l'absence d'un passage descriptif. L'intérêt de ce type de métadiscours de légitimation, relativement fréquent dans les romans étudiés ici[1], réside avant tout dans le fait que les arguments employés et les contextes précis dans lesquels ils apparaissent, permettent de mieux comprendre le statut de l'écriture descriptive dans le roman, les contraintes fonctionnelles auxquelles celle-ci doit se plier, et les fonctions qu'elle peut avoir dans le roman. On verra qu'il existe un certain nombre d'arguments que le discours de légitimation s'approprie de manière récurrente ; les cas de figure où le discours de légitimation sert à justifier l'absence d'un passage descriptif sont d'ailleurs tout aussi révélateurs que les exemples positifs[2].

APPROCHE TYPOLOGIQUE

On peut structurer l'ensemble des arguments selon deux critères : d'une part, selon le référent de l'argument, qui peut porter sur l'objet décrit, l'histoire, le destinataire, le narrateur, et le genre romanesque ; d'autre part, selon que l'argument légitime la présence d'une description ou en commente l'absence. Partiellement, le métadiscours reprend des arguments présents dans les débats théoriques sur l'utilité de l'écriture

---

1 Parmi les 1486 instances de *passage descriptif* relevées dans les romans du corpus, 140 sont commentées par une remarque métadiscursive, ce qui correspond à près de 10 % en moyenne, à quoi s'ajoutent 91 remarques métadiscursives qui commentent l'absence d'un passage descriptif effectivement absent.
2 Quelques-unes des idées développées dans ce chapitre ont été exposées, pour la première fois, dans Schöch, « Zur Selbstreflexivität der Beschreibung », 2008.

descriptive dans le roman : cela concerne les arguments qui font appel à la pertinence de la description pour la compréhension de l'histoire, ou ceux qui sollicitent l'intérêt réel ou supposé que le destinataire a pour la description. Cependant, le métadiscours repose également sur des arguments qui ne se rapportent pas directement à ces débats, comme ceux ayant trait aux qualités de l'objet décrit ou aux qualités du narrateur lui-même.

Les propriétés de l'objet décrit, qu'il s'agisse d'un personnage, d'un lieu ou d'un objet physique, fournissent souvent des arguments pour rendre sa description légitime. Ces arguments concernent le caractère extraordinaire, singulier, nouveau ou intéressant de l'objet décrit, plutôt que son excellence, sa beauté ou son mérite, arguments auxquels on aurait pu s'attendre dans la perspective de la tradition épidictique[1]. Au début de *La Découverte australe* de Rétif, le narrateur du récit-cadre se signale, parmi les autres personnages avec lesquels il voyage, comme « un Original trop singulier pour n'en pas dire un mot » : puis il fait son autoportrait (*Découverte* 1103). Dans *Aline et Valcour* de Sade, Léonore s'apprête à énumérer de manière détaillée les particularités de la flore du paysage africain qu'elle traverse, et indique qu'il s'agit « d'un pays qu'on fréquente trop peu et qui, partout, offre à l'œil du philosophe et du naturaliste, une foule d'objets intéressants » (*Aline* 772 XXXVIII). Ailleurs, les arguments invoqués sont la « singularité du portrait » (*Justine* 287) ou le fait qu'une femme vaut « la peine d'être citée » tandis que ce n'est pas le cas pour d'autres (*Sacrifices* 43 I.X).

Ici comme ailleurs, la variante positive est employée de manière particulièrement efficace lorsqu'elle est associée à sa variante négative. Lorsque Faublas évoque les personnes qui viennent lui rendre visite pendant un séjour à la campagne auquel son père l'a contraint, il justifie l'absence ou la présence des descriptions de différents personnages par l'intérêt plus ou moins grand que ceux-ci présentent :

> Je fus bientôt honoré des visites de ceux que le baron me permettait de recevoir. Parlerai-je d'un marchand retiré, qui citait sa conscience à tout propos ; d'un gentilhomme du lieu, qui me répéta cent fois le nom de ses chiens et l'âge de sa jument, avant de me dire qu'il avait une femme et des enfants ; d'un moine à rouge trogne, qui buvait fort bien un vin médiocre, quoiqu'il préférât le meilleur ;

---

1   Ernst Robert Curtius (*Europäische Literatur und lateinisches Mittelalter*, 1948/1993, p. 189, chap. 9, § 8) a montré que le *topos* descriptif de l'éloge du souverain suit des schémas conventionnels qui font de la noblesse, de la force, de la beauté et de la richesse du personnage des passages obligés du portrait.

de son camarade joufflu, célèbre par son adresse à découper une volaille, et qui servait chacun de manière que le meilleur morceau, oublié je ne sais comment dans un coin du plat, lui restait toujours ? Laissons ces gens-là qui se trouvent partout ; mais distinguons quatre hommes fort extraordinaires, qu'un hasard bien singulier rassemblait dans ce petit village de la B***. C'était un curé qui avait de l'esprit ! un régent de collège, qui n'était pédant que par distraction, et impoli que par caprice ! un vieux militaire qui ne jurait pas toujours ! un vieil avocat qui disait quelquefois la vérité ! (*Année* 327)

Mise à part l'admirable concision de ces petits portraits en actes, on note que les quatre premiers mini-portraits, introduits par « parlerai-je », sont pris dans une prétérition enjouée avant que le narrateur n'indique que ces gens-là, trop ordinaires, ne méritent pas qu'on parle d'eux longuement. Par contraste, Faublas appelle les quatre personnages suivants des hommes « fort extraordinaires » sans préciser s'il entend par là leur grande valeur morale, leur particularité ou leur rareté, c'est-à-dire ce qui les rend intéressants et peut justifier qu'on parle d'eux. L'ironie, dans ce passage, est que Faublas accorde bien plus de place et d'attention aux portraits des gens ordinaires et moralement condamnables qu'à ceux qu'il juge lui-même préférables, puisque les portraits de ces derniers sont nettement plus courts et plus laconiques que ceux des premiers. C'est là toute la problématique du caractère de Faublas présentée en miniature : des projets louables énoncés de bonne foi, mais trop peu de volonté pour leur réalisation. Si aucune véritable pertinence thématique des personnages évoqués n'est revendiquée ou perceptible, ce qui peut expliquer la présence du métadiscours, le passage entier est cependant révélateur du caractère de Faublas ; et ce n'est pas le seul cas où les préférences inconscientes de Faublas viennent démentir ses préférences conscientes[1].

La même double stratégie de rejet et de légitimation se trouve dans le récit des voyages que Sainville fait dans *Aline et Valcour* ; c'est une des remarques métadiscursives les plus longues et les plus circonstanciées du corpus :

Vous permettrez, dit Sainville, que je supprime ici les détails nautiques, et les descriptions d'îles où nous touchâmes ; ce qui tient à cette route, si bien

---

1   Dans le même roman, un phénomène analogue se trouve au niveau de la motivation narrative. Une apparente incohérence de la motivation narrative y est révélatrice du caractère de Faublas, qui, confronté à un combat armé avec trois autres personnes, dit ne regarder que rapidement un personnage qu'il décrit pourtant longuement, alors qu'il dit attacher toute son attention à un personnage qu'il ne décrit que brièvement ; or, le premier est un « coquin insolent et lâche », tandis que le second « avait dans son maintien quelque noblesse » (voir *Semaines* 498-499).

indiquée dans les voyages de Cook, ne vous apprendrait rien de nouveau. Je ne vous arrêterai donc un instant que sur la singulière découverte que je fis ; l'île que je vous décrirai, totalement inconnue aux navigateurs, offerte à mon vaisseau par le hasard d'un coup de vent qui nous y porta malgré nous, est trop intéressante par elle-même ; tout ce qui la concerne la différencie trop essentiellement des descriptions de Cook ; la rencontre enfin que j'y fis, est trop extraordinaire, pour que vous ne me pardonniez pas d'y fixer un moment vos regards. (*Aline* 612 **XXXV**)

Avant de se lancer dans la description étendue et détaillée de la topographie et de l'organisation politique de l'île de Tamoé, Sainville tient à s'assurer de la légitimité de cette description. Sainville, qui présume connus de ses auditeurs les *Voyages* de Cook « supprime » la description de tout ce qui n'a rien de nouveau, expression supposant une existence au moins virtuelle des descriptions finalement rejetées. Par contre, ce qui vaut la peine d'être décrit, le vaut par son caractère inconnu, intéressant, extraordinaire ; enfin, l'importance de la rencontre faite dans cette île justifie encore qu'on décrive le lieu de la rencontre. Le rejet explicite de certains détails ne met pas seulement en évidence le bien-fondé du choix de décrire le reste, mais atteste surtout la « conscience descriptive » et la compétence narrative de Sainville. Ces deux aspects, participant de « l'autorité fictionnelle » de Sainville, sont importants à cet endroit du texte parce qu'en ce lieu stratégique qu'est l'incipit de la description de l'île utopique, la crédibilité du témoignage de Sainville est en cause[1]. La prudence de Sainville, dans ce passage, est d'autant plus justifiée que, comme on peut le voir dans l'ironique « Avis de l'éditeur » du roman, la description du royaume utopique de Tamoé ne saurait relever, dans la logique de Sade et à la différence du royaume de Butua, que de la « fiction » et des « chimères » (*Aline* 387).

La plupart du temps cependant, ce n'est pas le manque d'intérêt que présente l'objet qui en empêche la description, mais l'impossibilité de lui faire justice. Dans ce cas de figure, où l'absence d'une description est justifiée par l'argument topique de l'ineffable, il ne s'agit pas d'une incapacité de décrire de la part d'un narrateur trop distrait ou trop ému,

---

1   L'« autorité fictionnelle » repose, selon Cécile Cavillac (« Vraisemblance pragmatique et autorité fictionnelle », 1995), sur la vraisemblance de l'acte de narrer. Pour que le lecteur (ou l'auditeur intradiégétique) puisse croire cet acte possible et cohérent, le narrateur doit montrer qu'il est bien renseigné, qu'on peut le tenir pour véridique et digne de foi, et qu'il est compétent en tant que narrateur. – Dès 1882, le romancier allemand Friedrich Spielhagen (« Der Ich-Roman », 1883/1967) avait proposé une théorie de la légitimité de la voix narrative dans le roman à la première personne.

mais d'une impossibilité d'être décrit qui peut être attribuée par les narrateurs, dans des proportions variables, aux qualités de l'objet décrit ou aux limitations inhérentes au langage[1]. Vers la fin d'*Aline et Valcour*, Déterville fait à son ami Valcour le récit d'une longue scène de retrouvailles et d'éclaircissements concernant l'identité véritable d'un certain nombre de personnages ; à la fin de cette scène familiale et pathétique, Déterville souligne les limites du langage :

> Je ne t'esquisserai point la situation de cette femme adorable, au milieu de ce couple charmant. Aline embrassant tour à tour, et sa mère et sa sœur… Non, non, mon ami, non, c'est avec les couleurs de la nature même qu'il faut essayer de rendre ce tableau, l'art ne réussirait pas à le tracer. (*Aline* 729 XXXVI)

Le *topos* de l'ineffable et le refus de décrire sont combinés ici avec une métaphore picturale filée, et pour cause : si tout art, même la peinture à laquelle on attribue le plus grand pouvoir expressif, est incapable de « rendre ce tableau » ; s'il faut rendre ce tableau « avec les couleurs de la nature même », en évitant tout moyen d'expression artificiel, cela signifie qu'à plus forte raison on ne saura le rendre par le langage. Certes, la métaphore picturale est très présente dans le discours sur la description en général[2], mais ce n'est sûrement pas un hasard si les narrateurs l'emploient particulièrement souvent dans ce genre de remarques métadiscursives. C'est également le cas dans les exemples suivants, où l'argument de l'ineffable porte sur des états émotionnels, situation qui est en fait la plus fréquente : chez Rousseau, Claire souhaite la bienvenue à Julie avec un « emportement impossible à peindre » (*Julie* 598 V.VI) ; chez Nerciat, Félicia « manque d'expressions pour peindre l'effroi de Béatin » que la compagnie vient de surprendre à moitié nu (*Félicia* 616) ; chez Rétif, lorsqu'elle apprend qu'Edmond est soupçonné d'avoir été complice d'un crime, « l'agitation de Zéphire ne saurait se dépeindre » (*Paysan* 2.264-266 CCXII). En fait, le *topos* de l'ineffable est tellement courant que l'on doit l'interpréter, du moins dans ce contexte, comme étant devenu conventionnel au point de n'être plus qu'un marqueur d'intensité.

Le rapport entre l'objet décrit et l'intrigue peut également fournir des arguments pour légitimer la présence d'une description. L'argument

---

1   Cet argument relève d'une tradition rhétorique dont Curtius (*Europäische Literatur und lateinisches Mittelalter*, 1948/1993, p. 168, chap. 8, § 5) a démontré la vitalité jusqu'au début de la Renaissance sous le terme du « Unsagbarkeitstopos », expression d'une « incapacité de rendre justice à l'objet du discours » (*je traduis*).

2   Voir ci-dessus, chap. « Le champ lexical de l'écriture descriptive dans le roman ».

le plus fréquent est celui où le narrateur affirme que l'objet décrit a une fonction dans l'intrigue du roman et que la connaissance de ses propriétés importe pour la bonne compréhension de l'histoire. La grande fréquence de cet argument et sa présence dans des variantes positives et négatives confirment que l'insistance des textes théoriques sur l'unité nécessaire du discours romanesque et sur la pertinence narrative des circonstances reflète bien une véritable contrainte pour l'écriture romanesque. Chez Madame de Beaumont, Clarice note : « Le détail de mon ajustement est nécessaire, puisqu'il produisit un incident qui m'a sauvée, comme je le dirai bientôt » (*Clarice* 1.146). Dans *Aline et Valcour*, Léonore en train de raconter ses aventures donne quelques précisions quant aux « tristes cellules » d'un « mauvais cabaret » où elle a été contrainte de passer la nuit, et ajoute : « vous pardonnerez ce petit détail : il est essentiel à l'intelligence de l'aventure qui nous arriva dans cette misérable hôtellerie » (*Aline* 944 **XXXVIII**). Sa description se révélera effectivement utile à la compréhension de l'épisode qui suivra, mais Léonore se sent obligée, de surcroît, d'exhorter ses auditeurs à lui pardonner « ce petit détail » pourtant très bref mais dont la bassesse pourrait choquer ses auditeurs. Inversement, l'absence de pertinence d'un objet pour l'histoire peut justifier l'omission d'une description à laquelle le lecteur aurait pu s'attendre. Lorsqu'au début de ses mémoires, Pauliska se souvient de la « société » nombreuse qui l'entourait dans son château en Pologne, elle décrit le chevalier de Morsall, puis Mme de Visbourg, enfin Ernest Pradislas, avant d'ajouter : « Je passe sous silence quatre ou cinq êtres nuls, de bonne compagnie, mais dont je n'aurai point occasion de parler » (*Pauliska* 32). Elle évoque donc deux raisons pour omettre la description de ces personnes : au manque d'intérêt et de qualités remarquables de la part de ces « êtres nuls » s'ajoute le fait qu'à la différence des trois autres personnages, ceux-ci ne réapparaîtront pas dans les mémoires.

Parfois le narrateur se contente de souligner l'utilité ou la nécessité de faire une description, sans donner davantage de précisions ; ou bien c'est tout simplement l'importance de ce qui se passe dans un lieu qui en justifie la description, même si les connaissances qu'apporte la description ne sont pas réellement utiles à la compréhension des événements. Le narrateur du roman anonyme *De Langres et Juliette d'Est...* note, vers le début du roman, qu'« il ne sera pas hors de propos de faire ici le portrait de ces deux amans » (*De Langres* 8). Cet argument simple et efficace se trouve particulièrement souvent chez Sade : Justine justifie, par exemple, son portrait en miniature de Roland simplement en disant : « Roland, qu'il faut d'abord vous peindre, était un homme petit, replet, âgé de trente-cinq ans » (*Justine* 325), et Léonore dit à propos de Sennar, avant de commencer la description de cette ville : « Cette capitale où vous trouverez bon que je vous arrête un instant, à cause de la fatale aventure qui nous y arriva, contient environ trois cent mille âmes » (*Aline* 766 XXXVIII). L'argument négatif correspondant, la simple affirmation de l'inutilité d'une description, est rare : la raison de cette inutilité est le plus souvent suggérée ou du moins implicite. Ainsi, le chevalier de Versenai décrivant dans une lettre un « repas frugal et champêtre » qu'il a partagé avec des paysans, s'interrompt pour écrire : « Baron, je laisse à votre âme le soin de développer ce tableau ; je vous l'indique, il est fini pour vous » (*Sacrifices* 260 II.XXXV).

Plus rarement, les narrateurs ou épistoliers justifient une description en disant que celle-ci prouve la vérité ou démontre la justesse d'un argument qu'ils entendent faire valoir ; ce n'est donc pas par rapport à l'intrigue, mais par rapport à une idée exprimée par un personnage que la description est utile. Dans *L'Émigré*, par exemple, la société de Loewenstein pratique le portrait mondain ; à un portrait écrit que le marquis de Saint-Alban vient de faire d'Émilie et qu'elle juge trop élogieux, elle réagit en disant qu'un bon portrait, même flatté, n'est pas entièrement dépourvu de fondement, parce qu'il ne fait que « renforcer quelques traits, et en diminuer d'autres ». Aussi pourrait-on, dit-elle, « à l'aide de son ouvrage flatteur, en faire un plus ressemblant et bien moins favorable ». Et Émilie d'ajouter : « Pour mieux développer ma pensée je vais faire mon portrait, au vrai, d'après celui du Marquis » (*L'Émigré* 93-94 XVI). Le portrait d'elle-même qu'elle brosse est une véritable réécriture de celui que Saint-Alban a fait d'elle : il reprend les mêmes aspects, mais au lieu de tout peindre de manière positive, Émilie suggère partout le côté négatif de son caractère. Ce portrait, qu'elle juge bien plus ressemblant que le premier, lui sert donc explicitement d'appui argumentatif. Bien sûr, à un autre niveau, toute cette argumentation a surtout pour finalité de rejeter, de manière polie et indirecte, le portrait flatté, puisque les bienséances et la modestie le demandent.

Pour justifier le fait qu'ils décrivent, les narrateurs renvoient parfois à eux-mêmes, et notent par exemple le plaisir qu'ils éprouvent à décrire. Cet argument est pourtant rare, parce qu'il est parfaitement contraire aux préceptes des théoriciens du récit de l'époque et ne représente donc qu'un faible argument pour légitimer une description : Jacques Delille n'écrivait-il pas que « Décrire pour décrire est une sottise[1] » ? C'est pour-

---

1   Delille, « Discours préliminaire » aux *Trois règnes de la nature*, 1808, p. 11-12.

tant le plaisir de décrire qu'évoque Suzanne, dans la *Religieuse*, lorsqu'elle arrive dans un nouveau couvent et fait la connaissance de la supérieure : « Je ne saurais me refuser à l'envie de vous la peindre avant que d'aller plus loin », dit-elle (*Religieuse* 325). Cet argument peut étonner sous la plume de Suzanne, puisque céder à une « envie » de décrire constitue une sorte de coquetterie d'écrivain. En fait, cette remarque en apparence anodine montre la complexité du personnage et de sa situation, puisque la jeune femme doit répondre à des exigences contradictoires : elle doit faire appel à la miséricorde du marquis au nom de son innocence et de l'injustice familiale et ecclésiastique qu'elle subit, mais elle doit en même temps séduire et convaincre par son écriture. Sous la plume de Nerciat, l'argument revient et ne surprend guère, parce qu'il s'intègre parfaitement dans le ton et le tempérament de conteuse de Félicia : « Je suis minutieuse, et ne puis me corriger de ce défaut, qui conduit à la prolixité. Il faut que je trace le portrait de cette demoiselle Éléonore » (*Félicia* 663). La remarque ne renvoie plus tout à fait à un pur plaisir à décrire, mais présente plutôt celui-ci comme un « défaut », un trait de caractère qu'on aurait le droit de réprouver. L'argument négatif n'apparaît qu'une fois dans le corpus, avec l'argument positif correspondant. Le Marquis *** écrit, dans *Les Sacrifices de l'amour*, lorsqu'il parle du moment où il entre, avec l'objet de ses désirs, dans son boudoir : « J'aime bien mieux te peindre le triomphe, que de t'en décrire le lieu » (*Sacrifices* 69). C'est donc une question de priorité, et le « triomphe » n'est pas plus décrit que l'endroit où il a lieu, mais simplement suggéré par une ellipse.

Une variante négative plus fréquente est l'argument concernant l'incapacité de décrire l'objet en question. Dans ce cas, ce n'est ni l'objet qui s'opposerait, par certaines des ses qualités intrinsèques, à sa représentation, ni le langage qui serait insuffisant à représenter l'objet, mais bien une incapacité de la part de l'énonciateur de faire la description, incapacité qui est parfois d'ordre cognitif, mais le plus souvent d'ordre émotionnel. Dans l'*Émigré*, le président de Longueil attache au souvenir de la mort de Marie-Antoinette une trop grande émotion qui l'empêche de décrire son exécution :

> Un sentiment d'horreur m'empêche de vous tracer les circonstances de sa déplorable fin, qu'on a cherché à rendre plus affreuse que celle du Roi, en y joignant l'ignominie des traitements. Je me bornerai à vous dire, que l'infortunée Marie-Antoinette a montré jusqu'au dernier moment, un courage héroïque et sans aucune ostentation. (*L'Émigré* 408 CLIV)

Par contraste, Ambroise Gwinett, le narrateur dans *Le Mendiant boiteux* de Castilhon, dit ne pas pouvoir faire la description d'un « palais magnifique » au Siam, parce qu'il n'a pas eu l'occasion de bien le voir, et s'adresse non sans ironie au lecteur :

> Je n'entreprendrai point de décrire ce vaste édifice, devant lequel je n'ai fait que passer fort rapidement ; ensorte qu'à peine j'ai eu le tems de l'entrevoir : tout ce que je dirois à ce sujet, seroit ou faux, ou copié dans des relations de voyageurs qui, la plupart n'y ont pas fait un plus long séjour, & qui pourtant n'ont pas laissé d'en publier de longues descriptions. (*Mendiant* 1.62 ; *graphies originales*)

Faute d'avoir pu bien observer les détails du palais, il vaut mieux renoncer à sa description, sinon on risquerait de produire une accumulation de faussetés puisées chez d'autres auteurs : le narrateur fait allusion ici à un reproche que l'on faisait volontiers à la description, celui de manquer d'exactitude et d'originalité et de n'être ainsi que des « pièces de rapport », selon la formule déjà citée de Bérardier de Bataut. L'argument de l'incapacité cognitive de décrire est d'ailleurs intimement lié au problème de la motivation narrative, rendu toutefois explicite ici. Une fois de plus, les arguments employés dans le métadiscours de légitimation renvoient aussi à d'autres niveaux d'analyse de l'écriture descriptive.

Les arguments qui se rapportent au destinataire du récit – que ce soit l'interlocuteur au niveau du récit cadre, le destinataire d'une lettre, une figure de lecteur ou simplement le narrataire –, sont souvent présents, en filigrane ou de manière implicite, dans les autres cas de figure : les objets intéressants ou extraordinaires le sont pour les destinataires ; les descriptions pertinentes par rapport à l'intrigue permettent aux destinataires de bien comprendre cette dernière ; même lorsqu'ils évoquent le plaisir ou l'incapacité de décrire, les narrateurs s'adressent souvent à leurs destinataires. En effet, les remarques métadiscursives sont si souvent associées à une référence au destinataire que ce dernier apparaît comme une instance normative implicite, représentant en quelque sorte, à travers ses attentes supposées, les conventions romanesques. Assez souvent, ces remarques en appellent de manière explicite aux attentes, intérêts ou besoins du destinataire. Les arguments énoncés concernent parfois des qualités intrinsèques des objets, comme leur caractère singulier ou extraordinaire, mais le plus souvent, les informations que la description renferme sont dites inconnues aux destinataires, ou bien surprenantes, ou bien enfin tout simplement utiles. Le plaisir supposé du destinataire à les apprendre peut également être évoqué explicitement. Évidemment, une telle argumentation peut aussi être employée de manière négative : le narrateur dit alors omettre une description par égard pour son destinataire, qui n'aime pas ce genre de descriptions et risque d'en être ennuyé, n'en a pas besoin parce qu'il connaît ce dont il est question, ou encore pourrait être choqué ou terrifié. Dans ce dernier cas, dans lequel les bienséances sont une fois de plus un enjeu, l'attention explicite au destinataire intervient de manière particulièrement naturelle, les bienséances étant par définition un phénomène social.

La Suzanne de Diderot, lorsqu'elle fait le récit de son arrivée au couvent d'Arpajon, note avant de décrire le bâtiment : « Je ne sais si vous avez vu le couvent d'Arpajon. C'est un bâtiment carré, dont un des côtés regarde sur le grand chemin, et l'autre sur la campagne et les jardins » (*Religieuse* 324). Elle décrit le couvent pour le cas où le marquis de Croismare ne l'aurait pas « vu », s'interrogeant ainsi sur le degré de connaissance de son interlocuteur. Inversement, Félicia dit laisser de côté une longue description pour ne pas ennuyer son lecteur :

> J'épargne au lecteur des descriptions fatigantes. Qu'il imagine tout d'un coup le plus grand train, la meilleure table, le *nec plus ultra* de l'aisance et de l'élégance, il aura une idée de notre situation. (*Félicia* 812)

Sur un ton plus grave, Léonore refuse de décrire le viol d'une jeune femme dont elle était devenue le témoin, pour ne pas choquer ses auditeurs : « [...] mais comment vous peindre ce qui se passa ?... Il vous est plus aisé de le deviner qu'il n'est honnête à moi de le dire » (*Aline* 922 XXXVIII). La scène qu'elle choisit donc de suggérer plutôt que de décrire explicitement concerne, comme c'est presque toujours le cas, l'amour physique et la violence. Léonore qui, à plusieurs reprises, est soupçonnée par les habitants de Vertfeuille d'être immorale ou froide, souligne explicitement son sens de l'honnêteté et des bienséances dans ce passage. C'est cependant pour elle davantage une question de vocabulaire que de contenu : « j'userai de quelques figures, il n'y a que les expressions malhonnêtes qui choquent : on peut tout montrer sous le voile », affirme-t-elle un peu plus loin (*Aline* 934 XXXVIII).

Dans le roman épistolaire, un tel argument est parfois introduit par une référence explicite aux préférences de l'interlocuteur, lesquelles régissent le choix et le détail des descriptions. Ainsi le marquis de Saint-Alban, dans *L'Émigré*, écrit à son tuteur le président de Longueil : « Vous aimez les détails quand il s'agit de choses qui vous intéressent [i.e. concernent, touchent], ainsi je ne vous laisserai ignorer aucune des circonstances qui peuvent vous donner une juste idée des personnes qui m'ont si généreusement accueilli » (*L'Émigré* 56 IX). Parfois même, on trouve une véritable mise en scène d'une demande d'information et de description par les auditeurs ou destinataires, que ce soit à travers un échange de lettres ou un dialogue. Chez Dorat, le chevalier de Versenai a demandé, dans une lettre précédente, des renseignements sur Mme de Senanges à son ami, le baron de ***, qui lui répond : « Vous me demandez des détails ; je consens à vous en donner ; viendront après les conseils que je vous dois, autant pour elle que pour vous » (*Sacrifices* 23 I.I et 35 I.VIII). De telles demandes, suscitant tantôt des récits, tantôt des descriptions, relèvent par ailleurs de « l'exigence de détail » telle que Sophie Rabau l'a décrite[1].

Dépassant le cadre de la communication narrative, les narrateurs évoquent également, dans les remarques métadiscursives légitimant les descriptions, des conventions romanesques. Ces arguments sont liés, naturellement, à l'autoréflexivité, mais également à l'ironie. La plus explicite de ces conventions est celle, déjà évoquée, qui concerne la place du portrait du héros au début du récit. Dans *L'Émigré* de Sénac de Meilhan, Victorine de Loewenstein écrit à son amie, avant de faire du marquis de Saint-Alban un portrait déjà teinté d'un tendre amour qui ne dit pas son nom :

> En voilà bien long ; vous allez me dire : lorsqu'on commence un roman on doit faire le portrait du héros, et je vais me conformer à cette invariable coutume. Il s'appelle le marquis de Saint Alban. (*L'Émigré* 39 II)

Le terme que Victorine emploie pour évoquer cette convention romanesque est celui de « coutume », comme l'avait aussi utilisé Félicia dans un passage déjà cité. Avec une fine ironie, Sénac de Meilhan fait placer par son épistolière les événements dont elle va faire part, au cours de ses lettres à son amie Émilie, sous l'égide du genre romanesque ; en effet, elle en accepte les conventions, envisageant sa vie comme un roman, alors que justement son histoire est le sujet d'un roman. Dans cette fin de siècle, il semble que le renvoi à cette convention romanesque ne puisse déjà plus se faire sans une teinte d'ironie.

L'autoréflexivité s'affirme et l'ironie tourne au traitement parodique dans *La Nuit anglaise* de Bellin de la Liborlière. À plusieurs reprises,

---

1   Voir ci-dessus, chap. « La description comme l'autre de la narration ».

Monsieur Dabaud, le personnage principal de cette parodie de roman gothique anglais, récuse et interrompt les descriptions qu'un autre personnage ou lui-même est en train de faire. Ainsi, lorsque M. Dabaud pénètre dans une petite chapelle, le narrateur décrit comment cet homme y examine avec attention un oratoire richement décoré et il décrit longuement, ce faisant, cet oratoire. M. Dabaud intervient :

> – Robe de moine ! s'écria M. Dabaud tout à fait en colère contre lui-même, ne voilà-t-il pas que le mauvais exemple m'emporte ! Je viens ici pour y chercher quelque chose qui m'intéresse beaucoup, et je commence, comme tous les autres, par faire une description qui a l'air d'un inventaire ou d'un procès-verbal. (*Nuit* 153)

Par une curieuse métalepse, M. Dabaud s'attribue la description que vient de faire pourtant le narrateur, et évoque trois arguments pour l'interrompre : d'une part, il dit avoir des choses plus pressantes à faire, évoquant donc de l'intérieur de la *diégèse* le principe du discours vectorisé qui veut que l'action progresse ; d'autre part, il rapproche sa pratique descriptive du « mauvais exemple » des romans gothiques très descriptifs et dont il a lu un trop grand nombre ; ces lectures l'ont conduit enfin à une pratique abusive de la description qui se rapproche des genres d'écrits judiciaires de l'inventaire (inventaire après décès, par exemple) ou du procès-verbal. Ce n'est pas la seule fois où M. Dabaud définit ainsi les frontières du genre romanesque par référence à la description ; ailleurs, il refuse d'entendre la description de plusieurs paysages qu'il dit ressembler à « une géographie ou un voyage » (c'est-à-dire un livre de géographie ou un récit de voyage), et auxquels il préfère les vues « optiques » qu'il a chez lui (*Nuit* 106). *La Nuit anglaise* est le seul roman du corpus qui contienne un tel argument. L'unique cas analogue, mais concernant davantage la poétique romanesque que la pratique descriptive, se trouve dans *La Nouvelle Héloïse*, dans la célèbre lettre où Saint-Preux écrit à Julie après son voyage dans le Valais. Il y dit ne pas vouloir lui faire « un détail » de son voyage parce qu'il l'a déjà fait dans une « relation » (un récit de voyage) qu'il compte lui apporter (mais dont il ne sera plus question) et qu'il veut réserver leur correspondance particulière au compte rendu de « la situation de [son] âme » (*Julie* 76 I.XXIII).

Parfois, les arguments avancés et la pratique descriptive qui s'ensuit ne concordent pas aussi nettement que c'était généralement le cas jusqu'ici. Il en résulte une discussion assez complexe réunissant plusieurs des arguments évoqués jusqu'ici, favorables ou défavorables à la présence d'une description. Le procédé rhétorique de la prétérition permet au narrateur de prétendre renoncer à décrire l'objet dont il ne laisse cependant de fournir, à la suite de cette déclaration, une description. Les narrateurs des romans étudiés ici emploient assez souvent ce procédé : sa forme la plus atténuée est celle de la question rhétorique sur le schéma « vous décrirai-je… tel ou tel objet ? » ou sur celui du schéma « comment vous décrire… telle ou telle circonstance ? », qui suppose une certaine difficulté à décrire ou une interrogation sur la possibilité de décrire, si ce n'est pas une véritable impossibilité affirmée. Assez fréquemment, prétérition et aveu topique de l'ineffable vont ensemble : dans ce cas, ils ne mènent pas à une ellipse effective de la description, mais servent d'excuse rhétorique à une « esquisse bien imparfaite » présentée comme insatisfaisante, ce qui n'exclut nullement son efficacité effective. Lorsque Pauliska, quoiqu'enfin libérée des mains de Salviati et du baron d'Olnitz, est arrêtée et conduite au château Saint-Ange à Rome pour attendre son procès, elle évoque les souterrains de la forteresse dans les termes suivants :

> Je ne m'arrêterai pas à décrire les antres sombres, les ponts voûtés en fer, sous lesquels des bras du Tibre comprimés s'éloignent en bouillonnant ; les cavernes couvertes d'une mousse humide, chevelure hideuse de rochers éternels ; tous les gouffres par lesquels il nous fallut passer ; une secrète horreur agitait trop mes nerfs, pour que mon attention pût suffire à une description. Quelques lampes rares projetant des ombres immenses sous ces voûtes ; des sbires qui n'ayant vu le jour depuis vingt ans, ont la pâleur des spectres ; des gouttes d'eau qui coulant des murs des cachots sur nos têtes, semblaient être l'infiltration des pleurs des malheureux prisonniers, sont les seuls tableaux dont le souvenir me reste, et dont l'impression horrible est ineffaçable. (*Pauliska* 196-197)

Pauliska emploie l'argument (déjà relevé) d'une incapacité de décrire à la fois cognitive et émotionnelle, mais fournit en même temps, à travers les antres, ponts, cavernes et gouffres du château qu'elle évoque et les souvenirs ineffaçables de quelques « tableaux » qu'elle indique, une description qui, quoique fragmentée et incomplète, transmet bien l'atmosphère lugubre du lieu. Dans un contexte moins sombre, il s'agit chez Dorat d'une simple préférence qu'exprime Madame de Sancerre dans une lettre qu'elle écrit à sa fille :

> À propos, Ombert mon fermier m'est venu voir : il m'a amené sa fille, cette petite Claudine que vous appeliez votre *bonne amie* : elle était parée, et n'en avait pas besoin. Figurez-vous une taille un peu forte, mais bien prise, des yeux brillants du feu de la santé, des joues fortement colorées, et des lèvres

qui font envie. Elle a un amoureux qui ferait d'elle un portrait plus détaillé ; mais moi, j'aime mieux la doter que la peindre. Elle a un air de sagesse qui m'a séduite, et l'on m'assure que sa conduite y répond ; on la propose pour modèle aux filles de son âge. Sous des habits villageois, elle s'attire les hommages et les respects de tous ceux qui l'approchent. (*Malheurs* 528 II.XIII)

Il y a ici une disproportion flagrante entre la décision affichée de ne pas décrire la petite Claudine et l'étendue considérable de la description qui précède et suit l'énoncé de ce parti pris.

Moins ouvertement contradictoire que la prétérition, mais d'autant plus révélatrice du statut ambivalent de l'écriture descriptive est la « mauvaise foi » descriptive : le narrateur indique d'abord une ou plusieurs bonnes raisons qui devraient l'empêcher de décrire quelque chose, puis le fait malgré tout, parfois en indiquant pourquoi il a cru bon de passer outre. Ce type d'argument est particulièrement répandu dans le roman libertin : le narrateur chez Mirabeau, par exemple, s'adressant au destinataire sans cesse invoqué au cours du récit de sa « conversion » parle dans les termes suivants de la petite Violette :

Tu connais cette jolie petite, elle est faite comme un ange, pétrie de la main des Grâces, le plus beau teint, la peau la plus fine, la gorge ravissante. À toutes ces perfections, elle joint le talent de tromper un entreteneur mieux que personne qui vive ; un gentil jargon, un air enfantin… Fiez-vous-y. (*Conversion* 1045)

Normalement, la remarque selon laquelle le destinataire connaît l'objet en question a pour fonction de souligner l'inutilité d'en faire la description ; cependant ici, cette remarque sert d'introduction au portrait et si elle donne au lecteur une impression de la jeune fille, sa véritable fonction semble être de fonder ou de manifester une sorte d'entente entre connaisseurs. Ailleurs, c'est l'ennui potentiel causé au destinataire par la description qui devrait ou pourrait empêcher la description, mais une autre raison parle en sa faveur ; c'est le cas, à plusieurs reprises, dans *Félicia ou mes fredaines* : Félicia fait suivre, par exemple, un chapitre intitulé « Descriptions qui n'amuseront pas tout le monde » par un autre intitulé « Plus aride encore que le précédent ». Après avoir évoqué la distribution des appartements dans la maison et la compagnie qui s'y est retrouvée, Félicia remarque :

Je suis forcée d'entrer dans ces détails minutieux, parce qu'ils deviennent nécessaires à l'intelligence des faits dont je dois rendre compte. Au surplus, le lecteur averti désormais que je détaille trop, est le maître de passer outre, lorsqu'il se verra menacé de l'ennui que pourra lui procurer ma scrupuleuse ponctualité. (*Félicia* 758)

Il y a trois étapes dans ce métadiscours complexe : un avertissement de l'ennui potentiel, une explication de la pertinence thématique du contenu des descriptions, et la suggestion d'une échappatoire à l'ennui. On ne saurait être plus explicite, mais en même temps, on ne saurait guère montrer une plus grande « mauvaise conscience » descriptive : d'abord ce n'est pas volontairement qu'on décrit, on y est forcé ; on y est forcé par une nécessité, puisque sans la description des « détails minutieux », le lecteur ne comprendrait rien. Bien qu'implicite, un jugement négatif de la description transparaît dans ce passage : plusieurs expressions – « détails minutieux », « que je détaille trop » et « scrupuleuse ponctualité » – soulignent que décrire de manière détaillée est toujours une activité que l'on doit soupçonner de procurer de l'ennui ou de donner en tout cas une sorte de malaise au lecteur. Cependant, la description accorde également ici une liberté au lecteur, celle de choisir lui-même ce qu'il lit et ce qu'il préfère ne pas lire. En contrepartie de la contrainte qu'il implique souvent, le passage descriptif, lorsqu'il acquiert une autonomie structurelle suffisante, confère également au lecteur cette liberté de lire ou de ne pas lire une partie du texte.

Ces remarques métadiscursives concernant les descriptions, si fréquentes, variées et parfois assez complexes dans les romans étudiés ici, répondent aux débats sur le statut de l'écriture descriptive dans le roman et y empruntent des arguments. Dans certains cas, elles donnent également un aperçu de la poétique régissant le roman dans lequel elles apparaissent, comme dans *Les Cent Vingt Journées de Sodome* de Sade.

LES REMARQUES MÉTADISCURSIVES
DANS *LES CENT VINGT JOURNÉES DE SODOME*

Comme parmi les romans étudiés ici, les narrateurs de Sade sont les maîtres incontestés des remarques métadiscursives, étudier le rapport de celles-ci à la poétique romanesque dans un des romans de cet auteur pourrait se révéler particulièrement intéressant[1]. En effet, chez Sade, les questions de savoir quelle étendue donner aux descriptions, où les placer et quelle raison d'être leur assigner sont posées avec une insistance et un sérieux particuliers. Tout se passe comme si Sade, tout en faisant de la transgression le principe même des contenus de son œuvre, avait cependant une conscience très aiguë des règles et conventions implicites

---

1   Les trois romans de Sade fournissent près d'un tiers des remarques métadiscursives relevées dans les trente-deux romans étudiés ici.

qui régissent l'acte de narrer, et qu'il comptait afficher le respect de celles-ci, non seulement dans sa manière de raconter, mais encore par le biais de remarques métadiscursives. C'est ce que je voudrais montrer, à titre d'exemple, dans *Les Cent Vingt Journées de Sodome*.

Dans les *Journées de Sodome*, les très nombreuses remarques métadiscursives se rapportant à la pratique descriptive servent à expliquer et à légitimer les partis pris des narrateurs. La nécessité et la pertinence des descriptions des personnages et des lieux sont affirmées, et le problème de la place des descriptions est abordé. L'objectif affiché de l'ouvrage demande que l'intrigue avance selon une progression continue et ininterrompue. Dans ce contexte, et selon les situations narratives différentes, deux solutions mutuellement exclusives sont privilégiées. Soit les descriptions ne sont pas incluses dans le récit proprement dit mais rejetées dans une introduction ; c'est le choix que fait le narrateur principal quand il s'agit de décrire les personnages réunis dans le château de Silling et le château lui-même ; ces portraits et descriptions de lieux sont longs, détaillés, et clairement désignés comme tels. Soit les descriptions sont incluses dans le récit, et apparaissent toujours exactement à l'endroit du récit où le personnage, l'objet ou le lieu apparaissent. C'est la stratégie qu'emploie et défend l'« historienne » Duclos dans la première partie. Dans ce cas, les descriptions concernent des personnages épisodiques apparaissant dans les récits enchâssés et sont (pour la très grande majorité) plutôt courtes, peu détaillées, peu individualisantes et bien intégrées dans le récit. Il existe cependant quelques rares exceptions, qui sont dues soit à la Duclos, soit au narrateur principal qui, dans la première partie, intervient régulièrement pour fournir le récit des activités des libertins et de leurs victimes entre les récits de l'historienne. Enfin, si les portraits des personnages dans les récits enchâssés ne semblent pas nécessiter un haut degré de détail, les comptes rendus de leurs « passions » doivent être très précis et circonstanciés pour être efficaces, ce qui donne lieu à la revendication du « récit circonstancié » comme idéal de la narration.

Tout d'abord, dans les *Journées de Sodome*, les arguments de la nécessité et la pertinence des descriptions des personnages et des lieux sont évoqués. Après avoir longuement décrit, au tout début de l'« introduction », les quatre libertins, en y mêlant des traits moraux et physiques et des épisodes de leur vie qui les caractérisent particulièrement, le narrateur principal des *Journées de Sodome* indique de manière explicite ce qui l'amène à fournir des descriptions aussi minutieuses :

> Tels sont en un mot, cher lecteur, les quatre scélérats avec lesquels je vais te faire passer quelques mois. Je te les ai dépeints de mon mieux pour que tu les connaisses à fond et que rien ne t'étonne dans le récit de leurs différents écarts. (*Journées* 32)

Au-delà de la simple nécessité – que le narrateur avait déjà évoquée plus haut, quand il précisait à propos des libertins qu'il « import[ait] de les bien faire connaître » (*Journées* 17) –, il renvoie clairement ici à la pertinence de la description, qui est déclarée nécessaire à la bonne compréhension de l'histoire. Le même argument revient immédiatement après lorsqu'il s'agit de passer à la description des quatre épouses des libertins : « Achevons des portraits essentiels à l'intelligence de cet ouvrage et donnons aux lecteurs maintenant une idée des quatre épouses de ces respectables maris » (*Journées* 32). La pertinence de la description dépend également de son lien immédiat à l'objectif de l'ouvrage. Lorsqu'il est question des quatre servantes les unes plus vieilles, plus crapuleuses et plus dégoûtantes que les autres, le narrateur indique :

> On fit donc chercher à Paris, avec le plus grand soin, les quatre créatures qu'il fallait pour remplir cet objet, et quelque dégoûtant que puisse en être le portrait, le lecteur me permettra cependant de le tracer : il est trop essentiel à la partie des mœurs dont le développement est un des principaux objets de cet ouvrage. (*Journées* 52)

Selon le principe que la valeur intrinsèque d'un objet peut à elle seule légitimer sa description, inversement, la laideur des quatre personnages pourrait s'opposer à ce que l'on fasse leur portrait. Or, cela devient ici nécessaire car le lecteur doit connaître le degré de laideur de ces femmes pour bien juger de « la partie de mœurs », expression par laquelle le narrateur désigne la représentation des passions érotiques qui ne sont pas éveillées par la beauté, la vertu et la bonne entente, mais par la laideur, la dépravation et la violence. Le narrateur évoque également, à propos des historiennes, une troisième raison pour laquelle la description des personnages est légitime et même nécessaire :

> Comme les quatre actrices dont il s'agit ici jouent un rôle très essentiel dans ces mémoires, nous croyons, dussions-nous en demander pardon au lecteur, être encore obligé de les peindre. Elles raconteront, elles agiront : est-il possible, d'après cela, de les laisser inconnues ? Qu'on ne s'attende pas à des portraits de beauté, quoiqu'il y eût sans doute des projets de se servir physiquement comme moralement de ces quatre créatures. (*Journées* 40)

Le discours de légitimation est ici aussi appuyé que sarcastique : c'est parce que les personnages « jouent un rôle très essentiel » dans le texte que l'on ne peut pas les « laisser inconnues » et que leur portrait devient une obligation. La mauvaise conscience du narrateur qui accorde autant de place à la description se fait également fortement sentir, puisque celui-ci va jusqu'à « demander pardon au lecteur » et affirmer qu'il est « obligé » de faire ces portraits, suggérant donc que c'est contre son gré et contre une préférence légitime du lecteur qu'il s'y résout. Encore une fois, le point de départ sur lequel s'appuie l'argumentation est une norme toute classique, même si le narrateur ne l'évoque que pour immédiatement s'en démarquer. Dans les faits, la fonction des portraits n'est pas seulement de faire connaître les historiennes, mais également de prouver que ces quatre femmes convenaient parfaitement aux libertins, que ces femmes étaient les plus capables de remplir la mission difficile dont on les chargeait, et que donc tout ceci était parfaitement arrangé. Enfin, la description longue et détaillée du château de Silling se trouve également légitimée par sa fonction explicative :

> Mais il est temps de faire ici au lecteur une description du fameux temple destiné à tant de sacrifices luxurieux pendant les quatre mois projetés. Il y verra avec quel soin on avait choisi une retraite écartée et solitaire, comme si le silence, l'éloignement et la tranquillité étaient les véhicules puissants du libertinage, et comme si tout ce qui imprime par ces qualités-là une terreur religieuse aux sens dût évidemment prêter à la luxure un attrait de plus. (*Journées* 53-54)

Paradoxalement, la description est légitimée par l'évocation explicite de ce qu'elle doit elle-même montrer au lecteur : la remarque métadiscursive qui doit justifier l'utilité de la description la rend en réalité superflue, du moins au niveau de la pure intelligibilité du récit, puisque ce que le lecteur doit en retenir lui est déjà expliqué. L'enjeu de l'écriture descriptive fait partie d'un enjeu plus général, celui de la poétique narrative, comme le montre une remarque se rapportant au récit de la procédure du choix des jeunes filles et des jeunes garçons :

> Quoique l'histoire de ces choix et de ces réceptions ne soit pas notre objet, il n'est pourtant pas hors de propos d'en dire un mot ici, pour mieux faire connaître encore le génie de nos quatre héros. Il me semble que tout ce qui sert à les développer et à jeter du jour sur une partie aussi extraordinaire que celle que nous allons décrire ne peut pas être regardé comme hors-d'œuvre. (*Journées* 44)

Ce passage montre que ce ne sont pas seulement les descriptions dont la présence doit être légitimée, mais que tout élément du récit doit être directement lié au propos principal, à savoir le système libertin des quatre héros et ces héros mêmes.

Cependant, dans les *Journées de Sodome*, ce ne sont pas seulement la pertinence et la nécessité des descriptions qui sont en cause dans les remarques métadiscursives, mais également l'endroit dans le texte où il convient de les placer. Ce problème est ici particulièrement pertinent à cause de la structure spécifique du texte ; cela le distingue, par exemple, d'*Aline et Valcour*, où la structure narrative beaucoup plus souple permet l'introduction de longues descriptions dans le corps même du récit, même si d'autres contraintes concernant la description doivent être respectées et sont en effet énoncées dans les remarques métadiscursives. Cette structure, et l'objectif affiché des *Journées* qui en est le fondement, assignent une place spécifique à la description des principaux personnages et du lieu où se déroule l'intrigue. D'une part, le narrateur appelle l'ouvrage des « mémoires » (*Journées* 40), moins dans le sens d'un écrit personnel que dans celui d'une dissertation scientifique examinant une question en détail, soulignant ainsi sa visée d'exhaustivité et son esprit de système ; d'autre part, il l'appelle une « espèce de drame » (*Journées* 70), précisant cette fois-ci la courbe de tension qui résulte de l'aggravation progressive des « passions » et des « manies » décrites. La progression du texte dans son ensemble, comme le déroulement de certaines pratiques évoquées au troisième et quatrième mois, répond au principe de la « gradation » décrit par Michel Delon[1]. Cette série organisée de récits enchâssés est structurée par la division en quatre mois dont chacun a pour objet cent-cinquante « passions », et par le fait qu'à chaque mois correspond une des quatre historiennes assumant les récits enchâssés. Entre les quatre mois, une progression strictement respectée ordonne une gradation allant des passions « simples » aux « doubles », « criminelles » et enfin aux « meurtrières », et à l'intérieur de chaque mois, les récits vont également du plus faible au plus fort degré de dépravation et de violence des pratiques évoquées.

Le narrateur principal aussi bien que la Duclos, mais pas les personnages, respectent à la lettre ce principe de gradation. Le narrateur

---

1 Après un premier développement du concept (« L'idée de gradation chez Crébillon », 1996), la portée du principe est généralisée, par exemple dans Delon, « L'espace de la séduction dans le roman français du XVIIIe siècle », 1997. Chez Sade, le terme est employé (*Journées* 228) et le principe est explicitement appliqué à un « tableau *moral* » des vices (*Aline* 458 XIX).

principal remarque, à plusieurs reprises, qu'il lui est impossible de décrire précisément ce à quoi les personnages se livrent : à la fin de la cinquième journée de la première partie, par exemple, le narrateur dit à propos du président de Curval qu'aux orgies du soir, il « fut encore en état d'y procéder à mille autres horreurs, toutes plus singulières les unes que les autres, mais que l'ordre essentiel que nous nous sommes proposé ne nous permet pas encore de peindre à nos lecteurs » (*Journées* 132). Ces « horreurs », par la gravité et la violence qu'elles impliquent, ne trouveront leur place que plus loin dans le récit. Le même principe qui régit les portraits empêche également la description précise de certains lieux du château : parmi de nombreuses remarques analogues, le narrateur évoque « un autre local dont il est urgent de donner une esquisse, car les lois essentielles à l'intérêt de la narration empêchent que nous le peignions en entier » (*Journées* 57), remarque suivie par la description, effectivement plutôt sommaire, d'un cachot souterrain auquel on accède par un escalier étroit et qui sert vraisemblablement à la torture des victimes. La Duclos se soumet au même principe, comme le montre, parmi beaucoup d'autres, l'épisode de la huitième journée de la première partie : « Vous voudrez, messieurs, continua la Duclos, que je place tout de suite, quoique arrivées à des temps différents, les quatre aventures de ce même genre que j'eus encore chez Mme Fournier[1] ». Le principe de la gradation prime donc sur celui de la suite temporelle dans laquelle ces « aventures » se sont déroulées, chaque aventure devant être évoquée à la place du récit qui correspond à son degré de dépravation. Cette structure des *Journées de Sodome* ne permet pas que les récits organisés en gradation soient interrompus par de longues descriptions : bien qu'essentielles à la bonne compréhension de ceux-ci, elles feraient perdre de vue au lecteur la progression continuelle des « passions ». Deux solutions à ce dilemme se présentent ; elles ont toutes deux des précédents, sont mutuellement exclusives mais se complètent également : soit on écarte les descriptions pour les placer ailleurs, soit on réduit leur longueur au strict minimum[2].

Le narrateur principal fait le premier choix, en n'incluant pas les descriptions dans le récit proprement dit mais les réunissant dans une

---

1   *Journées* 152. On peut relever beaucoup de remarques analogues de la part des libertins et de la Duclos, historienne du premier mois, qui ne dit déroger qu'une fois à cette règle (*Journées* 241).

2   Je rappelle les conventions romanesques attachées au portrait et les remarques pertinentes de Madame de Bénouville et de Bérardier de Bataut, évoquées plus haut ; voir chap. « Conventions et traditions liées à la description ».

« introduction » séparée[1]. L'introduction réunit donc les portraits des personnages qui se trouvent dans le château de Silling ainsi que le château lui-même. Ces portraits et descriptions de lieux sont nombreux, longs et détaillés, visiblement détachés du récit, et clairement désignés comme descriptions. La série de ces descriptions est incluse dans un récit des plus sommaires, sans qu'aucune motivation narrative n'intervienne, signe que l'écriture descriptive ne dépend effectivement pas ici de contraintes romanesques. Avant de compléter l'ensemble d'environ quarante pages par un précis des règles que les quatre libertins établissent pour le déroulement des cent-vingt journées et une table récapitulative des personnages, le narrateur principal explique son parti pris :

> [...] notre lecteur [...], d'après l'exacte description que nous lui avons faite du tout, n'aura plus maintenant qu'à suivre légèrement et voluptueusement le récit, sans que rien trouble [sic] son intelligence ou vienne embarrasser sa mémoire. (*Journées* 59)

Le narrateur définit ici, dans le même mouvement, le véritable enjeu de la description dans la poétique narrative des *Journées de Sodome*. Les descriptions, en principe essentielles au récit et à sa compréhension, nuisent cependant à la progression fluide et la compréhension aisée du récit quand elles s'y trouvent intégrées ; elles sont donc présentées séparément. Cependant, on remarque que le problème n'est pas pour autant entièrement réglé. Pour bien faire connaître les libertins, il ne suffit pas de décrire leur apparence physique, leur statut social, leur caractère et leurs convictions philosophiques, encore faut-il insister sur les perversions qui sont le principal objet de leurs recherches et activités ; or, faire cela serait à la fois transgresser les limites de la description pour se lancer dans des récits, et surtout devancer le plan de l'ouvrage en parlant de « passions » dont il ne devrait être question que plus tard. Ce point est commenté par le narrateur principal, qui dans l'introduction s'adresse au lecteur : « Il m'a été impossible d'entrer dans le détail particulier de leurs goûts : j'aurais nui à l'intérêt et au plan principal de cet ouvrage en te les divulguant » (*Journées* 32). On voit le risque très réel de « contamination » des deux parties : pour bien décrire les libertins, il faudrait déjà parler de leurs pratiques libertines préférées et en entamer le récit ; inversement, pour que le lecteur comprenne bien toute la portée des forfaits relatés dans la partie principale, il faudrait qu'il ait en permanence à l'esprit

---

1   L'expression est de Sade lui-même qui en désigne, dans une annotation du manuscrit, la première partie des descriptions (*Journées* 75) précédant les quatre parties principales.

les portraits des personnages[1]. Au fond, c'est un problème soulevé par la linéarité du langage qui ne permet pas qu'on raconte tout en décrivant, mais qui impose un ordre successif.

À l'intérieur des quatre parties, et notamment dans la première, qui seule a été développée par Sade, une stratégie complémentaire à celle du narrateur principal est employée par la Duclos, laquelle doit pourtant introduire un grand nombre de personnages et de lieux nouveaux dans ses nombreux récits. On trouve donc, dans le corps du récit, peu de descriptions développées : aucune description des personnages présents dans le château, qui ont tous été décrits dans le prologue, ni de l'intérieur des bâtiments, qui y figurait également. Pour ce qui est des portraits des personnages qui apparaissent dans les récits enchâssés, ils sont le plus souvent assez brefs : pratiquement aucun long passage descriptif formant « morceau » comme dans l'introduction, mais généralement de courts passages descriptifs d'une longueur maximum de deux ou trois lignes, parfois même de simples et succinctes notations descriptives. Ainsi, de nombreux portraits ressemblent aux suivants :

> C'était un gros homme d'environ quarante-cinq ans, petit, trapu, mais frais et gaillard. (*Journées* 106)

> Je donnais à celui que je vais vous citer une petite bouquetière de treize à quatorze ans, fort jolie. (*Journées* 213)

Le même type de portraits est quasi de règle dans les récits du premier mois ; ne sont indiqués, généralement, que l'âge et la profession du personnage, son état de santé ou une autre caractéristique frappante, et, dans le cas des clients, souvent un peu plus loin lorsque cela devient pertinent, l'état ou la taille de leur membre. Le principe de la variété est respecté sans qu'il en résulte un réel effet d'individualisation des différents clients. Seule intéresse leur « manie » ou leur « passion », et le récit de leur « manie » préférée vaut comme développement de leur caractère. Ces portraits s'intègrent facilement dans la narration, soit par leur brièveté, soit par leur structure syntaxique, dans laquelle le verbe principal exprime une action. Ce parti pris de l'intégration des portraits dans le récit a une autre conséquence, celle de situer les portraits précisément là où le personnage correspondant apparaît dans

---

1   En dehors de la remarque citée plus haut (*Journées* 59), la fonction de la table récapitulative des personnages qui se trouve à la fin de l'introduction est expliquée dans ce sens (*Journées* 70).

l'histoire, ce qui équivaut à une forte motivation narrative. Ce parti pris est commenté par la Duclos dans une remarque métadiscursive s'adressant aux quatre libertins : « Vous trouverez bon que [...] je ne vous peigne mes compagnes qu'à mesure qu'elles joueront un personnage » (*Journées* 151). Et comme si même pour les portraits réduits, il fallait encore légitimer leur présence, elle ajoute : « Mais je ne vous parlerai, ainsi que je l'ai fait jusqu'à présent, que de celles qui peuvent exciter votre attention par leur piquant ou leur singularité » (*Journées* 151). Tandis que le narrateur principal emploie, pour légitimer les portraits, l'argument de leur nécessité ou de leur pertinence pour l'ensemble du roman, l'historienne attire ici l'attention sur l'intérêt intrinsèque des personnages décrits, dans la perspective d'une attention au destinataire.

Quelles sont les raisons pour lesquelles narrateur principal et narratrice secondaire emploient des stratégies descriptives (et narratives) si opposées ? En partie, ce partage s'explique sans doute par le fait que leur pratique répond au principe de la correspondance entre l'importance du personnage dans le roman et la longueur de son portrait. À l'intérieur même de l'introduction, l'ordre et la longueur des descriptions dépendent de la place des personnages dans le roman, les longs portraits des libertins venant en premier, puis les portraits plus brefs des « épouses », et ainsi de suite. Il existe cependant quelques exceptions à cette règle de la brièveté des descriptions dans la première partie, aussi bien au niveau du récit principal qu'à celui des récits enchâssés. Les descriptions qui dépassent les trois ou quatre lignes sont assez souvent, à leur tour, précédées d'une remarque métadiscursive qui en légitime la présence. Différents arguments apparaissent : le portrait développé d'une fille est légitime « en raison du rôle qu'elle va jouer dans le détail de la passion qui suit » (*Journées* 165) ; une chaise spécialement conçue mérite une description parce qu'il s'agit d'un « meuble assez singulier » (*Journée* 170) ; l'autoportrait de la narratrice à vingt-et-un ans est légitime parce qu'« on se figure mieux les plaisirs que l'on peint quand l'objet qui les procure est connu » (*Journées* 175). Seule, la longue description de l'habit des quatre « jeunes amants de messieurs » par le narrateur principal (*Journées* 125) ne comporte pas de remarque qui la justifierait, malgré sa longueur surprenante.

Les portraits et les descriptions de lieux sont donc le plus souvent fort brefs dans la première partie. Ce ne sont pas les personnages qui intéressent le plus, mais leurs « passions », donc leurs pratiques sexuelles. Il paraît parfaitement logique que soit introduite, sous l'injonction des libertins (voir *Journées* 84), une discussion sur le degré de détail qu'il convient de donner au récit des « passions » qui débouche sur l'introduction d'une catégorie intermédiaire entre récit pur et description pure : celle du « récit circonstancié » (*Journées* 163). Dans ce type de passage narratif, les gestes, les actions, les parties du corps impliqués dans l'action sont précisément qualifiés sans que la progression du récit et la suite temporelle des actions soient interrompues. Un bref dialogue entre les libertins et la Duclos et qui se trouve au début de la première partie est mis en scène par Sade pour expliquer, de manière indirecte, les partis pris régissant son texte :

> Duclos, interrompit ici le président, ne vous a-t-on pas prévenue qu'il faut à vos récits les détails les plus grands et les plus étendus ? que nous ne pouvons juger ce que la passion que vous contez a de relative aux mœurs et au caractère de l'homme, qu'autant que vous ne déguisiez aucune circonstance ? que les moindres circonstances servent d'ailleurs infiniment à ce que nous attendons de vos récits pour l'irritation de nos sens ? – Oui, monseigneur, dit la Duclos, j'ai été prévenue de ne négliger aucun détail et d'entrer dans les moindres minuties toutes les fois qu'elles servaient à jeter du jour sur les caractères ou sur le genre. Ai-je commis quelque omission dans ce goût-là ? – Oui, dit le président, je n'ai nulle idée du vit de votre second recollet, et nulle idée de sa décharge. [...] – Pardon, dit la Duclos, je vais réparer mes fautes actuelles et m'observer sur l'avenir. (*Journées* 84).

L'historienne reprend effectivement son récit et précise les éléments qui lui faisaient défaut, selon le président, après quoi Durcet ajoute : « C'est cela Duclos, dit Durcet, le président avait raison, je ne pouvais me rien figurer au premier récit, et je conçois votre homme à présent » (*Journées* 84).

Les termes essentiels de cette théorie sont évidemment « récit », « détail », « circonstances » et « minuties », les trois derniers étant pratiquement synonymes. Pour justifier cette attention aux détails, deux arguments sont avancés : sans les détails sur les personnages, il est impossible de fournir un éclairage sur leurs passions et leurs « mœurs », ce qui est l'objectif déclaré du livre ; par ailleurs, seul un récit détaillé peut permettre de s'imaginer la scène et les personnages et donc servir à « l'irritation [des] sens » des libertins, finalité des récits enchâssés. C'est ici la dernière fois que narration et « détails » sont encore une fois, pour justifier la discussion théorique, dissociés : la technique du « récit circonstancié » devient ensuite la règle pour la Duclos, qui mêle, comme je l'ai décrit plus haut, brèves descriptions des personnages, récit de leurs actions, et exposé précis de leurs gestes, postures, et réactions[1]. Un bel exemple en est l'épisode qui a lieu dans une chambre spécialement aménagée avec un double plafond, la description du fonctionnement de cette chambre et le récit itératif de son usage étant parfaitement indissociables (*Journées* 146).

En guise de bilan, on peut constater qu'il y a dans les *Journées de Sodome* un riche métadiscours sur la description qui commente l'endroit où il sied de la placer, l'ampleur qu'il convient de lui donner et les conditions sous lesquelles il est légitime de l'introduire. On constate également que la pratique descriptive suit assez rigoureusement ces principes théoriques, l'originalité des *Journées de Sodome* étant de présenter à la fois deux solutions diamétralement opposées, à savoir la dissociation entre description et narration par l'adjonction d'une introduction descriptive, et l'intégration maximale de la description dans la narration sous forme de « récits circonstanciés ». Ce qui frappe par ailleurs dans ce texte de Sade, c'est le très haut degré de réflexivité, portant non seulement sur la teneur morale de l'ouvrage et sur le dispositif de narration et de réception des récits enchâssés, mais également sur les questions de poétique narrative ; parmi elles, celles qui concernent la description dans le texte romanesque ont une large place. Michel Delon a montré que de nombreux romans libertins mettent en scène la lecture solitaire ou duelle de romans érotiques[2] ; dans les *Journées*, la situation de narration orale y correspond, avec ses conditions et son effet souhaité. Le principe de la mise en abyme est le même, qui facilite le passage à la réflexion sur l'acte de narrer. Mais surtout, il ressort de cette analyse qu'il existe effectivement un décalage, une opposition même, entre le contenu de l'ouvrage et les principes littéraires qui en guident l'écriture. D'un côté, il y a le caractère transgressif du contenu de cet ouvrage dont la structure entière figure et suggère le mal absolu et indicible, par l'aggravation progressive des « passions » et la progressive diminution du texte employé pour décrire ces passions. D'un autre côté, il transparaît dans le récit une attention quasi obsessive à respecter les conventions régissant le récit, à choisir correctement la place où placer les descriptions, à ne point surcharger la mémoire du lecteur de portraits trop longs, ou tout du moins à faire justifier par le narrateur tout départ, réel ou supposé, de ces contraintes diverses. Il me semble que ce résultat, que l'analyse d'*Aline et Valcour* (le seul roman faisant partie des ouvrages avoués de Sade) pourrait sans doute

---

1   Cette théorie du « récit circonstancié » est à rapprocher, pour ce qui est du XVIIIe siècle, des théories de Bérardier de Bataut évoquées ; voir ci-dessus, chap. « La place des circonstances dans le récit : l'*Essai sur le récit* ».
2   Voir Delon, « La réflexivité du roman libertin », 1994.

venir confirmer, ajoute une nuance à l'image que nous nous faisons de cet auteur qui n'en réduit nullement la complexité.

LES REMARQUES MÉTADISCURSIVES DANS LE SYSTÈME LITTÉRAIRE

Les romans de Sade ne sont pas les seuls dans lesquels le métadiscours joue un rôle particulièrement important. Dans cette perspective, il faudrait également analyser de plus près *La Nuit anglaise*, parodie d'un roman gothique qui joue, d'une manière hautement réflexive, avec les conventions de ce genre romanesque et notamment avec la place de l'écriture descriptive dans le roman. De même, on pourrait montrer comment, dans *Félicia ou mes fredaines* de Nerciat, le rapport particulier à la description s'exprime à travers les remarques métadiscursives et s'intègre dans la posture narrative fortement ironique qui est un des traits majeurs de ce roman. Certes, il y a quelques romans dans lesquels le métadiscours ne joue quasiment aucun rôle, comme dans *Les Lettres de deux amants* ou dans *Les Amours de Mirtil*, par exemple. Mais dans l'ensemble, les remarques métadiscursives concernant l'écriture descriptive, dans toutes leurs variantes, sont présentes à travers presque toute la production romanesque de l'époque étudiée, ce qui soulève la question des conditions qui permettent une telle présence.

La réponse à cette question est sans doute complexe : premièrement, le métadiscours remplit une fonction importante dans la légitimation de l'écriture descriptive, ou plus précisément, dans la « négociation » de la place qu'un passage descriptif donné peut prendre au sein d'un roman. Deuxièmement, le métadiscours rend explicites des conventions et des règles concernant l'écriture descriptive dans le roman, lesquelles restent le plus souvent implicites ; à cet égard, le métadiscours est doublement révélateur du statut ambivalent de l'écriture descriptive, parce qu'il constitue une réaction à ce statut et qu'il se réfère explicitement aux conditions produisant ce statut. Enfin, les remarques métadiscursives dans toute leur variété prennent la relève des arguments et stratégies d'écriture d'ordre rhétorique : les arguments topiques dans ce contexte sont relativement rares (prétérition) ou même inexistants (adynaton). De même, le recours à des genres descriptifs reconnus dans un cadre rhétorique, comme le blason ou l'éloge, sont rares dans les romans étudiés ici, conséquence sans doute du statut moins prestigieux de la rhétorique elle-même[1].

---

[1] Voir, par contraste, la situation au XVIe siècle décrite par Michel Simonin, « Le statut de la description à la fin de la Renaissance », 1981, p. 134-137.

Mais ces premiers éléments de réponse n'expliquent pas pourquoi les remarques métadiscursives prennent, à côté de la motivation narrative, une telle importance dans les romans étudiés ici. Au-delà du statut problématique de l'écriture descriptive qui rend nécessaire une « négociation » sur sa place dans le roman, des raisons plus spécifiques peuvent peut-être l'expliquer, liées à la spécificité et aux formes dominantes du roman au XVIIIe siècle. D'une part, Jean-Paul Sermain a vu dans la « métafictionnalité » le trait distinctif des récits imaginaires du premier XVIIIe siècle, trait qui se prolonge sans doute jusque vers la fin du siècle[1]. D'autre part, les formes narratives dominantes facilitent, concrètement, l'apparition des remarques métadiscursives. Les formes narratives dominantes du roman du XVIIIe siècle sont, on le sait, le roman épistolaire, notamment polyphonique, et le roman-mémoires. Le premier se caractérise par une évidente perspective de l'échange et une forte orientation vers un destinataire ; le second, de même, – qu'il se fasse sous forme d'un récit enchâssé qui place l'acte de narration dans un échange oral fictionnel ou qu'il soit pensé comme une énonciation écrite s'adressant à un destinataire inconnu – est toujours marqué par une forte conscience, de la part de celui qui raconte, de son acte de narration. Par conséquent, la voix narrative ne s'efface jamais devant ce qui est raconté, mais est présente et sensible dans le discours narratif. Le jeu avec les récits-cadres et la fiction d'éditeur a beau feindre de doter l'acte narratif d'une apparence d'authenticité, il n'y a pas d'esthétique de l'effacement de la voix narrative, même dans le roman hétérodiégétique, comme ce sera le cas dans le roman de la seconde moitié du XIXe siècle. De même, si l'énonciation et la situation de communication sont mises en scène au niveau de l'histoire, elles ne doivent pas non plus s'effacer au niveau du discours ; cela facilite évidemment l'apparition du métadiscours qui dans ce cas ne tranche pas avec le reste du récit mais s'y fond de la manière la plus naturelle et anodine.

Il y a cependant, il me semble, un aspect supplémentaire qui joue un rôle, et concerne la situation du « champ littéraire » (Pierre Bourdieu) ou du « système social de la littérature » (Siegfried J. Schmidt) au XVIIIe siècle[2]. En effet, on peut constater qu'un des aspects les plus importants de l'émergence du système social de la littérature en tant que champ autonome au sein du champ social concerne l'augmentation des lecteurs potentiels,

---

1   Sermain, *Métafictions (1670-1730)*, 2002.
2   Bourdieu, *Les règles de l'art*, 1992 et Schmidt, *Die Selbstorganisation des Sozialsystems Literatur im 18. Jahrhundert*, 1989.

l'accroissement, chaque année, des titres publiés et du nombre d'exemplaires imprimés. Tous ces facteurs entraînent une certaine anonymisation du public du roman, puisqu'il y a de moins en moins de communication directe concernant la production romanesque contemporaine ; certes, les salons littéraires la permettent encore mais par rapport à l'ensemble des lecteurs de romans de plus en plus nombreux, les salons perdent naturellement leur importance[1]. En même temps, la critique littéraire n'a pas encore connu un essor comparable à celui qu'elle prendra au XIXe siècle. D'après l'étude de Claude Labrosse et de Pierre Rétat, les comptes rendus de romans dans les périodiques du XVIIIe siècle servent avant tout à orienter le lecteur, à guider son choix dans la production romanesque grandissante, ainsi qu'à normaliser la lecture de romans elle-même[2]. Les comptes rendus de romans donnent en général un résumé développé de l'intrigue, fournissent des citations de portraits ou de scènes-clés et proposent un jugement de valeur sur l'ouvrage qui n'est le plus souvent que brièvement justifié. Quoique les comptes rendus défendent aussi, implicitement, une poétique du roman, lorsqu'ils condamnent par exemple des longueurs, il s'y trouve rarement une réflexion explicite à propos du genre romanesque. Ce sont plutôt les préfaces et les traités qui donnent une certaine place à ce genre de réflexions sur la poétique du roman. Même parmi ceux-ci, les textes abordant directement la place et le rôle de la description dans le roman sont, comme on a pu le voir, relativement rares au XVIIIe siècle. Ce n'est qu'à partir du XIXe siècle que la description devient un sujet d'articles théoriques de la part des romanciers[3]. Les réflexions qui existent au XVIIIe siècle, souvent assez ponctuelles ou argumentant avant tout dans une perspective historique, n'empêchent pas que le roman, on le sait, reste encore dans une situation où il n'est soumis qu'à très peu de règles strictes et explicites ; il est à peine en train de s'émanciper d'autres genres auxquels il a emprunté des principes pour se légitimer en tant que genre et il doit encore se doter de conventions propres.

Dans l'ensemble, on peut donc constater qu'une communication déficitaire entre auteurs et lecteurs coexiste avec une concertation limitée au sujet des

---

1   Voir Wittmann, *Buchmarkt und Lektüre im 18. und 19. Jahrhundert*, 1982.

2   Voir Labrosse & Rétat, *L'instrument périodique*, 1985.

3   On peut penser, pour le XIXe siècle, à l'article de Senancour (« Du style dans les descriptions », 1811/1984) ou aux réflexions programmatiques de Zola (« De la description », 1880/1971) et, pour le XXe siècle, aux prises de positions non moins programmatiques des nouveaux romanciers, comme celle de Robbe-Grillet (« Temps et description dans le récit d'aujourd'hui », 1963) ou de Claude Simon (*Discours de Stockholm*, 1986), qui accordent une attention particulière à la question de la description.

normes et conventions du genre romanesque, et tout particulièrement à propos de l'écriture descriptive, dont le statut est pourtant problématique. Par conséquent, cette communication entre auteurs et lecteurs est inscrite dans le roman même, et le rapport problématique entre narration et description est discuté entre narrateurs et destinataires en lieu et place des auteurs et lecteurs. Dans cette perspective, les remarques métadiscursives inscrivent les conditions de production et de réception du récit dans le récit même et remplissent une fonction compensatrice dans le système social de la littérature. Il me semble que ce n'est pas un hasard si, à la même époque, des *topoi* romanesques comme la visite de la bibliothèque, la scène de lecture, la discussion sur les lectures de romans, acquièrent une telle importance dans le roman, ainsi que l'a si admirablement montré Nathalie Ferrand et comme on le voit également dans plusieurs des romans étudiés ici[1].

Dans le roman du XIXe siècle, toutes ces conditions changent, et les remarques métadiscursives concernant la description n'auront plus lieu d'être aussi importants, aussi omniprésents, aussi protéiformes qu'au XVIIIe siècle. Dans le contexte du romantisme, avec l'importance que celui-ci accorde à la relation entre l'homme et la nature, et plus encore avec le réalisme-naturalisme, où la détermination de l'homme par son environnement est centrale, l'écriture descriptive n'a plus un statut problématique mais est au centre du roman. Les formes narratives dominantes et la situation d'énonciation du roman changent également : le roman à narrateur hétérodiégétique devient prépondérant et la situation d'énonciation s'efface de plus en plus. La critique littéraire se professionnalise, les périodiques littéraires se multiplient, le principe des lettres à l'éditeur se met en place. Le genre romanesque, tout en restant exempt de règles, parce que l'époque des poétiques normatives est révolue, devient cependant le genre littéraire dominant qui n'a plus à se justifier de son existence. Dans cette situation, les remarques métadiscursives ne sont ni de mise, ni nécessaires, d'autant plus que la motivation narrative, la seconde stratégie de légitimation et d'intégration des passages descriptifs dans le tissu narratif, reste présente tout en changeant légèrement de fonction, puisqu'au lieu de fondre ensemble narration et description, elle les démarque, et, selon l'hypothèse de Philipe Hamon, elle signale au lecteur qu'il doit mettre en œuvre une compétence

---

1   Ferrand, *Livre et lecture dans les romans français du XVIIIe siècle*, 2002. – Pour n'indiquer que quelques exemples peut-être moins connus, Imirce et Émilor visitent la bibliothèque de leur maître (*Imirce* 113-117) et les protagonistes du *Compère Mathieu* visitent un bibliophile (*Mathieu* 1.294-295) ; Faldoni trouve dans la chambre de Thérèse « Clarisse, Grandisson, Racine, Deshoulieres, et le Spectateur Anglais » (*Amants* 82 XXVII) et dans *La Nouvelle Clarice*, on trouve une discussion sur *Clarissa Harlowe* de Richardson (*Clarice* 1.128-129).

de lecture spécifique. En effet, dans le roman du XIXe siècle, les remarques métadiscursives se font plus rares, notamment celles qui concernent la description : s'il est bien une marque du discours romanesque balzacien que le narrateur prend fréquemment et ouvertement la parole pour émettre des commentaires sur les personnages, les lieux de l'histoire, et son propre discours de narrateur, ces commentaires touchent plus rarement sa propre activité descriptive ; puis le la présence du métadiscours s'efface progressivement chez Hugo, Flaubert ou Maupassant[1].

L'INTÉGRATION PAR LA MOTIVATION NARRATIVE

Par opposition aux remarques métadiscursives, façon explicite de gérer ou de « négocier » la place de la description dans le roman, la motivation narrative le fait de manière implicite mais tout aussi efficace. Sa fonction est analogue, mais son fonctionnement est très différent : la motivation narrative rend légitimes les passages descriptifs présents dans le roman, mais elle le fait surtout en les intégrant dans le tissu narratif, en ménageant dans l'histoire du roman des occasions prétendues « naturelles » pour leur apparition. Autrement dit, la motivation narrative concerne la mise en place, au niveau de l'histoire, d'événements, de situations ou d'actions qui donnent lieu à des passages descriptifs. Plus précisément, un événement dans l'histoire, l'action d'un personnage ou certaines circonstances de l'histoire déclenchent (le plus souvent), prolongent et conditionnent (parfois) et terminent (plus rarement) le passage descriptif. La fonction principale de la motivation narrative est de fondre le passage descriptif dans la narration de manière à ce que le lecteur ne s'y heurte pas, mais l'accepte comme une suite logique ou un prolongement naturel de la narration.

Dans la mesure où la motivation narrative concerne de manière centrale, quoique ni nécessairement, ni uniquement, la mise en place d'un regard, elle participe d'une « promotion de la "vue" » que l'on peut observer dans la culture occidentale depuis au moins le XVIe siècle. Cependant, il semble que par rapport à la peinture, la littérature n'y vienne qu'avec un certain retard. Comme le remarque Philippe Hamon :

---

[1] Sur le métadiscours chez Balzac, voir le volume d'articles de Françoise van Rossum-Guyon (*Balzac : la littérature réfléchie*, 2002) et l'étude extrêmement fouillée d'Éric Bordas (*Balzac. discours et détours*, 2003).

Quant à la promotion de la « vue », dans ses fonctions de vraisemblabilisation et d'homogénéisation du texte, si elle est effective dès la Renaissance au sein d'une culture picturale où l'œuvre d'art devient scénographie, mise en scène illusionniste, perspective, effet de réel, il semble que ce sens particulier n'ait encore pas eu, en texte, en littérature, mais aussi dans le discours normatif sur la littérature, à cette époque, le rôle d'indicateur et de « naturalisateur » des descriptions qu'on lui connaîtra au XIXe siècle[1].

Il est vrai que la motivation narrative comme pratique romanesque systématique ne sera pleinement déployée qu'au XIXe siècle et qu'il n'y a pas de véritable théorisation du phénomène, au XVIIIe siècle. Cependant, la motivation narrative en tant que pratique est bel et bien présente dans le roman, dès le XVIIIe siècle, quoique avec un degré de systématisation plus ou moins grand en fonction, en particulier, des formes narratives.

Sur la base d'un modèle de la motivation narrative, inspiré de celui proposé par Philippe Hamon mais adapté aux romans du XVIIIe siècle, il devient possible de décrire avec quelque précision le fonctionnement de la motivation narrative, en particulier les éléments qui y jouent un rôle et quelques configurations récurrentes que l'on peut y observer. La recherche du « naturel » sur laquelle le procédé repose soulève la question de savoir si ce procédé répond à une véritable poétique, avec ses conventions propres, ou s'il n'est pas en partie le simple reflet d'un respect de la vraisemblance et de la logique narrative. En outre, les enjeux de la motivation narrative pour la poétique du roman deviennent apparents quand on analyse sa place dans un roman donné, ce que je souhaiterais montrer à propos de *La Découverte australe* de Rétif de la Bretonne.

LA THÉORISATION DE LA MOTIVATION NARRATIVE

Avant l'ouvrage fondamental de Philipe Hamon sur le *Descriptif*, dans lequel il décrit le « système configuratif de la description » dans le roman du XIXe siècle, le problème de l'intégration formelle des passages descriptifs dans le tissu narratif n'est pas vraiment théorisé. Au XVIIIe siècle, c'est une pratique qui répond à des conventions presque entièrement implicites. Une des rares remarques concernant la motivation narrative apparaît sous la plume de Balthazar Gibert qui, dans son traité sur *La Rhétorique, ou les règles de l'éloquence* écrit :

On peut remarquer ici pour les jeunes gens, que les descriptions ont lieu surtout dans les poèmes lorsqu'il est question d'aller, ou d'arriver en quelque

---

1   Hamon, *Du descriptif*, 1981/1993, p. 13.

endroit comme dans un port, dans une ville, dans un palais, dans un temple. Ainsi Virgile fait la description : 1° du port où Énée arrive, 2° de Carthage lorsque ce Prince y vient, 3° de l'Éolie où sont les vents et les tempêtes[1].

Invoquant des exemples virgiliens qui font autorité, même si la pertinence du troisième exemple paraît contestable, Gibert recommande donc un principe de solidarité entre l'arrivée d'un personnage dans un lieu et la description de ce lieu, ce qui est effectivement une des formes les plus répandues, mais aussi l'une des formes les plus simples et les plus réduites, que prend la motivation narrative. De manière indirecte, les remarques sur le « point de vue » que Marmontel inclut dans l'article « Description » de ses *Éléments de littérature* renvoient également à des questions de l'ordre de la motivation narrative : d'une part, Marmontel évoque la possibilité pour l'auteur de donner des spectateurs diégétiques à l'objet de ses descriptions et souligne les avantages de cette stratégie, dans la perspective d'une esthétique de l'effet émotionnel de l'art :

> Tous les grands poètes ont senti l'avantage de donner à leurs *descriptions* des témoins qu'elles intéressent, bien sûrs que l'émotion qui règne sur la scène se répand dans l'amphithéâtre, et que mille âmes n'en font qu'une quand l'intérêt les réunit[2].

D'autre part, écrit Marmontel, il convient d'adapter la manière de décrire un objet afin qu'elle corresponde à celle du personnage censé le voir : prenant *Andromaque* de Racine pour exemple, Marmontel affirme que lorsque Hermione voit en Pyrrhus « un héros intrépide, un vainqueur plein de charmes », le portrait de Pyrrhus que fait le poète doit s'en ressentir ; tandis que, lorsqu'Hermione ne voit plus dans Pyrrhus qu'un « meurtrier impitoyable, et même lâche dans sa fureur », la description du même Pyrrhus doit s'adapter à cette nouvelle situation[3]. Dans la mesure où c'est la subjectivité d'un sujet qui doit, selon Marmontel, régir le choix des détails et le « point de vue » moral ou axiologique porté sur l'objet de la description, cette réflexion dépasse le domaine de la motivation narrative tout en s'y fondant. La situation reste par ailleurs similaire au XIXe siècle : les manuels de rhétorique conseillent à leurs lecteurs différentes façons d'animer leurs descriptions, mais ne

---

1 Gibert, *La Rhétorique, ou les règles de l'éloquence*, 1730/2004, p. 472. Balthazar Gibert (1662-1741) était professeur de théologie au collège Mazarin et spécialiste de rhétorique.
2 Marmontel, *Éléments de littérature*, 1787/2005, p. 389.
3 *Ibid.*, p. 390. C'est de Marmontel, non de Racine, que proviennent les caractérisations de Pyrrhus.

formulent aucune théorie cohérente concernant l'intégration formelle de la description dans la narration[1].

Plus que Genette, qui postule une « unité narrativo-descriptive », Philippe Hamon insiste, quant à lui, sur les différences existant entre narration et description, tant au niveau de leur structure interne qu'à celui des compétences qu'elles mettent en jeu[2]. Dès sa première publication sur ce sujet[3], il évoque les modalités de l'intégration de la description dans le roman, modalités qu'il analyse ensuite comme un « système configuratif de la description[4] ». Il décrit avec une grande précision les structures de démarcation et d'intégration des passages descriptifs au sein du roman. Et il formule de manière programmatique :

> Il s'agit bien, dans le texte classique, c'est là son problème spécifique, à la fois de marquer et de conserver les frontières entre éléments textuels diffé- renciés, mais aussi de « naturaliser » ces frontières, de justifier ces frontières, de gommer les points de suture trop évidents entre des modes d'énonciation différentes, en les faisant prendre en charge par l'énoncé[5].

Hamon note tout d'abord la présence d'un certain nombre de « signaux inauguraux ou démarcatifs[6] » qui soit relèvent du métadiscours (intru- sions du narrateur, termes métalinguistiques, prétéritions diverses), soit peuvent être qualifiés comme des signaux typographiques ou morpho- logiques. Leur fonction est de donner un « cadre » à la description, de la démarquer du récit, et de signaler au lecteur qu'il est sur le point d'aborder une séquence textuelle au fonctionnement propre. Hamon souligne que la description nécessite une compétence de lecture spéci- fique, que le roman doit « activer » chez le lecteur en lui signalant les descriptions[7]. Ces signaux démarcatifs correspondent donc en partie à ce que j'ai appelé les remarques métadiscursives et que j'ai choisi de

---

1   Voir sur ce sujet Kullmann, *Description*, 2004.
2   Dans le domaine allemand, deux réflexions récentes sur le sujet peuvent être signalées : Ulrich Mölk (« Gustave Flaubert, *Madame Bovary* : Winterlandschaften », 1993) distingue plusieurs modalités du reste assez différentes sous lesquelles les descriptions de paysages se présentent dans *Madame Bovary* ; Dorothea Kullman (*Description*, 2004) généralise cette théorie et étudie « les techniques de l'intégration » (« Techniken der Eingliederung », p. 481) de la description dans la narration. Les deux concepts ont l'avantage d'être plus larges que celui de la motivation narrative, mais ils sont également quelque peu moins précis.
3   Hamon, « Qu'est-ce qu'une description ? », 1972, p. 468 et 474.
4   Hamon, *Du descriptif*, 1981/1993, p. 165-204.
5   *Ibid.*, p. 171.
6   *Ibid.*, p. 165.
7   Voir *ibid.*, p. 37-51, pour le détail de cette « compétence descriptive ».

traiter séparément[1]. D'autres éléments, relevant de la motivation narrative, remplissent pourtant la même fonction démarcative : ainsi, très souvent, deux « énoncés narratifs en corrélation[2] », comme l'arrivée ou le départ d'un personnage ou l'ouverture puis la fermeture d'une fenêtre, encadrent une description.

Hamon montre également comment, par une sorte d'effet rétroactif de la description sur la narration, la volonté des romanciers réalistes et naturalistes d'inclure des descriptions dans le roman déclenche l'introduction de « syntagmes narratifs stéréotypés » et de personnages-types qui ont pour seule fonction de « naturaliser » ou de motiver ces descriptions. Ces syntagmes narratifs remplissent une double fonction : démarcation et signalement d'un côté, intégration et légitimation de l'autre. Ils forment une « thématique à la fois démarcative et justificatrice[3] » présente de manière systématique dans ce qu'Hamon appelle le « texte classique », à savoir le roman du XVIe au XIXe siècle. Celle-ci se décline en trois versions, chacune correspondant à un personnage-type : le « regard descripteur », le « bavard descripteur » et le « travailleur descripteur ». Chacune de ces variantes se réalise par un syntagme narratif correspondant qui comporte plusieurs éléments concernant une volonté (une motivation psychologique attribuée au personnage), un savoir (une compétence spécifique que possède le personnage) et un pouvoir (une occasion concrète qui se présente au personnage) liés aux activités de voir, de dire ou de faire. Ces actes de regarder un objet, d'en parler ou de le manipuler entraînent à leur tour la description de ce que le personnage voit ou même équivalent à une description de l'objet dont le personnage parle ou qu'il manipule[4]. Par ailleurs, la structure temporelle particulière du passage descriptif (prototypique), pendant lequel le temps de l'histoire n'avance pas, peut être « naturalisée » ou motivée par une attente, un arrêt du personnage qui regarde, ou bien relativisée par son parcours à travers un lieu. Soit, une pause descriptive déclenche une pause narrative, ou inversement, une pause narrative permet et légitime une pause descriptive :

> La pose (posture) de spectateur réclame une pause de l'intrigue, l'oubli de
> l'intrigue un « oubli » du personnage, la « perte de vue » une perte du voyeur,

---

1   Leur grande fréquence et leur fonctionnement spécifique justifient ce choix, les remarques métadiscursives soulignant par principe les frontières entre narration et description, tandis que la motivation narrative peut, selon les cas, les souligner ou les effacer.
2   Hamon, *Du descriptif*, 1981/1993, p. 167.
3   *Ibid.*, p. 172.
4   Voir *ibid.*, p. 172-198, pour le détail des trois cas de figure.

l'abandon du mouvement narratif un abandon du personnage qui « s'absorbe » dans le spectacle[1].

Soit, le temps narratif ne cesse pas de progresser, ce qui est rendu possible par une narrativisation de la description passant à travers le parcours du regard ou un parcours effectif, la parole du « bavard » ou la manipulation de l'objet par le « travailleur ».

Le modèle de Philippe Hamon ainsi esquissé très rapidement est fondé sur une analyse vaste et approfondie du fonctionnement de l'écriture descriptive dans le roman du XIXᵉ siècle. Cependant, il convient d'éviter une assimilation du roman réaliste-naturaliste au roman de la seconde moitié du XVIIIᵉ siècle. En effet, à regarder de près la pratique descriptive dans les romans étudiés ici, on se heurte à des divergences et à une certaine incompatibilité par rapport au modèle proposé par Hamon. Certes, la mention des occasions et des circonstances concrètes du regard sont fondamentales et omniprésentes dans la motivation narrative telle que l'on peut la rencontrer dans le roman de la seconde moitié du XVIIIᵉ siècle. Toutefois, la catégorie de la volonté, quoique présente à travers des « syntagmes stéréotypés », implique un degré relativement considérable de cohérence psychologique de l'intrigue et des personnages romanesques, et il paraît difficile de le supposer dans les romans du XVIIIᵉ siècle. Dans l'analyse de la motivation narrative, il faut donc porter une attention particulière à la complexité et la profondeur des notations d'une volonté de voir liée à la description. De même, il conviendrait d'étudier précisément dans quelle mesure le roman du XVIIIᵉ siècle opère la mise en scène d'un savoir ou d'une compétence tels que le modèle de Hamon les implique : d'après ce dernier, les personnages sont souvent, en fonction de l'objet de la description, des habitués, voire des connaisseurs ou des spécialistes du champ du savoir en question. C'est un effet rétroactif qui permet que ces personnages soient en position de porter légitimement, avec la précision supposée nécessaire par le romancier, leur regard sur un objet spécifique et d'en justifier ainsi la description adéquate. Liée à cette question est celle de la compétence spécifique du lecteur : le savoir que contient la majorité des descriptions romanesques du XVIIIᵉ siècle est plus éloigné d'un savoir encyclopédique spécialisé que ce n'est souvent le cas au XIXᵉ siècle. De plus, cela suppose que la démarcation de la description ne saurait jouer le même rôle dans le roman du XVIIIᵉ siècle que dans celui du XIXᵉ,

---

1   *Ibid.*, p. 176-177.

puisqu'il n'est pas nécessaire de signaler au lecteur qu'il doit activer sa compétence descriptive. Enfin, il semble que le modèle des « énoncés narratifs en corrélation » soit trop rigide pour s'appliquer avec profit au roman du XVIIIᵉ siècle. En effet, la motivation narrative apparaît souvent comme incomplète, partielle, asymétrique voire incohérente dans le roman du XVIIIᵉ siècle, lorsqu'on la juge par rapport à ce modèle. Il paraît préférable de dissocier dans un premier temps les différents éléments de la motivation narrative pour étudier, ensuite, comment ils se réunissent pour former des configurations récurrentes.

LES ÉLÉMENTS DE LA MOTIVATION NARRATIVE

La structure prototypique de la motivation narrative, telle qu'elle se dégage de l'analyse de l'ensemble des très nombreux passages descriptifs relevés dans le corpus romanesque, consiste à motiver, par différents événements ou circonstances au niveau de l'histoire, le début, le corps et la fin d'un passage descriptif : il faut déclencher la description, la faire durer, et la faire cesser. À chacune de ces étapes, la motivation narrative peut comporter trois éléments : la *coprésence*, c'est-à-dire le récit de certaines actions ou événements qui concernent la présence du personnage et de l'objet décrit, l'*attention*, c'est-à-dire la mention de facteurs concourant à l'attention ou à l'intérêt que le personnage porte à l'objet décrit, et la *visibilité*, c'est-à-dire l'évocation de certaines circonstances qui facilitent la perception de l'objet décrit.

Ces éléments peuvent être positifs ou négatifs ; ils sont positifs, lorsqu'ils établissent ou maintiennent la possibilité du regard sur un objet, un personnage ou une scène, ce qui est le plus souvent le cas au début ou au milieu d'une description, et ils sont négatifs, lorsqu'ils contribuent à faire cesser la possibilité du regard, ce qui est le plus souvent le cas à la fin d'une description. Chacune des étapes, et à l'intérieur de chacune d'elles, chaque élément, sont facultatifs, et peuvent apparaître dans des configurations diverses. La motivation narrative peut non seulement être réalisée de manière plus ou moins complète, mais également être plus ou moins fortement marquée : elle peut rester presque implicite ou au contraire être très fortement mise en évidence. Enfin, même si l'on ne trouve vraisemblablement aucun exemple qui réalise tous les éléments de la motivation narrative, il y a clairement une « grammaire » ou une structure prototypique de la motivation narrative, apparente dans l'ordre fixe des étapes, dans la récurrence des éléments, dans les configurations jamais identiques mais toujours similaires de ceux-ci.

La motivation narrative participe de la légitimation des passages descriptifs parce qu'elle les intègre dans la narration : sur le plan de l'histoire, un personnage voit ce qui est décrit, et sur le plan du discours narratif, la motivation narrative assure le passage de la narration à la description et a donc une fonction d'articulation entre le contexte narratif et le passage descriptif. Lorsqu'une motivation narrative est particulièrement marquée et symétrique, elle contribue en même temps à donner un cadre à un passage descriptif lequel se constitue par là en « morceau » ; lorsqu'une motivation narrative est moins marquée ou moins symétrique, elle ménage davantage la continuité entre le contexte narratif et le passage descriptif.

L'élément le plus fondamental de la motivation narrative est la mise en place, au niveau de l'histoire, de la « coprésence » de l'objet de la description et du personnage qui organise la perspective narrative. C'est un procédé fréquent et le plus souvent peu marqué. Il correspond *a priori* à une nécessité de l'ordre de la vraisemblance et de la logique narrative : il est naturel de faire le portrait d'un personnage au moment où il apparaît pour la première fois, comme il est logique de faire la description d'un lieu lorsque le protagoniste s'y rend la première fois[1]. La mise en place initiale de la coprésence se fait le plus couramment, pour les descriptions de personnages ou de lieux, par l'arrivée du personnage porteur de la perspective dans un lieu, ou inversement par l'apparition du personnage qui va être décrit devant le personnage porteur de la perspective et qui se trouve dans un lieu donné. Ainsi, lorsque Don Diège dans *Le Compère Mathieu* visite l'enfer, il fait également la rencontre de Lucifer : « Lorsque je fus dans ce Palais un Huissier de la Chambre me fit entrer chez *Lucifer* », notation suivie immédiatement d'une longue description assez satirique de « ce monarque » et de son trône (*Mathieu* 1.359-362). Au début de *Paul et Virginie*, le narrateur fait la connaissance du vieillard qui lui racontera l'histoire des deux jeunes gens : « Un jour que j'étais assis au pied de ces cabanes, et que j'en considérais les ruines, un homme déjà sur l'âge vint à passer aux environs », apparition directement suivie d'un bref portrait du personnage (*Paul* 1230). L'arrivée dans un lieu ou l'apparition d'un personnage peut se doubler d'un regard : c'est le cas de l'exemple suivant, relevé dans *Les Amours de Mirtil*, dans lequel le retour du Dieu Amour dans une vallée aux airs pastoraux amène la description du couple que forment le jeune Mirtil et une jolie Bergère :

---

1   C'est une convention très fortement établie, au point où un chapitre de *Félicia ou mes fredaines* peut s'intituler « Où, et chez quelles gens nous arrivons. Portraits » (*Félicia* 661).

> Aussitôt ce Dieu quitte le Temple de sa Mère ; ses aîles rapides le portent dans les lieux où nos amans goûtent encore ses plus douces faveurs ; il les voit, ils sont couchés sur l'herbe naissante ; leurs regards, fixés amoureusement sur eux-mêmes, expriment les désirs qui s'élèvent dans leurs ames ; (*Mirtil* 42)

La motivation narrative initiale est ici doublement réalisée, par l'arrivée d'Amour et par la notation de son regard.

Pour faire durer la coprésence, les deux événements les plus courants sont d'une part l'arrêt ou l'attente du personnage dans un lieu ou devant le personnage décrit, d'autre part le parcours d'un lieu. Ces deux événements sont tous deux solidaires, souvent, d'un regard porté sur l'entourage ou sur un objet ou personnage spécifique. Un bel exemple l'illustre dans les *Lettres de deux amants* ; Faldoni et le curé se promènent ensemble, montent sur une colline et de là contemplent le paysage ; au début de la description, le curé note que « la beauté du lieu nous y fixa » ; après quelques éléments de description, il ajoute : « M. Faldoni restait immobile, et les yeux fixés dans l'éloignement sur le côté de la ville qu'il appercevait », phrase suivie encore de quelques indications descriptives supplémentaires (*Amants* 68-69 XXIII).

Pour ce qui est de la cession de la coprésence, les événements correspondant à l'arrivée ou à l'apparition sont évidemment le départ du personnage porteur de la perspective ou la disparition de l'objet décrit s'il s'agit d'un personnage. Dans *Le Paysan perverti*, le jeune Edmond est placé dans une toute petite pièce, ce qui lui permet d'observer à la dérobée la marquise au bain, et d'en dessiner un tableau ; il décrit ce qu'il voit et peint à la fois, et ajoute : « dès que j'ai eu donné le dernier coup de crayon, on est sortie » (*Paysan* 1.460-461 CXVIII). L'exemple montre bien à quel point le départ de la marquise n'est qu'une occasion pour terminer la scène, puisque le hasard romanesque a voulu que la marquise parte justement au moment où Edmond vient de finir son esquisse.

Comme les autres éléments de la motivation narrative, les éléments concernant la « visibilité » peuvent prendre différentes formes, intervenir au début, au milieu ou à la fin d'une description, et être positifs et négatifs. On peut constater que les occurrences de facteurs de visibilité dans la motivation narrative augmentent sensiblement, entre les années 1760 et 1770 d'une part et les années 1780 et 1790 d'autre part. Les deux éléments de visibilité les plus importants sont celui relatif à l'ouverture ou la clôture d'un passage laissé au regard, et celui concernant la présence ou l'absence d'une source de lumière qui permet de voir. Deux autres types, celui de la notation d'une élévation et celui de la mention de la proximité ou distance, restent nettement moins fréquents tout au long de l'époque étudiée. Les moyens proprement techniques facilitant la vision, comme les lunettes de vue, n'apparaissent que rarement. Quelques exceptions confirment la règle plutôt qu'elles ne l'infirment : on peut le voir dans le rôle qu'un miroir (*Giphantie* 1035-37 et *L'Émigré* 126 XXVIII), des lunettes d'approche ou des lunettes de nuit (*Découverte* 1210 et 1218-19) peuvent jouer dans la motivation narrative.

Par contraste, la mention d'une source de lumière, qu'elle soit naturelle ou artificielle, est relativement fréquente : Faublas note, pendant une de ses aventures, qu'« un clair de lune favorable me permit de voir, dans tous ses détails, la situation où j'étais », notation immédiatement suivie d'une description assez détaillée de l'intérieur de la berline où il se trouve (*Fin* 774-775). Très fréquente et d'une très grande variété dans ses formes de réalisation est la mention d'une ouverture permettant le passage du regard ; il peut s'agir d'une fenêtre par laquelle on regarde, d'un rideau que l'on tire, d'une porte entrouverte, d'un trou pratiqué dans un mur, du trou de serrure d'une porte ou même de cachettes disposées expressément pour permettre de « voir sans être vu ». Dans *Les Malheurs de l'inconstance*, le comte de Mirbelle s'est introduit dans le jardin de Mme de Syrcé et c'est « à travers une charmille » qu'il la découvre lisant une lettre (*Malheurs* 504 I.XLIII) ; dans *Le Paysan perverti*, Edmond s'approche d'une « cloison assez mal jointe » pour découvrir une jeune « malheureuse » assouvissant les désirs d'un « gros homme en noir » (*Paysan* 2.67 CLVII) ; on se souvient que dans les *Liaisons dangereuses*, Valmont regarde « à travers la serrure » de la porte de Mme de Tourvel et la découvre priant (*Liaisons* 52 XXIII) ; enfin, c'est après s'être « accoudée sur [sa] fenêtre » qu'Émilie, fuyant son frère, aperçoit « un jeune homme arrêté dans la rue » qu'elle décrit avec précision, quoiqu'elle se trompe sur son identité (*Émilie* 30).

Quelque peu plus rare est la mention d'une élévation sur laquelle se trouve le personnage et qui lui permet de bien voir. Dans *Le Compère Mathieu*, par exemple, Don Diège mentionne, dans son récit de sa descente en enfer : « Étant monté sur cette Tour [d'une hauteur prodigieuse] je découvris à l'entour de moi un Port de Mer admirable, un Pays immense [...] » (*Mathieu* 1.367-368) ; de même, Ambroise Gwinnet s'assoit « sur la cime d'un rocher » pour contempler la mer et de « vastes plaines incultes » (*Mendiant* 2.65). Nettement plus rare également est la mention d'une proximité du personnage par rapport à l'objet regardé et décrit : Ambroise Gwinnet, échoué en Afrique, se cache dans un buisson et voit deux hommes s'approcher qui semblent le chercher ; avant de les décrire avec un peu plus de précision, il note : « Ils étoient si près de moi, & ils cherchèrent si long-tems, que j'eus tout le loisir de les examiner » (*Mendiant* 2.16) ; lorsqu'Edmond rencontre pour la première fois Edmée, il dit avant de faire son portrait élogieux : « Elle m'a intéressé ; je me suis approché pour la voir de plus près » (*Paysan* 1.52 XII). Chez Laclos, enfin, Valmont se fait un malin plaisir de surprendre Madame de Tourvel, par son apparition inopinée au château de sa tante, avant d'observer sa réaction : « Je m'étais alors assez avancé pour voir sa figure », dit-il : « le tumulte de son âme, le combat de ses idées et de ses sentiments, s'y peignirent de vingt façons différentes » (*Liaisons* 152 LXXVI).

Comme les exemples cités jusqu'ici le montrent, la mise en scène de la visibilité intervient le plus souvent au début d'une description, souvent d'une manière très marquée et contribuant à déclencher ou à rendre le regard possible. Plus rarement, on trouve deux notations en corrélation, la première positive et la seconde négative, et concernant le même objet responsable de la visibilité. À la fin de *Giphantie*, le narrateur-voyageur quitte le pays des esprits par un long fleuve souterrain ; pendant son trajet, il remarque par exemple : « Tant qu'un faible jour m'éclaira, je contemplai l'organisation interne de la terre et les travaux bruyants qui s'y exécutent » ; cette notation est suivie d'une description relativement longue des « fondements de la terre » ; une fois cette description terminée, le narrateur ajoute ce commentaire : « Quand la faible lumière dont j'avais joui quelque temps vint à manquer, je me trouvai enseveli dans une nuit profonde [...] » (*Giphantie* 1084). Une notation positive rend possible le regard au début de la description, et une notation négative correspondante met fin au regard à sa fin, donnant ainsi un cadre à la description. Le plus souvent cependant, les éléments de la visibilité n'interviennent que dans une des deux instances de motivation narrative en corrélation ; dans ce cas, un élément lié à la présence de l'objet regardé fournit le second élément.

L'aspect de la visibilité ne participe pas seulement, de manière générale, à la motivation narrative et donc à l'intégration des descriptions dans le tissu narratif. De manière plus spécifique, il est associé à des thèmes importants du roman de la seconde moitié du XVIIIe siècle : il joue un rôle capital dans les scènes de voyeurisme du roman libertin et érotique, où il participe à la mise en place du *topos* narratif « voir sans être vu » décrit par Henri Lafon[1] ; cela est particulièrement sensible dans *Félicia ou mes fredaines*, *Le Paysan parvenu*, *Ma Conversion* et *Justine*. En

---

1   Lafon, « "Voir sans être vu" : un cliché, un phantasme », 1977.

même temps, cet aspect de la visibilité remplit une fonction particulière lors de la mise en scène de l'émerveillement face au « spectacle de la nature », dans des romans divers qui s'attachent à mettre en valeur celle-ci, le plus souvent de manière ponctuelle ; on peut l'observer notamment dans *Imirce ou la fille de la nature*, dans les *Lettres de deux amants* ou dans *La Découverte australe*.

Le troisième élément de la motivation est la notation d'une attention que le personnage porteur de la perspective accorde à l'objet décrit, et qui résulte d'une motivation psychologique attribuée au personnage. L'éventail des motivations psychologiques est relativement restreint : de manière explicite, les notations mentionnent le plus fréquemment la curiosité et le désir de savoir ou l'intérêt ; en revanche, le plaisir de voir un objet ou la simple notation d'une attention portée à celui-ci interviennent plus rarement.

Lorsque la curiosité pousse les personnages à s'intéresser à quelque chose et à l'examiner, cette curiosité peut soit être attribuée au personnage bien à propos, soit être suscitée par l'objet en question. La première modalité est la plus courante : le jeune Faublas, par exemple, à peine introduit dans le « monde » de la capitale et arrivé à son premier bal, est naturellement « curieux d'examiner la scène en détail », notation qui précède directement la description des personnages qu'il y voit (*Année* 91) ; de même, Léonore insiste sur ce qu'elle était « curieuse de voir [sa] nouvelle habitation » avant de la décrire rapidement (*Aline* 936 XXXVIII). À la seconde modalité correspond, par exemple, le monument « en marbre » qui « aiguisait [la] curiosité » du narrateur de Mercier (*L'An Deux Mille* 201) et la « chaise très-ornée » qui attire l'attention du jeune Baron d'Astie chez Madame Leprince de Beaumont (*Clarice* 2.278). Un second groupe de dispositions psychologiques est celui d'un désir ou d'une volonté de voir et de savoir, motivant le regard et la description de ce qui est vu : ainsi, la mère de Clarice dit en parlant du jeune homme que Clarice doit épouser, qu'elle « examin[a] cet homme avec les yeux d'une mere qui craint pour tout ce qu'elle aime », motivant ainsi une description détaillée contenant quelques indices qui pourraient faire douter de la situation régulière du jeune Montalve et annoncent la suite funeste des événements (*Clarice* 1.336). Le plaisir de voir est souvent prétexte au regard et concourt également à amener de manière naturelle une description de ce qu'il y a à voir. Faublas, par exemple, pris en otage par des religieuses, note qu'il « prenai[t] plaisir à les regarder » avant de les décrire (*Semaines* 493) ; le narrateur de Sade déclare que « c'est

un amusement assez naturel que de regarder une descente de coche »,
déclaration suivie d'abord par d'autres éléments de motivation narrative,
puis par une description très détaillée de Justine sortant du coche pour
entrer dans l'auberge où Mme de Lorsange et quelques autres personnages l'attendent (*Justine* 140-141).

Comme les exemples qui viennent d'être cités le montrent, la notation
d'une motivation psychologique intervient le plus souvent en position
initiale. Quasiment absente au cours d'une description, elle intervient
rarement en position finale, sinon généralement dans sa variante négative : la description prend fin lorsque la curiosité est satisfaite ou que
l'intérêt s'affaiblit ; Faublas mentionne ainsi son « attention bientôt lassée »
pour un bal masqué (*Année* 91). Dans une variante encore relativement
fréquente, l'attention du personnage se porte ailleurs parce qu'il est
interrompu par quelque autre événement : ainsi, Faublas interrompt la
description de deux chambres à l'arrivée de « M. de Florville » (*Fin* 947) ;
Don Diège qui, dans *Le Compère Mathieu* visite « l'Arsenal du Paradis »,
se lance dans une interminable énumération des objets qu'il contient et
ne s'interrompt qu'au moment où il entend sonner la cloche qui annonce
le souper (*Mathieu* 1.388-392).

La curiosité et le désir de savoir correspondent assez souvent, dans le
roman du XVIIIe siècle, à des dispositions psychologiques temporaires,
déterminées par l'occasion ; elles sont mentionnées au moment précis où
elles peuvent remplir une fonction dans le cadre de la motivation narrative et ne peuvent cacher que fort imparfaitement leur appartenance aux
conventions narratives. Certes, la curiosité peut devenir dans les romans
libertins comme dans les romans utopiques un trait de caractère des
protagonistes qui est constitutif du roman et représente un « moteur » du
récit. Certains personnages montrent, dans ces romans, un comportement
indiquant qu'une forte curiosité, un désir de savoir ou un esprit entre-
prenant font partie de leur caractère. Il en est ainsi, par exemple, pour
le protagoniste de *L'An deux mille*, l'héroïne de *Félicia* ou encore pour
Victorin, ses fils et petit-fils dans *La Découverte australe*. Or, c'est un trait
de caractère qui reste implicite, marginal, occasionnel. Le narrateur de
L'An deux mille, par exemple, ne mentionne son « insatiable curiosité »
que vers la fin du roman, au moment précis où cette remarque lui sert
à motiver le fait qu'il quitte un endroit pour en regarder un autre (*L'An
deux mille* 324). Félicia ne mentionne pas la curiosité lorsqu'elle fait son
autoportrait, au début du roman, ce qui ne l'empêche pas d'introduire
une scène de voyeurisme par la notation suivante : « Curieuse un jour

de savoir à quoi pouvaient s'occuper, avec tant de mystère, ma tante et le modeste Béatin... » (*Félicia* 604); et cela fonctionne de manière parfaitement analogue dans *La Découverte australe*. La seule exception est le protagoniste de *Giphantie*, qui émet une déclaration de principe sur lui-même dans laquelle il indique une disposition permanente à la curiosité : il dit à son guide qu'il est « comme un voyageur qui passe et regarde curieusement les objets » et exprime son désir « d'observer tout et de ne [s]'occuper de rien » (*Giphantie* 1068 et 1069).

Par rapport à la mise en scène de la coprésence et des éléments de visibilité, les notations de dispositions psychologiques sont moins fréquentes, moins importantes et moins profondément intégrées dans l'intrigue. Le roman de la seconde moitié du XVIIIᵉ siècle, au moins en ce qui concerne cet aspect, ne semble donc pas être un roman fortement psychologique, d'autant que les notations de dispositions psychologiques sont le plus souvent occasionnelles et stéréotypées : c'est toujours fort à propos que les personnages font montre de curiosité ou d'intérêt avant de décrire. Cela implique également que l'effet pour ainsi dire rétroactif que Philippe Hamon a pu démontrer pour le roman du XIXᵉ siècle, où la volonté de décrire se répercute jusque sur les dispositions psychologiques profondes des personnages, sur le choix même de personnages naturellement curieux, ne se trouve pas vraiment dans les romans étudiés ici : les personnages sont bien curieux de voir un certain objet, mais ils n'en deviennent pas pour autant des personnages curieux par nature.

QUELQUES CONFIGURATIONS RÉCURRENTES

Le relevé rapide des principaux éléments dont est composé le système de la motivation narrative soulève la question de l'emploi de ces éléments dans la pratique descriptive. Comment en effet ces éléments sont-ils combinés dans les textes? Comment remplissent-ils leur fonction de « motiver » et de légitimer la description? Comment opèrent-ils leur fonction d'articulation entre la narration et la description? Quels sont les problèmes que leur présence soulève?

On peut tout d'abord constater qu'il existe quelques configurations récurrentes des éléments de la motivation narrative que l'on rencontre fréquemment dans le corpus et qui, chacune de manière un peu différente, remplissent leur fonction de motiver et de légitimer la description. Trois configurations sont particulièrement importantes : premièrement, la motivation narrative uniquement initiale, qui soulève tout particulièrement la question de l'articulation entre la narration et la description ; deuxièmement, la motivation narrative initiale et finale, qui produit un effet d'encadrement de la description ; et troisièmement, la motivation narrative présente en position initiale, médiane et finale qui conduit à une structuration de la description par la motivation narrative. Quoique ces configurations soient récurrentes et fréquentes, ce ne sont pas les seules possibles ; de plus, les modalités de leur réalisation sont évidemment fort variables, dépendant des types d'éléments auxquels les narrateurs recourent.

L'endroit dans le texte qui semble nécessiter le plus fortement une articulation entre narration et description est situé au début de la description. Par conséquent, la motivation narrative uniquement initiale n'est pas seulement la configuration la plus simple, encore est-elle la plus fréquente. Elle est réduite à la première étape, qui consiste à introduire et déclencher le passage descriptif, et elle peut être réalisée de manière plus ou moins complexe : soit elle ne renferme qu'une notation concernant la coprésence, soit elle est plus appuyée, lorsque des notations concernant la visibilité ou l'attention s'y ajoutent. Les cas les plus simples donnent lieu à des séquences quasi stéréotypées, que l'exemple suivant tiré des aventures de Faublas illustre assez bien :

> Nous en étions là quand le marquis arriva. Il me parut jeune encore : il était assez bien fait, mais d'une taille fort petite, et ses manières ressemblaient à sa taille ; sa figure avait de la gaieté, mais de cette gaieté qui fait qu'on rit toujours aux dépens de celui qui l'inspire. (*Année* 70)

Faublas est en train de passer une soirée au bal en compagnie de son ami Rosambert. L'élément narratif qui déclenche la description est l'arrivée du marquis auprès de l'assemblée. Son arrivée est peu marquée, peu soulignée : on doit supposer que le marquis est entré par une porte, que les regards de l'assemblée et de Faublas se sont tournés vers le nouvel arrivant, mais rien de ce genre n'est précisé. Cependant, la simple mention de son arrivée est immédiatement suivie de son portrait fait par Faublas et selon son point de vue (« Il *me parut* jeune... »). On ne passe pas pour autant brusquement de la narration à la description : il y a plutôt un glissement progressif de l'une à l'autre, qui se traduit ici aussi bien par les verbes que par la richesse des qualifications : du syntagme « le marquis arriva » (verbe d'action au passé simple, sans qualification), on passe à « il me parut jeune encore » (verbe d'état au passé simple, qui introduit une qualification), puis à « il était assez bien fait... » (auxiliaire à l'imparfait, avec une qualification elle-même modalisée et qui introduit une suite de propositions descriptives). Bien que la motivation narrative ne soit ici réalisée qu'à un degré minimal, elle suppose donc une articulation entre narration et description. On remarque par ailleurs que ni la durée (ici relativement réduite), ni la fin de la description ne sont motivées ; une fois le bref portrait du marquis achevé, il se noue simplement un dialogue entre lui et Faublas qui relance la narration.

L'exemple suivant, quoiqu'il contienne une motivation narrative de la description nettement plus marquée, répond au même principe. Il ne s'agit pas de la description d'un personnage qui fait son apparition, mais de celle d'un labyrinthe dans un jardin que les personnages découvrent ; puisque cette description se trouve dans *Félicia ou mes fredaines*, elle n'est pas exempte d'un érotisme assez net :

> J'allai m'égarer avec Sydney dans un labyrinthe touffu, au centre duquel était une fontaine rustiquement décorée, et près de laquelle un lit de gazon offrait un théâtre commode aux ébats des amants. En approchant de ce réduit enchanté, on ne pouvait se défendre d'éprouver une vive émotion. Tous les sens à la fois y étaient flattés. Un filet de fil d'archal extrêmement délié, renfermant un espace fort étendu, tenait prisonniers une multitude d'oiseaux de toute espèce, qui donnaient l'exemple et l'envie de faire l'amour. La fleur d'orange, le jasmin, le chèvrefeuille, prodigués avec l'apparence du désordre, répandaient leurs parfums. Une eau limpide tombait à petit bruit dans un bassin, qui servait d'abreuvoir aux musiciens emplumés. On marchait sur la fraise ; d'autres fruits attendaient çà et là, l'honneur d'être cueillis par des mains amoureuses et de rafraîchir des palais desséchés par les feux du plaisir. J'étais émerveillée ; l'incarnat du désir se répandait sur mon visage et n'échappait point au pénétrant Sydney... Notre bonheur n'eut pour témoins que les oiseaux jaloux et les feuilles, qui les dérobaient aux rayons curieux de l'astre du jour. (*Félicia* 765)

La première étape de la motivation narrative est réalisée de manière relativement riche : l'approche du labyrinthe, puis celle du « réduit enchanté » situé en son centre sont mentionnés ; la notation de l'appel aux sens que ce réduit implique amorce la description et en annonce les composantes. La description elle-même n'est pas très fortement motivée, bien qu'elle soit orientée vers les personnages qui perçoivent le lieu. Il va sans dire que le topos du *locus amœnus* (qui implique traditionnellement l'attention aux différents sens) est ici détourné par Nerciat dans la mesure où ce n'est pas seulement un agréable lieu de repos, mais que ce lieu éveille les sens, fait éprouver « une vive émotion » et déclenche le désir érotique. De ce point de vue, il n'est nul besoin d'une motivation narrative qui vienne mettre fin à la description, puisque l'effet du lieu qui vient d'être décrit, après avoir été discrètement évoqué (« l'incarnat du désir… »), amène de manière toute naturelle la suite des événements (« Notre bonheur… »). Histoire et discours se correspondent, puisque si l'espace est bien ici « incitatif », la description relance aussi la narration. Cet exemple montre de manière exemplaire la dépendance étroite dans laquelle se trouvent narration et description dans le roman du XVIIIe siècle.

Le traitement du portrait du marquis, chez Louvet, comme celui du labyrinthe, chez Nerciat, est représentatif, également, de l'omniprésence de motivations narratives asymétriques dans les romans du corpus. La clôture de la description, contrairement à son début, n'est souvent pas motivée : elle n'est la plupart du temps qu'une simple transition vers la suite de la narration. Ainsi dans le cas des descriptions de personnages, la transition s'opère notamment par le début tantôt d'un dialogue avec le personnage décrit, tantôt d'un discours du personnage décrit, qui mène à son tour à la suite de la narration. Dans le cas des descriptions de lieux, la transition se fait par la notation de l'effet de ce qui vient d'être décrit sur ceux qui le regardent, ce qui déclenche alors une action ou réaction et relance donc la narration. Enfin, dans tout type de description, la transition peut s'effectuer par une remarque sur la signification d'ensemble de la description ou sur les conséquences qui en découlent pour les personnages.

Souvent, lorsque la motivation narrative n'est qu'initiale, elle déclenche la description, mais ne participe pas de la structuration de la description elle-même, qui reste formellement détachée de la motivation narrative. Dans ce cas, la motivation narrative met en place le regard d'un observateur ; or, la description qui suit est organisée non pas selon la progression de ce regard, mais selon d'autres principes, par exemple topographiques, hiérarchiques ou conventionnels. C'est le cas, par exemple, dans le second chapitre de *Galligènes*, intitulée « Description de l'isle & de la ville des Galligènes ». Après avoir échoué sur l'île, Duncan s'est reposé plusieurs jours :

> Quand Duncan, dont la tête resta un peu étonnée pendant quelques jours, eut repris toute sa raison, & se fut assurée qu'il ne dormoit pas, il commença à parcourir l'isle où il se trouvoit, & voici la description qu'il en a faite. (*Galligènes* I.7)

À cette mise en place d'un sujet percevant dont le parcours de l'île est annoncé, fait suite une longue description de l'île qui ne prend pas du tout en compte l'idée du parcours ou d'une découverte ; la description correspond plutôt à une vue d'ensemble et est structurée selon des principes abstraits. Ainsi, la description va du général au concret et de la circonférence vers le centre : la taille et l'orientation de l'île sont d'abord décrites, ensuite sa côte, les terres, la ville, quelques bâtiments importants, les ornements allégoriques d'un des bâtiments (*Galligènes* 1.7-13). Tout au long de la description, est souligné par ailleurs le caractère général de la description, qui ne contient pas ce que Duncan a pu en voir et comprendre, mais des renseignements généraux : l'air y est « habituellement plutôt froid que chaud », les nuits y sont « pour l'ordinaire très fraîches » (*Galligènes* 1.8 et 1.9). La motivation narrative intègre peu la description dans le récit et ne détermine guère l'ordre des éléments qu'elle contient : la description reste un corps étranger qui fait bloc parce qu'il suit des principes d'organisation qui lui sont propres. Il n'y a donc ici qu'un rattachement superficiel à la subjectivité de Duncan laquelle ne sert qu'à introduire la description. Ailleurs dans le même roman, la description d'une plante est déclenchée par une motivation narrative initiale et rattachée d'abord à un regard pour s'émanciper ensuite de ce dernier (*Galligènes* 1.73-74).

Une seconde configuration récurrente de la motivation narrative est celle où des éléments interviennent au début et à la fin, mais pas au cours du passage descriptif. Ce cas de figure produit un effet d'encadrement qui peut, éventuellement, davantage renforcer les limites entre narration et description que les effacer. C'est notamment le cas lorsque la motivation narrative est réalisée de manière relativement complète ou marquée, et que la description elle-même n'est pas structurée d'une façon qui soit dérivée de la motivation narrative. Dans *Imirce ou la fille de la nature* de Dulaurens, la motivation narrative est souvent soulignée avec force. Imirce est confrontée progressivement par Ariste à de nouveaux objets, lieux ou phénomènes naturels ; cette situation accentue l'importance non seulement de ce qu'elle voit, mais aussi des circonstances et des dispositions diverses qui règlent la découverte de ce qu'elle voit. C'est le cas dès l'épisode où elle aperçoit pour la première fois Ariste :

> Une symphonie mélodieuse se fit entendre ; ces sons calmèrent un peu ma tristesse. Un instant après, j'entendis du bruit, la nouvelle cave s'ouvrit en deux, je vis paraître Ariste, la tête couverte d'un chapeau orné de grandes plumes rouges ; une jupe comme les Américains lui tombait sur les genoux ; il tenait un pain à la main, je fuis à son aspect, il me fit signe de prendre son pain. Quoique cet homme eut cinquante ans, un air d'embonpoint, beaucoup de fraîcheur le rendaient agréable. Je me hasardai de prendre son pain, et aussitôt je me cachai sous le lit. Ariste se retira [...]. (*Imirce* 75)

Imirce remarque du bruit, ce qui réveille son attention ; puis elle note l'ouverture de la porte et l'apparition d'Ariste ; à la fin de la description, elle se cache sous le lit et Ariste disparaît. Coprésence et visibilité sont donc ici en corrélation ; ils conjuguent l'encadrement de la description avec une intégration de la description dans la trame narrative. En ce qui concerne l'empreinte de la subjectivité d'Imirce dans sa description, on est frappé du mélange peu cohérent entre certaines formulations de la narratrice qui se calquent sur sa naïveté de l'époque (comme lorsqu'elle dit : « la nouvelle cave s'ouvrit en deux » pour signifier que la porte de la pièce s'ouvrit) et d'autres formulations qui supposent clairement un savoir appris ultérieurement (comme le fait qu'elle identifie l'habit d'Ariste comme étant « une jupe comme les Américains »). D'autres exemples d'une telle configuration encadrante de la motivation narrative en varient les formes mais respectent la symétrie des éléments employés. La symétrie produit ou renforce l'effet de cadrage de la motivation narrative parce que l'élément final, analogue à l'élément initial, y renvoie, soulignant les limites entre description et narration. Dans ces cas, on peut parler à juste titre de « syntagmes narratifs en corrélation » comme les décrit Philipe Hamon. Cette symétrie est cependant plutôt inhabituelle dans les romans étudiés ici, et apparaît surtout dans *Imirce ou la fille de la nature*, avec sa motivation narrative hypertrophiée qui prend même le pas, parfois, sur la description elle-même (*Imirce* 76).

Le plus souvent, les cas où l'on trouve une motivation narrative initiale et finale sont asymétriques quant aux types d'éléments employés : un élément concernant la coprésence en position initiale se combine avec un élément concernant la visibilité en position finale, ou un élément concernant la visibilité en position initiale se combine avec un élément concernant l'attention en position finale. Une telle asymétrie se rencontre sous la plume de Louvet. Faublas déguisé en fille vient d'être tiré de la prison Saint-Martin par madame la baronne de Fonrose. Elle l'amène chez elle, lui fait croire qu'elle ne sait pas qui il est, puis le séduit. Lorsque son mari M. de Valbrun arrive, elle exhorte Faublas à se « jeter dans un cabinet voisin » et à se rhabiller. Elle-même et M. de Valbrun restent dans la pièce principale et lui parlent pendant ce temps. Apparemment, le cabinet a une porte avec une vitre à travers laquelle Faublas peut observer le visage de la baronne :

> Tandis qu'elle me parlait, je la regardais à travers une vitre. Son maintien avait tout d'un coup tellement changé, il n'y régnait plus qu'une dignité froide, et le calme parfait de la figure semblait annoncer l'absence de toutes

les passions. Je vis que madame la baronne était excellente comédienne ; mais quelque plaisir que je trouvasse à la considérer dans son nouveau rôle, je ne pus lui donner qu'une courte attention. Tout cet accoutrement féminin, dont il fallait m'affubler encore, ne me causait pas un léger embarras : c'était pour moi l'ouvrage sans fin ; (*Semaines* 555-556)

Le début de la description du visage de la baronne est motivé par le regard de Faublas à travers la vitre du cabinet, donc par la coprésence et la visibilité ; la fin de la description est justifiée par la distraction de Faublas, élément relevant de l'attention psychologique ; en effet, ce personnage doit accorder toute son attention à son « accoutrement féminin » qu'il n'a pas l'habitude de mettre tout seul. De manière analogue, dans *Émilie de Varmont*, l'héroïne accoudée à sa fenêtre voit son attention attirée par le regard intense d'un jeune homme dans la rue ; elle fait la description de ce dernier, puis la termine en notant son départ, à elle, non pas de la fenêtre, mais de la ville où elle séjournait (*Émilie* 30). L'effet d'encadrement est nettement amoindri dans ce type de configuration asymétrique de la motivation narrative, parce que l'élément final ne renvoie pas à l'élément initial.

La troisième configuration récurrente, avec des éléments qui interviennent au début, au milieu et à la fin de la description, représente la réalisation la plus complète des potentialités de la motivation narrative, mais elle est rare[1]. Contrairement aux deux configurations précédentes, où la structuration interne du passage descriptif reste le plus souvent soumise à des principes abstraits, l'omniprésence de la motivation narrative conduit ici à une véritable interpénétration entre narration et description ; dans ces conditions, le passage descriptif lui-même se structure selon un principe de la progression du parcours ou du regard et répond donc à une linéarisation plus temporelle que topographique ou hiérarchique. On assiste à une véritable narrativisation du passage descriptif qui tend à effacer les limites aussi bien que les différences entre description et narration.

Une variante modérée de cette narrativisation de l'écriture descriptive est représentée par la description de l'« Élisée » que Julie et Monsieur Wolmar font découvrir à Saint-Preux, dans *La Nouvelle Héloïse*. Tout au long de sa durée considérable, la description du jardin que Saint-Preux écrit pour Milord Édouard est organisée par des éléments de la motivation narrative, notamment des indications de coprésence. À l'arrivée initiale

---

1   Moins de 5 % de l'ensemble des passages descriptifs relevés comportent une motivation narrative réalisant toutes les trois étapes.

dans ce lieu (« En entrant de ce prétendu verger… ») répond le départ final des personnages (« Comme nous partions pour nous en retourner… »). Toute la description est jalonnée de notations concernant le parcours progressif de Saint-Preux à travers ce lieu et liée à une activité visuelle continuelle. Généralement au début de chaque nouveau paragraphe, parfois ailleurs, Saint-Preux fait une petite remarque qui rappelle son parcours à travers le jardin : « Je me mis à parcourir… », puis « Je rencontrois de tems en tems », et, soulignant la découverte progressive, « Alors seulement je découvris…. », et encore « Plus je parcourois cet agréable asile… » et « Nous descendîmes par mille détours… » (*Julie* 470-478 IV.XI). Le parcours structure ici la description, puisque l'ordre des différents objets que Saint-Preux mentionne est directement dépendant du parcours ; on devrait presque dire que le parcours à travers le jardin est agencé de manière à ce qu'il en permette une description complète et ordonnée. Ce n'est qu'au niveau des phrases descriptives indépendantes que la description suit plusieurs fois le principe d'une simple énumération ; Saint-Preux écrit par exemple : « Dans les lieux plus découverts, je voyois çà et là, sans ordre et sans simétrie des broussailles de roses, de framboisiers, de groseilles, des fourrés de lilac, de noisettier, de sureau, de seringa, de genêt, de trifolium, qui paroient la terre en lui donnant l'air d'être en friche » (*Julie* 473), énumération évoquant la profusion désordonnée de fleurs et de plantes qui frappe Saint-Preux. De plus, la description représente uniquement le point de vue de Saint-Preux ; il ne fait que rapporter quelques remarques de Julie qui tendent toujours à corriger sa vision particulière du lieu, dont il ne saurait avoir de vue d'ensemble, d'autant que l'on ne peut pas voir l'endroit de l'extérieur[1].

Le même principe s'observe encore dans *La Nouvelle Clarice*, à l'occasion de la description de la propriété de Baron (*Clarice* 2.16-17) ou chez Sade, dans *Justine*. Justine, en train de s'enfuir du couvent de Sainte-Marie-des-Bois où elle a été faite prisonnière par quatre moines libertins, se trouve dans une sorte de fossé entourant le bâtiment principal et découvre une des autres victimes dans un souterrain :

> […] je parvins ainsi à la hauteur de la fenêtre de la grande salle souterraine […]. J'y aperçus beaucoup de lumière, je fus assez hardie pour m'en approcher, par ma position je plongeais. Ma malheureuse compagne était étendue

---

1   Dans un article très éclairant, Jean-Louis Haquette (« Le jardin de Julie dans la *Nouvelle Héloïse* », 2001) insiste à juste titre sur l'importance de la perspective narrative : l'apport du jardin à la signification du roman dépend du décalage qu'il y a entre la description de Saint-Preux et les commentaires de Julie.

sur un chevalet, les cheveux épars et destinée sans doute à quelque effrayant supplice où elle allait trouver, pour liberté, l'éternelle fin de ses malheurs... je frémis, mais ce que mes regards achevèrent de surprendre m'étonna bientôt davantage : Omphale, ou n'avait pas tout su, ou n'avait pas tout dit ; j'aperçus quatre filles nues dans ce souterrain, qui me parurent fort belles et fort jeunes, et qui certainement n'étaient pas des nôtres ; il y avait donc dans cet affreux asile d'autres victimes de la lubricité de ces monstres... d'autres malheureuses inconnues de nous... Je me hâtai de fuir [...]. (*Justine* 282)

La motivation narrative initiale est très marquée dans cet exemple, puisqu'on en trouve non seulement beaucoup d'éléments, mais ils appartiennent encore aux trois principaux types : coprésence (arrivée, regard plongeant) ; visibilité (fenêtre, lumière, proximité) ; attention (hardiesse). Dans un premier temps, on passe de manière assez abrupte de la mise en place du regard à la description d'Omphale « étendue sur un chevalet ». Dans la seconde moitié du passage descriptif, des notations soulignant le regard et la perspective de Justine reprennent de manière assez nette le motif du regard : (« mes regards... », « j'aperçus », « qui me parurent »). La fin du passage descriptif n'est marquée que par une rapide notation du départ de Justine. De manière assez typique également, la fin est introduite par une sorte de bilan tiré des renseignements contenus dans la description : (« il y avait donc... »). Un exemple analogue est constitué par une scène de mariage secret surprise par Émilie chez Louvet de Couvray, avec une distribution des éléments de la motivation narrative pratiquement identique, mais avec une insistance plus grande sur l'idée de voyeurisme et un effet de cadrage plus fort qui participe à faire de la description encadrée un véritable tableau littéraire (*Emilie* 115-116). Il apparaît assez clairement que même dans les cas où toutes les trois étapes de la motivation narrative sont réalisées, on ne trouve pas moins une prédominance de la motivation narrative initiale : ici comme très souvent, la première étape est plus accusée, que ce soit au niveau du nombre ou de la variété des éléments réalisés. Tandis que la description du jardin de Julie peut être décrite de manière adéquate comme une description narrativisée, le passage de *Justine* ou celui d'*Émilie de Varmont* présentent une interpénétration de description et narration encore plus grande, et l'on devrait presque parler d'un récit circonstancié.

Ces trois configurations récurrentes de la motivation narrative n'épuisent pas, et de loin, les configurations qui peuvent se rencontrer dans les textes. Elles montrent cependant que la motivation narrative fonctionne comme une articulation entre contexte narratif et passage

descriptif, tantôt marquant leurs limites tout en ménageant le passage
de l'un à l'autre, tantôt tendant à faire disparaître la frontière nette entre
contexte narratif et passage descriptif par la mise en scène du regard et
par une narrativisation de la description.

LA FONCTION LÉGITIMATRICE DE LA MOTIVATION NARRATIVE

La fonction d'articulation que la motivation narrative remplit et
la dialectique entre démarcation et intégration qui la caractérise ne
me semblent pas prêter à controverse. Mais la motivation narrative
ne répond-elle pas simplement à une logique narrative, sans remplir
réellement une fonction légitimatrice surdéterminant cette dernière ?
Quelques-uns des exemples cités jusqu'ici peuvent être expliqués sans le
recours à une quelconque fonction légitimatrice : il est tout simplement
logique, par exemple, que dans un roman on décrive un personnage au
moment précis du récit où il apparaît pour la première fois, et la place
naturelle de la description d'un jardin est le moment dans le récit où
le protagoniste y pénètre pour la première fois. Ce n'est qu'à condition
que le fonctionnement de la motivation narrative ne saurait s'expliquer
uniquement par référence à une telle logique narrative, mais excèderait
cette dernière, que l'on peut dire qu'elle répond à un fonctionnement
propre. Et ce n'est qu'à cette condition que la motivation narrative peut
être considérée, véritablement, comme une stratégie d'écriture avec une
fonction spécifique, en l'occurrence celle de légitimer les descriptions.

Le premier aspect qui joue un rôle, dans ce contexte, est la forme
narrative des romans en question. La logique narrative impose plus ou
moins de contraintes selon les formes que prend la narration : le roman
épistolaire est le plus contraignant, dans cette perspective, parce que
le personnage-narrateur qui écrit n'a pas d'autre choix que d'écrire au
jour le jour et ne saurait faire de portraits ou de descriptions de personnages qu'il ne connaît pas encore ou dont il ignore l'importance
qu'ils acquerront ultérieurement. Le roman-mémoires est quelque peu
moins contraignant, parce que le narrateur dont la narration se fait de
manière rétrospective, est libre de faire intervenir au début du récit des
portraits de personnages ou d'autres descriptions qui ne prendront leur
portée réelle que bien plus tard. Enfin, le roman à la troisième personne
prédéfinit le moins l'endroit que le narrateur peut choisir pour un portrait de personnage ou une description de lieu, parce qu'il est libre de
« quitter » un personnage, de faire des prolepses ou des analepses. Par
conséquent, ce n'est que dans le roman à la troisième personne qu'une

motivation narrative fréquente et intense indique clairement l'existence d'un fonctionnement propre à la motivation narrative. Pour les autres formes narratives, cet indice semble insuffisant.

Il existe cependant d'autres indices. Si la motivation narrative n'était que le réflexe d'une logique narrative, elle n'aurait pas besoin d'être fort complexe : l'élément de la coprésence seul, noté en position initiale, suffirait largement pour répondre à ce genre de contrainte. Or, la motivation narrative est beaucoup plus riche et plus systématique que cela, comme on a déjà pu le voir. Au-delà de ce constat général, on peut examiner plus précisément au moins deux indices permettant de décider dans quelle mesure la motivation narrative répond véritablement à un fonctionnement propre : d'une part, l'intensité de la motivation narrative, qui est déterminée par le nombre, la variété et le degré de marquage ou de visibilité des éléments qui entrent dans une motivation narrative donnée ; d'autre part, la cohésion entre les éléments de la motivation narrative et le passage descriptif correspondant, cohésion qui se manifeste par une distance minimale entre ces deux éléments ainsi que par un ordre fixe entre motivation narrative et passage descriptif.

Pour commencer avec l'intensité, je souhaiterais distinguer, assez sommairement, trois degrés d'intensité de la motivation narrative : faible, moyenne et grande. La motivation narrative *faible*, constituée par la présence d'un seul élément de la motivation narrative, peu marquée et le plus souvent en position initiale, constitue pour ainsi dire le « degré zéro » de la motivation narrative : elle est nécessaire à la logique narrative d'un récit cohérent, sans être cependant une contrainte absolue, puisque même la coprésence peut être implicite. Ceci dit, la description d'un objet supposé faire partie du monde fictionnel, mais dont rien n'indique la proximité ou la pertinence pour un personnage, crée une tension, un besoin de rattacher la description à l'histoire. La motivation narrative faible est très peu marquée textuellement, ce qui signifie qu'elle sert bien à annoncer ou à amener une description, mais que sa capacité de l'intégrer formellement dans la trame narrative reste relativement réduite, tout comme son pouvoir de légitimer une description. Lorsque Jacques, racontant à son maître l'histoire du père Ange, introduit le personnage principal, il se borne à dire : « Ce fut alors qu'il arriva dans la même maison un jeune père », avant de faire son portrait (*Jacques* 699). La motivation narrative est faible, puisqu'on ne trouve ici que la simple mention de la coprésence, sans qu'aucune apparition spectaculaire, aucun regard téméraire, aucune curiosité inhabituelle n'intervienne. Une telle motivation narrative faible peut annoncer ou déclencher un passage descriptif, mais elle ne constitue pas à proprement parler une manière de le légitimer par l'intégration dans le tissu narratif : cette fonction est réservée à la motivation narrative d'une intensité moyenne et grande.

Il en est autrement lorsque la motivation narrative est d'une intensité que l'on peut qualifier au moins de moyenne : dans ce cas, les éléments de la coprésence sont plus marqués, et il s'y ajoute des éléments comme la visibilité ou la motivation psychologique. Dans *Paul et Virginie*, les deux jeunes gens s'étant éloignés seuls de leur demeure, se sont perdus dans la forêt et Paul cherche à découvrir où ils se trouvent :

> Paul fit asseoir Virginie, et se mit à courir çà et là, tout hors de lui, pour chercher un chemin hors de ce fourré épais ; mais il se fatigua en vain. Il monta au haut d'un grand arbre pour découvrir au moins la montagne des Trois-Mamelles ; mais il n'aperçut autour de lui que les cimes des arbres, dont quelques-unes étaient éclairées par les derniers rayons du soleil couchant. Cependant l'ombre des montagnes couvrait déjà les forêts dans les vallées [...]. (*Paul* 1245)

La motivation narrative est dite ici d'une intensité moyenne, parce qu'elle se résume à la notation de l'élévation que cherche Paul (« Il monta au haut d'un arbre »), à sa motivation psychologique (« pour découvrir... ») et à son regard (« il n'aperçut... »). Ces trois éléments amènent de manière naturelle la description de ce qu'il voit, sans que l'attention du lecteur soit attirée sur la motivation narrative. Vers la fin de la brève description des arbres, la notation du soleil couchant suggère que bientôt Paul ne pourra plus rien voir. Le texte ne mentionne aucun effort de voir ni, par exemple, que Paul redescend de l'arbre. La motivation narrative moyenne est la mieux à même d'intégrer réellement le passage descriptif, qui peut être plus complexe et plus long que dans l'exemple cité, dans la texture narrative et de la motiver de cette manière.

Enfin, la motivation narrative est dite d'une intensité forte lorsque le nombre, la variété et le marquage de la motivation narrative sont très élevés et que le détail dans lequel le narrateur entre pour les mettre en place attire fortement l'attention du lecteur. Dans le *Paysan perverti*, par exemple, Edmond a fait la connaissance, à un bal champêtre, d'une jeune paysanne qui lui plaît beaucoup mais dont il ne connaît pas l'adresse. Un jour, il se promène dans le village avec son ami Pollet :

> Pollet continuait de se promener seul : à mon retour [...], il m'a dit qu'il venait d'entrevoir un instant à la fenêtre d'une maison voisine, un prodige

de beauté. Il m'a désigné cette maison. La curiosité m'a fait demander à quelqu'un du quartier, le nom du propriétaire. – C'est, m'a-t-on dit, un riche vigneron, nommé le père Servigné. [...] En continuant notre promenade, nous avons passé devant la porte, elle était ouverte, et j'ai vu, très distinctement vu la charmante Edmée. Elle est encore embellie, je crois : sa parure était pourtant fort négligée ; le déshabiller des filles de son état, n'est rien moins que parant ; et malgré cela, Edmée était le bijou le plus appétissant qu'on puisse voir. Je restais immobile à la considérer, lorsqu'on est venu fermer la porte assez brusquement. Cette rencontre inattendue m'a rendu rêveur. (*Paysan* 1.261-262 LXX)

La motivation narrative peut être dite, ici, d'une grande intensité, parce qu'un grand nombre d'éléments sont réunis, que ces éléments concernent différentes positions et différents aspects de la motivation narrative, et qu'ils sont mis en scène avec une insistance assez grande : il y a au début la « curiosité » d'Edmond, puis les deux jeunes hommes passent devant la maison dont la porte ouverte permet à Edmond de voir Edmée ; il la décrit avant d'ajouter encore un élément qui justifie la pause narrative provoquée par le passage descriptif : le fait qu'Edmond « rest[e] immobile à [...] considérer » Edmée ; enfin, la porte est fermée, mettant fin de manière presque explicite à la contemplation d'Edmond et à la description.

Tandis qu'on peut expliquer la motivation narrative faible par les besoins de la logique narrative, les motivations narratives moyenne et grande dépassent clairement ce cadre et répondent à une exigence ou à des conventions qui leurs sont propres. Quelles en sont donc les proportions dans les romans du corpus ? On ne saurait montrer à partir de l'analyse de quelques exemples à quel point la motivation narrative se caractérise par une grande intensité, dans le roman de la seconde moitié du XVIIIe siècle. Ce n'est que par rapport à l'ensemble du corpus qu'une telle affirmation peut être confirmée. Pour cette raison, je souhaiterais renvoyer ici à quelques chiffres qui, sans prétendre à une quelconque représentativité ou validité quantitative, peuvent donner une idée des proportions. En moyenne sur l'ensemble des passages descriptifs étudiés, l'intensité de la motivation est faible dans près de deux tiers des cas, moyenne ou grande dans plus d'un tiers des cas[1]. Il faut mettre ces résultats en perspective : même dans le roman du XIXe siècle, tous les

---

1   Parmi l'ensemble des passages descriptifs étudiés, l'intensité de la motivation est faible dans 63 % des cas, moyenne dans 27,5 % et grande dans 9,5 % des cas. Ces proportions résultent d'un classement, dans la base de données qui a servi à l'analyse du corpus, de l'ensemble des 1486 passages descriptifs étudiés.

passages descriptifs ne sont pas motivés avec une intensité moyenne ou grande, bien que Philippe Hamon ait montré à quel point le « système configuratif » était important et bien développé à cette époque. En fait, ces résultats suggèrent que la motivation narrative est assez bien implantée, pendant la période étudiée : plus d'un tiers des instances de motivation narrative ne peuvent être expliquées comme une réaction à une seule logique narrative, et doivent être considérées comme répondant à un fonctionnement et à des conventions qui leur sont propres.

Le deuxième indice révélateur du statut de la motivation narrative est le degré de cohésion qu'on peut constater entre la motivation narrative et le passage descriptif correspondant. En effet, lorsque cette cohésion est étroite, cela montre que ce n'est pas le *fait* qu'il y ait coprésence, à savoir possibilité de voir et motivation de voir, qui est décisif, mais bien la *notation textuelle* de ce fait. Si le seul fait de la coprésence comptait, l'établissement de la coprésence et la description de l'objet en question pourraient être séparés dans le texte, puisque la coprésence perdure même lorsqu'il n'en est plus question ; si, au contraire, c'était la notation textuelle de la coprésence et d'autres éléments de la motivation narrative qui comptait, le passage descriptif correspondant devrait toujours suivre directement la motivation narrative. Comment se comporte donc, dans le corpus, la relation entre motivation narrative et description ?

Dans ce contexte, le premier aspect à étudier est la distance qui sépare motivation narrative et description correspondante. Plus cette distance est réduite, et plus on peut dire qu'il y a une cohésion étroite entre motivation narrative et passage descriptif, et donc un fonctionnement systématique en tant qu'ensemble fonctionnel. L'analyse du corpus montre qu'il n'y a quasiment pas de cas où la motivation narrative est éloignée du passage descriptif correspondant. Un des rares exemples se trouve dans *Les Amours de Mirtil* : dans ce texte, on trouve une motivation narrative faible mais clairement présente, réduite à une notation de coprésence par l'arrivée des personnages dans un lieu : « Le Berger se lève, il suit la Reine des fleurs, & bientôt ils arrivent dans ses jardins délicieux » (*Mirtil* 112). Cette motivation narrative n'est cependant pas suivie directement de la description du lieu : d'abord il intervient un changement de chapitre, et la description des « jardins délicieux » n'apparaît qu'au début du chapitre suivant. C'est une dissociation très forte, quoiqu'elle se situe plus sur le plan du découpage formel du texte qu'au niveau des événements ou de l'intrigue.

Ce genre de dissociation n'apparaît dans aucun des autres romans du corpus. Bien au contraire, le principe que la motivation narrative doit directement précéder le passage descriptif est tout à fait bien établi et contraignant. Par contraste à l'exemple des *Amours de Mirtil*, le protagoniste dans *La Nuit anglaise* passe à un moment donné d'une pièce à une autre, et le changement de chapitre y correspond exactement, de sorte que l'arrivé dans la pièce et sa description se suivent immédiatement (*Nuit* 126-127). Dans ce contexte, un exemple exceptionnel mais révélateur se trouve dans *Zingha, reine d'Angola*, où le déroulement de deux épreuves mortelles dans une arène appelée le « champ des morts » est longuement expliqué, sans que toutefois ce champ lui-même soit décrit, description qui n'intervient que plus tard, au moment où les prêtres, les combattants et le peuple s'en approchent (*Zingha* 64-65 et 67). La description, quoique thématiquement pertinente, est rejetée jusqu'au moment où l'établissement explicite de la « coprésence » la rend légitime au niveau de la poétique narrative. Un autre phénomène révélateur se trouve dans *Pauliska ou la perversité moderne*. Vers la fin de ce roman noir, Pauliska est une seconde fois faite prisonnière par le baron d'Olnitz. L'endroit attendu pour la description de sa prison aurait été le moment où Pauliska y arrive. Or, ce moment est quasiment effacé par le texte, n'est mentionné qu'indirectement pour que la description de l'appartement puisse être repoussée (*Pauliska* 184). Effectivement, un peu plus tard, le baron d'Olnitz vient voir Pauliska dans l'appartement et ce n'est qu'après lui avoir parlé assez longuement qu'il évoque les « expériences » qu'il entend faire avec elle. À cet endroit du récit, intervient une nouvelle instance de motivation narrative : « À ces mots, il me fit observer le cabinet où j'étais. Je crus être environnée de glaces ; mais je m'aperçus bientôt que j'étais sous un vaste récipient pneumatique » (*Pauliska* 186). Alors le baron d'Olnitz explique longuement à Pauliska le fonctionnement du « récipient pneumatique » sous lequel elle se trouve. La nécessité de placer la description du lieu dans un endroit du récit où elle prend une fonction par rapport à la progression de l'intrigue fait qu'à la première occasion pour décrire, la motivation narrative est réduite au minimum tandis qu'une seconde occasion est créée de toute pièces. La contrainte liant motivation narrative et passage descriptif est donc d'abord déjouée avant d'être ensuite exploitée de plus belle.

Parfois, la contrainte liant motivation narrative et passage descriptif est si forte qu'elle provoque des complications au niveau de l'organisation du récit. Dans *Justine*, par exemple, donc chez un auteur particulièrement conscient des contraintes et conventions implicites régissant la pratique narrative, on trouve des portraits de personnages qui interviennent, dans le récit, à des moments problématiques, ce dont la narratrice se rend parfaitement compte. Un cas particulièrement révélateur se présente au moment où Justine arrive au couvent de Sainte-Marie-des-Bois ; elle est conduite par Sévérino dans une grande salle où l'attendent déjà les autres moines-libertins. Bien que pressée par le besoin de raconter la suite de son aventure qui s'annonce dramatique, Justine se voit obligée – par le principe de cohésion de la motivation narrative – d'interrompre assez brusquement son récit et de faire tout de suite le portrait de ces personnages. La contrainte de faire ces portraits est si forte, et leur place dans le récit si peu convenable, que Justine se voit obligée de s'en justifier vis-à-vis de ses interlocuteurs. Justine vient donc d'apercevoir pour la première fois les quatre moines libertins ; l'un d'eux, Clément, s'approche d'elle pour l'examiner de plus près lorsque Justine interrompt le récit pour annoncer la description des moines :

> Je vous laisserai le moins longtemps possible en suspens sur ma situation, madame, dit Thérèse, mais la nécessité où je suis de peindre les nouvelles gens avec lesquelles je me trouve, m'oblige de couper un instant le fil du récit. (*Justine* 229)

Justine-Thérèse est tiraillée entre des contraintes contradictoires régissant la place qu'elle se croit permise d'accorder à la description : d'une part, le « fil du récit », c'est-à-dire sa continuité et sa progression, ne doit pas être interrompu : comme le suppose Justine pour la comtesse de Lorsange à laquelle elle s'adresse, le lecteur implicite est également laissé « en suspens » quant à la suite de la scène dont le danger pour Justine est déjà plus qu'évident. D'autre part, Justine se sent « oblig[ée] » de décrire les personnes avec lesquelles elle se trouve, description qui provoque une interruption de la narration mais qui doit être faite en cet endroit du récit au nom du principe de cohésion. Justine résout le dilemme de deux manières : d'une part, elle insère les remarques méta-discursives citées dans sa narration, ce qui donne lieu à une des rares conjonctions de la motivation narrative d'une grande intensité avec le métadiscours. D'autre part, elle promet de se borner dans sa description au strict minimum et, ce faisant, de n'interrompre sa narration que pour « un instant ». Ce n'est toutefois que deux pages plus loin, après quatre longs portraits des libertins et de rapides portraits des huit filles et femmes qui sont également présentes, que Justine reprend son récit, en disant : « Poursuivons maintenant l'histoire de mon entrée dans ce lieu impur » (*Justine* 231). Dans d'autres cas, ce type d'insertion de descriptions produit des problèmes au niveau de la vraisemblance pragmatique, comme lorsque Justine décrit la femme du chirurgien à l'occasion de leur première rencontre, c'est-à-dire avant d'avoir eu le temps de la connaître, ce qui suppose une certaine mobilité entre Justine personnage et Justine narratrice et entraîne également des remarques justificatrices (*Justine* 178). Ces deux exemples particuliers montrent à quel point la contrainte liant motivation narrative et passage descriptif est forte.

Un second aspect du principe de cohésion entre motivation narrative et passage descriptif est la question de l'ordre de ces deux éléments. Pour motiver au mieux le passage descriptif, la motivation narrative devrait le précéder. Or on constate qu'il y a également des cas où le passage descriptif intervient sans introduction aucune, mais est suivie d'une motivation narrative rétrospective. Un exemple tout à fait frappant se trouve dans *Les Amours de Mirtil* : au début du récit, le narrateur indique que Vénus vient de mettre au monde un fils. Un alinéa sépare cet incipit de la description détaillée, idéalisante, quoique assez abstraite, longue de deux paragraphes, d'un « Vallon délicieux » et d'un « hameau consacré à Vénus ». Un autre alinéa sépare cette description de la reprise du récit : « C'est dans ces lieux que la Déesse d'Amathonte déposa son cher fils » (*Mirtil* 3-5). Cette information indique la pertinence narrative de la description du vallon et représente, par la « coprésence » qu'elle implique, une motivation narrative clairement rétrospective. Ce type de motivation narrative rétrospective, avec son effet de suspense créé par un passage descriptif que le lecteur ne saurait rattacher encore à aucune fonction, à aucun personnage, revient à plusieurs reprises dans ce petit roman. La plupart des autres exemples que l'on peut relever dans le corpus se trouvent dans deux autres romans à narration hétérodiégétique des années 1760, comme la description de l'esplanade des exercices dans l'*Histoire des Galligènes* (*Galligènes* 2.108-109) ou celle du repaire de Dron-co dans *Zingha, reine d'Angola* (*Zingha* 45-46). Dans les autres formes narratives, la motivation narrative rétrospective est extrêmement rare, et elle recule clairement entre le début et la fin de la période étudiée, puisque la moitié du total des occurrences se trouve concentrée dans la première décennie, et que l'autre moitié se trouve dispersée sur les trois autres décennies. Presque toujours, la motivation narrative intervient (au moins) avant le passage descriptif concerné. Un ordre systématique, cohérent et fonctionnel de la motivation narrative est donc la règle générale, majoritairement dès le début, et presque exclusivement dans le reste de la période étudiée.

Dans l'ensemble, on voit que la motivation narrative tend, de plus en plus, à être liée directement au passage descriptif correspondant et à suivre un ordre fixe qui veut qu'un passage descriptif soit toujours précédé de la motivation narrative plutôt que d'en être suivi. Le principe de la cohésion entre motivation narrative et passage descriptif ainsi que le respect de l'ordre entre motivation narrative et passage descriptif, dépassant les nécessités de la logique narrative, montrent également que la motivation narrative répond à une logique qui lui est propre et lui permet d'assumer une fonction légitimatrice distincte ; on peut donc considérer la motivation narrative comme un élément dans la poétique de l'écriture descriptive. Quelle est cependant la place que la motivation narrative peut tenir dans la structure et le fonctionnement d'un roman donnée ? L'analyse de *La Découverte australe* permettra de l'étudier.

LA MOTIVATION NARRATIVE DANS *LA DÉCOUVERTE AUSTRALE*

La Découverte australe de Rétif de la Bretonne, dans son extension maximale et originale, est un texte complexe, hybride, combinant récit romanesque et réflexions théoriques ; je n'en analyse ici que la partie narrative. L'histoire comporte trois grandes étapes : dans un premier temps, le jeune Victorin installe, à l'aide d'une machine qui lui permet de voler, une petite société autonome sur une montagne inaccessible à pied. Ensuite, Victorin décide de délocaliser la société, qui a grandie entre-temps, et de l'installer sur une île dans les « terres australes ». Victorin et ses descendants y entreprennent des voyages de découverte pendant lesquels ils observent, sur chaque nouvelle île qu'ils découvrent, une nouvelle espèce particulière d'êtres hybrides, en partie humains, en partie animaux. Enfin, ils font la rencontre des Mégapatagons dont la société, aux antipodes (au sens littéral et figuré) de la France, est longuement décrite. Les voyages de découverte se trouvent donc au centre du roman, et les descriptions des nouvelles espèces en constituent la majeure partie. Ces voyages se déroulent dans un objectif d'extension de la colonie, mais aussi dans un esprit civilisateur qui, tout en prenant ses distances à l'égard du colonialisme et en soulignant sa volonté de ne faire le meilleur pour des peuples découverts, ne cache que fort imparfaitement la conviction de la supériorité des Européens par rapport aux hommes-bêtes.

Dans la perspective ouverte par la réflexion sur le statut de la description dans le roman et sur les modalités d'intégration des passages descriptifs dans le contexte narratif, *La Découverte australe*, en particulier la partie médiane du roman, frappe par la grande place qu'elle accorde aux descriptions, au détriment d'une trame narrative soutenue et dynamique. Dans ce contexte, le roman soulève plusieurs questions que je voudrais aborder dans les pages qui suivent : comment se fait-il qu'une telle expansion descriptive soit possible dans ce roman, selon quelles modalités se trouve-elle légitimée, comment les passages descriptifs sont-ils intégrés dans le tissu narratif ? En fait, le roman reflète à une échelle réduite et à un degré plus poussé que ce n'est le cas dans les autres romans, la problématique du statut de l'écriture descriptive dans le roman du XVIIIᵉ siècle : sous l'influence ici particulièrement forte de plusieurs genres descriptifs, en particulier le récit de voyage, l'utopie et l'histoire naturelle, le roman est amené à inclure de nombreux passages descriptifs parfois assez longs. Il en découle nécessairement, vu que le texte relève néanmoins du genre romanesque, un besoin très accusé de légitimer et d'intégrer ces passages descriptifs[1].

Le contraste entre les exigences d'un récit romanesque d'un côté, et celles qu'implique la dominante descriptive de l'autre côté, se retrouve par ailleurs à l'intérieur du roman lui-même : le début du roman est marqué par une situation on ne peut plus « romanesque » : c'est l'histoire des amours contrariés entre deux jeunes gens séparés par les préjugés et les différences de classes. Plus le récit progresse, et plus ce caractère romanesque s'estompe : l'installation dans les terres australes conduit aux découvertes des hommes-animaux ; la rencontre avec le peuple des Mégapatagons entraîne de longs dialogues philosophiques entre plusieurs personnages ; le récit s'achève sur la déclaration d'une nouvelle constitution de la « République Christinienne ». Enfin, une fois l'histoire de Victorin proprement dite achevée, le texte de l'édition originale se poursuit avec plusieurs discours et réflexions thématiquement liés aux problèmes soulevés par la partie narrative mais n'appartenant pas au registre narratif ou romanesque. La partie la plus descriptive du texte, celle de la découverte des hommes-animaux sur les différentes îles de terres australes, se trouve influencée par l'exigence clairement romanesque de la partie qui la précède, mais est en même temps fortement marquée par l'histoire naturelle et constitue une première étape vers les parties moins narratives du texte. La partie médiane est celle où les exigences contradictoires du texte devraient se laisser observer le plus

---

1   Sur les relations entre ce roman et l'*Histoire naturelle*, voir ci-dessus, chap. « Empirisme, histoire naturelle et *Encyclopédie* ».

clairement. Comment le texte conjugue-t-il la grande place accordée à l'écriture descriptive avec le maintien (relatif) d'une trame romanesque ?

Ce qui frappe tout d'abord dans le récit de découverte des îles australes, c'est que les différents voyages qu'entreprennent Victorin et ses descendants se déroulent toujours selon un schéma identique, dont le principe est de lier intimement récit de découverte et description des êtres hybrides rencontrés. Ce lien est réalisé à travers un ensemble de stratégies de motivation narrative très élaborées : d'une part, les nombreux éléments de la motivation narrative sont exploités pour la linéarisation et la narrativisation des passages descriptifs qui, d'autre part, procèdent de manière progressive, par touches successives et de plus en plus précises. Le schéma auquel répondent les récits de découverte étant généralement le même, pour chacune des nombreuses excursions, je me contenterai de commenter, dans l'exposé qui suit, les passages descriptifs concernant la découverte des « Hommes-éléphants ».

En premier lieu, le départ de Victorin et/ou de ses descendants pour découvrir une nouvelle île au-delà de celles déjà connues est signalé. Lorsqu'ils trouvent une nouvelle île, sa localisation géographique est le plus souvent indiquée, parfois avec un premier aperçu des données géographiques les plus évidentes de l'île. À chaque reprise, les voyageurs choisissent ensuite un lieu de repos et de retraite, le plus souvent élevé, en tout cas isolé et protégé de quelque manière que ce soit. Ensuite, ils partent pour un premier voyage de reconnaissance, ce qui donne lieu à une première familiarisation avec l'île, incluant la description du paysage, du climat, de la flore et de la faune. Après un repos dans la retraite protectrice, un second vol d'observation est effectué, dans l'objectif de trouver les habitants principaux de l'île, ce qui mène à la découverte de l'espèce d'hommes-animaux propre à cette île. Dans le cas des hommes-éléphants, il suffit aux découvreurs d'attendre auprès d'un lac pour que ces êtres hybrides apparaissent :

> Il y avait à peine une heure qu'ils étaient tranquilles, lorsqu'ils entendirent une marche pesante, comme de plusieurs Personnes qui venaient au lac. Ils se cachèrent pour observer sans être vus. (*Découverte* 1209)

On note comme premier élément de la motivation narrative la mise en place du regard. La découverte des êtres hybrides est accompagnée, dans un premier temps, de leur description approximative qui souligne surtout leur côté bizarre et animal (et qui tantôt fait déjà état de leur caractère hybride, tantôt non) :

> Alors ils virent avec grand étonnement de grosses Masses mobiles, marchant les uns sur deux pieds, les autres sur quatre, ayant une tête d'Homme monstrueuse, et pour nez une trompe d'Éléphant, des mains et des pieds d'Hommes à peu près, mais couverts d'une peau dure et gercée comme celle de l'Éléphant. (*Découverte* 1209)

L'apparition des hommes-animaux complète ici la mise en place de la coprésence. Il y a ensuite la mise en scène d'un mouvement d'approche et d'observation plus précise, qui donne lieu à une seconde description plus exacte qui relève les marques humaines et fait explicitement état du caractère hybride des hommes-animaux. Dans le cas des hommes-éléphants, la première description joignait déjà à un premier aperçu (« grosses Masses mobiles ») une description plus précise (« & pour nez une trompe d'Éléphant », etc.), de sorte que l'observation rapprochée ne sert plus qu'à confirmer le caractère hybride des habitants :

> Lorsque tout fut endormi, Hermantin et ses Camarades s'étant approchés de fort près, ils reconnurent que c'était un composé monstrueux de l'Homme et de l'Éléphant. Ils en furent moins surpris que si ç'eut été les premiers Êtres ainsi mélangés qu'ils eussent vus. Ils ne pouvaient se lasser de les contempler, et ils y employaient même le secours de leurs lunettes [...]. (*Découverte* 1209-10)

À travers l'approche, l'usage des lunettes, la curiosité et l'observation continue, le passage conserve malgré la brièveté de la description, un degré très élevé de motivation narrative.

Pour décrire le tempérament de l'espèce nouvellement découverte, suit facultativement le récit d'une première interaction entre les voyageurs et les hommes-animaux, récit qui inclut la description d'un comportement particulier, dans une situation donnée, et sert à révéler le tempérament des hommes-animaux. Dans le cas des hommes-éléphants, cet épisode est représenté par le réveil d'une femme-éléphante pendant que les hommes volants observent le groupe :

> Celle-ci, en ouvrant les yeux, aperçut Hermantin à côté d'elle : or les Femmes-éléphantes ont beaucoup de pudeur ; elle rougit de honte et de colère de se voir considérée de si près ; elle aspira de l'eau avec sa trompe et la lança sur le Curieux, en faisant un cri qui éveilla toute la Troupe. (*Découverte* 1210)

Le tempérament des hommes-animaux est le plus souvent humanoïde et lié parfois au tempérament que l'on prête ordinairement à l'animal concerné. Ainsi, le narrateur attribue de la pudeur, de la honte et de la colère à la femme-éléphante ; un peu plus loin, il attribue de la fierté au peuple des hommes-éléphants en général (*Découverte* 1210). Également facultative, une tentative de prise de contact et d'apprivoisement mène à l'enlèvement d'un individu de l'espèce, ce qui ajoute à la description déjà détaillée quelques précisions supplémentaires. Après avoir relâché l'individu enlevé provisoirement, les voyageurs réussissent en général à capturer, parfois de force, un mâle et une femelle pour les emmener à l'île Christine où ils sont éduqués et civilisés dans les limites des possibilités dépendant du degré d'animalité de l'espèce ; c'est parfois l'occasion d'une nouvelle description des hommes-animaux, encore plus détaillée sur le plan physique et moral. Dans le cas des hommes-éléphants, les voyageurs réussissent à construire un piège leur permettant de transporter un homme et une femme éléphants sur le vaisseau qui les accompagne ; ils les débarquent sur l'île Christine et les apprivoisent. C'est l'occasion d'une nouvelle description, encore plus précise que les précédentes :

> On leur trouva beaucoup d'intelligence, presqu'autant qu'aux Européens, ce qui rendit leur éducation très facile et très rapide. Ils avaient les pieds presque ronds, et dans la forme de ceux des Éléphants, ce qui les fait ressembler beaucoup aux pieds des Peuples du mont Imaüs en Asie ; la jambe massive ; la tête fort grosse ; les mains comme les pieds, avec de fort petits doigts. Leurs nez étaient une véritable trompe d'éléphant ; c'était un membre de plus qu'à nous qui les rendait propres aux choses les plus difficiles. L'Homme avait des défenses, mais la Femme n'en avait pas ; elle avait aussi la peau moins rude, moins de poil, et le visage assez agréable, à sa trompe près, qui ne pouvait manquer de la rendre difforme à nos yeux. Du reste, tous les deux étaient bien proportionnés, et ils marchaient plus volontiers sur deux pieds que sur quatre. [...] On ne les garda qu'un été ; Hermantin et ses Compagnons les ramenèrent vers l'équinoxe d'automne. (*Découverte* 1211)

À noter cependant que, contrairement aux descriptions précédentes, réalisées sous forme de passages descriptifs perceptifs et dynamisés, on trouve ici un passage descriptif prototypique, plus statique. Comme on voit également dans le cas des hommes-éléphants, ces « spécimens » sont le plus souvent rapatriés après un certain temps. Les voyageurs repartent découvrir l'île suivante, et le récit de découverte-description suivant commence selon le même schéma.

Le résultat de chacun de ces récits de découverte agrémentés de passages descriptifs est que le lecteur se fait une idée de plus en plus précise des êtres hybrides en question, la répartition des renseignements que le lecteur reçoit étant calquée sur la progression des connaissances qu'on doit prêter à Victorin et ses descendants. Pour intégrer les nombreux passages descriptifs dans la trame narrative, le texte a recours à une large part des éléments de motivation narrative disponibles : la coprésence est toujours établie par l'arrivée sur l'île, l'exploration de l'île, la découverte des hommes-animaux ; le départ de l'île marque la fin de chaque épisode. La visibilité joue souvent un rôle, faisant intervenir l'élévation, la proximité, les cachettes d'observation ou les lunettes de nuit. Par ailleurs, la motivation narrative est d'une grande intensité, puisqu'elle intervient au début, au cours et à la fin des passages descriptifs et qu'elle combine le plus souvent plusieurs aspects de la motivation narrative. Il n'y a que la motivation psychologique qui soit moins soulignée, le texte renvoyant de manière plutôt générale au désir de savoir des jeunes « Christiniens ». La motivation narrative est précisément ce qui assure au roman son statut de récit romanesque, malgré la part d'intrigue déjà extrêmement réduite dans cette partie médiane du roman. Par l'intensité et la récurrence de la motivation narrative et la réduction de l'intrigue à la simple mise en place des éléments de motivation narrative, on assiste dans ce roman à un renversement des hiérarchies entre narration et description : cette dernière n'est plus dépendante et subordonnée à la narration, mais devient à la fois thématiquement centrale et structurellement primordiale, régissant par un effet rétroactif la narration. Tout ce que font Victorin ou Hermantin est finalement au service de la description des animaux. La trame narrative fonctionne comme une motivation narrative permanente et contenant de multiples passages descriptifs. Comme le montrent les passages descriptifs concernant les hommes-éléphants, leur unité structurelle n'est pas pour autant entièrement récusée : l'opposition entre passage descriptif et narration est relativisée sans être remise en question.

Toutes ces descriptions d'espèces d'animaux nouvelles, mêlant des traits humains et animaux, soulèvent bien sûr la question de savoir quel rapport existe entre le roman et l'*Histoire naturelle* dans laquelle on trouve la description de tous les animaux correspondant aux hommes-animaux du roman. La reprise, par Rétif, d'une caractéristique comme la pudeur des éléphants-femelles qu'évoque à deux reprises Buffon, dans l'article « L'Éléphant » de l'*Histoire naturelle*, suggère par ailleurs une influence directe[1]. Quoique le degré du détail et la longueur des descriptions dans les deux textes soient sans comparaison, on pourrait croire à une grande proximité, en ce qui concerne l'ordre et la structure des descriptions respectives. Daubenton, dans son article sur « La description des animaux », recommandait de donner

---

1   Voir Buffon, *Œuvres*, 2007, p. 905 et 933.

un plan toujours unique à chaque description d'un animal, et de déduire ce plan de l'ordre selon lequel on prend habituellement connaissance d'un animal : la description doit d'abord selon lui « exprimer la figure totale de l'animal avant que de détailler les parties de son corps » : décrire d'abord l'extérieur puis l'intérieur, toujours aller du général au particulier, décrire d'abord l'animal au repos, puis en mouvement[1]. N'est-ce pas là exactement le principe selon lequel procède le roman, qui décrit les hommes-animaux au fur et à mesure que les hommes-volants les découvrent ? En fait, si le principe peut paraître similaire, la réalisation diffère en tous points, les deux genres d'écrits se distinguant trop pour que les stratégies descriptives puissent en être les mêmes. L'enjeu de l'*Histoire naturelle*, outre la question de l'ordre et la fiabilité de la description, est surtout de donner au lecteur un substitut de l'observation directe, à travers la description, les tables de mesures et les planches. Par contraste, l'enjeu du roman est surtout d'intégrer les passages descriptifs dans la trame narrative, de manière à préserver le caractère romanesque du texte. Par conséquent, au niveau de la seule stratégie descriptive, les deux textes s'opposent nécessairement : la dissociation qu'opère l'*Histoire naturelle* entre « l'histoire » des animaux fournie par Buffon et leur « description » faite par Daubenton, tend à séparer le comportement et le naturel des animaux de leur aspect physique, qui se trouvent mêlés dans les descriptions de la *Découverte australe*. De plus, quoique la description de Daubenton réponde idéalement, dans son organisation, au principe de la prise de connaissance toujours plus précise et plus détaillée, cette prise de connaissance elle-même est occultée et sa temporalité effacée. Par opposition, la manière de décrire les hommes-animaux chez Rétif met en récit la prise de connaissance progressive ; elle la dramatise et en souligne la temporalité justement pour narrativiser ce qui sinon serait un passage descriptif statique, et dont l'accumulation transformerait le récit romanesque en un texte purement descriptif. Le même principe de narrativisation régit par ailleurs les gravures illustrant le roman. Quand on les compare aux planches d'animaux de l'*Histoire naturelle*, on s'aperçoit aisément que dans l'*Histoire naturelle*, les planches montrent les animaux au repos, le plus souvent de côté, de manière à ce que l'on puisse aisément les comparer, tandis que dans *La Découverte australe*, ce sont toujours de petites scènes correspondant, par leur structure temporelle et événementielle, à des peintures d'histoire[2].

---

1 Daubenton, « De la description des animaux », 1753, p. 122.
2 Ilaria Lo Tufo (« Nature et histoire naturelle dans les images des "hommes-bêtes" de *La Découverte australe* », 2000) a pu montrer que les gravures du roman correspondent,

Par rapport à d'autres romans du corpus, on peut constater que Rétif a choisi de négliger certaines possibilités disponibles à l'époque pour se concentrer uniquement sur celle représentée par la motivation narrative. Contrairement à Sade dans les *Cent Vingt Journées de Sodome*, par exemple, il a choisi de ne pas détacher les passages descriptifs les plus longs du corps du récit : quoique le caractère hétérogène du texte l'eût sans doute permis, Rétif n'y a pas ajouté d'annexe formant, en quelque sorte, des chapitres supplémentaires d'une *Histoire naturelle* des êtres hybrides. Il a également choisi de ne pas faire recourir son narrateur aux remarques métadiscursives pour légitimer de manière explicite le projet descriptif du roman ; en effet, par rapport à la motivation narrative, les remarques métadiscursives jouent un rôle tout à fait mineur dans ce roman, ce qui renforce par ailleurs l'impression que ces deux stratégies de légitimation s'excluent mutuellement.

Les acquis des deux derniers chapitres permettent d'aborder maintenant la question des relations entre les remarques métadiscursives et la motivation narrative. Ils permettent également d'analyser comment le fonctionnement des stratégies de légitimation varie dans les différents régimes narratifs et évolue au cours de la période étudiée.

LA POÉTIQUE DE L'ÉCRITURE DESCRIPTIVE

La question des relations précises entre les différents éléments de l'écriture descriptive dans le roman touche à un point essentiel de mon argumentation : d'une part, les différents aspects décrits jusqu'ici entrent dans des relations étroites et systématiques qui les lient en une poétique de l'écriture descriptive dans le roman ; d'autre part, leurs formes de réalisations propres, leur importance relative et la manière spécifique dont ils entrent en relation définissent la spécificité de cette poétique pendant l'époque étudiée ici et par rapport à d'autres époques.

La poétique de l'écriture descriptive dans les romans étudiés se résume de la manière suivante : dans le contexte littéraire et culturel de la seconde moitié du XVIIIe siècle, l'écriture descriptive en général

---

plutôt qu'aux gravures mêmes de l'*Histoire naturelle*, à la conception de la nature propre à l'*Histoire naturelle*, puisqu'ils combinent la description (l'apparence extérieure) et l'histoire (les mœurs, le comportement) des hommes-animaux.

et les passages descriptifs en particulier ont, dans le roman, un statut potentiellement problématique. Au-delà des contraintes générales pesant sur l'écriture descriptive dans le roman, plusieurs facteurs individuels déterminent le statut d'un passage descriptif donné : en particulier, son objet, sa longueur, sa fonction et sa place dans le roman. Selon la réunion plus ou moins favorable de ces facteurs individuels, le statut d'un passage descriptif donné peut être plus ou moins problématique, et un besoin de légitimation peut alors s'imposer. Lorsqu'un tel besoin apparaît, les narrateurs peuvent réagir avec l'une des deux stratégies de légitimation : les remarques métadiscursives ou la motivation narrative. Toutes deux ont une même fonction légitimatrice, mais les unes le font de manière explicite, en soulignant la frontière entre narration et description, tandis que l'autre le fait de manière implicite, tantôt en effaçant, tantôt en marquant la frontière entre narration et description. Le réseau de relations ainsi décrit comporte deux lignes de force principales : d'une part, le statut d'un passage descriptif donné, résultant de l'ensemble des facteurs individuels, détermine la présence des facteurs de légitimation ; d'autre part, il existe, entre les deux stratégies de légitimation, un rapport de fonction analogue et de fonctionnement opposé, c'est-à-dire une complémentarité impliquant un rapport d'exclusion mutuelle.

LES PASSAGES DESCRIPTIFS INDIVIDUELS

L'analyse de quelques exemples de passages descriptifs individuels choisis parmi les portraits et les descriptions d'objets techniques montrera comment fonctionne, concrètement, ce réseau de relations. Dans ces deux ensembles de descriptions, les relations systémiques apparaissent assez clairement.

Pour ce qui est des portraits de personnages, il faut d'abord se rappeler les conventions concernant les portraits dans le roman, lesquelles ont été analysées plus haut. Ainsi, les portraits ont une fonction importante, ce qui leur confère *a priori* une certaine légitimité ; en même temps, ils sont souvent assez longs, ce qui exige de bien les placer dans le récit ; enfin, ils forment un bloc qui s'oppose, par sa structuration interne, à la narration, ce qui rend difficile leur intégration dans le récit. Comment, dans de telles conditions, remarques métadiscursives et motivation narrative sont-elles employées ?

Le premier cas de figure, assez fréquent dans le corpus, est celui où un portrait apparaissant dans le texte n'est pas rattaché à des événements concrets au niveau de l'histoire : dépourvu d'une motivation narrative, il est introduit dans le récit à travers des remarques métadiscursives. Une variante de ce cas de figure, que l'on rencontre surtout dans le roman à la troisième personne, est celle dans laquelle certains événements qui auraient pu fournir une motivation narrative aux portraits des protagonistes ne sont pas exploités par le narrateur : ce dernier introduit, plutôt, les portraits des personnages par une remarque métadiscursive. C'est le cas dans *De Langres et Juliette d'Est...*, roman anonyme qui raconte l'histoire du jeune De Langres, d'une naissance ordinaire, qui tombe amoureux d'une jeune fille noble, Juliette d'Est..., prouve à plusieurs reprises son intégrité morale, sa vertu et son courage et finit par obtenir des titres de noblesse de la main de Charles VII. Au début du roman, le jeune homme et Juliette d'Est... viennent de se rencontrer pour la première fois. Or, au moment de cette scène de première rencontre, malgré une motivation narrative relativement forte constituée par l'arrivée du jeune homme et les regards qu'il échange avec Juliette, aucun portrait des deux jeunes gens n'intervient. Il n'y a dans cette scène rapide qu'un peu de place pour décrire la réaction de Juliette quand elle voit De Langres : « Une aimable rougeur, fard de la pudeur & de l'innocence, se répandit à l'instant sur ses belles joues » (*De Langres* 7-8) ; le narrateur ne profite pas de cette occasion pour faire le portrait des deux protagonistes[1]. Détachés de la motivation narrative qu'aurait pu représenter cette scène, les portraits sont introduits un peu plus loin, à travers une remarque métadiscursive : « Il ne sera pas hors de propos de donner ici le portrait de ces deux amans » (*De Langres* 8). Cette annonce souligne simplement le fait que ces portraits font partie intégrante du récit et se réfère, de manière implicite, au principe du roman comme discours vectorisé. Elle est suivie de deux portraits constitués pour l'essentiel d'attributs aussi conventionnels qu'hyperboliques :

> De Langres, d'une taille au-dessus de l'ordinaire, avait une de ces physionomies qui préviennent dès l'abord. Le feu du courage qui brillait dans ses yeux, était tempéré par un air de douceur & d'affabilité qui lui était naturel. Fait pour plaire, il joignait à un caractere sociable, ce tour d'expression dans ses discours, qui sçait si bien trouver le chemin du cœur.
> Une taille bien prise, un port majestueux, des cheveux bruns, dont les boucles flottantes descendent négligemment sur une gorge d'albâtre ; une bouche

---

1   La scène de première rencontre peut exclure les portraits pour différentes raisons. Jean Rousset (*Leurs yeux se rencontrèrent*, 1984, p. 126-128 et 24-27) analyse la première rencontre de Faublas avec Sophie, chez Louvet de Couvray, comme le cas d'une « paralysie générale » (*Année* 55), et celle entre Frédéric Moreau et Madame Arnoux, dans l'*Éducation sentimentale*, comme un cas d'« éblouissement ».

petite ; des yeux grands & vifs, couronnés par des sourcils du plus beau jais ; des joues où le vermeil de la rose se joint à la blancheur du lys, forment, je crois, une personne charmante, & c'est mademoiselle d'Est. (*De Langres* 8-10)

On voit bien comment la remarque métadiscursive distingue les portraits de la trame narrative et en souligne les frontières ; il n'intervient aucune narrativisation des portraits qui, au niveau de leur structuration interne, restent statiques ; une faible dynamisation conventionnelle et ponctuelle les anime un peu, par l'emploi de certains verbes : « Le feu [...] était tempéré par... » et « des yeux [...], couronnés par... ». Même au niveau de la typographie, cette séparation se confirme, puisque les portraits sont séparés à la fois l'un de l'autre, et du reste du texte, par des alinéas. Par ailleurs, les deux portraits sont suivis de deux petites scènes au cours desquelles chaque personnage se souvient des « traits » et « attraits » de l'autre (*De Langres* 10 et 12). Alors que des possibilités s'offrent au narrateur pour motiver les portraits, il renonce à en profiter et préfère introduire ceux-ci par des remarques métadiscursives. La facture du roman y participe : il s'agit d'un roman à narration hétérodiégétique et qui n'accorde pas une intériorité très complexe à ses personnages ; il ne serait donc pas « naturel » d'introduire les portraits par le biais des personnages, mieux vaut les laisser entièrement à la charge du narrateur. En outre, il est tout à fait caractéristique qu'un tel exemple se rencontre dans un roman hétérodiégétique du début de la période étudiée, roman dans lequel les possibilités que fournit la motivation narrative ne sont encore que peu expérimentées. Un exemple analogue est le portrait du père le Moine dans *La Religieuse* : Suzanne ne profite pas de quelques éléments de motivation narrative qui apparaissent de manière éparse dans le texte, mais introduit le portrait par une remarque métadiscursive appuyée (*Religieuse* 356).

Une seconde variante de ce cas de figure, typique du roman épistolaire, est celui où la remarque métadiscursive introduisant le portrait naît d'un échange entre deux épistoliers. Dans *La Nouvelle Héloïse*, cette situation est illustrée par le long portrait moral que Julie fait de M. de Wolmar avec qui elle vient de se marier, dans une lettre qu'elle adresse à Saint-Preux. Ce portrait joue un rôle important dans le roman : c'est à travers lui, notamment en raison de la façon dont Julie le présente à Saint-Preux et de ce qu'elle y omet, que Saint-Preux comprend que, malgré l'affirmation du contraire, Julie n'est pas heureuse avec son mari. Jusqu'à cet endroit du roman, on n'a appris sur M. de Wolmar que ce que Claire et M. d'Étange disent de lui ; Claire le décrit comme un homme d'âge

mûr et d'un caractère « froid » ; le père de Julie souligne sa bonne naissance et la « considération publique » dont il jouit (*Julie* 203 II.V et 349
III.XVIII). Or, jusqu'ici, aucune occasion ne se présentait, semble-t-il,
de faire un portrait moral développé du personnage. Une telle occasion
est donc créée de toutes pièces, par un événement qui ne se situe pas au
niveau de l'histoire, mais à un niveau discursif. Après le mariage de Julie
et de M. de Wolmar, Saint-Preux est désespéré mais écrit une lettre à
Julie pour savoir si ce mariage fait du moins son bonheur : « Julie, êtes-
vous heureuse ? », lui demande-t-il (*Julie* 367 III.XIX). Dans sa réponse,
Julie prend cette demande comme prétexte pour faire le portrait de
M. de Wolmar dont son bonheur dépend, ainsi qu'elle le déclare : « Vous
me demandez si je suis heureuse. [...] Votre inquiétude sur mon sort
m'oblig[e] à vous parler de celui dont il dépend » (*Julie* 369 III.XX). Cette
remarque est suivie d'un long portrait de M. de Wolmar que Julie clôt en
revenant sur la fonction de preuve qu'il remplit : « Sur ce tableau, vous
pouvez d'avance vous répondre à vous-même ; et il faudroit me mépriser
beaucoup pour ne pas me croire heureuse avec tant de sujet de l'être »
(*Julie* 372 II.XX). Ces remarques introduisent, encadrent et légitiment
non seulement le portrait en lui attribuant une fonction argumentative,
mais elles lui confèrent aussi toute sa signification, parce qu'à travers ces
remarques, le doute sur ce que Julie affirme s'insinue partout : au début,
Julie dit bien qu'en tant qu'épouse de M. de Wolmar, elle ne saurait faire
qu'un portrait digne de lui ; cette remarque doit être comprise comme
l'aveu, de la part de Julie, que son portrait aurait pu, sinon, être moins
élogieux. Et sa remarque finale évite consciencieusement d'affirmer
qu'elle est réellement heureuse, ne signalant qu'elle n'a pas le droit de ne
pas l'être. Elle tait la source de son malheur dans son portrait pourtant
fort précis : c'est l'athéisme de son mari qu'elle ne partage pas. Un cas
analogue dans lequel une remarque métadiscursive produit une occasion
pour décrire, quoique sur un registre plus libertin que sentimental, existe
dans *Les Sacrifices de l'amour* : c'est le portrait diffamatoire de Madame
de Senanges que la Marquise d'Ercy affirme devoir faire pour sauver le
Chevalier de Versenai (*Sacrifices* 72 I.XXIII).

Le cas de figure inverse au premier est celui où une motivation narrative forte permet d'intégrer des portraits longs dans la trame narrative
et par là de les légitimer, sans qu'aucune remarque métadiscursive ne
soit nécessaire. Une nouvelle scène de première rencontre permet de
s'apercevoir des différences que ce modèle alternatif implique : dans
Émilie de Varmont de Louvet, la jeune Émilie, persécutée par son frère et

ses associés, s'est réfugiée chez un curé de village et écrit régulièrement à son amie Dorothée. Un jour, le curé reçoit la visite d'un jeune homme, et Émilie rapporte l'épisode :

> Tout à coup je crois entendre aux environs du presbytère un bruit qui ne signifie rien pour moi, mais qui fait tressaillir mon oncle. Mon jeune ami de retour ! s'écrie-t-il. Soudain il vole et presque aussitôt ramène un jeune homme... Dorothée, pénètre-toi de ma stupéfaction profonde : Murville est devant moi ! (*Émilie* 85)

La stupéfaction d'Émilie est très grande, parce que Murville est l'un des plus cruels associés de son frère, celui qui l'avait auparavant enlevée et retenue de force chez lui. Le passage au présent de narration, gage d'immédiateté, souligne qu'il s'agit de la perspective du sujet de l'énoncé et non pas de celle du sujet de l'énonciation. Après ce premier choc, Émilie se détrompe rapidement :

> Mais non, non ; ce n'est point Murville. Quoique la ressemblance doive paraître d'abord parfaite à d'autres yeux, la différence est encore pour les miens très frappante. Je n'ai pu, même au premier coup d'œil, m'y tromper. Je vois bien la taille et la figure de mon persécuteur ; mais je ne vois ni son maintien ni sa physionomie.
> Son maintien, où respire tant d'assurance, peut paraître plus imposant ; celui-ci pourtant n'est point dépourvu de noblesse, et j'y remarque des grâces naturelles que l'autre n'a pas. La jolie figure de Murville est, je l'avoue, pleine de cette vivacité qui annonce ordinairement beaucoup d'esprit ; néanmoins il y manque ce mélange de douceur qui tempère le feu de celle-ci, cette impression de bonté qui lui donne son plus grand charme. (*Émilie* 85)

On voit bien comment, dans ce passage, la découverte progressive du jeune homme et le regard peu à peu plus précis d'Emilie sont soulignés : « Je vois bien... », dit-elle, « j'y remarque », ajoute-t-elle plus loin, subordonnant ainsi la description du personnage à son activité d'observation. À la suite du passage cité, un nouvel élément de motivation narrative intervient, justifiant par l'immobilité des personnages la durée du portrait :

> [...] l'inconnu s'est arrêté dès qu'il a pu m'apercevoir ; il est là, sur le seuil de la porte ! il y reste tout surpris, très décontenancé, presque tremblant ! Il y reste, comme s'il y avait pour lui quelque péril à le franchir ! [...] (*Émilie* 86)

La durée et l'intensité de cette contemplation sont encore soulignées, jusqu'au moment où un nouvel élément de motivation narrative apparaît, non sans humour, pour mettre fin à la fois à cette contemplation et à la description du jeune homme :

> Cependant, il reste toujours immobile, et je continue moi, de lui donner involontairement toute mon attention qu'enfin mon malheureux oncle rappelle sur un autre objet, par ces cris de douleur : ma nièce, eh! mon surplis! mon bon surplis, ma nièce! mon bon surplis qui brûle!
> En effet, ma main levée quand le jeune homme avait paru, ma main était ensuite, par un mouvement machinal, successivement descendue, et le fer chaud qu'elle tenait s'étant posé tout au milieu de mon ouvrage, venait d'y faire un trou. (*Émilie* 86)

L'intensité de la motivation narrative dans cet exemple est grande, parce qu'elle concerne le début, la durée et la fin du passage descriptif, et qu'à la notation de la simple coprésence, maintes fois soulignée, s'ajoutent les indications du regard qu'Émilie fixe sur le personnage décrit et de l'attention qu'elle lui consacre. De plus, c'est un passage descriptif du moins partiellement perceptif, puisque ce qui est décrit est, explicitement, ce qu'Émilie dit voir. Enfin, le passage descriptif ne forme pas un portrait structurellement et typographiquement unifié, comme c'était le cas dans les exemples précédents, mais se répartit dans un texte qui mêle narration, description et réflexions ; c'est une conséquence directe de la motivation narrative appuyée. Remarques métadiscursives et motivation narrative impliquent clairement des structurations des passages descriptifs si différentes qu'ils ne sauraient être facilement compatibles l'un avec l'autre.

Les portraits de personnages, en particulier quand il s'agit des protagonistes ou d'autres personnages principaux, ont *a priori* une certaine légitimité que tous les types de descriptions, comme par exemple celles d'objets inanimés, n'ont pas. Or, une foule d'objets apparaît dans les romans du corpus : on en trouve qui font partie du vêtement des personnages (chapeaux, montres, rubans, bourses), du décor, de l'ameublement d'une pièce ou d'un appartement (meubles, objets usuels, bibelots ; tableaux également) ; on trouve plus rarement des objets naturels comme les plantes (fleurs, fruits, arbres) ou des objets plus spécifiquement techniques (machines, montres, outils). Rien d'étonnant à ce que le rôle plus ou moins grand de ces objets dans l'intrigue détermine largement le nombre et le choix des détails retenus[1]. Parfois, ces objets ne sont

---

1   C'est ce qui ressort également des études rassemblées dans *Lumières* 5, 2005 : « Esthétique et poétique de l'objet au XVIIIe siècle ».

décrits que de manière rapide, sommaire, fragmentaire, mais ils peuvent aussi donner lieu à des passages descriptifs plus développés. Ceci est particulièrement vrai pour les descriptions d'objets techniques, que tout semble distinguer des portraits de personnages. Contrairement aux portraits, leur présence dans le roman ne peut pas se prémunir d'une nécessité ou d'une utilité *prima facies*, ni s'appuyer sur une tradition bien établie. Bien au contraire, leur apparition dans le roman reste exception-nelle : bien que dans d'autres genres d'écrits, des objets techniques de toutes sortes soient décrits dans le plus grand détail, la présence d'objets techniques dans les romans étudiés ici reste relativement rare.

Dans son analyse du rôle des machines dans un corpus de romans nettement plus large et s'échelonnant entre 1730 et 1790, Henri Lafon montre que leur fonction narrative est avant tout de donner un pouvoir à un personnage : pouvoir de voir, de surveiller, de manipuler un autre personnage[1]. Il précise que souvent, au lieu des machines elles-mêmes, ce sont leurs effets qui sont décrits, et que cette description se fait souvent sur le mode du spectacle. Enfin, il ajoute une remarque sur la question de l'intégration de la description d'une machine dans le tissu narratif qui mérite commentaire :

> La machine, en tant qu'objet complexe, ouvre une possibilité de description, c'est-à-dire la possibilité d'un changement dans le mode de narration (et il faut songer aux difficultés que rencontre la description des objets pour s'insérer dans le roman de l'époque)[2].

Cette approche de la question propose une perspective inverse à celle donnée ici. Au lieu d'être une occasion pour passer de la narration à la description, la machine, lorsqu'elle doit être décrite pour prendre sens dans l'intrigue, représenterait plutôt un défi. En effet, aux contraintes valables pour tout objet, s'ajoutent des obstacles spécifiques aux objets techniques : d'une part, pour décrire avec précision un tel objet, on doit recourir à des termes techniques précis qui échappent au vocabulaire courant dans le roman. D'autre part, les objets techniques soulèvent la question de la compétence du descripteur, question nouvelle dans le roman du XVIIIe siècle, et qui se pose à peine pour les descriptions de paysages, et rarement pour les portraits de personnages[3]. On peut

---

1   Lafon, « Machines à plaisir dans le roman français du XVIIIe siècle », 1982.
2   *Ibid.*, p. 116.
3   Cette compétence du descripteur relève, en dernière analyse, du problème de la « vraisem-blance pragmatique » de l'acte de narration ; voir Cavillac, « Vraisemblance pragmatique

s'attendre, dans ce contexte, à ce que le statut des descriptions d'objets techniques soit particulièrement problématique, notamment lorsqu'il s'agit de passages descriptifs développés. Dans la perspective défendue ici, les remarques métadiscursives et la motivation narrative sont des réponses à la difficulté posée par la nécessité de décrire une machine.

Dans *Giphantie*, le petit roman de Tiphaigne de la Roche, le protagoniste-narrateur découvre, dans le monde des esprits où il a échoué, un certain nombre d'objets pseudo-scientifiques imaginaires et inconnus au protagoniste comme au destinataire (implicite) du récit. Ces objets sont un défi à la « vraisemblance pragmatique », puisque leur description nécessite une compétence spécifique que le protagoniste-narrateur n'a pas, *a priori* : quoiqu'il soit un personnage curieux et intelligent, il découvre ces objets pour la première fois de sa vie. En même temps, ces objets pseudo-scientifiques constituent le sujet (et l'intérêt) essentiel du roman et ne sauraient donc être passés sous silence. Le roman réagit à cette situation par une technique descriptive particulière, combinant une forte motivation narrative avec deux passages descriptifs successifs, aux contenus et finalités différents et assumés par deux personnages différents. Je n'évoquerai qu'un seul de ces objets parmi toute une série : guidé par le préfet, le protagoniste s'approche d'une curieuse colonne s'élevant près d'un coteau ; le guide lui explique que la colonne est le quartier général des « esprits » qui viennent au secours des hommes partout dans le monde. Il ajoute que les esprits se servent, pour savoir où se diriger, d'un « mécanisme » par lequel « on voit et l'on entend tout ce qui se passe dans toutes les contrées du monde » (*Giphantie* 1029). Pour aller voir ce mécanisme, les deux personnages montent sur le coteau :

> De chaque côté de la colonne est un grand escalier de plus de deux cent degrés, qui conduit à la cime du coteau. Nous montâmes ; nous étions à peine au milieu, lorsque mes oreilles furent frappées d'un bourdonnement importun, qui augmentait à mesure que nous avancions. (*Giphantie* 1029)

Arrivé à mi-hauteur, le protagoniste évoque un « bourdonnement importun » mais qui reste vague ; arrivé en haut du coteau, il en découvre la source et le décrit plus précisément :

> Parvenu à une plate-forme qui termine le coteau, la première chose qui fixa mes yeux fut un globe d'un diamètre considérable. De ce globe procédait le bruit que j'entendais. De loin, c'était un bourdonnement ; de près, c'était

et autorité fictionnelle », 1995.

> un effroyable tintamarre, formé d'un assemblage confus de cris de joie, de
> cris de désespoir, de cris de frayeur, de plaintes, de chants, de murmures,
> d'acclamations, de ris, de gémissements, de tout ce qui annonce l'abattement
> immodéré et la joie folle des hommes. (*Giphantie* 1030)

Le lien entre la proximité spatiale progressive et la précision de plus
en plus grande de la description, régi par la motivation narrative, est ici
évident. Cependant, de la description du globe et des bruits il se déduit
clairement que le protagoniste n'en comprend pas la signification et ne
peut rapporter que différents aspects frappants et isolés. Puis, le protagoniste évoque ce que lui dit son guide à propos du globe :

> « De petits canaux imperceptibles, reprit le préfet, viennent, de chaque point
> de la superficie de la terre, aboutir à ce globe. Son intérieur est organisé de
> manière que l'émotion de l'air qui se propage par les tuyaux imperceptibles
> et s'affaiblit à la longue reprend de l'énergie à l'entrée du globe et redevient
> sensible. [...] Remarque tel point de ce globe qu'il te plaira : en y posant la
> pointe de la baguette que je te mets aux mains et en portant l'autre extrémité
> à ton oreille, tu vas entendre distinctement tout ce qui se dit dans l'endroit
> correspondant de la terre. » (*Giphantie* 1030)

Seul le guide peut vraisemblablement être en possession de ces
informations sur le globe et la baguette ; à la description de leur aspect
extérieur faite par le protagoniste, il ajoute une explication sur leur fonctionnement (dans certaines limites). Le vocabulaire technique se limite
ici à quelques termes courants, comme « canaux » ou « tuyaux », et à
cette « émotion de l'air » qui mêle de manière caractéristique mouvement
littéral et figuré. Quoique ce soit toujours le narrateur qui rapporte la
parole déléguée au guide, cette délégation de la parole n'augmente pas
moins la vraisemblance pragmatique. Quant à la fonctionnalisation de
l'objet décrit, elle est double : d'une part, la baguette, complétée par
un miroir qui permet de voir la terre tout entière, doit permettre aux
esprits de voir et d'entendre dans quel endroit du monde les hommes ont
besoin d'eux ; d'autre part dans la suite du récit, le protagoniste observe,
à l'aide du globe et de la baguette, différentes scènes et discussions en
« Babylonie » (c'est-à-dire à Paris). Ainsi, la distance physique et morale
instaurée par le voyage et le regard rendu possible par l'objet magique
permettent au protagoniste de concevoir les vaines ambitions et les
chimères des hommes. De manière assez systématique, les objets que le
voyageur et son guide rencontrent sont évoqués d'après cette répartition
des tâches descriptives, laquelle conjugue la découverte progressive de
l'objet par le protagoniste (une forte motivation narrative), l'exploitation

des compétences spécifiques du guide (le respect de la vraisemblance pragmatique) et une forte fonctionnalisation de l'objet décrit. En même temps, aucune remarque métadiscursive n'intervient pour légitimer la description. Dans les romans étudiés ici, c'est d'une manière analogue que fonctionnent la plupart des (rares) descriptions de machines un peu développées, telle la description de la machine à condenser l'haleine qu'a inventée par amour le baron d'Olnitz, dans *Pauliska ou la perversité moderne* de Révéroni Saint-Cyr[1].

Le cas de figure inverse, combinant une motivation narrative faible ou absente avec un métadiscours appuyé, existe également dans le corpus, quoiqu'il soit plus rare. Le passage de la description de l'« immense mécanique » que M. Dabaud aperçoit dans *La Nuit anglaise* s'avère une version exactement symétrique de la manière dont la majorité des autres descriptions de machines, dans les romans étudiés ici, sont introduites dans la trame narrative. M. Dabaud est libéré d'un cachot et entraîné à travers des couloirs sombres par un inconnu qui refuse de lui révéler son identité ; au beau milieu des événements et des discussions que ceci provoque, intervient brusquement le passage suivant :

> À peine il achevait ces mots qu'il aperçoit « une immense mécanique dont il ne peut concevoir l'usage ».
> – Voyez, lui dit son conducteur : « entre deux cylindres d'airain creux et d'environ trois pieds de diamètre, est une énorme roue de fer armée sur sa circonférence de 24 branches brisées dans le milieu par une charnière, et portant à leurs extrémités une boule d'airain.[1] » (*Nuit* 176)

Tout est réuni ici pour rendre le statut du passage descriptif problématique : il s'agit d'un objet mécanique compliqué, décrit de manière détaillée quoique vraisemblablement incomplète, mais surtout en employant des termes techniques comme « cylindres d'airain creux », « roue de fer armée » ou « branches brisées ». De plus, le passage est lui-même une citation ; il met donc en avant, appel à la note à l'appui, le manque d'originalité et d'authenticité du texte et se fait l'écho du reproche souvent adressé aux descriptions de n'être que des copies et

---

1   *Pauliska* 186. – Le principe de la parole déléguée n'est pas limité aux objets techniques, mais peut concerner toute description d'un objet que le protagoniste ne fait que découvrir ; on le trouve donc aussi dans les romans de voyage ou utopiques : Ambroise Gwinnett, arrivant au Siam, trouve un guide qui lui montre la capitale et prend en charge quelques-unes des descriptions qui la concernent (*Mendiant* 1.126 et suite) ; Duncan, en Galligénie, se fait expliquer ce que sont des « plantes qui se plaignent » (*Galligènes* 2.53-54) ; le narrateur de *L'An deux mille*, découvrant une statue, en décrit l'apparence puis se fait expliquer, par son guide, quel homme (moral) elle représente (*L'An deux mille* 204-206).

des « pièces de rapport ». En même temps, rien n'est fait pour intégrer le passage descriptif dans le récit : la motivation narrative est minimale, puisqu'elle n'est introduite que par la notation selon laquelle M. Dabaud « aperçoit » la machine, sans même que son arrivée dans le lieu où elle se trouve, une source de lumière ou quelque autre élément de la motivation narrative soient mentionnés. Aucune fonction n'est attribuée à la machine dont M. Dabaud « ne peut concevoir l'usage » et dont le mystérieux conducteur ne révèle rien de plus, avant de l'entraîner plus loin.

Par conséquent, cette description ne pourrait être légitimée que par une remarque métadiscursive ; M. Dabaud lui-même intervient, mais au lieu de justifier la description, il la condamne et souligne tout ce qui fait qu'elle n'est pas à sa place dans le roman. Il interrompt en effet son guide qui était en train de décrire la machine :

> – Et cetera, et cetera, s'écria M. Dabaud impatienté, n'allez-vous pas me parler aussi du *pignon à la lanterne*, des *leviers*, des *rouages*, et du *mouvement oscillatoire du balancier* ? Mon ami, envoyez la description de votre machine à l'Encyclopédie ; elle y figurera beaucoup mieux qu'ici. Au surplus, qu'allez-vous faire de moi ? (*Nuit* 176)

M. Dabaud insiste sur le vocabulaire technique qu'il suppose suivre dans le reste de la description et renvoie explicitement à une contrainte générique qui fait qu'une telle description appartient au registre encyclopédique plutôt que romanesque ; enfin, il rappelle à son conducteur que la logique narrative demande à ce qu'on s'inquiète plutôt de son sort à lui que de celui d'une machine. En réalité, dans ce roman hautement autoréflexif, mettant à jour toutes les conventions attachées au roman gothique, l'apparition soudaine de la machine ne sert qu'à exposer la problématique de l'écriture descriptive dans le roman.

Quel bilan tirer de ces exemples ? D'une part, on voit toute la complexité des raisons pour lesquelles un passage descriptif peut avoir besoin ou non d'être légitimé par l'une des deux stratégies de légitimation : ce ne sont ni la simple longueur, ni la simple absence ou présence d'une fonction, ni encore uniquement sa place dans le récit qui sont déterminantes, mais l'ensemble des conventions et contraintes attachées à l'écriture descriptive. D'autre part, ces exemples montrent qu'il n'est pas étonnant que les remarques métadiscursives et la motivation narrative s'excluent : elles fonctionnent de manière opposée et ont des conséquences pour l'écriture descriptive qu'il serait difficile de concilier.

Une telle exclusion mutuelle des deux stratégies de légitimation s'observe également au niveau de l'ensemble des passages descriptifs du corpus. En effet, dans un passage descriptif donné, une remarque métadiscursive ne se combine quasiment jamais avec une motivation narrative d'une intensité moyenne ou grande : parmi les passages descriptifs repérés dans le corpus et susceptibles d'être légitimés, un sur dix environ l'est par une remarque métadiscursive et près de quatre sur dix le sont par une motivation narrative moyenne ou forte. Les autres ne sont assorties que d'une motivation narrative faible. Or, il n'y a parmi tous ces nombreux passages descriptifs que quatre cas où une remarque métadiscursive se combine avec une motivation narrative d'intensité moyenne et aucun cas où elle s'allie avec une motivation narrative de grande intensité[1]. Dans tous les autres cas, le métadiscours ne s'associe qu'avec une motivation narrative faible ou absente.

Cette relation d'exclusion mutuelle s'explique aisément par la redondance fonctionnelle des deux stratégies doublée par leur fonctionnement structurellement opposé. L'opposition entre remarques métadiscursives et motivation narrative peut aller jusqu'à marquer tout un roman : par exemple, les remarques métadiscursives jouent un rôle particulièrement visible, comme on a pu le constater, dans les *Cent Vingt Journées de Sodome*, mais également dans *Justine* et *Félicia ou mes fredaines* ; inversement, des romans comme *La Découverte australe*, mais également *Imirce ou la fille de la nature*, les *Lettres de deux amants* ou *Pauliska ou la perversité moderne* s'appuient beaucoup sur la motivation narrative et n'emploient jamais, sinon rarement, les remarques métadiscursives. Cependant, le plus souvent, les deux stratégies de légitimation sont présentes toutes deux dans les romans du corpus.

ANALYSE DES VARIATIONS DANS LE CORPUS ROMANESQUE

De manière générale, la poétique de l'écriture descriptive dans le roman répond aux principes qui viennent d'être illustrés avec les portraits et les objets. Or, la fréquence et l'intensité des remarques métadiscursive et de la motivation narrative varient également, notamment entre le

---

1   Outre l'exemple déjà analysé de l'arrivée de Justine à Sainte-Marie-des-Bois (*Justine* 229), il s'agit de la rencontre de Justine avec Monsieur de Gernande où intervient une remarque métadiscursive métaleptique (*Justine* 287), de la rencontre entre Victorine de Loewenstein et le marquis de Saint-Alban dans *L'Emigré*, où la mise en scène se double d'un discrète remarque métadiscursive (*L'Émigré* 37 II), et de la description de Butua lors de l'arrivée de Sainville dans ce royaume (*Aline* 554-555 XXXV).

début et la fin de la période étudiée et en fonction des différentes formes narratives que l'on trouve dans les romans du corpus. Ces deux sources de variations mettent en relief certains aspects précis de la poétique de l'écriture descriptive au XVIIIe siècle ; ces variations permettent en même temps d'émettre une hypothèse raisonnée sur l'évolution, à long terme, de l'écriture descriptive dans le roman.

Les variations les plus fortes et les plus intéressantes de l'importance respective des remarques métadiscursives et de la motivation narrative concernent la forme narrative des romans. Parmi les formes narratives que connaît et invente le roman au cours du XVIIIe siècle, seulement trois ont été retenus dans cette étude : le roman épistolaire, le roman-mémoires et le roman écrit à la troisième personne. Les différences entre ces trois formes narratives ne sont pas sans incidence sur la manière dont le fonctionnement systématique des stratégies de légitimation est modulé. On constate tout d'abord une différence concernant la proportion des passages descriptifs auxquels correspond une remarque métadiscursive, par rapport à l'ensemble des passages descriptifs : dans le roman épistolaire, cette proportion est nettement plus grande qu'en moyenne ; dans le roman-mémoires, elle est légèrement en-dessous de la moyenne ; dans le roman à la troisième personne, enfin, elle est claire-ment en-dessous de la moyenne[1]. Par contraste, la variation du nombre des remarques métadiscursives est relativement faible en fonction de la variable chronologique.

Je voudrais essayer d'expliquer cette répartition avant de la confronter à celle de la motivation narrative. D'une part, l'écriture épistolaire sup-pose une certaine conscience de la situation de communication entre épistolier et destinataire : les épistoliers saluent leurs destinataires, ils commentent leur lecture des lettres reçues et les raisons qu'ils ont d'écrire leurs lettres présentes ; ils répondent aux questions de leurs destinataires, leur posent à leur tour des questions ou les prient de leur répondre. L'écriture épistolaire est ainsi un sujet potentiel de toute lettre ; par conséquent, le passage au niveau métadiscursif que représente toute remarque explicite sur une description semble plus aisé que dans les deux autres formes romanesques. D'autre part, dans le roman par lettres, la description des lieux et des personnages ne va pas de soi : les lieux où

---

1   La proportion des passages descriptifs auxquels correspond une remarque métadiscursive, par rapport à l'ensemble des passages descriptifs, est de 11 % dans le roman épistolaire, de 9 % dans le roman-mémoires et de 8 % dans le roman à la troisième personne ; la moyenne est de 9,8 %. Ici comme ailleurs, 1486 passages descriptifs ont été pris en compte.

se déroule l'action sont le plus souvent assez restreints, conventionnels ou connus des protagonistes (hôtel particulier parisien, château en province), et les épistoliers, qui sont en même temps les protagonistes de l'intrigue, se connaissent souvent. Dans ce contexte, les descriptions de lieux et les portraits de personnages ne sont légitimes qu'à condition de remplir une fonction spécifique dans l'échange épistolaire et, par là même, dans le roman. Ces deux points impliquent que les épistoliers à la fois doivent et peuvent facilement insister sur la fonction ou l'utilité de la description qu'ils introduisent, ce qui pourrait expliquer le taux relativement élevé du métadiscours dans le roman épistolaire.

Pour ce qui est du roman-mémoires, la situation est légèrement différente. Lorsqu'il s'agit d'un récit enchâssé dans un récit-cadre, les narrateurs entrent dans une situation de communication diégétique, et même si ce n'est pas le cas, les narrateurs ne cessent de s'adresser à un destinataire supposé de leur récit. Par conséquent, les narrateurs de romans-mémoires peuvent, avec un certain naturel, faire de leur acte d'énonciation l'objet de leur discours. En outre, les lieux de l'action semblent être plus divers et moins limités à des décors connus ou conventionnels que dans le roman épistolaire : parmi les romans-mémoires étudiés ici, on trouve un nombre particulièrement élevé de romans d'aventures, récits de voyages imaginaires ou d'explorations utopiques : c'est le cas pour au moins six d'entre eux, *Le Compère Mathieu, Giphantie, Le Mendiant boiteux, L'An deux mille quatre cent quarante, Justine* et *Pauliska ou la perversité moderne*[1]. Les personnages rencontrés et les lieux découverts pendant les périples étant nécessairement inconnus des personnages auxquels les narrateurs s'adressent, leur description est plus naturelle et nécessite moins qu'on la justifie par une remarque métadiscursive. Ces données font que ces remarques métadiscursives, quoique possibles, sont cependant moins souvent nécessaires dans le roman-mémoires.

Dans le cas du roman à la troisième personne, le narrateur tend à effacer sa propre voix, donc la situation de communication qui s'instaure entre lui et le narrataire ; par conséquent, les remarques métadiscursives tranchent plus sur le reste du récit et pourraient, pour cette raison, être moins fréquentes dans ce type de roman que dans les deux autres. Il

---

1   Les exceptions à cette règle ne manquent pas, bien sûr : dans plusieurs romans épistolaires, on voyage beaucoup et les épistoliers ont à décrire beaucoup de lieux et de personnages nouveaux : c'est le cas dans *La Nouvelle Clarice* et, dans une moindre mesure, dans *La Nouvelle Héloïse, Émilie de Varmont* et *L'Émigré*. Les récits de Sainville et de Léonore, dans *Aline et Valcour*, participent plus de la forme narrative du roman-mémoire que de celui du roman épistolaire.

n'y a, du moins dans les romans étudié ici, que les narrateurs conscients d'eux-mêmes, et parodiant leur fonction, qui puissent, avec un certain naturel, passer de la narration au métadiscours, comme c'est le cas dans *Jacques le fataliste* (ou de *Félicia ou mes fredaines*, dans le roman-mémoires). Dans les autres cas, le métadiscours entraînerait une certaine solution de continuité dans le discours narratif. Au niveau de la thématique, romans à la troisième personne et romans-mémoires ne se distinguent pas systématiquement. En somme, cela signifie que le métadiscours est dans ces deux types de romans moins facilement introduit et moins souvent nécessaire que dans le roman épistolaire.

En ce qui concerne l'intensité de la motivation narrative, on peut également constater une distribution spécifique, en fonction de la forme narrative des romans concernés : dans le roman épistolaire, la motivation narrative est rarement d'une intensité moyenne ou grande ; en revanche, dans le roman-mémoires, elle l'est assez souvent ; enfin, dans le roman à la troisième personne, elle est d'une intensité moyenne ou grande, dans une proportion qui approche de la moyenne générale[1]. De plus, on constate que la motivation narrative tend à entraîner une narrativisation du discours descriptif plus fréquemment dans le roman épistolaire ou le roman-mémoires que dans le roman à la troisième personne. Dans ce dernier, la motivation narrative peut très bien se combiner à un passage descriptif structuré de manière statique et prototypique : l'intégration formelle de la description dans le tissu narratif est donc plus forte dans le cas des deux premières formes narratives que dans la dernière. Comme dans le cas des remarques métadiscursives, on peut tenter d'expliquer cette distribution particulière.

Pour ce qui est des romans épistolaires, l'importance relativement réduite de la motivation narrative d'une intensité moyenne ou grande peut surprendre. La forme narrative du roman épistolaire implique que dans la plupart des cas, l'épistolier-narrateur est ou a été le témoin de ce qu'il raconte. Le fait qu'il ait eu occasion de vivre les événements et d'apercevoir les personnages, les lieux et les objets va de soi, ce qui fait qu'une assez grande place soit donnée à la motivation narrative, mais implique peut-être aussi que sa mise en valeur appuyée ne soit pas primordiale. Pour ce qui est des roman-mémoires, la perspective narrative

---

1   Dans le roman épistolaire, la motivation narrative est d'une intensité moyenne ou grande dans seulement 25 % des cas ; dans le roman-mémoires, cette proportion atteint 45 % ; dans les romans à la troisième personne, cette proportion est de 33 % ; la moyenne est de 37 %.

implique, comme dans le cas du roman épistolier, que le narrateur a été le témoin de ce qu'il raconte. Or, le lien entre la forme narrative des romans et leur thématique semble à nouveau jouer un rôle : la description des lieux, des personnages et des peuples inconnus des lecteurs implique que leur description s'impose de toute manière, ce qui rend inutile une justification par les remarques métadiscursives ; or, la structure du roman d'aventures ou de voyage, reposant sur le principe du déplacement continuel avec ses arrivées, ses rencontres, ses parcours de découverte, facilite la mise en place de la motivation narrative, même là où elle ne serait pas à strictement parler nécessaire ; cela pourrait expliquer le taux élevé de la motivation narrative dans le roman-mémoires. Quoiqu'au niveau de la thématique, on puisse dire la même chose des romans à la troisième personne, la perspective narrative y est trop différente pour que le même résultat en découle ; en effet, elle fait de la motivation narrative d'un passage descriptif une option facultative, que le romancier, sans y être obligé, peut ajouter pour augmenter le « naturel », tout de convention, de son récit et pour mieux intégrer et légitimer un passage descriptif. De plus, la motivation narrative est moins naturelle dans le cas d'une perspective narrative qui ne se rattache pas à une perspective subjective. Il s'ensuit une place moins importante, mais aussi une présence plus clairement marquée quand elle a lieu, de la motivation narrative dans le roman à la troisième personne.

Quelle est l'incidence de cette distribution sur la thèse de la complémentarité entre les deux stratégies de légitimation ? Pour ce qui est du roman épistolaire, le principe de complémentarité se confirme, puisque les remarques métadiscursives y sont particulièrement fréquentes et la motivation narrative, en retour, rarement d'une intensité moyenne ou grande. Pour les deux autres formes narratives, les résultats quantitatifs ne confirment pas directement une telle complémentarité : dans le roman-mémoires, le métadiscours est moyennement fréquent, tandis que la motivation narrative est très souvent moyenne ou grande ; dans le roman à la troisième personne, le métadiscours est plus rare, mais la motivation narrative n'est pas la plus fréquemment moyenne ou grande. Les raisons qui peuvent expliquer ces distributions particulières semblent prendre ici le dessus sur le principe de complémentarité entre remarques métadiscursives et motivation narrative. Toutefois, ceci concerne uniquement le niveau abstrait et général des distributions quantitatives, et ne met nullement en cause le principe de complémentarité dans les passages descriptifs individuels, où les dérogations à ce principe sont exceptionnelles.

À côté des variations en fonction de la forme narrative, on constate également des variations relativement importantes selon les différentes décennies de l'époque étudiée. Premier constat : l'importance de la motivation narrative est clairement grandissante, puisque entre le début et la fin de la période étudiée, la proportion des passages descriptifs assortis d'une motivation narrative d'une intensité moyenne ou grande augmente clairement ; inversement, la proportion des passages descriptifs qui ne sont dotés que d'une motivation narrative faible décroît avec une régularité assez évidente[1]. Si ces résultats suggèrent que la motivation narrative progresse clairement en intensité pendant la période étudiée, ils montrent aussi que son implantation est assez limitée au début de la période et restera limitée jusqu'à la fin du XVIIIᵉ siècle. Quant aux remarques métadiscursives, les données n'indiquent pas une tendance très claire, entre le début et la fin de la période étudiée : la proportion des passages descriptifs accompagnés d'une remarque métadiscursive ne fait que varier, sans qu'une tendance très claire à augmenter ou à diminuer apparaisse. Ceci est vrai malgré le fait qu'à plus long terme, dès le début du XIXᵉ siècle, les remarques métadiscursives sur la description tendent à s'effacer dans le roman.

Si l'on projette les variations en fonction de la forme narrative et de la variable diachronique sur une échelle plus grande, on peut formuler une hypothèse expliquant l'évolution générale de la poétique de l'écriture descriptive dans le roman et de son intégration dans le tissu narratif entre le XVIIIᵉ et le XIXᵉ siècle. Deux observations forment la base de cette hypothèse. D'une part, les modalités de l'intégration de la description dans le roman dépendent de la forme narrative plus encore que de la variable chronologique. D'autre part, la forme narrative dominante du roman n'est pas la même pour le XVIIᵉ, le XVIIIᵉ et le XIXᵉ siècle. Si l'on combine ces deux phénomènes, on s'aperçoit pourquoi la motivation narrative acquiert progressivement une importance plus grande dans le roman et pourquoi le métadiscours sur la description joue un rôle si central dans le roman du XVIIIᵉ siècle avant de disparaître au XIXᵉ siècle.

Plus précisément, l'argumentation est la suivante : premièrement, l'analyse du corpus montre bien que la motivation narrative est employée, dans les romans à narration autodiégétique (romans épistolaires ou romans-mémoires)

---

1   Au cours des quatre décennies étudiées, la proportion des instances de la motivation narrative à intensité grande et moyenne augmente (de 4 à 12 % et de 24 à 40 %, respectivement), tandis que la proportion des instances de la motivation narrative à intensité faible diminue (de 74 à 48 %).

de façon plus logique et cohérente que dans les romans homo- ou hétéro-
diégétiques (à la troisième personne), parce que le degré de rattachement
des passages descriptifs à une instance subjective y est plus grand et plus
naturel. Ce phénomène est particulièrement net au début de la période
étudiée et tend à s'effacer vers la fin de celle-ci. En même temps, la fréquence
des remarques métadiscursives est moins grande dans le roman à narration
homo- ou hétérodiégétique que dans les deux autres formes de romans.

Deuxièmement, le régime narratif dominant au XVIIe siècle est celui
de la narration à la troisième personne. Les fréquents récits enchâssés
ne sont pas le plus souvent autodiégétiques, mais homodiégétiques :
c'est un témoin proche et non le héros lui-même qui raconte les exploits
de ce dernier. Jean Rousset a montré qu'il existe, au XVIIe siècle, une
véritable méfiance de l'autoportrait qui se fonde sur la conviction que
la connaissance de soi est impossible, surtout à cause de l'amour-propre
et de la saisie seulement instantanée de ce qui se joue pourtant dans la
durée[1]. Préparée par le roman picaresque espagnol, les (rares) mémoires
authentiques et les (également rares) récits autodiégétiques enchâssés
dans le roman hétérodiégétique, une importante mutation vers le récit
autodiégétique ne devient notable, selon René Démoris, qu'à partir de
1680 ; mais elle a pour conséquence qu'à plus long terme, la narration
autodiégétique, sous forme notamment de roman épistolaire ou de roman-
mémoires devient, à partir des années 1730, « la forme canonique » du
roman[2]. De plus, les récits enchâssés sont maintenant pris en charge
par les protagonistes mêmes de l'aventure dont il est question. Pour la
seconde moitié du siècle, les travaux d'Angus Martin, Vivienne Mylne et
Richard Frautschi ont montré que roman épistolaire et roman-mémoires
représentent à eux seuls environ 40 % de la production romanesque
totale[3]. Ils font aussi le constat qu'une nouvelle montée en puissance du
roman à la troisième personne s'annonce, pendant la seconde moitié du

---

1   Cette méfiance se manifeste autant chez les penseurs (François de Sales, Malebranche,
    Nicole) que chez les peintres ou les romanciers (Poussin, Madeleine de Scudéry), et même
    dans le domaine mondain (recueils de portraits). Voir Jean Rousset, *Narcisse romancier*,
    1973 (chap. « L'autoportrait est-il possible ? »).
2   Démoris, *Le roman à la première personne*, 1975/2002, p. 448.
3   Voir Martin, Mylne & Frautschi, *Bibliographie du genre romanesque français, 1751-1800*,
    1977, p. XIII-LII (« Introduction »). Ce chiffre serait beaucoup plus élevé si l'on ne prenait
    en compte que les romans qui rencontrent, aujourd'hui, l'attention des lecteurs et des
    critiques. Toujours est-il qu'il y a une domination constante du roman-mémoires par
    rapport au roman épistolaire. Les 60 % restants sont partagés par le roman hétérodiégé-
    tique et le roman sous forme de dialogue, ainsi que par les formes mixtes et d'autres cas
    particuliers.

XVIIIe siècle. Cette tendance s'amplifie au XIXe siècle, lorsque le roman redécouvre, en quelque sorte, la narration à la troisième personne, mais selon une modalité hétérodiégétique : le narrateur s'efface progressivement, et après Balzac surtout, l'histoire du roman et la réalité fictive semblent s'étaler toutes seules devant les yeux du lecteur.

Troisièmement, ces deux tendances peuvent être mises en corrélation de manière productive. Au XVIIe siècle, la motivation narrative est bien présente, mais elle n'entraîne pas une intégration formelle des passages descriptifs dans le récit : les portraits de personnages et les paysages ne sont pas narrativisés, ils ne sont pas teintés de subjectivité, mais restent des passages de texte détachés, autonomes. Au XVIIIe siècle, la forme narrative autodiégétique, parce qu'elle implique une perspective personnelle, facilite le rattachement des passages descriptifs à une subjectivité, donc la motivation narrative avec la narrativisation et la subjectivisation qu'elle peut impliquer. Par conséquent, le « retour » à la narration hétérodiégétique au XIXe siècle n'est pas pour autant un retour à la pratique narrative du XVIIe siècle. Le règne intermédiaire du roman épistolaire et du roman-mémoires, avec l'importance de la mise en scène d'une subjectivité, notamment à travers la motivation narrative, a exercé une influence sur la façon dont fonctionne désormais la narration hétérodiégétique. Tout se passe comme si dans un premier temps, avait eu lieu une sorte de transfert : le principe de la motivation narrative et de la subjectivisation de l'écriture descriptive, prenant son origine dans la forme narrative autodiégétique, n'y est plus limité mais devient un principe qui régit même la narration hétérodiégétique devenue dominante. Dans un deuxième temps, un processus d'approfondissement et de généralisation fait qu'on n'a plus seulement affaire, au XIXe siècle, à la motivation narrative, mais que celle-ci s'intègre dans une structure plus large de la focalisation interne, fixe ou variable (Gérard Genette), qui concerne à la fois l'écriture descriptive et le discours ou la pensée des personnages. De plus, comme les remarques métadiscursives disparaissent, que le statut de l'écriture descriptive devient moins problématique et la motivation narrative plus systématique, l'effet qu'à cette dernière d'encadrer et de délimiter les passages descriptifs dans le contexte narratif peut s'amplifier au détriment de celui qui consiste à fondre le passage descriptif dans le contexte narratif. Cette analyse des stratégies de légitimation et d'intégration de l'écriture descriptive dans le roman du XVIIIe ne pourrait-elle pas expliquer comment s'est développée une des marques distinctives du roman réaliste et naturaliste ?

La poétique de l'écriture descriptive dans le roman – régie par le statut de la description dans le roman et se manifestant dans les modalités de légitimation et d'intégration des passages descriptifs dans le contexte narratif –, telle qu'elle a été esquissée jusqu'ici, n'est cependant que l'un des deux principaux enjeux de l'écriture descriptive dans le roman du XVIIIe siècle, et elle ne concerne essentiellement que l'une des deux principales formes de l'écriture descriptive à cette époque, celle que j'a choisi de nommer le passage descriptif.

Le second grand enjeu de l'écriture descriptive est celui de son évidence et de son esthétique picturale. Cet enjeu concerne l'ensemble de l'écriture descriptive, passages descriptifs inclus, mais tout particulièrement la modalité de l'écriture descriptive que j'ai choisi de désigner comme le *discours descriptif* : structurellement différent du *passage descriptif*, les enjeux du *discours descriptif* dans le roman ne sauraient être les mêmes. Plus proche de la narration, aux contours souvent plus flous, son intégration dans le tissu narratif pose moins problème. C'est à la découverte du rapport entre écriture descriptive, évidence visuelle et peinture que s'attache donc la troisième et dernière partie du présent ouvrage.

TROISIÈME PARTIE

L'ESTHÉTIQUE PICTURALE
DE L'ÉCRITURE DESCRIPTIVE

Lève-toi, Dibutade, anime mes accens,
Embellis les leçons éparses dans mes
chants,
Mets dans mes vers ce feu qui, sous
ta main divine,
Fut d'un art enchanteur la première
origine.
Antoine-Marin LE MIERRE[1]

Au XVIIIe siècle, les relations entre écriture et peinture sont influencées par les mutations profondes dans le domaine naissant de l'esthétique, mutations qui se déroulent sur l'arrière-plan de l'empirisme de Locke puis du sensualisme de Condillac. Il s'agit d'une évolution des idées esthétiques qui a été décrite par Annie Becq comme un mouvement de la « raison classique » vers « l'imagination créatrice » et par Michel Delon comme un mouvement de la clarté vers l'énergie[2].

L'esthétique picturale de l'écriture descriptive se définit plus exactement sur l'arrière-plan d'une pensée qui amorce un déplacement du contenu vers l'expérience de l'œuvre et qui conjugue la persistance de la doctrine de l'*ut pictura poesis* à une réflexion sur la spécificité des arts. Cette coexistence à la fois jette un doute sur la possibilité des échanges entre les arts et fait que la référence du roman à la peinture peut apporter à celui-ci une valeur supplémentaire qui lui serait sinon inaccessible. Cette référence se manifeste, entre autres, dans le succès du « tableau » en tant que carrefour des arts et dans l'apparition d'une poétique du pittoresque.

L'écriture descriptive dans les romans étudiés ici oblige, en tout état de cause, à envisager une dissociation entre le référent pictural d'une description et la modalité de la représentation, laquelle aspire éventuellement à une qualité picturale ou plus généralement visuelle. À partir d'une telle dissociation, on peut définir les différents aspects de la *picturalité*, c'est-à-dire l'ensemble des qualités picturales pouvant marquer l'écriture descriptive. Cette notion permet d'étudier le second grand enjeu de l'écriture descriptive dans le roman du XVIIIe siècle : associé à l'ancienne notion rhétorique de la

---

1 Le Mierre, *La Peinture*, 1769, p. 2 (chant I).
2 Voir Becq, *Genèse de l'esthétique française moderne*, 1994 et Delon, *L'idée d'énergie au tournant des Lumières*, 1988.

description, cet enjeu concerne l'évidence visuelle de l'écriture descriptive et, par là même, ses relations avec l'art de la peinture.

Une analyse aussi attentive aux référents picturaux qu'aux modalités picturales de l'écriture descriptive aura soin de prendre en compte les descriptions de tableaux peints (portraits, tableaux d'histoire, allégories) ainsi que certains épisodes romanesques (épisodes libertins, domestiques ou oniriques). L'écriture descriptive y est marquée par un traitement contrasté qui produit un chiasme entre les référents picturaux et les modalités picturales de la description. L'analyse de *L'Émigré*, roman par lettres publié en 1797 par Sénac de Meilhan, permettra de concrétiser les perspectives ouvertes par l'analyse du corpus romanesque et de montrer comment, dans cet ouvrage, apparaît aussi un dépassement de l'esthétique picturale observé généralement dans l'écriture descriptive des romans étudiés ici.

ÉCRITURE DESCRIPTIVE ET PEINTURE

L'écriture descriptive entretient, à travers la tradition rhétorique de l'*ekphrasis*, un lien privilégié avec l'évidence visuelle. Pour de nombreuses raisons, la peinture apparaît comme l'art le plus à même de réaliser les aspirations de l'écriture à une telle évidence visuelle. Le lien entre écriture descriptive et peinture apparaît, au XVIIIᵉ siècle, dans un contexte esthétique précis, il est motivé et façonné par un certain nombre de développements dans le domaine de la réflexion esthétique. En ce qui concerne les réflexions sur la langue, on observe un mouvement qui délaisse l'idéal de la clarté pour valoriser l'énergie ou qui, plus précisément, redéfinit le rôle de l'énergie dans un idéal renouvelé de la clarté. L'histoire des langues est cependant envisagée comme l'histoire d'une décadence, histoire pendant laquelle la langue tend à perdre son énergie expressive. Pour ce qui est des réflexions sur les arts et en particulier sur la peinture, il s'opère au cours de la première moitié du XVIIIᵉ siècle un déplacement significatif de la représentation vers l'énergie expressive, et du sujet représenté dans l'œuvre vers les modalités de la représentation et vers l'expérience de l'œuvre. C'est cette situation qui conduit l'écriture descriptive à aspirer à un modèle de la représentation réalisé de manière exemplaire par la peinture telle qu'elle était conçue à l'époque étudiée.

LE CONTEXTE ESTHÉTIQUE : ÉCRITURE ET PEINTURE

Sans revenir ici sur les développements, au début du présent travail, concernant l'*ekphrasis* en tant que discours doué d'évidence, je voudrais seulement rappeler que dans la rhétorique classique, le discours doué d'évidence est celui dans lequel l'orateur évoque une chose de manière tellement claire et limpide (gr. *enargeia*), tellement vivace et animée (gr. *energeia*), que l'auditeur croit la voir plutôt que d'en entendre ou d'en lire la description ; ainsi est-il persuadé de l'existence ou de la vérité de cette chose. Différentes époques ont mis des accents divergents sur les moyens linguistiques propres à produire un tel effet discursif, en fonction des contextes esthétiques et des genres d'écriture concernés. Au XVIIIe siècle, deux exigences, celle de l'évidence visuelle du discours comme appel aux sens et à l'imagination d'une part, celle de l'énergie du discours comme concentration sémantique, force d'expression et effet émotionnel d'autre part, se rejoignent pour former une nouvelle exigence du discours qui est celle d'une évidence visuelle et pragmatique. C'est elle qui est au centre de l'esthétique de l'écriture descriptive dans les romans étudiés ici.

L'ÉNERGIE DE LA LANGUE : UN RETOUR AUX ORIGINES ?

La pensée sur l'art au XVIIIe siècle par rapport à celle du XVIIe siècle est marquée par la redéfinition de notions comme l'imagination, le génie, le goût, le sentiment, le sublime ou le beau et par le nouveau rôle qu'on leur accorde dans la production et la réception des œuvres d'art[1]. Dans le contexte de ces transformations, l'un des principaux concepts autour desquels se cristallise une réflexion sur l'évidence du discours est celui de l'énergie. Après l'ouvrage de Jacques Chouillet sur *Diderot poète de l'énergie*, Michel Delon a sensiblement élargi le propos dans la perspective de l'histoire des idées et montré que l'idée d'énergie était au centre de nombreux débats et contradictions du XVIIIe siècle[2].

À cette époque, l'énergie est clairement valorisée dans la réflexion sur les langues et le langage poétique. Au XVIIe siècle, marqué par le rationalisme cartésien et l'esthétique normative classique, la clarté du discours avait primé sur son énergie, cette dernière ayant été vue comme une source potentielle de désordre et d'obscurité. C'est encore la position défendue par Jean Frain du Tremblay dans son *Traité des langues* (1703). Dans le contexte de la récente Querelle des Anciens et des Modernes, il compare le degré de « perfection » et de « décadence » des langues anciennes et du français. Ce faisant, il constate que l'abondance et la précision du discours contribuent à sa clarté, mais que la densité sémantique et l'intensité y sont défavorables[3]. L'importance de la clarté dans la langue survit jusqu'au dernier tiers du XVIIIe siècle. Cependant,

---

1 Becq, *Genèse de l'esthétique française moderne*, 1994.
2 Chouillet, *Diderot, poète de l'énergie*, 1984 ; Delon, *L'idée d'énergie au tournant des Lumières*, 1988. Mes développements dans ce chapitre doivent beaucoup, évidemment, au livre de Michel Delon.
3 Frain du Tremblay, *Traité des langues*, 1703.

un discours nouveau sur l'énergie de la langue apparaît dès la fin du XVIIᵉ siècle, redéfinit le rapport entre clarté et énergie et se manifeste dans le traitement particulier que subit la notion du « je ne sais quoi », mais également dans les théories de l'origine du langage telles qu'elles se présentent au XVIIIᵉ siècle.

Depuis les travaux d'Erich Köhler sur le « je ne sais quoi », on sait combien cette notion est liée à la grâce attrayante et à la beauté mystérieuse de la femme, au sentiment inexplicable de l'amour que ces attraits éveillent, à l'indéfinissable qualité propre à chaque personnalité accomplie et à la source inconnue et irrationnelle de la création artistique[1]. Au moment où la poétique normative classique commence à être mise en question, Dominique Bouhours, dans son ouvrage sur *La Manière de bien penser dans les ouvrages d'esprit* (1687), donne un éclairage particulier au « je ne sais quoi » : après avoir cité plusieurs passages de la Bible contenant des personnifications de la mer, du ciel et de la terre, il dit que ces formules ont « je ne sçay quoy d'énergique qui peint la chose vivement & noblement tout ensemble[2] ». Sans tenter de définir l'indéfinissable « je ne sais quoi », l'auteur l'associe cependant à la fois à l'énergie et à l'idée d'une représentation vive et recourt à la métaphore picturale ; il inscrit donc le « je ne sais quoi » dans un domaine où énergie et peinture se rencontrent.

À l'époque des Lumières naissantes, Marivaux propose, dans *Le Cabinet du philosophe* (1734) et sous forme d'allégorie, une théorie du « je ne sais quoi ». Dans cette allégorie, deux jardins sont comparés : celui de la beauté séduit par sa régularité, son ordre et son harmonie, mais on s'en lasse rapidement ; par contraste, celui du « je ne sais quoi » fascine par son savant désordre et son irrégularité, par les surprises qu'il ménage et le mouvement qui l'anime, et il plaît durablement[3]. Cette allégorie s'applique chez Marivaux aux arts et à la langue, mais est en même temps un manifeste du décousu et de l'irrégularité qui régissent sa propre pratique d'écriture dans ses écrits journalistiques[4]. La réflexion sur le « je ne sais quoi » affecte jusqu'à la notion de beauté, qui n'est plus seulement respect des règles de composition et souci de clarté, mais qui s'avère concurrencée par une nouvelle idée de la beauté comme surprise

---

1   Voir Köhler, « "Je ne sais quoi" », 1955/1966 sur l'histoire de la notion de la Renaissance au romantisme.
2   Bouhours, *La Manière de bien penser dans les ouvrages d'esprit*, 1687, p. 126.
3   Marivaux, *Journaux et Œuvres diverses*, 1988, p. 346-351 (« Seconde feuille »).
4   Voir certaines contributions à Jomand-Baudry, éd., *Marivaux journaliste*, 2009.

progressive, comme processus, effet, énergie[1]. Marivaux est en même temps le premier à avoir défini et défendu une notion d'énergie (de « force », dit-il) de la langue qui ne s'oppose pas à la clarté, mais qui est en fait une condition première de cette clarté. La langue doit être non seulement claire, mais suggestive, c'est-à-dire faisant appel à l'imagination du lecteur. Avec le « je ne sais quoi », on assiste donc à une inversion des priorités : au lieu que la clarté prime sur l'énergie, c'est maintenant l'énergie qui devient une condition première à une clarté devenue secondaire. Cependant, contrairement à la beauté classique, le « je ne sais quoi » et l'énergie de la langue échappent à toute définition précise et positive ; leur présence dans le langage de manière générale, et plus particulièrement dans la prose française écrite, ne va nullement de soi.

Le rapport entre clarté et énergie est justement un enjeu des théories (ou des mythes) de l'origine du langage, lesquelles au XVIIIe siècle, instaurent une vision historique du langage et décrivent son évolution comme un mouvement allant de débuts gestuels, iconiques, figuratifs et suggestifs à des formes de plus en plus réflexives, abstraites, analytiques[2]. C'est le cas dans l'influent *Essai sur l'origine des connaissances humaines* (1746) de Condillac, ouvrage qui prolonge les travaux et approfondit la « méthode génétique » (Ernst Cassirer) de John Locke ; Condillac s'y propose de remonter aux origines des idées et des signes linguistiques et de montrer que le langage est le fondement de la « liaison des idées » et de la réflexion analytique[3]. Dans la seconde partie de son ouvrage, consacrée à la genèse du langage, Condillac imagine comment deux enfants vivant seuls et sans langage auraient commencé à pratiquer un « langage d'action » : ce dernier, au lieu d'être constitué de signes arbitraires et isolés représentant des objets précis ou communiquant des idées uniques, serait fait de quelques gestes qui serviraient à signaler une situation complexe, formée de besoins, de sentiments et de circonstances concrètes. De plus, les gestes ou cris qui constituent ce langage d'action n'auraient acquis leur signification et leur portée pragmatique qu'à travers l'interprétation de la situation dans l'esprit de celui qui les voit ou les regarde[4]. Les dimensions émotionnelle et pragmatique seraient donc inscrites dans l'origine du langage.

---

1   Voir Delon, *L'idée d'énergie au tournant des Lumières*, 1988, p. 70.
2   Voir Edler, *Der spektakuläre Sprachursprung*, 2001, p. 15-18.
3   Condillac, *Essai sur l'origine des connaissances humaines*, 1746/2002, p. 9-10 (« Introduction »).
4   Markus Edler (*Der spektakuläre Sprachursprung*, 2001, p. 161-208) montre comment l'épistémologie forme le cadre de la théorie du langage, dans l'*Essai sur l'origine des*

À partir de ce langage d'action, Condillac suppose une évolution progressive des moyens d'expression à la disposition des hommes. Pendant un certain temps, le langage d'action restait supérieur aux premières langues rudimentaires : « C'est qu'agissant sur l'imagination avec plus de vivacité, il faisoit une impression plus durable. Son expression avoit même quelque chose de fort et de grand, dont les langues, encore stériles, ne pouvoient approcher[1] ». À mesure que les langues évoluent, elles perdent progressivement, selon Condillac, leur vivacité, leur force, leur caractère figuré et accentué, mais acquièrent davantage de clarté, de précision, d'abstraction et de pouvoir analytique[2]. C'est un développement qui concerne également, dit Condillac, le passage de la poésie à la prose, la poésie apparaissant ensuite comme le retour à un état antérieur du langage : dans la poésie, « le style, afin de copier les images sensibles du langage d'action, adopta toutes sortes de figures et de métaphores, et fut une vraie peinture[3] ».

Condillac n'envisage pas cette évolution uniquement comme une décadence, la langue idéale étant pour lui celle qui établit un équilibre entre clarté et énergie. Cependant, il explique que dans des langues telles que le latin, le procédé de l'inversion permet de s'éloigner de l'ordre qui correspond à la liaison « naturelle » des idées pour « augmenter la force et la vivacité du style » et pour « exciter l'imagination[4] ». Afin d'expliquer comment les constructions phrastiques avec inversion opèrent de tels effets, Condillac a de nouveau recours à une comparaison avec la peinture : il explique que les inversions « font un tableau » :

> [...] elles réunissent dans un seul mot les circonstances d'une action, en quelque sorte comme un peintre les réunit sur une toile : si elles s'offroient l'une après l'autre, ce ne seroit qu'un simple récit[5].

En se rapprochant du langage d'action dans lequel un seul geste englobait toute une situation complexe, les inversions transgressent la linéarité du langage, garante de la mise en ordre des pensées, et permettent de réaliser dans le langage des qualités propres à la fois au langage d'action et à la peinture, deux formes d'expression se caractérisant par

---

connaissances humaines, et souligne que la naissance du langage dépend, pour Condillac, d'un acte herméneutique.

1 Condillac, *Essai sur l'origine des connaissances humaines*, 1746/2002, p. 103 (II.1, § 10).
2 *Ibid.*, p. 123, 131 et 134 (II.1, § 51, 67 et 77).
3 *Ibid.*, p. 130 (II.1, § 66).
4 *Ibid.*, p. 151-152 (II.1, § 120-121).
5 *Ibid.*, p. 152 (II.1, § 122).

leur capacité d'une synthèse significative et d'un appel à l'imagination. Or, la valorisation de l'énergie coïncide avec le constat d'un manque d'énergie dans la langue française, laquelle, constate Condillac, se prête bien moins que le latin aux inversions, et reste donc par rapport à ce dernier, en ce qui concerne l'énergie linguistique, dans une situation de déficience : si le français convient davantage à l'analyse, donc à la philosophie, le latin est plus propre à faire appel à l'imagination et à servir dans la poésie[1]. Dans cette situation, la référence à la peinture par d'autres moyens que l'inversion pourrait bien constituer un moyen d'augmenter l'énergie et la vivacité de la langue française.

La position de Rousseau, dans son *Essai sur l'origine des langues* (resté inachevé et publié de manière posthume en 1781) n'est similaire à celle de Condillac qu'en ce qui concerne la valorisation de l'énergie dans le langage des gestes, les expressions figurées et la peinture. L'origine du langage réside pour Rousseau non dans les besoins, mais dans les passions ; et l'énergie de la langue apparaît pour lui non pas dans la concentration sémantique de l'expression, mais dans le mouvement, l'insistance et l'amplification. Délaissant une logique imitative des arts dans laquelle la peinture est la maîtresse des arts, Rousseau se trouve déjà dans une logique pleinement expressive des arts, dans laquelle la musique est supérieure à la peinture[2]. Par ailleurs, cette position a des retombées dans sa pratique descriptive : la peinture est soumise à une critique sévère de la part de Saint-Preux, dans l'épisode du portrait envoyé par Julie, et les moments descriptifs les plus intenses dans *La Nouvelle Héloïse*, comme la description du Valais ou celle du jardin de Julie ne forment pas des « tableaux » fixes, mais relèvent d'une logique du parcours et de la mobilité. La musique, promise à un bel avenir de modèle de tous les arts, reste cependant inférieure à la peinture tant que l'on continue de concevoir l'art comme essentiellement imitatif. L'importance de la musique, qui s'annonce chez Rousseau et même chez Diderot, comme le montre Michel Delon, ne trouve pas encore sa pleine expression dans la majorité de la prose narrative publiée pendant la seconde moitié du XVIIIᵉ siècle[3]. Ailleurs que chez Rousseau, dans les romans étudiés ici, on peut en voir tout au plus des signes annonciateurs, ici ou là : dans les *Sacrifices de l'amour* de Dorat, par exemple, les

---

1   Voir *ibid.*, p. 166 (II.1, § 156).
2   Rousseau, *Essai sur l'origine des langues*, 1781/1995. Sur ce texte, voir Delon, *L'idée d'énergie au tournant des Lumières*, 1988, p. 85-89.
3   Sur ce point, voir Käuser, « Ut pictura poesis – ut musica poesis », 2001.

inexprimables plaisirs d'une nuit d'amour sont suggérés par la notation d'une musique « animée, rapide, expressive » qui parle plus directement à l'imagination que les détails descriptifs (*Sacrifices* 69 I.XXII).

Malgré ces divergences, on peut retenir que la philosophie du langage du XVIIIe siècle conçoit l'évolution des langues comme une décadence progressive et un éloignement des origines. Cet éloignement est conçu comme une perte de force d'expression et une évolution qui va vers l'abstraction progressive au détriment de la sensualité et de l'expressivité des langues. De plus, cette évolution marque la perte d'une certaine forme de connaissance, une connaissance par l'évidence des sens : pour contrer cette perte qu'ils constatent, les philosophes réclament la « re-sensualisation » du langage, laquelle est comprise par les écrivains et les poètes comme un processus esthétique qui rend un objet accessible aux sens[1]. Trois principales stratégies de re-sensualisation sont discutées par les penseurs et les poètes au XVIIIe siècle : la métaphore, l'inversion et les « expressions énergiques » diderotiennes. Dans la mesure où ces moyens linguistiques permettent de produire des référents du discours qui ne préexistent pas au discours lui-même, ils participent également du mouvement vers une esthétique de l'expression et de l'imagination créative.

Conçu dans une perspective strictement rhétorique, l'ouvrage de l'abbé Sensaric sur *La Manière de peindre à l'esprit* (1758) montre le lien conceptuel renouvelé entre la peinture et les figures de rhétorique. L'ouvrage est essentiellement un long répertoire raisonné et commenté d'un type particulier d'extraits de textes : souvent descriptifs, ceux-ci sont désignés comme des « images » qui « peignent les objets », « parlent vivement à l'imagination » et « émeuvent » l'auditeur[2]. Selon l'abbé, ces images comportent à leur tour une ou plusieurs images entendues au sens de figures de rhétorique qui ne se limitent pas, dit-il, à l'hypotypose ou à la métaphore, mais peuvent être très variées. Sensaric distingue les images morales (évocations de vices et de vertus) des images physiques (évocations de personnes et de lieux) et oppose les images aux descriptions, ces dernières étant pour lui associées à l'amusement et la distraction, à la froideur et la stérilité. C'est une manière de valoriser les images aux dépens de la simple description, stratégie légitimatrice qui

---

1 Dirk Oschmann (« "Versinnlichung" der Rede », 2002, p. 288-289) parle de la perte d'une « anschauliche Erkenntnis ». Par la suite, Oschmann (*Bewegliche Dichtung*, 2007) a reconstruit la position centrale de la notion de « mouvement » dans la théorie esthétique et la pratique poétique du tournant du XVIIIe siècle.

2 Sensaric, *L'Art de peindre à l'esprit*, 1758, p. I-IV (« Préface »).

est en même temps révélatrice, une fois de plus, de la double notion de l'écriture descriptive au XVIIIe siècle.

Dépassant le cadre rhétorique, les pages de Diderot sur l'hiéroglyphe poétique constituent probablement la réflexion la plus frappante concernant la recherche d'une expressivité maximale du langage. Dans sa *Lettre sur les sourds et les muets* (1751), Diderot prend position dans les débats littéraires de son époque, par rapport en particulier à Batteux et Condillac, concernant la comparaison entre la poésie antique et moderne, la question de l'ordre « naturel » de la pensée ou de l'inversion dans les langues. Une réflexion sur le geste comme image, sur son caractère synthétique, son intensité et sa perception instantanée, prépare la réflexion diderotienne sur l'« hiéroglyphe ». Diderot évoque un certain « esprit » indéfinissable qui serait présent, en particulier, dans les descriptions que l'on peut trouver dans l'ode ou la poésie épique :

> Il passe alors dans le discours du poète un esprit qui en meut et vivifie toutes les syllabes. Qu'est-ce que cet esprit ? j'en ai quelquefois senti la présence, mais tout ce que j'en sais, c'est que c'est lui qui fait que les choses sont dites et représentées tout à la fois ; que dans le même temps que l'entendement les saisit, l'âme en est émue, l'imagination les voit, et l'oreille les entend ; et que le discours n'est plus seulement un enchantement de termes énergiques qui exposent la pensée avec force et noblesse, mais que c'est encore un tissu d'hiéroglyphes entassés les uns sur les autres qui la peignent. Je pourrais dire en ce sens que toute poésie est emblématique[1].

Avec la formule que « les choses sont dites et représentées à la fois », Diderot fait référence à la conception de l'évidence telle qu'elle apparaît dans les définitions de l'hypotypose, qui selon Lamy par exemple, évoque les choses absentes « comme présentes ». En outre, Diderot souligne l'efficacité multi-sensorielle du discours « vivifié » qui affecterait tout à la fois et sans délai l'oreille, l'entendement, l'âme, et l'imagination. Les « termes énergiques » font également partie du discours vivifié, mais ne suffisent pas pour le produire. L'idée centrale vient en dernier : le discours vivifié est « un tissu d'hiéroglyphes entassés les uns sur les autres qui [...] peignent » la pensée. Ces hiéroglyphes sont des signes linguistiques proposant un condensé de signification d'où ils tirent à la fois une grande force pour affecter les sens et l'imagination et un certain caractère mystérieux et profond. Dans ce sens, on peut comprendre l'hiéroglyphe comme une tentative de donner au langage la même force

---

1   Diderot, *Œuvres IV : Esthétique*, 1996, p. 34.

expressive et immédiate que celle qu'on prête à la peinture. En même temps, l'hiéroglyphe diderotienne représente un arrêt de la temporalité, une suspension de la linéarité du langage ; sous cet angle, elle peut être comprise comme la recherche d'un signe linguistique qui transcenderait la linéarité du langage et sa dépendance des règles syntaxiques[1].

Diderot ne semble plus avoir fait usage du concept de l'hiéroglyphe après la *Lettre sur les sourds et les muets*. Il se pourrait que son caractère énigmatique, la nécessité de déchiffrer laborieusement le tissu qu'elle forme, ne lui paraissait plus capables d'effets forts et immédiats[2]. Cependant, au cours des années 1750, Diderot ne se détourne ni d'une recherche de l'expressivité et de l'effet émotionnel de l'art ni d'une attention pour les qualités picturales du langage. Avant même de commencer l'entreprise des *Salons*, dans lesquels la recherche d'équivalents verbaux à la peinture deviendra centrale, et avant de se lancer dans la rédaction de *La Religieuse* et de *Jacques le fataliste*, Diderot délaisse la poésie pour se consacrer au théâtre en prose, domaine dans lequel il développera comme concept-clé de son esthétique du drame bourgeois l'idée du « tableau » théâtral. Quant au roman, Diderot opère un lien entre l'adhésion du lecteur à l'histoire et l'évidence visuelle. On se souvient que pour l'abbé Prévost, un roman réussi était un « traité de morale, réduit agréablement en exercice[3] ». Le roman, au lieu de proposer de froides analyses et de sèches dissertations morales, doit montrer par le destin des protagonistes ce qu'est une conduite morale ; plutôt que de convaincre son lecteur par des arguments, il doit le faire adhérer aux situations dans lesquelles se trouvent les protagonistes et lui faire sentir le bon chemin. Diderot associe, dans l'« Éloge de Richardson » (1762), ce genre d'adhésion du lecteur à l'idée que le roman doit faire appel à l'imagination :

> Une maxime est une règle abstraite et générale de conduite dont on nous laisse l'application à faire. Elle n'imprime par elle-même aucune image sensible dans notre esprit : mais celui qui agit, on le voit, on se met à sa place ou à ses côtés, on se passionne pour ou contre lui ; on s'unit à son rôle, s'il est vertueux ; on s'en écarte avec indignation, s'il est injuste et vicieux[4].

---

1 Kate Tunstall (« Hieroglyph and device in Diderot's *Lettre sur les sourds et muets* », 2000), après avoir relevé ces charactéristiques de l'hiéroglyphe diderotienne, la rapproche non pas de l'hiéroglyphe égyptienne ou de l'emblème, mais de la devise héraldique.

2 Voir Körner, « Die Sprachen der Künste », 1990, qui discute ces deux aspects de l'hiéroglyphe diderotienne.

3 Prévost, *Histoire du Chevalier Des Grieux et de Manon Lescaut*, 1731/1953, p. 5 (« Avis au lecteur »).

4 Diderot, *Contes et romans*, 2004, p. 897.

L'adhésion du lecteur à l'histoire, son identification avec les protagonistes dépendent, pour Diderot, de la capacité du roman à transformer une « règle abstraite » en une « image sensible » : évidence visuelle et adhésion se rejoignent, la première étant la condition de possibilité de la seconde.

UT PICTURA POESIS, OU LA PEINTURE COMME MODÈLE

Si l'écriture descriptive peut être comprise comme aspirant à une évidence visuelle et pragmatique, comme recherchant l'effet de présence et l'effet émotif à la fois, alors la peinture apparaît comme le moyen d'expression artistique le mieux à même de répondre à une telle aspiration. Dans son ouvrage récent sur l'esthétique de la description, Heinz Drügh défend la position selon laquelle la peinture, parce qu'elle est comprise comme un art dans lequel l'abyme entre le signifiant et le signifié serait aboli, représente un complément idéal aux « besoins » de la description[1]. Une telle configuration renverse la situation du XVIIᵉ siècle, où la peinture n'accède à un statut supérieur que parce qu'elle prend la littérature comme modèle : dans un tel contexte, la peinture était à la fois restée hétéronome et gardait clairement sa fonction d'imitation et d'instruction. Dorénavant, la peinture peut devenir un modèle pour l'écriture. En effet, reprenant des positions formulées par l'abbé Dubos, le Chevalier de Jaucourt note dans l'article « Peinture » de l'*Encyclopédie* :

> Il paroît même que le pouvoir de la *Peinture* est plus grand sur les hommes que celui de la Poésie, parce que la *Peinture* agit sur nous par le moyen du sens de la vue, lequel a généralement plus d'empire sur l'ame que les autres sens, & parce que c'est la nature elle-même qu'elle met sous nos yeux[2].

Par conséquent, la peinture occupe une position forte, voire dominante, dans le champ des arts. Certes, le XVIIIᵉ siècle n'est pas dominé par le visuel de manière comparable au XXᵉ ou XXIᵉ siècle où la multiplicité, la disponibilité et la mobilité des images sur différents supports, mais aussi le mélange permanent des images, paroles et textes atteignent une dimension plus déstabilisante. Toutefois, il ne faudrait pas sous-estimer l'importance des arts visuels (peinture, dessin, gravure, tapisserie, émail, etc.) au XVIIIᵉ siècle. Comme le note Jean Hagstrum en 1958, dans son étude fondatrice sur le *Literary Pictorialism* :

---

1   Voir Drügh, *Ästhetik der Beschreibung*, 2006, p. 135.
2   *Encyclopédie*, 1751-65/2010, t. XII, p. 268.

The eighteenth century saw the culmination of the literary man's increasing sophistication in the visual arts. In no previous age did writers to the same extent see and understand paintings, possess such considerable collections of prints and engravings, and read so widely the criticism and theory of the graphic arts[1].

La fréquentation, la connaissance et l'étude des arts visuels se lient à un deuxième phénomène, celui de l'importance grandissante à la fois de l'empirisme et la centralité accordée à la perception sensorielle et notamment visuelle. La plus grande accessibilité des instruments optiques comme le télescope ou le microscope dont on peut admirer les effets dans les cabinets de curiosités, mais aussi des appareils comme la lanterne magique, changent les manières de voir le monde, exercent une fascination durable et installent le visible au cœur des pratiques culturelles de l'époque[2].

Le facteur le plus important pour la nature précise des relations entre description et peinture au XVIIIe siècle reste cependant la façon dont à cette époque, la tradition de l'*ut pictura poesis* se conjugue à une réflexion sur les spécificités des arts. Quoiqu'il soit progressivement mis en question, le principe de l'*ut pictura poesis*, hérité de la Renaissance et du siècle classique, continue néanmoins d'informer et d'influencer la réflexion sur la relation des arts. En même temps, dans le contexte d'une autonomisation des arts, la réflexion s'oriente de plus en plus vers les propriétés spécifiques qu'il convient d'attribuer à la peinture et à l'écriture[3].

Dans son contexte d'origine, c'est-à-dire dans l'*Art poétique* d'Horace, l'expression « ut pictura poesis » n'exprime pas une identité essentielle ou générale entre la poésie et la peinture[4]. Or, lorsque se développe, à partir du milieu du XVIe et sous l'égide d'Horace et d'Aristote, une théorie humaniste de la peinture, les auteurs de traités sur la peinture et la poésie ont pour objectif d'illustrer la noblesse de la peinture au même titre que celle de la poésie, et ils citent volontiers la comparaison établie

---

1   Hagstrum, *The Sister Arts*, 1958, p. 130.
2   Les manières dont les nouveaux instruments optiques se répercutent sur les stratégies d'écriture au XVIIe et XVIIIe siècle sont étudiées par Witthaus, *Fernrohr und Rhetorik*, 2005.
3   Voir Buch, *Ut Pictura Poesis*, 1972, qui fait l'histoire de la critique de la description sur la base d'une dialectique entre *ut pictura poesis* et séparation des arts sous le signe du *Laocoon* de Lessing.
4   Horace, *Épîtres*, 2002, p. 221 (v. 361-365) écrit : « Il en est d'une poésie comme d'une peinture : telle, vue de près, captive davantage, telle autre vue de plus loin ; l'une veut le demi-jour, l'autre la lumière, car elle ne redoute pas le regard perçant du critique. »

par Horace : en la privant de son contexte et par une lecture à strictement parler abusive de l'*ut pictura poesis*, ils étendent considérablement sa portée pour en faire le garant d'une équivalence fondamentale des deux arts[1]. Jusqu'au XVIIIe siècle, la peinture et les lettres partagent, comme le dit Rémy Saisselin, un héritage commun de thèmes et de valeurs, de manière à ce que l'idée d'une équivalence entre les arts puisse rester hautement influente[2]. Les comparaisons systématiques entre la poésie et la peinture, apparues à la Renaissance, continuent d'exister au XVIIIe siècle, par exemple dans *Les Beaux-arts réduits à un même principe* (1746) de l'abbé Charles Batteux. En fait, comme le signale Rensselaer W. Lee, presque tous les traités sur l'art et les lettres écrites entre le milieu du XVIe et le milieu du XVIIIe siècle notent les relations étroites qu'entretiennent la peinture et la poésie :

> The sister arts as they were generally called [...] differed, it was acknowledged, in means and manner of expression, but were considered almost identical in fundamental nature, in content, and in purpose[3].

Le cœur de la comparaison est resté la fonction commune que l'on voyait dans l'imitation de la nature humaine idéalisée. La doctrine de l'imitation de la belle nature, au centre de la théorie humaniste de la peinture (et de la poésie), est demeurée vivante tout au long du XVIIe siècle et constitue encore le fondement du traité de Batteux. Ce principe commun des arts, reposant sur une conception des arts qui tend à en effacer la matérialité pour en faire une représentation transparente, garantit la possibilité de transposer des contenus d'un art à l'autre, sans perte essentielle[4]. Dans cette situation générale, la peinture peut devenir, de sœur cadette de la poésie qu'elle était encore chez Perrault[5], le modèle même de la représentation. Comme le dit Antoine-Marin Le Mierre, dans son éloge de la peinture :

> La toile est un miroir où l'objet présenté
> Même loin du modèle est encor répété[6].

1   Voir Lee, « Ut pictura poesis », 1940, p. 199-201.
2   Saisselin, « Ut pictura poesis », 1961, p. 144.
3   Lee, « Ut pictura poesis », 1940, p. 197.
4   La réception de l'*ut pictura poesis* au XVIIIe siècle est analysée par Saisselin, « Ut pictura poesis », 1961. Markiewicz, « Ut Pictura Poesis », 1987 prolonge l'histoire du *topos* jusqu'au XXe siècle.
5   Perrault, *La Peinture*, 1668/1992, p. 85 (v. 21-22).
6   Le Mierre, *La Peinture*, 1769, p. 5-6.

À travers la mise en analogie avec le miroir, et parce qu'il soude par la rime l'idée de la présence et de la répétition, Le Mierre définit la peinture comme l'art de la représentation par excellence. La peinture peut devenir le vecteur essentiel de l'évidence dans le discours descriptif du roman. Mais chez l'abbé Batteux se manifeste également la seconde tendance décrite par Lee : la conviction que le principe commun des arts est l'imitation de la (belle) nature, s'associe à une conscience des différentes modalités matérielles et sémiotiques (avant la lettre) de ceux-ci :

> De sorte qu'on voit d'un côté, la liaison intime et l'espèce de fraternité qui unit tous les arts tous enfants de la nature, se proposant le même but, se réglant par les mêmes principes : de l'autre côté, leurs différences particulières, ce qui les sépare et les distingue entre eux. [...]
> Ainsi la peinture imite la belle nature par les couleurs, la sculpture par les reliefs, la danse par les mouvements et par les attitudes du corps. La musique l'imite par les sons inarticulés, et la poésie enfin par la parole mesurée. Voilà les caractères distinctifs des arts principaux[1].

Ces différences entre peinture et poésie concernent en particulier la représentation du temps, des passions et du visible. Avant l'abbé Batteux, mais de manière plus fondamentale, l'abbé Dubos avait distingué, dans ses *Réflexions critiques sur la poésie et sur la peinture* de 1719, la peinture et la poésie selon les types de signes qu'elles emploient : selon lui, la première opère à l'aide de signes dits naturels qui entretiennent un lien direct avec leur référent, tandis que la seconde opère avec des signes dits institués, qui n'entretiennent qu'un lien de convention avec leur référent. De cette différence, Dubos déduit non seulement qu'il y a des thèmes plus propres à la peinture et d'autres spécifiques à la poésie, mais également qu'il existe un avantage pour la peinture par rapport à la poésie, quant à la production et la réception de l'art :

> Je crois que le pouvoir de la peinture est plus grand sur les hommes que celui de la poésie et j'appuie mon sentiment sur deux raisons. La première est que la peinture agit sur nous par le sens de la vue. La seconde est que la peinture n'emploie pas des signes artificiels, ainsi que le fait la poésie, mais bien des signes naturels[2].

C'est précisément parce que l'on commence à reconnaître à la peinture des spécificités et des qualités souhaitables, que la référence de la description à la peinture ne va plus de soi, dans une commutabilité

---

1 Batteux, *Les Beaux-arts réduits à un même principe*, 1746/1989, p. 78 et 99.
2 Dubos, *Réflexions critiques sur la poésie et sur la peinture*, 1719/1993, p. 133 (I.40).

généralisée, mais est à la fois difficile et avantageuse : si l'on arrive à décrire d'une manière qui soit modelée sur la peinture, qui en reproduise les effets, on donne au discours une force comparable à celle de la peinture :

> Est-ce un paradoxe si à cette mutation qui sépare théoriquement le texte littéraire de la peinture, correspond la volonté de l'œuvre littéraire de s'approprier ce qui était jusque-là le propre de la peinture ? Thèmes et structures pouvaient depuis longtemps s'échanger entre le texte et la toile, c'est désormais la représentation picturale elle-même que l'écrivain tente d'annexer à son travail[1].

Dans le régime de l'imitation et de l'*ut pictura poesis*, le sujet d'un tableau (correspondant à l'*inventio*) peut être transposé sans difficulté dans un autre art. À partir de la seconde moitié du XVIIIe siècle, on commence à concevoir que la poésie ou la description poétique peut reproduire, avec ses propres moyens d'expression, non pas littéralement les couleurs et les lignes, mais l'énergie et l'effet esthétique de la peinture. Dans le discours esthétique de l'époque étudiée, le fait que la peinture est envisagée comme un modèle pour l'écriture descriptive se manifeste concrètement dans l'importance accordée à deux concepts : celui du « tableau » et celui du « pittoresque » qui sont de véritables lieux d'articulation entre les arts.

LE TABLEAU ET LE PITTORESQUE

Le terme « tableau », bien que relevant évidemment de la métaphore picturale, acquiert au XVIIIe siècle une véritable autonomie comme concept esthétique. Pendant l'époque étudiée, ce n'est plus en premier lieu un terme qui permet de penser une certaine forme de savoir, une certaine manière, décrite par Michel Foucault, d'organiser le savoir en des structures synoptiques et systématiques. Ce « savoir tabulaire » et statique commence à faire place à des modèles historiques, dynamiques, génétiques, que ce soit dans le domaine de l'histoire naturelle ou dans la philosophie[2]. Par ailleurs, au cours du XVIIIe siècle et dans le domaine des belles-lettres, le terme « tableau » s'émancipe progressivement d'une association exclusive à l'hypotypose. La notion de tableau devient un procédé de la représentation littéraire dans différents genres : dans

---

1   Delon, « L'esthétique du tableau et la crise de la représentation classique », 1989, p. 12-13.
2   Annette Graczyk (*Das literarische Tableau zwischen Kunst und Wissenschaft*, 2004) a montré comment le « tableau », en se dynamisant, a pu dépasser partiellement ses limitations et continuer d'informer le discours scientifique.

l'esthétique théâtrale de Diderot, Beaumarchais et Mercier, dans la description picturale chez Diderot, Bernardin de Saint-Pierre ou Sade et dans les procédés d'écritures mis en œuvre par Diderot dans ses *Salons*, mais également dans l'apparition de nouveaux genres, comme les écrits sur la ville de Mercier, par exemple[1].

En ce qui concerne le théâtre, Pierre Frantz a montré comment se forme, au XVIIIe siècle, une véritable *esthétique du tableau* qui à la fois s'inspire du tableau peint, se diversifie sous l'influence des conditions proprement dramatiques, et ne manque pas d'influencer à son tour le « tableau » dans le roman[2]. Pierre Frantz retrace comment le terme évolue, autour de 1750, à la suite d'une réflexion renouvelée sur la peinture : chez Diderot, le « tableau » prend un sens plus spécifiquement théâtral, car le tableau n'y est pas une simple représentation verbale, mais une disposition de personnages en des attitudes insistantes[3]. Ainsi, dans les *Entretiens sur le Fils naturel* de 1757, manifeste du « drame sérieux », Diderot définit-il le tableau théâtral de la manière suivante : « Une disposition [des] personnages sur la scène, si naturelle et si vraie, que, rendue fidèlement par un peintre, elle me plairait sur la toile, est un tableau[4] ». Mais le tableau théâtral n'est pas seulement une constellation de personnages digne d'être peinte ; elle représente également un instant de silence dans la pièce et produit un effet attendrissant et pathétique sur le spectateur. Le tableau, en se diversifiant, devient la pièce maîtresse d'une nouvelle esthétique théâtrale dans la pratique de Diderot, Pixérécourt, Beaumarchais et d'autres[5]. Au tournant du XVIIIe et XIXe siècle, le tableau devient un élément dramaturgique habituel dans le mélodrame et s'établit bientôt comme une des divisions d'une pièce de théâtre, d'une étendue plus limitée que la scène.

Cependant, il n'y a pas qu'une influence unidirectionnelle de la peinture vers le théâtre et le roman. On sait que la peinture est elle-même profondément marquée par le modèle théâtral, et ce dès le XVIIe siècle, lorsque, par exemple, la règle des unités est transposée de la tragédie à la peinture d'histoire. Le résultat en était également que le modèle narratif de la peinture reposant sur la théorie des péripéties, telle que Charles Le Brun l'avait théorisée, devait faire place à l'instant pictural, lequel ne

---

1 Pour une synthèse, voir Delon, « L'esthétique du tableau et la crise de la représentation classique », 1989. Sur Sade, voir Sauvage, *L'œil de Sade*, 2007.
2 Frantz, *L'esthétique du tableau dans le théâtre du XVIIIe siècle*, 1998.
3 Voir, pour le détail de l'évolution du terme, *ibid.*, p. 7-40.
4 Diderot, *Œuvres*, t. 4, 1996, p. 1136.
5 Voir Frantz, *L'esthétique du tableau dans le théâtre du XVIIIe siècle*, 1998, p. 153-195.

devient narratif que dans la mesure où il est, pour le dire avec Lessing, instant prégnant ou fécond[1]. De plus, Peter Johannes Schneemann a montré que la peinture d'histoire au XVIIIᵉ siècle connaît non seulement un mode de fonctionnement discursif, combinant plusieurs « instants » pour former des cycles narratifs, mais également un mode de fonctionnement influencé par l'esthétique théâtrale qui se distingue moins par la potentialité de l'instant prégnant, que par l'intensité émotionnelle d'une situation[2].

Le tableau romanesque peut être compris comme le point de convergence de trois tendances : il réunit le tableau-hypotypose avec son effet de présence, le tableau peint avec sa concentration sur l'instant et son insistance sur une unité de composition, et le tableau théâtral en tant que moment muet, moment d'intensité et d'émotion. Par conséquent, il existe à la fois une influence directe de la peinture sur le tableau romanesque et une influence indirecte, qui prend en se modifiant le détour de l'esthétique théâtrale. Le Chevalier de Jaucourt, dans l'article « Tableau » de l'*Encyclopédie*, le définit à la fois comme relevant de la description et axé sur l'effet émotionnel :

> ce sont des descriptions de passions, d'événemens, de phénomenes naturels qu'un orateur ou un poëte répand dans sa composition, où leur effet est d'amuser, ou d'étonner, ou de toucher, ou d'effrayer, ou d'imiter, &c[3].

En effet, dans les romans étudiés ici, le tableau est l'un des principaux lieux de l'écriture descriptive aspirant à l'évidence. Henri Lafon le décrit comme le cas où « un ou plusieurs personnages s'offrent explicitement au regard [...], en donnant une impression de fixité qui s'appuie sur la présence stable de quelques objets[4] ». Jean Marie Goulemot note que le tableau est essentiellement une « inscription des corps dans un espace qu'ils saturent[5] ». Le tableau littéraire, tel qu'il est entendu ici, est réalisé sous forme d'une écriture qui accorde la préférence au *discours descriptif* ; la description évoque un espace dans lequel se trouvent des personnages et précise leurs postures, leurs gestes et mimiques, leurs actions et parfois des détails vestimentaires ou autres. La mise en place du tableau se fait souvent sous forme de descriptions d'actions, les personnages étant en

---

1   Lessing parle du « prägnanter Augenblick » ; voir Lessing, *Laokoon*, 1766/1990, p. 32-34 (chap. III). Voir également Thuillier, « Temps et tableau », 1967.
2   Voir Schneemann, *Geschichte als Vorbild*, 1994 et Fried, *Absorption and theatricality*, 1980.
3   *Encyclopédie*, 1751-65/2010, t. XV, p. 804.
4   Lafon, *Les décors et les choses*, 1992, p. 286.
5   Goulemot, *Ces livres qu'on ne lit que d'une main*, 1991, p. 142.

quelque sorte positionnés successivement. La constellation spatiale des personnages peut rester un moment immobile, donnant à voir dans l'espace la constellation psychologique et exprimant le plus souvent un moment pathétique de l'intrigue. Le tableau se trouve souvent inséré dans une scène romanesque, c'est-à-dire dans un passage textuel plus étendu que le tableau mais qui y est relié ; la scène donne une sorte de cadre au tableau, en l'insérant dans des séquences narratives, dialoguées ou explicatives : récit de la découverte du tableau, dialogues des personnages, explications de la part du narrateur. Contrairement au tableau dont la dimension première est l'espace, la scène implique donc le mouvement et la temporalité. Dans la mesure où elle matérialise l'effet du tableau, devenu central dans une esthétique sensualiste de l'énergie émotive de l'art, la scène est un aspect important de l'esthétique picturale de l'écriture descriptive, mais elle dépasse en même temps le domaine de l'écriture descriptive elle-même[1].

Plus nettement que dans le cas du tableau, on peut voir dans l'idée du pittoresque comment ces concepts, qui fonctionnent comme des lieux d'articulation des arts, reposent, de manière caractéristique pour le XVIIIe siècle, sur une dissociation entre la peinture et le pictural, c'est-à-dire entre l'art en tant que pratique ou en tant qu'objet concret d'un côté et les qualités essentielles ou « l'idée de la peinture » (Roger de Piles) de l'autre. Une telle dissociation rend possible la transposition du pictural vers des domaines distincts de la peinture. Dans ce contexte, l'histoire du pittoresque est révélatrice d'une évolution qui se fait sentir également dans la pratique descriptive. Wilhelm Munsters, analysant la « poétique du pittoresque » en particulier dans la poésie descriptive du XVIIIe siècle français, décrit comment, au moment où l'italianisme « pittoresque » est introduit dans la langue française au tout début du XVIIIe siècle, ce terme conserve son sens premier de « relatif à la peinture » et ne le perd qu'au moment où l'adjectif « pictural », du latin *pictura*, apparaît vers 1845[2].

On peut constater une première précision, quant au sens du terme, dans les *Réflexions critiques* de l'abbé Dubos qui distingue, dans l'organisation

---

1 Chez Stéphane Lojkine (*La scène de roman*, 2002), ce n'est pas le tableau, mais la scène qui devient le dénominateur commun de la peinture, du théâtre et du roman. Voir également le modèle de la « scène prégnante » chez Neumann, « Prägnante Szenen in Schillers Balladen », 2007.

2 Munsters, *La poétique du pittoresque en France de 1700 à 1830*, 1991, p. 34. Chez Daniel Mornet (*Le sentiment de la nature en France de J.-J. Rousseau à Bernardin de Saint-Pierre*, 1907/2000), le pittoresque forme la base de nombreux jugements de descriptions sans toutefois être défini avec précision.

d'un tableau peint, entre « composition poétique » et « composition pittoresque » ; la première concerne l'action représentée, tandis que la seconde concerne l'effet du tableau[1]. Cette distinction représente un premier pas vers la reconnaissance de qualités spécifiquement picturales, différentes de l'imitation commune à tous les arts. La capacité particulièrement forte qu'a la peinture de susciter l'intérêt et de créer des effets est déduite des fondements matériels et sémiotiques de cet art sans qu'elle y soit cependant directement identifiée : ce n'est qu'à cette condition que le caractère pittoresque de la peinture peut être transféré à des phénomènes autres que la peinture.

En effet, par une évolution sémantique que Munsters décrit comme « une série de glissements métonymiques », la signification du terme se précise, perd en neutralité, devient normatif et axiologique, mais conquiert en même temps de nouveaux champs d'application : « "pittoresque" va se spécialiser pour désigner l'intérêt visuel des choses que l'art pictural aime à représenter, et les moyens qu'il emploie pour que cette représentation rende bien la réalité en ce qu'elle a précisément d'original, de piquant, de singulier[2] ». La première signification nouvelle du terme « pittoresque » en français, et dont les autres sens dérivent, est donc la suivante : « qui produit une impression esthétique par la mise en œuvre de certaines techniques picturales[3] ». À partir de cette définition, où l'on note, pour la première fois, une dissociation entre le pictural et la peinture elle-même, différents objets (jardins, paysages ou sites), puis différents textes (poèmes ou récits de voyages), peuvent être dits pittoresques : d'abord parce qu'ils sont dignes d'être peints, ensuite parce qu'ils sont susceptibles de produire un effet esthétique intense, comparable à celui de la peinture. La poétique du pittoresque qui se met ainsi en place s'associe à la théorie du beau et du sublime de Burke et reprend à son compte les idées du « je ne sais quoi », de la surprise de Marivaux et de la « ligne irrégulière ». Dans cette perspective, Friedrich Wolfzettel écrit que le pittoresque est « un mode de voir plutôt qu'une qualité intrinsèque des objets en question[4] ». Rien d'étonnant alors à ce que la poétique du pittoresque s'inscrive dans la tendance plus générale de l'esthétique qui consiste à délaisser le respect des règles de composition comme base du jugement

---

1   Dubos, *Réflexions critiques*, 1719/1993, p. 90-92 (I.31). – L'article « Pittoresque » de
      l'*Encyclopédie* ne fait que reprendre la définition de Dubos.
2   Munsters, *La poétique du pittoresque en France de 1700 à 1830*, 1991, p. 23.
3   *Ibid.*, p. 36-37.
4   Wolfzettel, *Le discours du voyageur*, 1996, p. 238.

esthétique et à donner un poids beaucoup plus grand à l'effet ressenti face à l'œuvre d'art et à l'impression spontanée du beau. L'histoire du terme est ainsi révélatrice de certaines qualités attribuées à la peinture et montre, surtout, une dissociation conceptuelle entre la peinture comme art et le pittoresque comme qualité dérivée de la peinture.

En ce qui concerne la pratique descriptive, la poétique du pittoresque joue un rôle important dans la poésie descriptive, le récit de voyages et surtout dans les *voyages pittoresques*, sortes de guides du voyageur avide de voir des sites pittoresques[1]. Dans le récit de voyage, note Wolfzettel, le pittoresque concerne aussi bien une « révolution du goût » du côté du voyageur qu'un renouveau dans les structures du récit et les stratégies descriptives, dans lesquelles une vision esthétisante s'allie à une grande richesse de détails précis[2]. Dans la prose romanesque, il s'agit de proposer un équivalent verbal de la peinture et de ses effets sur celui qui la regarde, comme l'explique Wilhelm Munsters à propos de Fénelon qui, avec les *Aventures de Télémaque* de 1717, peut être considéré comme un pionnier de la description pittoresque :

> À l'instar de ces modèles consacrés, Fénelon tâche à son tour de « peindre aux yeux » en maints endroits des *Aventures de Télémaque* (1717) : les descriptions de la grotte de Calypso, des bords du Nil ou du paysage crétois sont manifestement inspirés par le désir de frapper l'imagination. Pour s'assurer que l'effet évocateur se produit, Fénelon recourt plus d'une fois à une astuce rhétorique. Avant de brosser un « tableau », il cherche en quelque sorte à préparer le lecteur, à mettre sa vue en état de réceptivité au moyen de mots et d'expressions qui traduisent le plaisir intense que Télémaque éprouve à voir et à regarder des sites pittoresques[3].

Certes, chez Fénelon, le pittoresque et le poétique ne sont pas très éloignés l'un de l'autre ; par exemple, les romanciers et écrivains se sont souvent demandés si le *Télémaque* relevait en fait du roman ou s'il ne faudrait pas l'appeler un récit poétique précisément à cause des nombreuses descriptions pittoresques qu'il contient, ou bien lui donner une place entièrement à part. Ce qui importe ici, c'est le caractère de modèle que les *Aventures de Télémaque* représentent pour la description picturale dans le roman du XVIIIe siècle. Une partie des techniques descriptives

---

1   Cette pratique semble émaner du domaine anglais, à la suite des écrits de William Gilpin qui fut influencé par la théorie du sublime de Burke ; voir sur ces questions Koelb, *The Poetics of Description*, 2006, p. 97-124.
2   *Ibid.*, p. 237-238.
3   Munsters, *La poétique du pittoresque en France de 1700 à 1830*, 1991, p. 87.

qui participent d'une aspiration à l'évidence et que l'on trouve dans les romans étudiés ici, est déjà en place chez Fénelon : on note en particulier la combinaison de descriptions détaillées et frappantes avec la mise en place d'un personnage regardant et la notation de l'effet du lieu sur ce personnage[1]. C'est une technique héritée de Virgile, développée au sein de l'écriture descriptive dans le roman du XVIIIe siècle, sous la forme de la motivation narrative, et dotée d'une nouvelle fonction, celle de légitimer la description. En effet, dans l'écriture descriptive aspirant à l'évidence, cette technique retrouve son ancienne fonction : mettre en scène et renforcer l'effet visuel de la description.

DE LA PEINTURE AUX TROIS NIVEAUX DE LA PICTURALITÉ

L'extension métaphorique de termes comme tableau, peinture ou pittoresque au-delà du domaine pictural, leur application dans les domaines du théâtre, de la prose romanesque ou encore de la perception esthétisante de la réalité même, sont concomitantes d'une dissociation de la peinture et des qualités picturales abstraites qu'on lui attribue. C'est dans ce contexte que se fait l'aspiration du langage au visuel, de la description à la peinture, et c'est dans ce contexte qu'il faut poser la question des relations entre l'écriture descriptive et la peinture dans les romans de la seconde moitié du XVIIIe siècle. Comment le lien entre écriture et peinture se manifeste-t-il concrètement dans la pratique descriptive des romanciers, et comment peut-on le conceptualiser théoriquement ?

On ne compte plus les réflexions théoriques sur les relations entre texte et image, entre écriture et peinture, ainsi que sur la manière dont l'évidence visuelle à la fois suscite et soutient la mise en relation de l'écriture et de la peinture. Avant de proposer une approche typologique de la *picturalité* qui doit permettre de rendre compte de l'esthétique picturale de l'écriture descriptive dans les romans étudiés ici, j'aimerais proposer une esquisse rapide du champ de recherche concernant la visualité du discours et situer ma propre approche par rapport à ce champ[2].

---

1 On peut penser, par exemple, à l'épisode de la découverte par Télémaque, de la grotte de Calypso au premier livre du récit ; voir Fénelon, *Les Aventures de Télémaque*, 1699/1995, p. 33-34.

2 Je me trouve obligé d'écarter de la présente étude la vaste problématique du rapport entre gravure et description. La présence de plus en plus fréquente des illustrations dans le

APPROCHES THÉORIQUES

Depuis la redécouverte (et la redéfinition) de l'*ekphrasis* comme représentation verbale d'une représentation visuelle, dans le sillage d'un célèbre article de Leo Spitzer sur l'« Ode on a Grecian Urn » de John Keats[1], le problème de la définition de l'*ekphrasis* et les enjeux critiques du concept ont soulevé des débats intenses. La tendance majeure des redéfinitions modernes de l'*ekphrasis* antique correspond à un double déplacement : au niveau des modalités de réalisation, la critique a opéré une généralisation, puisqu'on est passé de l'*ekphrasis* comme évocation verbale détaillée, animée et douée d'évidence à l'*ekphrasis* comme simple évocation verbale ; au niveau de l'objet de référence, au contraire, la critique a opéré une spécification, puisque de l'*ekphrasis* comme discours sur une large variété d'objets, on en est venu à l'*ekphrasis* comme discours sur les œuvres d'art visuelles. Par une sorte de consensus minimal, on considère actuellement l'*ekphrasis* comme l'évocation verbale d'un objet non-verbal crée par l'homme[2]. De même, l'histoire et les enjeux littéraires des relations entre description et peinture n'ont pas cessé de susciter l'intérêt des chercheurs. Nombreuses sont les études qui trouvent, dans les descriptions d'œuvres d'art visuelles, soit la célébration des pouvoirs qu'a le langage pour concurrencer le visible, soit la mise en scène de la ruine de ces mêmes pouvoirs, ou encore une réflexion sur les pouvoirs respectifs des arts verbaux et visuels[3]. Toujours est-il que la plus ancienne signification de l'*ekphrasis* comme discours doué

---

roman complique évidemment le rapport entre description et peinture. Ces illustrations montrent le lien étroit entre tableau et scène puisqu'elles portent très souvent sur des scènes à tableau : elles ne montrent pas le tableau romanesque même, mais la scène qui encadre et inclut le tableau. Elles ne remplacent cependant pas les descriptions, bien au contraire : le plus souvent, elles entraînent même des descriptions supplémentaires, puisque les gravures illustrant des scènes de roman sont à leur tour décrites et expliquées dans de petits textes appelés les « sujets » des estampes ou figures, les illustrations elles-mêmes sont encadrées par des titres et des souscriptions qui en précisent le sens. Voir, sur cette problématique, Philip Stewart, *Engraven Desire*, 1992 et la thèse de Benoît Tane, *Avec des figures*, 2004.

1   Spitzer, « The "Ode on a Grecian Urn", or content vs. metagrammar », 1955.
2   Parmi les protagonistes de ce débat surtout anglo-saxon, on trouve Claus Clüver (« On Intersemiotic Transposition », 1989), Murray Krieger (*Ekphrasis*, 1992), Peter Wagner (éd., *Icons, Texts, Iconotexts*, 1996) et James Heffernan (*Museum of Words*, 2004). Une mise au point précise est fournie par Schaefer & Rentsch, « Ekphrasis », 2004.
3   Quelques exemples récents des domaines français et allemand : Vouilloux, *La peinture dans le texte*, 1994, Robillard, éd., *Pictures into Words*, 1998 et Labarthe-Postel, *Littérature et peinture dans le roman moderne*, 2002 ; Boehm & Pfotenhauer, éd., *Beschreibungskunst – Kunstbeschreibung*, 1995, Greif, *Beschreibungskunst und Bildästhetik der Dichter*, 1998 et Wandhoff, *Ekphrasis*, 2003.

d'évidence est de nouveau à l'ordre du jour, sous la forme de recherches sur le potentiel de visualité du discours, dont on peut distinguer trois approches, en simplifiant fortement.

Une première approche, la plus fortement circonscrite des trois, associe directement l'évidence à la tradition de l'*ekphrasis* antique et cherche à définir la visualité dans un cadre rhétorique. Le retour à l'*ekphrasis* a réactivé les recherches sur l'évidence rhétorique, dans sa dimension tant historique que systématique : Heinrich Plett analyse les liens entre rhétorique et peinture ainsi que la « poésie picturale » pendant la Renaissance ; Anne-Élisabeth Spica a montré les relations qui se tissent entre la description, la rhétorique et la peinture dans le roman du XVIIᵉ siècle[1]. En outre, de nombreux travaux sont consacrés à l'histoire de l'*ekphrasis* et de l'*evidentia* antiques, l'ensemble des études allant des travaux dans un cadre rhétorique traditionnel jusqu'à ceux qui interrogent la rhétorique selon une perspective poststructuraliste[2]. Dans une conception rhétorique de la visualité ou de l'évidence, et dans des approches souvent centrées sur la poésie, le pouvoir de produire l'évidence attribué à des figures telles que l'hypotypose, la métaphore et la comparaison est fortement souligné.

Certes, de tels rapprochements entre les images peintes et les images verbales ne sont pas absents des réflexions sur les relations des arts au XVIIIᵉ siècle, comme on a pu le voir chez Condillac ou chez l'abbé Sensaric. Il est vrai également que les sources de l'évidence visuelle dans le discours descriptif résident dans la rhétorique antique, et que cette manière de concevoir l'écriture descriptive peut être comprise comme le dernier avatar en date de l'*ekphrasis* grecque. Or, les figures de rhétorique, en ce qui concerne l'écriture descriptive telle qu'elle se présente dans les romans étudiés ici, ne semblent jouer qu'un rôle mineur dans la production de l'évidence, et l'évidence visuelle ne saurait être limitée à une conception purement rhétorique. D'une part, on peut constater que l'influence de la rhétorique est généralement en retrait, au XVIIIᵉ siècle, par rapport à l'éloquence pensée comme « naturelle » et qui, de ce fait, apparaît comme moins manipulatrice et moins artificielle que l'ancienne rhétorique[3]. D'autre part, la rhétorique occupe moins de place dans le discours romanesque que dans la poésie épique, didactique ou descriptive

---

1 Voir Plett, « Pictura Rhetorica », 2004 et Spica, *Savoir peindre en littérature*, 2002.

2 Une synthèse historique est Kemmann, « Evidentia, Evidenz », 1996 ; pour l'histoire du concept pendant l'Antiquité, voir : Calame, « Quand dire, c'est faire voir », 1991 ; dans une perspective poststructuraliste, voir Campe, « Vor Augen Stellen », 1997.

3 Voir Delon, « Procès de la rhétorique, triomphe de l'éloquence (1775-1800) », 1999.

de l'époque. Ainsi, pour ce qui est des romans étudiés ici, le rôle des figures de style dans la production de l'évidence est limité ; en effet, si des figures de sens opérant par analogie et donnant une évidence sensible et concrète aux abstractions sont parfois présentes, les figures de mots qui doivent établir soit une harmonie imitative, soit une relation iconique entre discours et référent, sont rares.

Une seconde approche, qui défend une notion de visualité extrêmement large, envisage la littérature de manière générale comme un discours produisant des représentations mentales qui ressemblent ou équivalent à des perceptions visuelles. C'est ainsi que, dans une perspective phénoménologique, Ekhard Lobsien propose de comprendre toute perception esthétique comme la transposition plus ou moins forte, plus ou moins complète, du matériel sémiotique en une représentation imagée (« Bildlichkeit ») se réalisant dans l'imagination du lecteur ou spectateur[1]. Quoiqu'il se place en dehors d'un cadre à strictement parler phénoménologique, Gottfried Willems emploie également une définition très large et peu spécifique de l'évidence lorsqu'il caractérise toute littérature comme étant un discours doué d'évidence[2]. Ces approches de l'évidence visuelle, qui ont leur légitimité et leur intérêt, sont cependant d'une utilité limitée, dans le contexte du présent travail : bien que Willems, par exemple, prenne bien en compte la nature historiquement changeante de l'évidence du discours, sa théorie très générale ne se prête guère à être rendu opérationnelle pour une analyse philologique de l'écriture descriptive.

Une troisième approche de l'évidence visuelle cherche à définir très concrètement, dans le cadre des études des relations entre les arts et de la « transposition intersémiotique », une multiplicité de manières selon lesquelles l'écriture peut se référer à la peinture : soit l'écriture thématise la peinture ou le visuel, soit elle transpose, avec plus ou moins d'exactitude, de manière plus ou moins immédiate, des qualités concrètes de la peinture. Stefan Horlacher, dans son étude sur John Fowles, montre comment la thématisation et la réalisation du visuel sont très souvent fonctionnalisées chez le romancier britannique pour produire non pas une célébration, mais une critique du visuel. Horlacher a recours à une conception très large et, pour ainsi dire, cumulative de la visualité : la thématisation explicite du visuel, les métaphores, les comparaisons, l'*ekphrasis* et la description, les scènes romanesques calquées sur des

---

1 Lobsien, « Bildlichkeit, Imagination, Wissen », 1990.
2 Willems (*Anschaulichkeit*, 1989) parle de la littérature comme « anschauliche Rede ».

tableaux peints, la mise en scène du regard et la focalisation, enfin, l'intérêt des protagonistes pour la peinture, le cinéma, la photographie ou leur simple activité d'interprétation, tout cela relèverait de la visualité romanesque[1]. En France, quoique travaillant sur un corpus britannique, Liliane Louvel a proposé une typologie des « nuances du pictural » dans le texte, laquelle doit permettre de décrire avec précision les différents types de « l'apparition d'une référence aux arts visuels dans un texte littéraire[2] ». Dans cet objectif, elle établit un certain nombre de « marqueurs » du pictural, comme la métaphore picturale et le lexique technique, les effets de cadrage et de focalisation, les « dispositifs techniques permettant de voir » ou l'arrêt du temps de la narration. En fonction de la fréquence, de la distribution et de la complexité de ces marqueurs dans un texte littéraire donné, Louvel distingue un certain nombre de types de références aux arts visuels qui peuvent être repérés dans les textes littéraires. Ces types se distinguent notamment par la présence d'une « plus ou moins grande picturalité » du texte : en ordonnant les différents types sur un gradient, Louvel obtient une typologie qui forme un « ordre croissant de degré de saturation picturale » d'un extrait de texte[3]. Dans un ouvrage récent sur Le tiers pictural, Lilian Louvel a poursuivi cette entreprise : elle y propose, entre autres, des analyses de transpositions littéraires de principes picturaux comme l'anamorphose ou le trompe-l'œil[4].

Parmi les approches de l'évidence visuelle qui viennent d'être esquissées, celle élaborée par Liliane Louvel est la plus proche de celle que je proposerai ici, mais à son encontre, je souhaiterais formuler une réserve précise : la théorie des « nuances du pictural » que Louvel présente est en quelque sorte aveugle à toute dimension historique aussi bien de la peinture que de l'écriture romanesque, et les écarts temporels souvent importants qui s'établissent, dans Le tiers pictural, entre les modèles picturaux et leurs transpositions écrites sont en quelque sorte passés sous silence. À mon sens, du moins pour faire justice aux romans étudiés ici, il importe de concrétiser davantage le champ des références à la peinture qui s'offrent à l'écriture. Ainsi faudrait-il travailler avec une notion de la peinture qui soit adéquate au contexte esthétique de l'époque étudiée : non seulement différentes époques construisent des modèles de la visualité du discours qui reposent sur une référence à différents médias artistiques,

1   Horlacher, *Visualität und Visualitätskritik im Werk von John Fowles*, 1998.
2   Louvel, « Nuances du pictural », 2001, p. 175.
3   *Ibid.*, p. 175-176.
4   Louvel, *Le tiers pictural*, 2010.

comme la gravure, la peinture, la photographie ou le cinéma ; même lorsqu'on ne considère que la référence à la peinture, chaque époque se réfère à une conception différente de la peinture et tout texte, à une époque donnée, ne renvoie pas forcément à la même conception de la peinture ou aux mêmes types de représentations picturales.

En effet, on découvre des décalages importants entre l'évolution de la peinture elle-même, le discours sur la peinture et la pratique de l'écriture descriptive picturale. De nombreux exemples le montrent ; dans *Le Ventre de Paris* de Zola coexistent, comme l'a montré Kate Tunstall, deux principes descriptifs, l'un correspondant à l'impressionnisme contemporain de la parution du roman, l'autre à la nature morte du XVIII\u1d49 siècle ; de son côté, Monika Mayr défend l'hypothèse selon laquelle la perspective centrale, innovation picturale de la Renaissance, n'apparaît pleinement que dans l'écriture descriptive du XIX\u1d49 siècle[1]. En effet, il ne s'agit pas, le plus souvent, de références à *la* peinture de manière générale, ni à des tableaux précis, mais à une certaine conception, historiquement définie, de la peinture. Par conséquent, on ne saurait correctement apprécier l'ensemble des modalités et techniques par lesquelles l'écriture descriptive renvoie à la peinture qu'à condition d'étudier dans un premier temps les qualités et pouvoirs attribués à cette dernière pendant la période étudiée. De plus, des décalages et diffractions entre l'histoire de la peinture et la picturalité dans l'écriture descriptive sont tout particulièrement sensibles lorsque l'on étudie une époque pendant laquelle la peinture est elle-même engagée dans une transformation fondamentale, laquelle concerne aussi bien l'idée que les théoriciens et critiques s'en font que la pratique des peintres. Aussi convient-il de se forger des outils d'analyse suffisamment souples pour interroger l'écriture descriptive dans la perspective ouverte par l'éventualité de tels décalages.

Si la manière d'envisager la peinture propre au XVIII\u1d49 siècle constitue le champ de référence de l'écriture descriptive à cette époque, il faut circonscrire les propriétés, qualités et pouvoirs attribués à la peinture pour développer un modèle qui permette de décrire les diverses manières dont l'écriture descriptive se réfère à la peinture et produit la picturalité de l'écriture descriptive qui constitue le fondement de l'évidence descriptive. Pour ce faire, il est à propos de préciser, dans un premier temps, ce que l'on entend par la peinture, au XVIII\u1d49 siècle.

---

1   Voir Tunstall, « Still Life and *Le Ventre de Paris* », 2004 et Mayr, *Ut pictura descriptio ?*, 2001.

LA PEINTURE, DISCURSIVE OU FIGURATIVE ?

Qu'est-ce que la peinture pour les penseurs et écrivains du XVIIIe siècle ? Depuis la Renaissance et tout particulièrement pendant la seconde moitié du XVIIe siècle, la peinture a été envisagée avec les outils conceptuels de la rhétorique, c'est-à-dire dans sa dimension discursive[1] ; sous l'égide de la poésie, la peinture a pu prétendre à la dignité d'une activité intellectuelle et, avec l'institution de l'*Académie royale de la peinture et de sculpture* en 1648, elle a pleinement accédé au statut d'un art. La dimension discursive de la peinture a servi de légitimation à l'art pictural tout entier, dans le cadre de la « représentation » de l'absolutisme sous Louis XIV[2]. Or, la primauté de la poésie a entraîné en même temps celle de la signification de la peinture par rapport à la forme picturale elle-même, et celle du dessin par rapport à la couleur : on a exigé que la peinture porte en elle une signification stable et déchiffrable, que ce soit en recourant à un texte antérieur ou à l'allégorie[3]. Comme l'a montré Louis Marin, le modèle de réception de cette peinture était celui d'une « lecture » (au sens fort) du tableau[4]. Les principaux enjeux de ce type de peinture sont donc sa capacité de renvoyer à une histoire porteuse d'une instruction et de transmettre une signification abstraite[5]. Poussin donne la préférence à une telle peinture, et Charles Le Brun, dans sa fonction de directeur de l'*Académie royale*, l'implante fermement dans la pratique : la peinture est fondée sur les sujets tirés des grands textes de la tradition mythologique, biblique et historique ; elle est discutée et théorisée dans les « Conférences » devant les membres de l'Académie ; enfin, elle est jugée en fonction non pas tant de sa composition formelle que de sa disposition discursive[6]. Par la suite, j'appellerai cette peinture

---

1   Sur la Renaissance, voir Plett, « Pictura Rhetorica », 2004. Pour le XVIIe siècle, voir en particulier Kibédi Varga, « La rhétorique et la peinture à l'époque classique », 1984 et Bryson, *Word and Image*, 1981.

2   Voir Démoris, « Du texte au tableau », 1992, qui fait le lien entre XVIIe et XVIIIe siècle.

3   Sur la querelle du dessin et du coloris, voir Lichtenstein, *La couleur éloquente*, 1989/1999, p. 153-182. Sur les pouvoirs et les limites de la représentation picturale du discursif, voir Marin, *Détruire la peinture*, 1977 et Jurt, « La peinture et le paradigme littéraire au XVIIe siècle », 1987.

4   Marin, « La lecture du tableau d'après Poussin », 1972.

5   Les moyens picturaux correspondants sont analysés, par exemple, par Wolfgang Kemp (« Ellipsen, Analepsen, Gleichzeitigkeiten », 1989) pour la dimension narrative et par Aron Kibédi Varga (« Visuelle Argumentation und visuelle Narrativität », 1990) pour la dimension argumentative.

6   Pour une synthèse de la théorie de la peinture de Lebrun, voir Bryson, *Word and Image*, 1981, p. 29-57.

peinture discursive, c'est-à-dire poétique, textuelle, lisible plutôt que picturale, figurative et visible.

Quoique le *paragone* soit bien vivant au XVIIᵉ siècle et que les cas où la peinture est jugée supérieure à la poésie existent bien, on constate un important renversement à partir du début du XVIIIᵉ siècle. Les théoriciens soulignent davantage les qualités proprement picturales et figuratives de la peinture ; au lieu d'envisager essentiellement la poésie et la rhétorique comme modèles de la peinture, on conçoit désormais le langage dans des termes picturaux et on exige que celui-ci aspire à traduire des impressions visuelles correspondant à celles produites par la peinture. Au lieu de s'interroger sur les possibilités de transposer la *historia* en peinture, on s'interroge sur les modalités d'une transposition de la *pictura* dans le texte. Au déclin relatif de l'allégorie et de la peinture d'histoire correspondent non seulement la timide montée en puissance de la nature morte — genre tirant son intérêt non pas du sujet représenté mais de l'art de la représentation —, mais également l'importance grandissante du pictural dans les lettres.

Dès le début du siècle, la réflexion sur la peinture prend une nouvelle direction, par rapport au XVIIᵉ siècle. Chez Roger de Piles, on constate un effort pour libérer la peinture de sa subordination à la poésie et à la pensée ; dans son *Cours de peinture par principes*, il écrit :

> L'essence et la définition de la peinture est l'imitation des objets visibles par le moyen de la forme et des couleurs. Il faut donc conclure que plus la peinture imite fortement et fidèlement la nature, plus elle nous conduit rapidement et directement vers sa fin, qui est de séduire nos yeux, et plus elle nous donne en cela des marques de sa véritable idée. [...] La véritable peinture est donc celle qui nous appelle (pour ainsi dire) en nous surprenant : et ce n'est que par la force de l'effet qu'elle produit, que nous ne pouvons nous empêcher d'en approcher, comme si elle avait quelque chose à nous dire[1].

Sans délaisser le principe de l'imitation de la nature, de Piles cherche à accorder à la peinture une valeur selon sa qualité proprement visuelle. L'opposition très forte entre dessin et coloris, entre disposition et composition s'affaiblit, parce que tous ces éléments deviennent au même titre des moyens d'expression picturale. L'insistance sur l'importance du coloris, du clair-obscur et de la composition sont à comprendre, chez de Piles, comme une promotion de la qualité proprement picturale de la peinture, dans un mouvement accordant une autonomie à la peinture par

---

1   Piles, *Cours de peinture par principes*, 1708/1989, p. 2-3.

rapport à la poésie. Surtout, le rapport entre le tableau et le spectateur se modifie : la peinture, au lieu de vouloir instruire le spectateur, cherche avant tout à attirer son attention et à frapper son regard. Au lieu de lire le tableau, il s'agit maintenant de le regarder et d'en éprouver l'effet[1].

Cette nouvelle conception de la peinture, développée par la suite par l'abbé Dubos dans ses *Réflexions critiques sur la poésie et la peinture* de 1719, est fortement orientée vers l'expérience du spectateur ou de l'auditeur : le peintre et le poète, en créant des œuvres, leur donnent des propriétés précises qui sont propres, à leur tour, à leur donner l'énergie nécessaire pour intéresser et émouvoir le spectateur ou le lecteur ; en résumé, il s'agit de déclencher une circulation de l'énergie esthétique. Michel Delon a défini cette circulation de l'énergie esthétique comme suit : « L'énergie esthétique désigne à la fois l'activité créatrice et l'efficacité de l'objet créé, l'émotion qui se trouve à l'origine de l'œuvre et celle qui est communiquée par elle[2] ». Cette conception de l'art comme circulation d'énergie esthétique, que Dubos est parmi les premiers à développer, trouvera des formulations plus rigoureuses philosophiquement chez Sulzer ou Burke et influencera également la réflexion sur la peinture et la pratique descriptive des *Salons* de Diderot, en particulier à partir du *Salon de 1765*. Pour Diderot, la peinture est bien à la fois l'art de la visibilité, de l'illusion de présence, et celui de l'efficacité et de l'effet émotifs. Contrairement au langage, dans lequel clarté et énergie sont souvent pensées comme des tendances opposées, la peinture semble pouvoir concilier les deux : elle est le moyen d'expression par excellence qui unit la clarté à la richesse des détails, l'intensité et l'énergie à l'intelligibilité.

On peut donc comprendre l'évolution des conceptions de la peinture, entre le XVIIe et le XVIIIe siècle, comme le passage d'une peinture discursive à une peinture figurative, à savoir : d'une peinture de l'illusion à une peinture de l'effet, d'une peinture centrée sur les contenus représentés à une peinture centrée à la fois sur les moyens de représentation et la dimension pragmatique des effets de la représentation. La peinture discursive, héritée du XVIIe siècle, est conçue comme étant d'abord la représentation (idéalement transparente) d'un personnage ou d'un événement doués d'une signification abstraite ; l'enjeu de cette peinture est essentiellement celui de la signification du tableau, et sa matérialité disparaît dans l'illusion de présence. La peinture figurative, se développant sous l'influence du sensualisme, est figurative et pragmatique :

---

1   Sur le *Cours de peinture*, voir Puttfarken, *Roger de Piles' Theory of Art*, 1985.
2   Delon, *L'idée d'énergie au tournant des Lumières*, 1988, p. 105.

certes, la peinture continue d'être conçue comme représentation, mais les modalités matérielles et concrètes de la représentation comptent comme moyen tant pour représenter des référents que pour produire des effets sur le spectateur ; l'enjeu de cette peinture est l'énergie esthétique circulant entre le tableau et le spectateur.

L'époque étudiée maintient partiellement une conception de la peinture comme représentation transparente d'un événement ; en même temps, elle découvre de plus en plus consciemment les propriétés spécifiquement picturales de la peinture ; en outre, elle dépasse ce point de vue dans la découverte de l'effet de la peinture sur le spectateur. À partir d'une telle distinction de trois niveaux de la peinture – ses contenus, ses moyens et ses effets – on peut construire un modèle des références textuelles à la peinture lequel distingue trois niveaux de la picturalité : reprise de certains contenus associés à la peinture, transposition de certains aspects des modalités de représentation de la peinture, mise en scène de la perception et des effets de la peinture. La reprise ou la thématisation des sujets de la peinture, lesquels lui sont plus ou moins propres, ne comporte qu'une visibilité limitée de la picturalité ; la transposition des modalités matérielles apparaît de plus en plus clairement comme difficile voire impossible à réaliser ; enfin, la mise en scène de la perception et des effets de la peinture devient un champ d'expérimentation intense, puisque ce domaine, tout en étant pensé comme spécifique ou du moins typique de la peinture, peut être réalisé dans l'écriture.

L'ensemble des phénomènes qui, dans l'écriture descriptive des romans étudiés ici, participent d'une référence à la peinture à ces trois niveaux, forme la picturalité de l'écriture descriptive et constitue le fondement de l'évidence descriptive. Le modèle de la picturalité proposé dans les pages suivantes s'appuie sur ces distinctions, leur donne un sens concret et permet de comparer les relations qui s'établissent entre différents types d'écriture descriptive et la peinture.

REPRENDRE LES CONTENUS : LA PICTURALITÉ PREMIÈRE

Le premier niveau de la picturalité, lié à la conception discursive de la peinture, concerne la représentation verbale d'événements ou de référents, de thèmes ou de motifs spécifiquement associés à la peinture. En effet, malgré les avancées de la réflexion sur la peinture chez de Piles, Dubos et Diderot, toute réflexion sur la peinture prend, au XVIIIᵉ siècle encore, son point de départ dans le constat de sa fonction imitative, base de l'*ut pictura poesis*. Charles Batteux, en particulier, souligne que l'objectif premier de la peinture, comme celui de tout art, doit être l'imitation de la nature, non pas telle qu'elle est, mais telle qu'elle devrait ou pourrait être : il faut selon lui imiter la « belle nature[1] ». Par définition, les contenus représentés par la peinture ne lui sont pas spécifiques, et peuvent être transposés sans difficulté dans le roman. Or, au XVIIIe siècle, on considère que la peinture est particulièrement apte à représenter certains référents. On peut décrire ces référents sous deux perspectives : d'une part selon la hiérarchie des genres, d'autre part selon les thèmes ou motifs récurrents de la peinture.

La hiérarchie des genres de peinture a été définie au XVIIe siècle par Perrault puis par Félibien, ce dernier la faisant dépendre de la noblesse de l'objet représenté et de la difficulté de le représenter ; la représentation de l'homme en action, telle que la pratiquent l'allégorie et la peinture d'histoire, conjugue l'objet le plus noble et la plus grande difficulté de représentation. Suivent le portrait, le paysage, et en dernier, la nature morte[2]. Dubos, dans les *Réflexions critiques*, établit leur hiérarchie selon le degré d'intérêt et d'émotion qu'ils sont susceptibles de produire[3]. Bien qu'il le fasse sur une nouvelle base, Dubos aboutit à une hiérarchie identique à celle fixée par Félibien. Dubos se situe ainsi à la charnière entre la hiérarchie classique de genres définie par Félibien, et la redéfinition qu'on donne Diderot, qui appelle à une modification et une simplification plus grande de la hiérarchie des genres, laquelle met sur le même rang les sujets relevant de l'histoire et ceux s'inspirant du quotidien, dans les *Essais sur la peinture* de 1765[4].

L'inscription dans des genres picturaux établis ou la référence à ceux-ci est un premier aspect de la picturalité première. Dans les romans étudiés ici, les descriptions de tableaux peints, fictifs sauf exception, sont avant tout des tableaux d'histoire et des portraits, plus rarement des allégories et des tableaux de paysages et presque jamais des natures mortes. Comme son objet est l'homme en action, la peinture d'histoire se prête parfaitement au roman[5]. L'enjeu central du portrait reste, au

---

1   Batteux, *Les beaux-arts réduits à un même principe*, 1746/1989, p. 91-92 et 127-131.
2   Félibien, « Préface aux *Conférences de l'Académie royale de peinture et de sculpture* », 1668/1996, p. 50-51.
3   Dubos, *Réflexions critiques*, 1719/1993, p. 20-21 et 22-23 (I.7 et I.9).
4   Diderot, *Salons de 1759, 1761, 1763*, 1984, p. 67. Sur les redéfinitions successives de la hiérarchie des genres, voir Démoris, « La hiérarchie des genres en peinture de Félibien aux Lumières », 1999.
5   Jean Loquin (*La peinture d'histoire en France de 1747 à 1785*, 1912/1978, p. 137-138) distingue trois principales tendances de la peinture d'histoire pendant la seconde moitié du XVIIIe siècle : la tentative « d'ennoblir le style [...] par une imitation plus étroite des

XVIIIe siècle, celui de la ressemblance ; ce constat est sensible dans les réflexions sur le portrait peint et dans le rôle des portraits peints décrits dans les romans étudiés ici[1]. Par les lieux et le décor, par les personnages impliqués, par l'insistance sur l'émotion, certains sujets de scènes romanesques font référence à la peinture de genre, sentimentale et pathétique[2]. C'est le cas, en particulier, des épisodes romanesques qui mettent en scène une confrontation entre parents et enfants, dont les exemples prototypiques sont les scènes domestiques de Greuze, telles que « La piété filiale » de 1761.

Le plus souvent, ce type de renvoi générique est à la fois moins clairement marqué, moins repérable et moins explicitement « pictural » que d'autres types de référence : les scènes pathétiques dans le roman sentimental, dans la peinture de genre de Greuze ou dans la comédie larmoyante et le drame bourgeois renvoient toutes à un fond de sensibilité et à une volonté du pathétique qui leur sont communs et qui sont plus propres à l'époque qu'à un genre artistique précis[3]. On pourrait être tenté de ne voir dans le choix de sujets pathétiques (et dans l'insistance sur l'effet émotif) que le réflexe de cette sensibilité des hommes et des femmes du XVIIIe siècle. Ce serait cependant « trop simple, et singulièrement faux », comme le souligne Jean Marie Goulemot dans son étude du roman pornographique : « On pleure et l'on désire au terme de dispositifs narratifs et descriptifs particuliers[4] ». Ce n'est donc que lorsque le choix d'un sujet pathétique s'allie à des stratégies descriptives mettant en lumière sa force pathétique que l'on peut vraiment parler de picturalité dans l'écriture descriptive.

Certains thèmes et motifs picturaux sont associés spécifiquement à la peinture : quoiqu'ils relèvent le plus souvent de l'histoire sacrée ou de la mythologie, ils sont si souvent traités par la peinture de l'époque qu'on peut considérer qu'ils sont associés à la peinture. Ainsi, au XVIIIe siècle, des thèmes comme « Suzanne et les vieillards », « Le Sacrifice d'Iphigénie »,

---

œuvres des grands maîtres des XVIe et XVIIe siècles », une « prédilection pour les sujets ayant un caractère sentimental et moral » et un « souci d'observer la vérité historique, en se conformant plus scrupuleusement aux règles du "costume" ».

1 Édouard Pommier (*Théories du portrait*, 1998) décrit les théories du portrait peint, en particulier au XVIe et XVIIe siècle, comme le passage du portrait idéalisé au portrait ressemblant. Sarah Kofman (« La ressemblance des portraits », 1984) montre que ce n'est que chez le Diderot du *Salon de 1767* que la ressemblance extérieure fait place à une justesse au personnage qui peut prendre des libertés créatrices avec l'apparence extérieure.

2 Busch, *Das sentimentalische Bild*, 1993.

3 Voir Coudreuse, *Le goût des larmes au XVIIIe siècle*, 1999.

4 Goulemot, *Ces livres qu'on ne lit que d'une main*, 1991, p. 9.

« La naissance de Vénus » ou « Les trois Grâces » acquièrent-ils un statut de *motif pictural* à travers leur récurrence dans la peinture d'histoire. La peinture de genre connaît également des motifs récurrents, comme la rencontre des amants ou la confrontation entre parents et enfants. Un motif pictural traversant la frontière des genres est la « scène funèbre », laquelle présente des variantes dans la peinture d'histoire comme dans la peinture de genre : on peut ainsi penser au tableau célèbre de Poussin, « La Mort de Germanicus » (1628) ou au tableau de Greuze, « La mort d'un père regretté par ses enfants » (1769).

La référence textuelle à de tels motifs relève de la picturalité première, parce que le texte renvoie dans ce cas à un sujet pictural, donc à un aspect du contenu représenté ; elle peut être explicite ou implicite. Un motif pictural offrant des points d'analogie avec l'épisode décrit est nommé ou évoqué, invitant le lecteur à se rappeler le tableau ou les réalisations les plus connues de ce motif pour les comparer à la scène romanesque. Cette modalité descriptive s'apparente à la pratique du « tableau vivant » telle qu'elle était à la mode vers la fin du XVIIIe siècle[1]. C'est une manière particulièrement efficace de donner à une scène romanesque toute l'évidence visuelle de la peinture, puisque les limites du langage quant à la production de l'évidence sont ici déjouées : le motif pictural bien connu n'est évoqué que pour se superposer, en quelque sorte, dans l'imagination du lecteur, à la scène romanesque qui peut, elle, être représentée.

TRANSPOSER LES MODALITÉS DE REPRÉSENTATION :
LA PICTURALITÉ SECONDE

Au cours du XVIIIe siècle, la réflexion sur les spécificités des différents arts s'amplifie et se précise. Dans une réflexion qui concerne les pouvoirs respectifs de la peinture et de la poésie, dans la tradition du *paragone* et dans une mise en question partielle du principe de l'*ut pictura poesis*, différents aspects de la spécificité des moyens de représentation de la peinture sont discutés. Que la peinture emploie des signes non arbitraires mais naturels, qu'elle soit faite non de mots et de phrases se succédant dans un livre, mais de lignes et de couleurs s'organisant dans l'espace, a des conséquences qui sont formulées avec une nouvelle insistance : en effet, les théoriciens soulignent que la peinture a un pouvoir de représenter particulier, qu'elle doit se limiter à la représentation d'un seul instant, qu'elle ne peut représenter les abstractions et les sentiments qu'à travers

---

1   Pour une riche enquête sur les liens étroits entre pratique mondaine et théâtrale du « tableau vivant » au tournant du XVIIIe siècle, voir Jooss, *Lebende Bilder*, 1999.

l'extérieur visible des choses et des personnes, et qu'elle est capable de représenter un référent de manière très détaillée[1].

La structure temporelle est un premier aspect fondamental de la conception des modalités de représentation propres à la peinture : à la différence de la poésie, la peinture doit se limiter à la représentation d'un seul instant d'une action ou d'un événement. La formule selon laquelle « la peinture n'a qu'un instant » devient en effet, à partir de la fin du XVIIe siècle, un lieu commun du discours sur la peinture[2]. L'insistance sur l'instantanéité picturale résulte du fait que le principe de la perspective centrale dans la composition du tableau se joint à la transposition du principe des unités du théâtre à la peinture telle qu'elle est proposée, entre autres, par Diderot, dans l'article « Composition, en peinture » (1753) de l'*Encyclopédie* : dans ce contexte, l'unité de l'espace implique l'unité du temps[3]. Dans les *Salons*, le « choix du moment » effectué par la peinture devient un des critères les plus importants pour le jugement d'un tableau[4]. En même temps, les théoriciens de la peinture de l'Ancien Régime relativisent pour la plupart cette limitation à la représentation d'un seul instant, que ce soit à travers la *théorie des péripéties*, qui repose sur le principe d'une spatialisation du tableau et est pratiquée par Poussin et analysé par Le Brun[5], ou à travers le modèle de l'*instant prégnant*, devenu le paradigme dominant au XVIIIe siècle. Ce dernier modèle permet à la peinture de dépasser sa limitation à l'instant en suggérant une temporalité et un mouvement. Diderot note, dans les *Pensées détachées sur la peinture* de 1781 : « J'ai dit que l'artiste n'avait qu'un instant ; mais cet instant peut subsister avec des traces de l'instant qui a précédé, et des annonces de celui qui suivra[6] ».

---

1   Les théoriciens français n'attendent ni la publication (en 1766) ni *a fortiori* la traduction tardive, en 1802, du *Laocoön* pour formuler une position qui correspond à celle défendue, non sans verve programmatique, par Lessing. La bibliographie sur le *Laocoön* est évidemment abondante ; deux commentaires particulièrement éclairants sont Todorov, « Esthétique et sémiotique au XVIIIe siècle », 1973 et Stierle, « Das bequeme Verhältnis », 1984.

2   Voir Démoris, « Ut poesis pictura ? », 1989, p. 278.

3   *Encyclopédie*, 1751-65/2010, t. III, p. 772-774.

4   Diderot (*Salon de 1765*, 1984, p. 240-243) discute longuement, par exemple, le moment choisi par Lepicié dans « La Descente de Guillaume le conquérant en Angleterre ». Sur ce texte, voir Lojkine, « "Dans le moment qui précède l'explosion" », 2007 ; pour un aperçu plus général, voir Dowley, « The Moment in Eighteenth-Century Art Criticism », 1976.

5   Dans la « Conférence de Charles Le Brun sur les *Israélites recueillant la manne dans le désert*, par Poussin » (1667), Le Brun explique que différentes parties de l'espace pictural thématisent, dans ce tableau, différents moments de l'histoire ; voir Le Brun, *L'Expression des passions & autres conférences*, 1994, p. 159-189. Sur le tableau et son commentaire, voir Imdahl, « Caritas und Gnade », 1985 et Thuillier, « Temps et tableau », 1967.

6   Diderot, « Pensées détachées sur la peinture », 1777/1995, p. 399.

Dans la mesure où la concentration sur l'instant est une qualité associée à la peinture, se limiter volontairement à la représentation d'un instant, dans une description, relève de la picturalité. On peut même considérer que l'instant constitue un des lieux privilégiés d'une articulation entre peinture et description au XVIIIe siècle, puisque sous cet aspect, la peinture constitue réellement une réponse aux besoins du roman ; en effet, l'instant devient au XVIIIe siècle une préoccupation centrale du roman, et ceci dans un contexte où évolue la façon de concevoir le temps. Les connotations et valeurs de l'instant dans les lettres du siècle des Lumières sont riches et variées ; parce que l'instant conjugue l'intensité avec la durée limitée, il échappe aussi bien à la perception qu'à la représentation littéraire, nécessairement linéaire et progressive[1]. Le modèle de la peinture et la référence à celle-ci promettent la possibilité de représenter l'instant dans toute sa complexité et son intensité[2]. Concomitante de la limitation volontaire à l'instant, il apparaît une « spatialisation » de l'écriture descriptive, qui se manifeste en particulier à travers le rôle important qu'y jouent les déictiques spatiaux, mais aussi la constellation des personnages ou la disposition des points de vue. Dans la mesure où une telle spatialisation, quoique ce soit à un autre niveau que l'harmonie imitative, met en place une structure iconique, c'est-à-dire un lien motivé ou « naturel » entre le signe verbal et son référent, elle constitue également une forme de picturalité seconde[3].

Les théoriciens de la peinture au XVIIIe siècle s'accordent à souligner que la peinture est limitée (dans une première analyse) à la représentation du visible : l'abbé Batteux définit la peinture comme une « imitation des objets visibles[4] » parce qu'elle opère avec des couleurs et des lignes dans l'espace bidimensionnel du tableau. C'est un nouvel aspect de l'idée que la peinture opère avec des signes dits naturels ; d'un côté, la peinture est particulièrement apte à représenter des configurations d'objets ou de personnages dans l'espace, mais de l'autre, et contrairement à la poésie qui lui est supérieure dans ce domaine, elle doit traduire indirectement

---

1   Voir, sur l'instant dans la philosophie et la littérature du XVIIIe siècle, l'ouvrage fondamental de Poulet, *Études sur le temps humain IV*, 1964/1990. Plus récemment, ont paru l'étude de Kavanagh, *Esthetics of the Moment*, 1996 et la contribution de Jacot Grapa, « Formes du souci de l'instant au XVIIIe siècle », 1998.

2   Je me permets de renvoyer ici à ma contribution sur l'instant chez Dorat, Sade et Révéroni Saint-Cyr : « La mesure de l'instant », 2007.

3   Murray Krieger (*Ekphrasis*, 1992) a focalisé l'enjeu et l'histoire de l'*enargeia* de l'*ekphrasis* sur la question de savoir comment les mots peuvent remplir la tâche des signes naturels : « How can words try to do the job of the natural sign », demande-t-il (p. 2).

4   Batteux, *Les Beaux-arts réduits à un même principe*, 1746/1969, p. 86.

les abstractions et les émotions. Les idées abstraites sont exprimées à travers les symboles et allégories, ce qui rend la représentation dépendante des conventions.

Dans ce modèle, l'intériorité humaine – le caractère et les émotions – doit être représentée à travers la mimique et la gestuelle. Charles Le Brun propose, à la fin du XVIIᵉ siècle et dans la perspective d'une peinture discursive, une première solution à ce problème[1]. Dans sa « Conférence sur l'expression générale et particulière » (1668), Le Brun développe un code pictural de l'expression des « passions de l'âme » par la physiologie humaine, la stabilité du code garantissant la possibilité de traduire le visible en lisible[2]. Les théoriciens du XVIIIᵉ siècle, moins intéressés par une peinture discursive et davantage orientés vers une « éloquence naturelle » du corps, cherchent cependant de nouvelles solutions[3]. Diderot discute, dans les *Essais sur la peinture* (1765), la question de l'expression : il affirme, certes, la lisibilité de l'expression dans la vie quotidienne et exige une expression picturale claire. Cependant, au lieu de chercher à fixer des types, Diderot souligne l'individualité de l'expression[4]. Enfin, par rapport à Le Brun, qui fait des sourcils la pierre de touche de l'expression, ce sont chez Diderot la bouche, les joues, les yeux etc. qui ont un rôle à jouer et qui rendent finalement possibles l'ambivalence et l'équivoque. Que ce soit Jaucourt dans l'article « Passion (*Peint.*) » de l'*Encyclopédie* ou Watelet dans *L'Art de Peindre*, les théoriciens au XVIIIᵉ siècle soit acceptent l'équivoque, soit plaident pour le « naturel ».

Contrairement à la peinture, le problème de l'expression des sentiments ne se pose pas, *a priori*, dans le roman, libre de décrire l'apparence extérieure ou de nommer explicitement les sentiments. Lorsque l'écriture descriptive reprend le principe de « l'éloquence du corps », elle le fait par référence à la fois à la rhétorique et à la peinture[5]. Une véritable

---

1 Le Brun est influencé par les dessins de Della Porta dans le traité *De Humana Physiognomonia libri IV* (1586, trad. franç. 1665), dessins qui combinaient des traits humains et animaliers, ainsi que par la théorie de Descartes sur l'articulation entre corps et esprit. – Les travaux de Tytler, *Physiognomy in the European Novel*, 1982 et de Courtine & Haroche, *Histoire du visage*, 1998 mettent en lumière la place éminente qu'occupe la pensée physiognomonique aux XVIIᵉ et XVIIIᵉ siècles pour la représentation sociale, anthropologique, littéraire et picturale de l'individu.

2 Voir Le Brun, *L'Expression des passions & autres conférences*, 1994, p. 47-109.

3 Voir Démoris, « Du texte au tableau », 1992 et Bryson, *Word and Image*, 1981, p. 51-52.

4 Diderot, *Salons de 1759, 1761, 1763*, 1984, p. 39 et 40. Voir également Démoris, « Le langage du corps et l'expression des passions de Félibien à Diderot », 1986.

5 Volker Kapp (« Le corps éloquent et ses ambiguïtés », 1995) a précisé la filiation du concept de « l'éloquence du corps », repris à Cicéron par Nicolas Faret puis par Michel Le Faucheur. Pour sa portée littéraire, voir, parmi d'autres, Démoris, « Le langage du

esthétique descriptive se fonde sur le principe du corps éloquent : le corps y devient le signe visible de quelque chose d'invisible. Le rapport entre évidence visuelle et corps expressif doit cependant être soumis à des réserves pour deux raisons. D'une part, le principe du corps expressif est présent dans les *passages descriptifs* (en particulier dans les portraits et les prosopographies) aussi bien que dans le *discours descriptif* ; il n'est pas limité au contexte d'une référence à la peinture. Dans le premier cas, il peut avoir d'autres fonctions, liées à la vraisemblance pragmatique dans la narration autodiégétique. D'autre part, toutes les formes de réalisation du corps éloquent ne comportent pas le même degré de concrétude et de limitation au visible.

En effet, le principe du corps éloquent connaît, dans les romans étudiés ici, trois variantes principales d'un degré de picturalité décroissante : soit, les marques extérieures apparaissent seules sans que leur signification soit explicitée, selon le schéma « elle avait les larmes aux yeux ». Dans ce cas, la force suggestive et la limitation au visible, mais également la polysémie et donc le risque de l'obscurité, sont les plus grands. Soit, les marques extérieures sont données comme signes d'une intériorité explicitée, selon le schéma « son désespoir lui faisait venir les larmes aux yeux ». Dans ce cas, la polysémie et la force suggestive se trouvent réduites par l'intervention des termes abstraits, mais l'interprétation s'en trouve facilitée. Soit, enfin, l'intériorité abstraite, explicitement nommée, peut être dite visible sans que les marques extérieures soient identifiées ; « son désespoir se montra sur son visage ». Dans ce cas, la phrase désigne indirectement le visible sans pour autant quitter le vocabulaire de l'abstraction, ce qui réduit aussi bien la polysémie que la picturalité. Lorsque le principe du corps éloquent est réalisé selon le premier schéma, et ce dans le cadre du discours descriptif, on peut dire qu'il privilégie le concret au détriment de l'abstrait et augmente l'évidence visuelle du discours descriptif. Ce n'est que dans ce cas, également, que l'on peut parler d'une limitation volontaire du domaine verbal aux possibilités du domaine pictural et, par conséquent, d'une contribution à la picturalité seconde.

Une troisième qualité attribuée spécifiquement à la peinture concerne son pouvoir beaucoup plus grand, par rapport à celui des descriptions verbales, de représenter de nombreux détails et d'apporter des précisions sans courir le risque de l'obscurité : les détails du vêtement, les formes

---

corps et l'expression des passions de Félibien à Diderot », 1986, Fortier, « La sémiotique corporelle de Marivaux », 1999 et Desjardins, *Le corps parlant*, 2001.

exactes des objets, les nuances de leurs couleurs, la richesse du décor d'une pièce, etc. La peinture peut indiquer tous ces éléments sans devenir pesante ou ennuyeuse, puisqu'elle le fait sans obliger le spectateur à y prêter une attention toujours égale. Lorsque l'écriture descriptive cherche à imiter la richesse des détails de la peinture, elle court toujours des risques : elle ne saurait donner toutes ces précisions sans imposer un ordre plus ou moins arbitraire à tous ces éléments, sans contraindre le lecteur à y consacrer du temps et à y accorder de l'attention, sans courir le risque de l'obscurité et de la fausseté. Daubenton pour le domaine de l'histoire naturelle, Diderot dans le contexte de la critique d'art, Mercier dans le *Tableau de Paris*, formulent une même crainte, à savoir qu'une description longue et détaillée d'un objet fausserait l'image que le lecteur s'en fait : soit qu'il se perde complètement dans les méandres d'une description trop complexe, soit qu'il construise mentalement une image démesurée de l'objet en question[1]. Cette réflexion sur les limites nécessaires du degré de détails dans une description verbale doit être tenue pour responsable, avec l'ensemble des contraintes qui pèsent sur la description au XVIIIe siècle, du fait que la description détaillée ne représente pas un moyen privilégié de la référence à la peinture et de la production d'une évidence visuelle dans l'écriture descriptive du XVIIIe siècle.

MONTRER LA PERSPECTIVE DU SPECTATEUR :
LA PICTURALITÉ TERTIAIRE

Les modalités de représentation de la peinture, quoiqu'elles connaissent au XVIIIe siècle des redéfinitions et des précisions, ne sont cependant pas le domaine où le plus grand changement intervient quant à la manière d'envisager la peinture. Ce sont surtout la perspective de la réception, la dimension pragmatique de la peinture, qui s'ajoutent à la réflexion sur le fond, sur la forme et sur l'invention poétique et picturale. Dans cette perspective, liée à la conception figurative et pragmatique de la peinture, importent avant tout le processus de perception de la peinture, l'intérêt qu'elle suscite chez le spectateur et sa capacité de produire des effets émotionnels. Contrairement aux difficultés qui se posent dans la transposition des modalités de représentation picturale dans le texte, l'écriture est capable de montrer un personnage regardant, les conditions matérielles et topographiques de ce regard, enfin l'effet de ce qui est vu

1 Voir Stalnaker, *The Unfinished Enlightenment*, 2010, p. 47 et 77.

sur ce personnage. Si la prise de conscience des spécificités de la peinture a pu limiter les tentatives de produire des équivalents textuels de la peinture, la découverte de l'effet de la peinture les encourage, parce que ce dernier dépasse ce qui est matériellement pictural et promet la possibilité d'une réalisation d'effets analogues avec des moyens différents. Pour ces raisons, la peinture représente une référence essentielle de l'écriture descriptive dans la production d'une évidence non seulement visuelle mais également pragmatique.

Un premier aspect de ce niveau de la picturalité concerne la structure temporelle de la réception de la peinture. Deux manières de concevoir la perception de la peinture sont en concurrence, au XVIIIe siècle : celle qui l'envisage comme instantanée, et celle qui la considère comme successive[1]. Roger de Piles, dans son *Cours de peinture par principes* et l'abbé Dubos dans les *Réflexions critiques sur la poésie et la peinture*, sont des représentants de la première manière de concevoir les choses. Ils soulignent tous deux la plus grande rapidité de la perception de la peinture par rapport à celle de la poésie. Dubos écrit :

> Ainsi les objets que les tableaux nous présentent agissant en qualité de signes naturels, ils doivent agir plus promptement. L'impression qu'ils font sur nous doit être plus forte et plus soudaine que celle que les vers peuvent faire[2].

Rapidité et intensité de la perception de la peinture sont liées et représentent toutes deux une supériorité de la peinture sur la poésie. Cependant, avec les apports du sensualisme, l'idée d'une immédiateté parfaite de la perception de la peinture devient de plus en plus problématique. En même temps qu'ils soulignent la limitation de la peinture à l'instant, les théoriciens du XVIIIe siècle se rendent compte, progressivement, que la perception de la peinture est un processus qui se déroule dans le temps[3]. Le sensualisme ne se limite pas à changer la représentation du temps, lequel devient une succession continue d'instants, et de toute perception, dont la soumission à la temporalité devient apparente, il rend également problématique l'idée d'une perception immédiate de la peinture. D'après Condillac, la perception du tableau est composée d'une succession rapide de perceptions instantanées qui s'effectuent dans une certaine étendue temporelle et ne forment l'unité du tableau que dans la conscience du spectateur :

---

1   Voir Démoris, « La peinture et le "temps du voir" au siècle des Lumières », 1988.
2   Dubos, *Réflexions critiques*, 1719/1993, p. 134 (I.40).
3   Voir Démoris, « La peinture et le "temps du voir" au siècle des Lumières », 1988.

> Au premier coup d'œil qu'on jette sur un tableau, on le voit fort imparfaitement. [...] Par-là nous contractons l'habitude de parcourir rapidement le tableau, & nous le voyons tout entier, parce que la mémoire nous présente à la fois tous les jugemens, que nous avons portés successivement[1].

La tension entre ces deux thèses de la perception des tableaux est résolue, chez Diderot : selon lui, une première impression forte et juste, mais peu consciente, doit être approfondie, précisée et détaillée par une contemplation plus longue qui suit cette première impression[2].

Les deux aspects peuvent jouer un rôle dans la picturalité de l'écriture descriptive. La mise en scène de la perception recourt à certaines ressources techniques de la motivation narrative, mais elle les emploie dans un contexte différent et avec des valeurs différentes. Au lieu d'intégrer, de naturaliser et de légitimer un *passage descriptif*, elle contribue à mettre en place le regard, à définir une perspective et un cadre et à insister sur la dimension visuelle de l'écriture descriptive. La spécificité du regard « pictural » consiste dans ce qu'il implique, soit une perception instantanée de l'objet décrit qui précipite l'action, soit une contemplation continue de l'objet décrit qui freine le progrès de l'action, ou encore une conjonction de ces deux modalités. Dans tous les cas, la mise en scène du regard constitue une première modalité de la picturalité tertiaire.

Sur la base de la mise en scène du regard, un deuxième aspect de la picturalité tertiaire peut apparaître dans l'écriture descriptive : celui de la mise en scène de l'effet de la peinture. À la suite de Roger de Piles, la peinture est considérée par l'abbé Dubos comme un art dont la finalité première est de fixer l'attention, d'éveiller l'intérêt et de susciter des effets émotionnels chez celui qui la regarde. Certes, dans ses *Réflexions critiques sur la poésie et la peinture*, Dubos considère la peinture comme l'art de la représentation par excellence, particulièrement apte à remplir sa fonction d'imiter la (belle) nature, parce qu'elle emploie des « signes naturels » :

> La peinture emploie des signes naturels, dont l'énergie ne dépend pas de l'éducation. Ils tirent leur force du rapport que la nature elle-même a pris soin de mettre entre les objets extérieurs et nos organes, afin de procurer notre conservation[3].

---

1   Condillac, *Traité des sensations*, 1754/1970, p. 213 (III.3, § 14). – Sur les conséquences du point de vue de la réception des œuvres d'art, voir Gombrich, « Moment and Movement in Art », 1964 et Souriau, « Time in the Plastic Arts », 1949.

2   Voir Démoris, « La peinture et le "temps du voir" au siècle des Lumières », 1988, p. 57.

3   Dubos, *Réflexions critiques*, 1719/1993, p. 133-134 (I.40). Parce que la peinture reproduit les contours et les couleurs mêmes des objets, Dubos se demande même si la peinture

Tandis que la peinture emploie des signes naturels et s'adresse à l'œil, la poésie emploie des signes artificiels et s'adresse à l'oreille. Or, les signes naturels font une impression plus immédiate et donc plus forte sur nous que les signes artificiels : la vue est le sens auquel nous faisons plus de crédit qu'à l'ouïe[1]. Dubos tire plusieurs déductions de ce constat, qui se présente clairement pour lui comme un privilège de la peinture sur les autres arts. Parce que les signes naturels (et donc la peinture) entretiennent un lien direct avec les référents auxquels ils renvoient, les tableaux peints ont une capacité particulièrement grande de ressembler à leur modèle et de tromper la vue. De plus, par la nature des signes qu'elle emploie, la peinture est particulièrement apte à représenter des objets visibles tels qu'ils se présentent dans l'espace. Surtout, le fait d'être « naturels » donne aux signes de la peinture une énergie authentique. Par conséquent, non seulement tout le monde peut comprendre la peinture, mais la représentation picturale évite dans sa compréhension et dans la production de ses effets le détour du décodage par la raison, ce qui la rend particulièrement propre à produire une illusion de présence et des effets immédiats et forts sur le spectateur.

Or, la pétition de principe de Dubos est que toute œuvre d'art doit avoir pour premier objectif d'attirer l'attention sur elle en intéressant et de susciter des émotions chez celui qui la regarde ou la lit. Tout en restant fortement reliée au principe de l'imitation, la conception de l'art qui apparaît chez Dubos est fondée sur la conviction que la finalité de l'art est — et doit être — d'émouvoir et d'intéresser. Une œuvre d'art émeut, lorsqu'elle « excite des passions » chez le spectateur ou le lecteur ; elle intéresse, si ce dernier se sent appelé et saisi, concerné et ému par ce qu'il voit ou entend. Dans ce contexte, on constate également une promotion de l'« intérêt » et de l'énergie esthétique. L'abbé Dubos déduit l'intérêt d'une œuvre d'art de son sujet, de sa composition, de sa vraisemblance ; il distingue un intérêt particulier et un intérêt général ; le premier nous incite à accorder de l'attention au tableau, mais seul le second peut nous toucher et nous attendrir[2]. Sans être mise en question, la fonction mimétique est au service de l'efficacité émotionnelle de l'art, et la valeur que Dubos accorde à un

---

peut être dite employer des signes du tout. – Voir Jurt, « L'Abbé Du Bos et la spécificité des arts », 1997.

1   Dubos, *Réflexions critiques*, 1719/1993, p. 34-35 (I.13).
2   *Ibid.*, p. 25-28 (I.12).

tableau ou à un ouvrage de poésie dépend directement de sa faculté d'« intéresser » et d'« émouvoir[1] ».

Ce qui, chez Dubos, est avant tout théorie et base de jugements, se combine dans la critique d'art de Diderot à une technique descriptive correspondante, qui, dans le *Salon de 1765*, opère un déplacement de la description du tableau vers l'évocation de son effet. Dans le *Salon de 1765*, les critères de jugement des tableaux semblent subordonnés à une conception de la peinture qui s'apparente à celle développée par Dubos, du moins en ce qui concerne la place accordée à l'effet émotionnel de la peinture sur le spectateur. Une formule de Diderot se fait l'écho de l'affirmation de Dubos, à savoir que « la peinture se sert de l'œil pour nous émouvoir[2] », ce qui fonde pour Dubos la supériorité de la peinture sur la poésie. Diderot, quant à lui, écrit dans le *Salon de 1765* que « la peinture est l'art d'aller à l'âme par l'entremise des yeux ; si l'effet s'arrête aux yeux, le peintre n'a fait que la moindre partie du chemin[3] ». Cette définition de la peinture lui permet d'arrêter un principe : si pour toucher l'âme, l'objectif de la peinture doit être d'aller plus loin que les yeux, elle y réussit par l'intérêt qu'elle suscite, par l'effet qu'elle produit, et par l'émotion qu'elle provoque, c'est-à-dire par l'énergie esthétique qu'elle transmet à l'âme et à l'imagination du spectateur.

La pratique descriptive de Diderot dans le *Salon de 1765* montre les possibilités offertes à l'écriture descriptive pour mettre en scène la capacité d'intéresser et les effets émotionnels de la peinture. Les divers procédés descriptifs que Diderot emploie dans les *Salons* ont essentiellement été analysés dans deux perspectives : dans la première, ils relèveraient avant tout d'un souci d'animation et de variation du texte descriptif qui en éviterait l'ennui[4]. Dans la seconde, ils représentent une tentative de « faire voir » les tableaux exposés au Salon, par l'intermédiaire de l'écriture, aux lointains lecteurs princiers abonnés à la *Correspondance littéraire* et, au-delà de ces lecteurs de circonstance, à tout lecteur ultérieur des *Salons*[5]. On peut cependant ajouter une troisième perspective, dans laquelle la situation de l'écriture descriptive dans les *Salons* s'apparenterait à celle du dialogue dans les œuvres les plus

---

1   *Ibid.*, p. 9 (I.3).
2   *Ibid.*, p. 133 (I.40).
3   Diderot, *Salon de 1765*, 1984, p. 226.
4   C'est le cas, par exemple, chez Roland Virolle, « Diderot : La critique d'art comme création romanesque dans les *Salons* de 1765 et 1767 », 1983.
5   Voir par exemple, Bernard Vouilloux, « La description du tableau dans les *Salons* de Diderot », 1988.

diverses de Diderot ; on peut comprendre ce dialogisme comme une véritable forme-sens, permettant de montrer, sans l'affirmer avec autorité, le caractère inadmissible de prises de positions uniques et absolues[1]. De manière analogue, certaines stratégies descriptives déployées par Diderot peuvent être reliées à ses convictions sur les pouvoirs de la peinture et sur les rapports entre peinture et écriture – justement, à cette conception de la peinture qui valorise particulièrement une mise en circulation de l'énergie esthétique.

Loin de toujours aspirer à une impossible traduction verbale des tableaux qu'il décrit, Diderot met souvent en scène, plutôt que le tableau même, l'expérience du tableau. Karlheinz Stierle, dans un article consacré à la notion de l'« intéressant » chez Diderot, formule l'exigence ou l'idée nouvelle de Diderot : « C'est l'idée profonde de Diderot de ne pas prendre comme objet du discours le tableau, mais l'expérience que le spectateur en a[2] ». Si l'esthétique de l'imitation correspond à une écriture de l'hypotypose et de l'illusion mimétique, l'esthétique « énergique » de la peinture concorde avec une pratique de l'écriture descriptive comme mise en discours de l'effet et de l'énergie picturaux. Si Diderot juge de nombreux tableaux, en particulier dans le *Salon de 1765*, en fonction de leur « intérêt » et de leur « effet », seuls quelques tableaux sont décrits sur ce mode particulier. Concrètement, cela veut dire que Diderot met parfois en discours une expérience intense du tableau qu'il donne pour sienne ou prête une énergie à son discours équivalente à celle du tableau qui en est le point de départ. Soit Diderot figure l'effet du tableau par sa propre réaction ; soit il transpose dans le texte cet effet pour le faire sentir à son lecteur, et place dans ce cas Grimm, le responsable de la *Correspondance littéraire*, dans la position de son interlocuteur pour confirmer la bonne communication de l'énergie esthétique.

L'écriture descriptive dans le roman peut aussi intégrer cet aspect dans son propre fonctionnement lorsqu'elle met en place – comme corollaire de la mise en place du regard et d'un personnage regardant – l'effet de ce qui est vu sur celui qui voit. Les modalités et les fonctions de cette mise en place participent d'une aspiration à une évidence de l'écriture descriptive tant visuelle que pragmatique : montrer l'effet d'un tableau sur le personnage le regardant, c'est faire participer le lecteur de cet effet.

---

1   Roland Galle (« Diderot – oder die Dialogisierung der Aufklärung », 1980) a démontré la pertinence de ce principe pour l'œuvre de Diderot.
2   Stierle, « Ästhetik des Interessanten », 1990, p. 254 (*je traduis*).

LE MARQUAGE DE LA RÉFÉRENCE À LA PEINTURE

Le dernier aspect de la référence textuelle à la peinture, lequel échappe du moins partiellement à cette typologie tripartite, est celui de son « marquage » : la référence à la peinture étant souvent implicite, on trouve très souvent dans le discours descriptif des indications qui signalent de manière explicite une relation à la peinture. Un tel marquage peut se faire par le recours à la métaphore picturale pour désigner la représentation textuelle ou des aspects de cette dernière : c'est le type de marquage le moins accentué, puisque la métaphore picturale est de toute manière omniprésente dans le discours romanesque sur la représentation verbale et en particulier dans le contexte de l'écriture descriptive.

Cependant, dans le texte, la référence textuelle à la peinture peut également être marquée par l'emploi d'une terminologie relevant plus spécifiquement de l'histoire ou de la critique d'art. Dans le premier cas de figure, des noms de peintres, d'écoles de peinture ou de tableaux sont utilisés et servent de termes de comparaison à une description. Dans le second, des termes techniques sont employés, comme « esquisse », « coloris », « fabrique », « site », « clair-obscur » ou « arrière-plan ». Par ailleurs, la présence d'une gravure illustrant un épisode romanesque, auquel elle apporte une dimension visuelle réelle et l'assurance qu'il est « propre à être peint », fonctionne également comme le marquage d'une référence à la peinture.

Le marquage est toujours un élément important dans l'établissement de la picturalité d'un discours descriptif. Par exemple, la reprise d'un motif pictural relève de la picturalité première dont la spécificité picturale est limitée ; dans ce cas, l'allusion au nom d'un peintre ou d'un personnage associé à ce motif ou le recours à une métaphore picturale servent à marquer et à faire remarquer le renvoi au motif pictural. Par contre, lorsqu'il s'agit d'une scène dans laquelle la temporalité de la peinture ou sa limitation au visible est transposée dans l'écriture descriptive, c'est bien un aspect de la picturalité qui renvoie à une condition très spécifique à la peinture ; cependant, les possibilités linguistiques de réaliser cette spécificité sont limitées, ce qui produit encore une fois la nécessité de marquer ce passage par la métaphore picturale ou les termes de peinture.

Ce parcours des qualités spécifiquement attribuées à la peinture pendant l'époque étudiée et des manières dont l'écriture descriptive peut y faire référence me servira, dans la suite, d'instrument d'analyse (le tableau qui se trouve ci-contre résume le modèle des trois niveaux de la picturalité textuelle). À chaque niveau de picturalité correspondent des modalités de réalisation différentes : le texte peut représenter avec ses propres moyens les contenus représentés par la peinture ; le texte transpose ou, à défaut, ne fait que thématiser avec ses propres moyens les qualités proprement picturales de la peinture ; le texte peut soit thématiser, c'est-à-dire évoquer explicitement, soit mettre en scène les effets attribués à la peinture en dépassant le cadre du « tableau » pour intégrer sa réception diégétique.

Chacun des aspects de ces trois dimensions de picturalité, pris à lui seul, ne comporte qu'un degré d'évidence visuelle et pragmatique plus ou moins limité selon les cas. Cependant, une réalisation effective d'une picturalité textuelle et d'une évidence visuelle et pragmatique peut être effectuée par l'accumulation des différentes références explicites ou implicites, des thématisations et des transpositions des caractéristiques de la peinture dans l'écriture descriptive. La tripartition des références permet d'analyser différents types de l'écriture descriptive et de faire apparaître des différences systématiques dans le traitement de la référence à la peinture. Pour le montrer, je souhaiterais analyser maintenant deux groupes d'instances de l'écriture descriptive : les tableaux peints et les épisodes romanesques.

Aspects de la peinture	Niveaux de la picturalité

Contenus
    événements, lieux, personnages
    hiérarchie des genres de peinture
    thèmes et motifs
	Premier niveau
	    événements, lieux, personnages
	    inscription dans un genre pictural
	    référence à un motif pictural

Modalités
    l'instant pictural
    limitation au visible (corps éloquent)
    représentation détaillée
	Second niveau
	    limitation à l'instant
	    limitation au visible (corps éloquent)
	    (limites de la représentation détaillée)

Réception
    perception, contemplation
    effet émotionnel
	Troisième niveau
	    regard, perception
	    effet émotionnel

	Marquage
	    métaphore picturale
	    termes techniques

Les trois niveaux de la picturalité textuelle

LA PICTURALITÉ DANS L'ÉCRITURE DESCRIPTIVE

La réflexion menée jusqu'ici sur l'évolution des manières de concevoir la peinture au XVIIIᵉ siècle ainsi que sur le modèle des trois niveaux de la picturalité permet d'analyser maintenant plus précisément comment fonctionne la picturalité de l'écriture descriptive dans les romans étudiés ici. On peut distinguer deux groupes d'instances de l'écriture descriptive dans lesquels la référence à la peinture joue un rôle, mais chacun d'eux met différemment l'accent sur les trois niveaux de la picturalité. Les descriptions du premier groupe prennent pour référent des tableaux peints, surtout des portraits, tableaux d'histoire et allégories. Elles sont souvent courtes et simples, recourent avant tout à la picturalité première, ne renvoient le plus souvent à la picturalité seconde que pour évincer cet aspect de la peinture et mettent parfois en scène, de manière spécifique, la picturalité tertiaire. Leur enjeu primordial est la signification du tableau et sa fonction dans l'intrigue. Les descriptions du second groupe prennent certains épisodes romanesques pour référent, tels les épisodes libertins, les scènes domestiques ou les épisodes oniriques ; elles sont souvent plus longues et plus complexes, mettent en jeu toutes les ressources des trois niveaux de la picturalité, mais tout particulièrement la seconde et la troisième. Leur enjeu est la mise en œuvre d'une évidence visuelle et pragmatique.

Ces deux types de l'écriture descriptive mettent donc en œuvre la picturalité d'une manière contrastée et, qui plus est, d'une manière qui contrevient aux différences auxquelles on aurait pu s'attendre à la lumière des différences inhérentes aux deux types de référents. On peut comprendre ce traitement opposé comme un chiasme entre peinture et picturalité, c'est-à-dire entre la peinture en tant que référent d'une description et la picturalité en tant que modalité descriptive inspirée de la peinture : les descriptions de tableaux peints effacent plutôt la picturalité, tandis que l'écriture descriptive dans les épisodes romanesques l'expose. Plus précisément, le traitement contrasté des tableaux peints et des épisodes romanesques correspond à l'opposition entre les deux manières de concevoir la peinture que j'ai proposé de distinguer plus haut : l'esthétique descriptive des tableaux peints correspond à la peinture conçue comme discursive et idéalement transparente, tandis que celle des épisodes romanesques correspond à la peinture conçue comme figurative et pragmatique. Cette distribution contrastée n'est cependant pas absolue et elle s'efface au fur et à mesure que le siècle progresse : clairement présente dans *Les Sacrifices de l'amour* ou dans *La Religieuse*, elle s'affaiblit dans *Le Paysan perverti* pour s'effacer presque entièrement dans *L'Émigré*.

LES DESCRIPTIONS DE TABLEAUX PEINTS

Le premier groupe de descriptions pertinent pour l'exploration des relations entre écriture descriptive et picturalité est celui des descriptions de tableaux peints. Au préalable, il convient de préciser que la critique n'accorde généralement à peine au XVIIIᵉ siècle le mérite d'avoir donné naissance au roman d'artiste, genre dont la consécration ne s'effectuera qu'au XIXᵉ siècle[1]. La lecture des romans étudiés ici montre néanmoins que les tableaux ou la peinture ainsi que les personnages qui sont peintres jouent assez souvent un rôle important, quoique rarement central, dans l'intrigue romanesque.

Dans une demi-douzaine de romans environ, la peinture ou des tableaux apparaissent de manière ponctuelle, bien que ce soit parfois à des moments stratégiques de l'intrigue. Dans *Giphantie*, le protagoniste découvrant le pays des esprits est confronté à des tableaux d'une telle perfection et ayant un tel pouvoir de faire illusion qu'il les confond avec des fenêtres ; ceci s'explique par leur mode de fabrication, qui s'apparente de près au principe de la photographie argentique. La galerie que les tableaux forment sert par ailleurs à mettre en avant une critique de la réalité sociale et historique, française et européenne (*Giphantie* 1044-45). De manière similaire, les galeries de peintures et les statues visitées par le protagoniste de *L'An deux mille quatre cent quarante* servent à positionner cette uchronie par rapport à l'histoire passée de la France et de

---

1 Sur le roman d'artiste à partir du romantisme, voir Mavrakis, « Le roman du peintre », 1998 et Rieger, *Alter ego*, 2000. Sur la figure de l'artiste au XVIIIᵉ siècle, voir Démoris, éd., *L'artiste en représentation*, 1993.

l'Europe (*L'An deux mille* 316-318) ; d'autres tableaux sont utilisés pour exprimer un discours moral, didactique ou de critique sociale : chaque tableau, dit le protagoniste, « donnait l'équivalent d'un livre moral et instructif » (*L'An deux mille* 307) ; une collection de livres contenant les gravures de tous les tableaux peints connus remplit une fonction tant conservatrice qu'éducative (*L'An deux mille* 321-323). Dans *Imirce*, une série d'« emblèmes » située dans une église, et représentant les étapes de la vie et les alliances familiales d'un défunt, est décrite par Imirce sur un ton en apparence naïf qui en montre le ridicule (*Imirce* 99-100). Sur un ton plus sérieux, le portrait de la sœur Moni que Suzanne garde toujours sur elle dans *La Religieuse* figure le profond attachement que cette dernière voue à son ancienne supérieure, attachement réprimé après la mort de celle-ci, lorsque Suzanne est dépouillée de force de ce portrait (*Religieuse* 278-279). Enfin, la peinture apparaît ponctuellement dans *Pauliska ou la perversité moderne* ; elle y remplit une fonction narrative directe, puisque le tableau que Pauliska remarque dans une galerie de peintures à Bologne lui permet de retrouver son fils Edvinski. Ce dernier avait été enlevé par le baron d'Olnitz et confié à Paolo Guardia, un peintre qui avait fait d'Edvinski son modèle ; à cette occasion, Pauliska note qu'elle est elle-même peintre (*Pauliska* 161-162). Dans *Jacques le fataliste*, on trouve bien sûr la description-récit que Jacques fait à son maître d'un tableau imaginaire dans le style de Fragonard (*Jacques* 814-815). Par ailleurs, dans de très nombreux romans, les portraits peints en miniature sont réclamés, donnés, échangés, contemplés comme des gages d'amour, d'amitié ou de fidélité.

La peinture joue un rôle important dans l'intrigue d'au moins trois autres romans. Sur un ton mi-plaisant mi-sérieux, les portraits que l'on découvre à plusieurs reprises pendant le périple de M. Dabaud à travers le château gothique dans *La Nuit anglaise* fonctionnent comme des rappels du passé et de la culpabilité du protagoniste. Fréquemment, mais de manière plus sporadique, tableaux et sculptures apparaissent dans *Le Compère Mathieu* : la longue description que Don Diège rapporte du groupe du *Laocoön* qu'un valet était allé voir avec son maître, subvertit dans un registre polémique l'identification hâtive du statut social et de la culture lettrée et assume ainsi la fonction d'une critique de la société (*Mathieu* 1.153-155). La série de tableaux (surtout des portraits et des paysages, mais également une nature morte) que les protagonistes vont voir chez un collectionneur à La Haye, n'est décrite que de manière rapide et abstraite par le narrateur ; cependant, cette visite débouche sur une longue harangue de Vitulos vantant les mérites des écoles italiennes et françaises (*Mathieu* 1.286-292). Dans *L'Émigré*, les relations entre les personnages sont traitées à travers les nombreux portraits, peints et écrits, échangés et commentés par cette petite société. De même, les événements révolutionnaires, qui forment l'arrière-plan de l'intrigue et l'un des thèmes les plus importants du roman, sont thématisés et questionnés à travers une réflexion sur les pouvoirs de la peinture d'histoire et sur celui des cartes et des diagrammes[1].

Ce n'est que dans un seul roman, *Le paysan perverti* de Rétif de la Bretonne, que la peinture joue un rôle vraiment central. Un grand nombre de personnages de ce roman sont peintres, graveurs ou modèles. L'intrigue commence avec l'entrée d'Edmond, en tant qu'apprenti, chez un peintre habitant une petite ville. Par la suite, Edmond utilise la peinture à des fins diverses, mais surtout pour séduire les femmes et soutenir son avancée sociale ; comme le dit Carmelina Imbroscio, « la séduction s'avère être la finalité principale de la peinture[2] ». Vers la fin du roman, pour Edmond, la peinture devient également un instrument pour exprimer et tenter de surmonter la culpabilité qu'il a accumulée tout au long de sa vie : Edmond désigne le tableau qu'il dépose dans l'église du village de sa famille comme son « tableau expiatoire » (*Paysan* 2.393 CCLXXVI). Or, contrairement au roman d'artiste proprement dit, le processus d'apprentissage artistique, la formation esthétique, les efforts, les échecs et les succès de l'artiste ne sont pas au centre de l'intrigue, ni dans *Le Paysan perverti* ni dans *L'Émigré* ou *La Nuit anglaise* ; ces romans restent des romans libertins, mondains ou gothiques, parce que la peinture y est un moyen artistique pour une fin non-artistique[3].

Comme le rôle que joue la peinture dans l'intrigue des romans, la présence de la métaphore picturale a également valeur d'indice pour une relation privilégié entre description et peinture dans le roman. Que ce soit dans le discours théorique sur la description, dans les paratextes romanesques ou dans le métadiscours sur la description dans les romans

---

1 Sur le rapport entre peinture et histoire dans *L'Émigré*, voir la contribution récente de Catriona Seth (« Dire l'indicible : peinture et histoire dans *L'Émigré* », 2007) ainsi que les remarques qui y sont consacrés ci-dessous.

2 Imbroscio, « Le Paysan et la Paysanne pervertis », 1993, p. 72 ; voir aussi Tane, « Discours, peinture, gravure dans l'édition illustrée du *Paysan perverti* de Rétif de la Bretonne », 2003, qui constate la présence d'un véritable « parallèle entre l'apprentissage artistique et l'initiation érotique » (p. 94).

3 *Le Paysan perverti* a bien été reconnu par la critique comme un premier pas vers le roman d'artiste ; voir par exemple Delon, « Portrait de l'écrivain en artiste-peintre », 1988.

étudiés ici, on constate une très grande présence de la métaphore picturale. Celle-ci ne représente certes pas, à elle seule, une preuve irréfutable de ce que la description est activement pensée sur le modèle de la peinture, puisque dans une certaine mesure, la métaphore picturale est fortement lexicalisée depuis au moins le XVIIᵉ siècle ; cela concerne notamment les termes « peindre » et « peinture » pour lesquels les dictionnaires de l'époque signalent des sens parfaitement dépourvus de métaphoricité[1]. Cependant, cette métaphore picturale lexicalisée est pour ainsi dire remotivée, au XVIIIᵉ siècle, à travers l'emploi alternatif ou concomitant de nombreux termes moins fortement lexicalisés, relevant du champ de la peinture et de la gravure. Les narrateurs des romans étudiés ici mobilisent en effet une foule de ce genre de termes (pinceau, crayon, couleurs, coloris, esquisse, trait, burin, graver, etc.). La peinture est le plus souvent associée, dans ces cas, à la vivacité et l'effet émotionnel de la description, tandis que la métaphore de la gravure est associée à la persistance mnémonique.

Dans *Le Compère Mathieu*, texte hybride qui mêle voyage picaresque et discussions théoriques (souvent parodiques ou polémiques), le lecteur assiste à une discussion très animée entre les protagonistes, concernant un certain « privilège » des poètes. Contre l'opinion du Père Jean qui est plus sceptique, le Père Vitulos défend la capacité des poètes, anciens et modernes, de représenter des objets ou des événements qu'ils n'ont jamais vus[2]. Vitulos cite, parmi d'autres exemples, celui de la description d'une bataille :

> N'en voyons-nous pas d'autres [i.e. des poètes], tapis dans leur galetas, & plus poltrons que le sosie d'Amphytrion, tracer d'un crayon terrible l'ébranlement de deux armées prêtes à se charger, la violence de leur choc, le bruit des armes, le hennissement des chevaux, les cris des combattans joint au tonnere du canon & de la mousqueterie, l'assemblage épouvantable de fumée, de poussière & de feu, le spectacle horrible des morts, des mourans, des corps & des membres palpitans ; en un mot l'acharnement des vainqueurs, la rage, le désespoir des vaincus, toutes les horreurs du carnage, & la suite d'un combat dont l'effroyable tableau tracé par des vers dignes d'un tel sujet, fait autant d'effet sur notre âme émue que si nous étions les spectateurs de l'action même. (*Mathieu* 1.234)

---

1   Voir aussi ci-dessus, chap. « Le champ lexical de l'écriture descriptive dans le roman ». Pour Wilhelm Munsters (*La poétique du pittoresque en France de 1700 à 1830*, 1991, p. 13), la présence du vocabulaire pictural, « fait de métaphores mortes », n'est que d'une signification limitée.

2   Ce pouvoir reposerait soit sur l'« inspiration » qui leur vient à l'aide, soit sur leur « imagination vive & impétueuse » : le débat est également amorcé dans le passage.

Outre le fait que le résumé d'un tel « tableau » se fait sous forme d'énumération, on note dans un premier temps la présence de la métaphore picturale, à travers la formule « tracer d'un crayon terrible » et « l'effroyable tableau tracé par des vers... ». De plus, l'isotopie du spectacle apparaît à deux reprises, à travers « le spectacle horrible des morts... » et les « spectateurs de l'action même ». L'association entre émotions et métaphore picturale et visuelle (ou théâtrale) montre le lien privilégié entre l'efficacité émotive et le visible. Surtout cependant, le passage confirme une fois de plus que ce sont les descriptions d'actions et de situations, portant ici sur les actions, événements, et circonstances d'une bataille, qui entretiennent un lien privilégié à l'évidence visuelle et pragmatique du discours. Vitulos souligne cette efficacité quand il note que cet « effroyable tableau [...] fait autant d'effet sur notre âme émue que si nous étions les spectateurs de l'action même[1] ».

Les portraits des personnages représentent, à côté des tableaux ou des scènes romanesques, le second champ privilégié de la métaphore picturale. On peut noter par ailleurs que les termes picturaux plus techniques, comme la « carnation », l'« incarnat » ou le « coloris » sont le plus souvent utilisés non pas pour désigner une description, mais pour souligner la beauté d'un objet décrit. Le plus souvent, il s'agit en fait du corps féminin, qu'il faudrait « peindre avec les pinceaux mêmes de la nature ». Un cas intéressant, dans le contexte des rapports entre évidence et peinture est le traitement du terme de « couleur(s) » dans le corpus romanesque. Le plus souvent, ce terme apparaît dans une construction un peu particulière, s'appliquant à des personnes ou des émotions, et qui associe le verbe « peindre » et celui de « couleurs » à un adjectif exprimant l'intensité. Dans *Les Sacrifices de l'amour*, le Chevalier, se référant à une lettre qu'il vient de recevoir de Mme de Senanges, s'extasie à l'idée que c'est lui seul qui a fait naître en elle les douces émotions de l'amour naissant : il parle de « ces émotions, ce trouble que vous peignez avec des couleurs si vraies » (*Sacrifices* 150 I.LX). Félicia rapporte qu'elle vient de déconseiller fermement les pratiques solitaires au jeune Monrose : « Je lui peignis, avec des couleurs si effrayantes, les dangers de cette habitude scolastique, qu'il jura d'y renoncer à jamais » (*Félicia* 754). Le jeune De Langres qui vient de faire la connaissance de Juliette d'Est... se rappelle, un peu plus tard, les traits de cette jeune

---

1   Dans l'exemple que Vitulos fait directement précéder, il est question, par constraste, de palais, de jardins, d'objets de luxe divers, et Vitulos emploie le verbe « décrire » pour désigner leur représentation (*Mathieu* 1.233-234).

fille, et le narrateur note que les traits de Juliette « se peignirent à son imagination avec les couleurs les plus brillantes[1] ». Comme on voit, la métaphore de la couleur est toujours associée à une idée de l'intensité, de la vivacité, de la vérité de la représentation verbale ou mentale. Ce genre d'emploi de la métaphore picturale est un marqueur de la picturalité et contribue à expliquer l'attrait même de la référence à la peinture dans le contexte d'une recherche de l'évidence du discours : plus que sa très grande fréquence, la richesse de la métaphore picturale est révélatrice des liens étroits entre l'écriture descriptive et évidence visuelle et pragmatique.

Il convient également de préciser que la place des descriptions de tableaux dans l'ensemble des romans étudiés ici est relativement limitée, par rapport à d'autres référents : on ne trouve que soixante-dix occurrences, les brèves évocations de tableaux peints inclus[2]. Par ailleurs, les descriptions concernent des tableaux fictifs ou évoquent les tableaux en tant qu'exemples d'un genre pictural, mais ne correspondent qu'exceptionnellement à des tableaux réels et identifiables : on trouve pour seul exemple une évocation, dans *L'Émigré* de Sénac de Meilhan, d'un tableau de Rubens intitulé « Naissance du Dauphin » (*L'Emigré* 197-198 LVIII). À plusieurs reprises, des tableaux sont attribués à des peintres connus : c'est le cas de ceux évoqués dans *Le Compère Mathieu* ; on y trouve mentionné, par exemple, « *Le Portrait d'un Homme*, par Van Dyck, plein de grâces, de finesse, d'expression & de vie. / *Un Repas de Paysans*, par David Teniers ; tableau précieux par la finesse, la naïveté, le naturel qu'on y remarque » (*Mathieu* 1.286-287). Or, les descriptions correspondantes sont trop sommaires pour que l'on puisse reconnaître un tableau précis ; l'essentiel semble être que les titres cités soient caractéristiques des peintres nommés[3].

En ce qui concerne les genres picturaux, le roman privilégie assez clairement ceux reconnus et placés en haut de la hiérarchie des genres de l'Ancien Régime, comme la peinture d'histoire, la peinture allégorique et le portrait. En effet, les portraits peints représentent plus de la moitié des tableaux mentionnés ou décrits et se trouvent dans un grand

---

1 *De Langres* 10. Voir encore *L'Émigré* 40 III et 264 LXXXVI.

2 Ce nombre correspond à moins de 4 % des descriptions relevées dans le corpus ; à titre de comparaison, 20 % des descriptions relevés sont des portraits combinant physique et moral, 11 % sont des descriptions de paysages et 5 % sont des descriptions d'objets matériels.

3 Philip Stewart (« Tableaux imaginaires », 2001, p. 297) confirme que les descriptions de tableaux réels sont exceptionnelles.

nombre de romans. Le portrait est suivi par la peinture d'histoire et l'allégorie historique ; cependant, ces deux dernières apparaissent dans quelques romans seulement. Des genres de peinture qui se situent plus bas dans la hiérarchie des genres et qui sont en pleine ascension ne sont mentionnés que très rarement dans les romans du corpus : ainsi, les paysages n'apparaissent-ils qu'à de rares occasions, en particulier dans l'épisode de la galerie de peinture visitée à La Haye dans *Le Compère Mathieu* ; les tableaux y sont loués d'une manière exagérée et stéréotypée (*Mathieu* 1.286-292). Des tableaux de genre sont décrits dans *Le Compère Mathieu*, dans *Jacques le fataliste* et dans *La Découverte australe* (*Mathieu* 1.286-292, *Jacques* 814-815 et *Découverte* 1170-71). La seule fois où une nature morte est évoquée se trouve également dans *Le Compère Mathieu*, où un « *petit tableau de fleurs & de fruits, par Van Huysum* » fait partie de la galerie de La Haye et est reconnu pour être une « imitation parfaite de la nature[1] ». D'autres types de tableaux apparaissent également dans le corpus, mais le plus souvent il ne s'agit que de mentions ou de descriptions assez brèves. Dans ces cas de figure, les tableaux relèvent plutôt du décor que de la représentation picturale ; on peut citer par exemple quelques tableaux à motifs religieux dans *Pauliska ou la perversité moderne* : dans le cabinet de Mlle Brunher, Julie et Ernest voient « une image de la Vierge d'une beauté parfaite » et des « fouets à manche d'ébène, ornés de petits camées représentant les Pères du désert dans leur mortifications » (*Pauliska* 142-143). On peut se référer aussi à quelques tableaux vraisemblablement libertins que Faublas découvre dans un boudoir ; il s'écrie, ravi : « on y voit des tableaux, des estampes, des glaces, une alcôve, un lit… Ah ! c'est le lit surtout ! » (*Année* 190). Le plus souvent, il est question de tableaux peints, rarement de dessins, d'estampes ou de gravures. *Le Compère Mathieu* fait exception à ces deux règles, puisqu'il mentionne un large éventail de genres de peinture (de la peinture d'histoire jusqu'à la nature morte) ainsi que diverses techniques picturales et autres (peinture, dessin, gravure, tapisserie, bas-relief et sculpture).

Non seulement le genre romanesque respecte et corrobore ainsi du moins implicitement la hiérarchie traditionnelle des genres, mais il

---

1   *Mathieu* 1.287-288. Dans *L'Émigré*, Saint-Alban dessine quelques « points de vus » que Victorine mentionne en passant et qu'elle juge « fort jolis » (*L'Émigré* 230 LXXIV) ; dans *Giphantie*, une marine fait l'objet d'une longue explication (*Giphantie* 1044-45). Ailleurs, des tableaux vraisemblablement libertins sont rapidement évoqués, sans être décrits (*Paysan* 1.45 X et *Année* 190).

s'approprie encore, du moins pour ce qui est du domaine des descriptions de tableaux, la conception discursive de la peinture qui y correspond : ce qui compte avant tout, c'est le contenu représenté, tandis que la manière de le représenter est conçue comme parfaitement transparente et que l'effet de la représentation est secondaire. Quant à la distribution des genres picturaux les plus évoqués dans les romans, on peut constater qu'elle est contrastée. Dans un roman donné, on trouve soit des portraits, soit des tableaux d'histoire, la distribution des tableaux allégoriques étant plus libre. Les portraits sont surtout présents dans les romans libertins, mondains et sentimentaux, les tableaux d'histoire et les tableaux allégoriques apparaissent particulièrement souvent dans les romans utopiques ou les récits de voyage imaginaires.

Dans ces conditions, on peut s'attendre à ce que l'analyse des trois niveaux de la picturalité apparaissant dans les descriptions de portraits, de tableaux d'histoire et d'allégories ainsi que celle des enjeux qui s'y rattachent montrent une prépondérance assez claire de la picturalité première au détriment de la picturalité secondaire et tertiaire. C'est en effet le plus souvent, mais pas toujours le cas.

LES PORTRAITS PEINTS, OU LA RESSEMBLANCE EN QUESTION

Pour ce qui est des descriptions de portraits peints, les romans évoquent aussi bien des portraits en miniature que des portraits en format plus grand, lesquels sont parfois des portraits en pied. Les portraits ont presque toujours une fonction précise dans l'intrigue : ils sont « l'occasion de rebondissements dramatiques[1] », rebondissements qui concernent le plus souvent une relation entre amis ou amants. Selon une convention romanesque bien en place, au moins depuis la fin du XVIIᵉ siècle – qu'on pense par exemple au rôle que joue le célèbre vol du portrait dans la *Princesse de Clèves* – les portraits en miniature demandés, accordés, échangés ou restitués symbolisent l'aveu de l'amour, son accueil favorable, l'amour réciproque ou la rupture. Les descriptions de ces portraits sont le plus souvent très courtes et simples, le personnage représenté étant simplement identifié. Le portrait peint est aussi bien présenté comme objet matériel et objet de valeur que comme représentation picturale : il se trouve inséré dans une boîte, un écrin ou un portefeuille, est parfois orné d'un cadre ou de diamants, et est souvent mis sur le même plan que des bijoux ou de l'argent.

---

1   Gevrey, *L'illusion et ses procédés*, 1988, p. 230.

À plusieurs reprises, le portrait importe autant comme objet matériel que comme représentation picturale, et sa valeur symbolique découle autant de la richesse extérieure que du fait que c'est la personne aimée qui y est représentée. Dans le roman de Madame Leprince de Beaumont, Clarice écrivant à sa mère après sa fuite pour la France fait l'inventaire de ses possessions : elle met plusieurs objets de valeur sur le même plan, dont un portrait de sa mère « enrichi de diamants » (*Clarice* 2.14). Il est vrai qu'ici, il n'est pas nécessaire de décrire ce portrait, puisqu'il représente la mère de Clarice à laquelle elle s'adresse. Dans un célèbre épisode des *Les Liaisons dangereuses*, rapporté par Valmont, Prévan fait croire à trois femmes en même temps qu'il vient de rompre avec son amante ; il les convainc d'abandonner leurs amants respectifs et de passer chacune une partie d'une nuit avec lui. Il le fait en envoyant à chacune d'elles, outre plusieurs lettres que son amante lui avait écrites, un objet qui avait fait office de gage d'amour (ou de statut d'amant officiel) de la part de son amante :

> Le matin même de ce jour, il fait trois lots des Lettres de sa Belle, il accompagne l'un du portrait qu'il avait reçu d'elle, le second d'un chiffre amoureux qu'elle-même avait peint, le troisième d'une boucle de ses cheveux ; chacune reçut pour complet ce tiers de sacrifice, et consentit, en échange, à envoyer à l'Amant disgracié une Lettre éclatante de rupture. (*Liaisons* 161 LXXIX)

Boucle de cheveux, chiffre amoureux ou portrait, chacun des trois objets n'est présent qu'en tant qu'objet symbolique de la relation amoureuse entre Prévan et son amante ; et leur envoi aux trois femmes fonctionne comme la preuve de sa rupture avec elle. On pourrait multiplier les exemples de portraits qui, sans être réellement décrits, comptent dans l'intrigue pour leur fonction symbolique et qui se trouvent dans des romans de types divers : dans *La Religieuse*, Suzanne manifeste son attachement à la sœur Moni à travers le portrait de celle-ci (*Religieuse* 278-279 et 285) ; le portrait d'Aline que Valcour reçoit d'elle, inséré dans un portefeuille destinée aux lettres qu'elle compte lui écrire, fonctionne comme gage de leur fidélité éternelle (*Aline* 1043 LXV) ; le portrait égaré par la vicomtesse de Vassy et que son mari retrouve, sera interprété par ce dernier comme la preuve irréfutable de son infidélité (*L'Émigré* 289-291 XCIV). Dans tous ces exemples, le portrait n'est pas décrit autrement que comme objet et joue un rôle révélateur des relations des personnages dans le roman : même la picturalité première y est réduite au minimum.

Cependant, l'absence de description du portrait n'empêche pas que l'enjeu principal dans le jugement des portraits soit leur ressemblance ; le plus souvent, cette ressemblance n'est pas problématisée mais constatée, si bien que l'on peut dire que le traitement des portraits peints correspond à une conception de la représentation picturale comme une imitation fidèle et transparente du modèle. C'est précisément pour cette raison que les portraits ne sont pas décrits : ces portraits étant généralement ceux d'un des protagonistes dont le portrait verbal a déjà été fait, le portrait parfaitement ressemblant et conçu comme une représentation transparente ne saurait apporter aucun ajout, aucune précision ou aucun décalage par rapport au portrait verbal du même personnage. Par conséquent, la description détaillée du portrait peint ne représenterait par rapport au portrait verbal qu'une répétition ou une redondance, peu admissible dans le cadre du principe du discours romanesque comme vecteur (Randa Sabry) du XVIIIᵉ siècle. Pour la même raison, sans doute, on ne trouve pas dans les romans des illustrations correspondant à ces portraits peints.

Dans cette constellation typique de la picturalité concernant les descriptions de portraits peints, la ressemblance du portrait, variante de la représentation parfaite, devient centrale[1]. La ressemblance, tributaire de la conception de la peinture comme représentation transparente, relève de la picturalité seconde, mais elle efface en même temps la spécificité et la matérialité de la peinture. La notation de la ressemblance est le plus souvent accompagnée de celle de la contemplation du portrait, de l'illusion de présence qu'il produit ou de l'effet émotionnel exercé par le portrait sur celui qui le regarde. Par exemple, Félicia reçoit de la part de milord Sydney et comme gage de leur amitié durable non seulement une bourse de mille louis, mais encore « une balle de colifichets charmants, dans lesquels était égarée une boîte d'or du dernier goût, décorée d'un portrait de milord Sydney, où la ressemblance était saisie de la manière la plus frappante » (*Félicia* 847). Dans la série des objets, le portrait n'arrive qu'à la fin, après l'argent, les babioles et la boîte d'or qu'il ne fait que décorer ; il n'est pas décrit, mais le critère central de son appréciation

---

1   L'idée d'une équivalence entre portrait et ressemblance s'est sédimentée dans un emploi métonymique du terme « portrait », où ce dernier veut dire simplement « double ou copie parfaite ». Edmond par exemple, dans *Le Paysan parvenu*, écrit à son ami Gaudet qui le renseigne sur les projets de mariage d'une des sœurs aînées d'Edmond : « C'est un excellent sujet pour le ménage, et le portrait de notre bonne mère pour le caractère, comme Ursule l'est pour la figure » (*Paysan* 1.338 LXXXIV ; voir aussi *Paysan* 2.347 CCXLVIII, *Découverte* 1138, *Conversion* 1070 et *Semaines* 522).

est la ressemblance. On note toutefois que cette ressemblance est dite « frappante » : l'effet du portrait dépend donc de la ressemblance et il n'est pas mis en scène mais simplement mentionné.

Le portrait devient dans *Aline et Valcour* un véritable objet de contemplation : Sainville a reçu de Léonore un portrait qui fonctionne une fois de plus comme le gage de son amour pour lui, mais dont la qualité essentielle est de produire, sur une « âme sensible », un effet de présence très fort :

> On n'imagine pas ce qu'est qu'un portrait pour une âme sensible : il faut aimer, pour comprendre ce qu'il adoucit, ce qu'il fait naître : le charme de contempler à son aise les traits divins qui nous enchantent, de fixer ces yeux qui nous suivent, d'adresser à cette image adorée les mêmes mots que si nous serrions dans nos bras l'objet touchant qu'il nous peint ; de la mouiller quelquefois de nos larmes, de l'échauffer de nos soupirs, de l'animer sous nos baisers… Art sublime et délicieux, c'est l'amour seul qui te fît naître ; le premier pinceau ne fut conduit que par sa main. (*Aline* 579 **XXXV**)

Ce genre d'épisode de la contemplation d'un portrait s'inscrit dans une tradition attestée au moins depuis le tournant du XVIIe et XVIIIe siècle[1]. Ici, le syntagme de l'« âme sensible », tout comme la thématique de la contemplation du portrait, marque surtout une étroite relation à *La Nouvelle Héloïse*. Comme presque toujours, la description du portrait est ici inutile ; seul compte l'illusion de présence qu'il fait naître : le portrait de la femme aimée possède un « charme », il « enchant[e] », produisant l'illusion d'une présence réelle de l'être aimé qui fait qu'on s'imagine pouvoir lui parler, qui suscite les larmes et qui persuade enfin que le portrait s'anime. L'illusion de présence de la peinture sur une âme sensible prend ici entièrement le pas sur l'évocation du portrait.

Enfin les portraits peints, bien qu'ils ne soient pas décrits, et tout en étant simplement dits ressemblants, ne manquent pas d'exercer des effets assez puissants sur celui qui les regarde, produisant soit une illusion de présence, soit une réaction émotionnelle. Dans ces cas, la ressemblance n'est pas seulement constatée, mais l'illusion de présence qu'elle produit, et souvent même l'effet émotionnel ou physiologique qu'elle entraîne, sont clairement mis en scène dans le roman. Le détail de la représentation verbale et l'attention à la manière de peindre ne sont donc nullement conçus ici comme une condition nécessaire à la mise en scène de l'effet de la peinture. Dans la logique de ce traitement des portraits peints, la

---

1   Voir Gevrey, *L'illusion et ses procédés*, 1988, p. 230-233.

peinture ne tire pas sa force de ses modalités de représentation, mais de sa capacité de rendre présent le référent qui, à travers le portrait de la personne qui s'efface en tant que portrait peint, exerce sur celui qui le regarde son pouvoir d'intéresser et d'émouvoir. La simple représentation verbale transparente d'un contenu pictural est dépassée, et il s'agit d'une véritable mise en scène de la picturalité tertiaire.

Dans *Émilie de Varmont* de Louvet de Couvray, le lien entre ressemblance et effet de la peinture est particulièrement explicite. Le jeune Dolerval, qui compte épouser Émilie dont il ignore cependant l'identité, envoie un portrait d'elle à son frère Murville. Il l'appelle une « esquisse très imparfaite sans doute », mais se fait un plaisir « d'en multiplier les copies » (*Émilie* 157). À l'aide de ce portrait, Murville découvre que la jeune femme qu'aime son frère n'est autre que celle qu'il avait secourue près de Brest, dont il est lui-même amoureux et que son ami Varmont avait fait enlever. Il répond à son frère :

> Vous avez du talent, mon frère, beaucoup de talent. La miniature est si ressemblante que j'en ai failli pâmer d'étonnement et de joie. Vous la connaissez bien, puisque vous la peignez ainsi de mémoire : heureusement pour vous je la connais mieux. (*Émilie* 171)

À nouveau, le portrait est au centre des relations complexes entre plusieurs personnages. Surtout, Murville relie ici la ressemblance et l'effet du tableau, quoique ce soit avec une forte touche de sarcasme. Une chaîne argumentative analogue se trouve dans *Félicia ou mes fredaines* où deux portraits peints, sans être décrits, sont dits « peint[s] avec la dernière vérité » ; Mme de Kerlandec les regarde « avec un intérêt frappant » et verse « un torrent de larmes » (*Félicia* 827-828).

L'efficacité des portraits ressemblants est plus directement physiologique chez Mirabeau. Dans *Ma Conversion*, on trouve un bref épisode au cours duquel le libertin-narrateur reçoit de son amante actuelle plusieurs objets qu'il décrit de la manière suivante : « j'ouvris l'écrin, j'y trouvais de fort beaux diamants et le portrait de la duchesse en baigneuse : il était frappant » (*Conversion* 1007). Pour l'instant, tout se passe comme dans les exemples cités jusqu'ici : le portrait est évoqué comme un objet de luxe parmi d'autres, le sujet qu'il représente est simplement nommé, et le portrait est apprécié par la simple notation de ce qu'il était « frappant » ; enfin, l'envoi du portrait ratifie pour ainsi dire le statut d'amants des deux personnages. Or, l'épisode continue, le narrateur précise à propos du portrait : « il était frappant ; je l'approchai machinalement de mes lèvres.

Avouerai-je ma faiblesse ? je sacrifiai encore une fois à ce joli automate, et mon caprice s'écoula avec la libation que je venais de répandre en son honneur » (*Conversion* 1007). Accentuée à travers le champ métaphorique de l'homme comme mécanisme, l'efficacité physiologique (momentanée) de la peinture est affirmée de manière bien concrète[1].

Pour ce qui est du portrait de Mme Parangon, peint par Edmond, dans *Le Paysan perverti*, on trouve un portrait dans le traitement duquel n'intervient qu'une rapide notation de ressemblance, dont l'intensité de l'effet sur Mme Parangon qui s'y regarde est soulignée :

> La marquise est arrivée : ses yeux n'ont pas d'abord cherché le tableau ; c'est après quelques minutes de conversation, qu'à propos de quelque chose que je lui disais sur sa beauté, elle a voulu apparemment voir si Ursule avait cette perfection. Je ne saurais t'exprimer l'aimable étonnement qui s'est peint dans ses regards et dans toute son attitude, en se reconnaissant. Sa jolie petite bouche était ouverte à demi, et l'on voyoit répandu sur son visage, un air mêlé de joie, de surprise et de pudeur. Ah ! qu'elle était adorable dans cet instant ! j'étais tenté de tomber à ses genoux, et de lui rendre hommage, comme à une divinité. (*Paysan* 1.461-462 CXVIII)

Ce portrait est l'occasion d'une véritable mise en scène de la circulation de l'énergie esthétique : la ressemblance du portrait fait que Mme Parangon s'y reconnaît ; sa réaction s'exprime sur son visage qu'Edmond observe ; il est lui-même touché par l'image qu'il y voit.

Les descriptions de portraits peints cités jusqu'ici semblent suggérer que toute problématisation du rapport entre objet représenté et représentation en est absente. Or, parfois, les romans étudiés ici explorent bien les divergences entre modèle et représentation ou entre plusieurs représentations, verbales ou picturales. On trouve en fait deux manières d'affronter cette question : la première concerne uniquement le rapport entre un personnage et la représentation verbale qu'on en donne ; elle se fait jour dans les « portraits à charge », employés de manière stratégique par les libertins, en particulier dans des romans épistolaires comme *Les Malheurs de l'inconstance* ou *Les Liaisons dangereuses*[2]. Une seconde manière

---

1   Un curieux effet de ressemblance lié également à la physiologie, où c'est la personne qui ressemble au portrait plutôt qu'inversement, est noté dans *Paul et Virginie* : la contemplation prolongée du portrait de Saint-Paul de la part de la mère de Paul aurait fait « contract[er] quelque ressemblance » avec ce saint à l'enfant qui n'était pas encore né (*Paul* 1265). C'est le même portrait que Paul confiera à Virginie et qu'on trouvera dans sa main crispée, après sa mort dans le naufrage du Saint-Géran.

2   Dans le premier roman, le chevalier de Gérac écrit un tel portrait à charge pour détourner le comte de Mirbelle de Madame de Syrcé (*Malheurs* 454 I.XI) tandis que le duc de *** cherche

de problématiser la représentation dans le portrait s'adresse explicitement à la question du rapport entre modèle, représentation verbale et représentation picturale (rendu verbalement, dans le texte du roman, ou sans qu'il soit décrit) : c'est le cas dans *La Nouvelle Héloïse* et dans *L'Émigré*.

Chez Rousseau, dans l'épisode du portrait que Julie envoie à Saint-Preux qui séjourne à Paris, tout ce qui vient d'être dit au sujet du fonctionnement narratif et de la signification symbolique du portrait peint dans la relation amoureuse romanesque est à la fois confirmé et surpassé. Dans ce roman dont le titre constitue à la fois une « promesse de portrait » toujours différée et le signal d'une identité ambivalente qui échappe à tout portrait unifié, la signification symbolique et les pouvoirs du portrait peint sont mis en relief puis critiqués[1]. Par conséquent, la signification du portrait que Julie envoie à Saint-Preux se déploie en deux temps.

Lorsque Julie fait parvenir son portrait à Saint-Preux, elle l'accompagne d'une lettre dans laquelle elle l'appelle « un petit meuble à ton usage ». Elle lui explique l'usage qu'il doit en faire et qui consiste à le « contempler tous les matins un quart d'heure jusqu'à ce qu'on se sente pénétré d'un certain attendrissement », ce qui lui permet d'agir comme « préservatif [...] contre le mauvais air du pays galant » (*Julie* 264 II.XX). Le don du portrait est bien lié à la relation amoureuse, mais sa signification est dès le début détournée : en fait, au lieu d'un aveu ou d'un gage d'amour, inutile, le don du portrait représente en fait ici une injonction que Julie exprime à l'intention de Saint-Preux et qui concerne sa fidélité. En recevant le paquet de Julie, Saint-Preux se retire chez lui :

> J'arrive enfin, je vole, je m'enferme dans ma chambre, je m'asseye hors d'haleine, je porte une main tremblante sur le cachet. O premiere influence du talisman ! j'ai senti palpiter mon cœur à chaque papier que j'ôtois, et je me suis bientôt trouvé tellement oppressé que j'ai été forcé de respirer un moment sur la dernière enveloppe... Julie !... O ma Julie ! le voile est déchiré... je te vois... je vois tes divins attraits ! Ma bouche et mon cœur leur rendent le premier hommage, mes genoux fléchissent... (*Julie* 279 II.XXII)

Déballer le portrait des couches de papier qui l'enveloppent, c'est pour Saint-Preux comme déshabiller la femme représentée, tellement

---

à inciter Mirbelle à séduire Madame de Syrcé et à quitter Ladi Sidley (*Malheurs* 425 I.IV) ; on sait que dans *Les Liaisons dangereuses*, la marquise de Merteuil, dans une lettre adressée à Valmont, décrit Prévan comme étant « infiniment aimable, et encore plus adroit » dans l'intention d'attiser l'ambition de Valmont de surpasser son rival (*Liaisons* 138 LXX).

1   Labrosse, « La figure de Julie dans *La Nouvelle Héloïse* », 1988, p. 154 et Theobald, « From Portrait to Person », 2008, p. 213.

fort est le pouvoir qu'a le portrait de « rendre présent » : Saint-Preux dit
bien « je te vois », pour exprimer qu'à travers la représentation picturale transparente, c'est Julie elle-même qui est présente. Le « magique
effet » que Saint-Preux décrit en poursuivant son propos n'est pas dû
aux qualités de la représentation picturale mais justement à son effacement. La pensée de l'effet s'allie donc ici à la conception discursive et transparente de la peinture, parce que l'effet n'est pas celui du
tableau, mais celui de la personne représentée par le tableau. Saint-
Preux poursuit :

> [...] charmes adorés, encore une fois vous aurez enchanté mes yeux ! Qu'il est
> prompt, qu'il est puissant, le magique effet de ces traits chéris ! Non, il ne faut
> point, comme tu prétens, un quart d'heure pour le sentir ; une minute, un
> instant suffit pour arracher de mon sein mille ardens soupirs, et me rappeler
> avec ton image celle de mon bonheur passé. Pourquoi faut-il que la joye de
> posséder un si précieux trésor soit mêlée d'une si cruelle amertume ? Avec quelle
> violence il me rappelle des temps qui ne sont plus ! (*Julie* 279-280 II.XXII)

Saint-Preux souligne bien l'effet immédiat attribué traditionnellement à la peinture ; un peu plus loin, il insiste encore une fois sur la
puissance de cet effet qu'il compare à des « torrens de flames » (*Julie*
280 II.XXII). Cependant, Saint-Preux remarque également qu'il s'agit
d'un effet éphémère qui n'échappe pas à la dialectique de la présence
et de l'absence, propre à la peinture : autant ce portrait lui rend présent
le bonheur passé, autant il souligne aussi que désormais ce bonheur
n'est plus.

Par la suite, le doute prendra le dessus. Quelques jours plus tard,
Saint-Preux désenchanté ne ressent plus le « magique effet » du portrait,
dont il fait maintenant une critique en règle : « Ton portrait a de la
grace et de la beauté, même de la tienne ; il est assés ressemblant, et
peint par un habile homme ; mais pour en être content, il faudroit ne
te pas connoître » (*Julie* 290-291 II.XXV). Saint-Preux se livre à une
longue appréciation du portrait, dans laquelle il refuse à la peinture le
pouvoir de représenter véritablement une personne, et cela pour plusieurs
raisons. D'un côté, la peinture est envisagée sous l'aspect de sa ressemblance avec le modèle, et Saint-Preux reproche au peintre de ne pas avoir
été précis, sans mettre en question la possibilité – en principe – d'un
portrait exact. Il déplore dans le portrait de Julie un certain nombre
d'inexactitudes dans les détails de son visage ; ce sont des imprécisions
que le peintre aurait dû (et pu) éviter et qui consistent aussi bien à avoir
rendu avec trop peu de perfection certaines beautés de ce visage qu'à

en avoir omis un certain nombre d'imperfections. S'approchant d'un nouveau « réalisme » du défaut, Saint-Preux se propose même de faire peindre un portrait plus exact que le premier portrait[1].

D'un autre côté, cependant, Saint-Preux signale les limites inhérentes à la peinture. Il déplore que la ressemblance de la peinture, parfaite et mécanique, ne suffise pas ; il souhaite que soit exprimé encore ce qui relève de la sensibilité et du tempérament de la personne. Il reproche ainsi au portrait, dit-il à Julie, « de te ressembler et de n'être pas toi, d'avoir ta figure et d'être insensible » ; ensuite, il accuse le portraitiste de ne pas avoir rendu la sensibilité qu'anime le regard de Julie, défaut que Saint-Preux attribue « à l'insuffisance de l'art ». De plus, la peinture statique, morte, matérielle ne saurait rendre justice à un être vivant, changeant à tout moment ; il faudrait pouvoir animer, dynamiser, temporaliser le portrait peint. Ainsi, Saint-Preux note que « je ne sais quel enchantement », « je ne sais quel soudain ravissement » qui l'attirent chez Julie, sont dans le changement rapide de l'expression, passant d'un regard sérieux à un sourire : « il est vrai que ton portrait ne peut passer du sérieux au sourire ». Enfin, cela l'amène à souligner une autre limitation de l'art de la peinture : « pour pouvoir exprimer tous tes charmes, il faudrait te peindre dans tous les instants de ta vie » (*Julie* 291-293 II.XXV). La critique du portrait de Julie conduit donc Saint-Preux à une véritable critique de la peinture. Le véritable portrait ne saurait être pictural, fixe et unique. Or, au travers de la multiplication des portraits partiels, peints et écrits, imparfaits et idéaux que le roman propose, se dessine un portrait de Julie éclaté, temporalisé, et plus juste. Ce sont les lettres de Julie, que cette dernière appelle le « fidelle tableau » de sa vie (*Julie* 364 III.XVIII), et le roman dans son ensemble, qui remplissent en fin de compte la « promesse de portrait » du roman[2].

Saint-Preux n'est pas le seul à formuler une telle critique de la peinture, et *La Nouvelle Héloïse* n'est pas le seul roman à proposer une telle solution. Face à l'insuffisance du portrait peint, et en établissant ainsi une fois de plus un lien avec le roman de Rousseau, certains personnages trouvent une solution dans l'idée que le véritable portait, le portrait de l'âme en mouvement, se trouve dans le dynamisme et la temporalité

---

1 Pour la « faillite du portrait » de Julie non seulement par rapport aux normes picturales de l'époque, mais également en tant que « préservatif » contre les désirs masculins, voir Fort, « Peinture et féminité chez Jean-Jacques Rousseau », 2004.

2 Dans le *Tableau de Paris*, Mercier défendra de même la description temporalisée et dynamique, ouverte et multiple, contre la peinture statique et cadrée ; voir Stalnaker, *The Unfinished Enlightenment*, 2010, p. 151-187 (« Mercier's unframed Paris »).

propres à l'écriture. Dans *L'Émigré*, le père du marquis de Saint-Alban lui envoie un « petit recueil de maximes » qui pourrait représenter pour son fils, dit-il, « ce qu'est le portrait d'une personne qui nous fut chère », et il précise : « leur ensemble forme en quelque sorte le portrait de mon âme » (*L'Émigré* 357 CXXIV). Chez Laclos, cependant, l'idée qu'« une Lettre est le portrait de l'âme » apparaît déjà comme une niaiserie ; non pas parce que l'écriture serait inférieure à la peinture, mais parce que c'est le jeune et naïf chevalier de Danceny qui énonce cette idée dans une lettre qu'il adresse à la marquise de Merteuil (*Liaisons* 345 CL). Cette dernière connaît mieux que lui le potentiel d'inauthenticité des lettres.

Tandis que la ressemblance est un enjeu central des descriptions de portraits, les modalités de la représentation picturale sont abordées rarement ; tout au plus les portraits sont-ils loués de manière stéréotypée pour la perfection de leur exécution. Lorsque les personnages ou les narrateurs décrivent des portraits de grand format, non seulement ils donnent plus de détails (l'attitude du personnage représenté, les vêtements et les accessoires) que dans le cas des miniatures, mais ils ont aussi tendance à en caractériser l'exécution. De même, l'acte de peindre est le plus souvent gommé dans les portraits en miniature, alors qu'à plusieurs reprises, il en est question quand il s'agit des portraits en pied.

Généralement, même lorsque les portraits sont exceptionnellement décrits en détail, la modalité de représentation ne compte guère. C'est le cas par exemple dans *La Nuit anglaise* de Bellin de la Liborlière. Il existe plusieurs facteurs qui distinguent ces descriptions de portraits et qui peuvent expliquer leur traitement détaillé : les personnages représentés dans ces portraits n'apparaissent pas du tout ou seulement très tard dans l'intrigue du roman, ce qui exclut la problématique de la redondance entre portrait peint et portrait verbal. En outre, dans deux cas au moins, le texte des descriptions des portraits peints est en fait une citation que le narrateur de *La Nuit anglaise* emprunte à un autre roman, citation qui correspond, dans le roman d'origine, non pas à la description d'un portrait peint, mais à un portrait verbal. Le Chevalier de Germeuil est le grand absent-présent du roman : quoique mort dès avant le début de l'action que relate le roman, il en est un personnage-clé. La description de son portrait est reprise de la traduction française d'un roman de George Moore intitulé *L'Abbaye de Grasville* ; elle comporte quelques lignes et ne contient évidemment aucun commentaire sur la facture du portrait peint (*Nuit* 121). Le second portrait est identifié par Monsieur Dabaud, dans un premier temps, comme étant celui de la Marquise de Villeroi, personnage historique, intéressant ici pour avoir apparu dans *Les Mystères d'Udolphe*. La description du portrait peint correspond à la description verbale du personnage faite dans le roman noir d'Anne Radcliffe et en constitue une citation explicitement marquée comme telle ; Monsieur Dabaud, « qui avait bonne mémoire » – c'est-à-dire qui se souvient d'avoir lu le passage pertinent des *Mystères d'Udolphe* – croit reconnaître le sujet du portrait. Cette reconnaissance repose sur la commutabilité supposée des contenus entre les domaines pictural et verbal. Dans un second temps, Monsieur Dabaud comprend que le portrait ne montre pas la Marquise de Villeroi, mais la jeune femme aimée par son fils : il découvre que dans le portrait peint, la jeune femme porte une chaîne à laquelle est fixé le portrait en miniature du fils de Monsieur Dabaud (*Nuit* 121-122). Une telle mise en abyme est tout à fait typique de ce roman autoréflexif à plusieurs niveaux[1]. De plus, le portrait change et Monsieur Dabaud finit par le reconnaître pour être une image projetée par une lanterne magique. Loin de supposer un lien entre le degré de détail d'une description de tableau peint et le souci pour les modalités picturales de sa représentation, ces deux exemples supposent la possibilité d'une libre circulation des représentations de personnes sous différentes formes, que celles-ci soit littéraires ou picturales, linguistiques ou visuelles.

Dans le *Paysan parvenu* se trouve cependant l'unique exemple d'un portrait peint dans lequel, quoiqu'il soit décrit de manière très rapide, l'exécution joue un rôle :

> Il m'a amené un homme chez la Comtesse de-***, où j'étais : il a regardé la belle dame, m'a demandé la permission de s'asseoir à l'écart, et sur du papier, il a dessiné *à la Carmontel*, la plus jolie des têtes, si ressemblante à la comtesse, qu'elle est parlante. (*Paysan* 2.63-64 CLIV, 1782)

Une fois de plus, c'est la ressemblance qui sert de principal critère de valeur, et il s'y ajoute ici la beauté de la représentation, puisqu'Edmond a peint « la plus jolie des têtes ». L'appréciation de la technique de peinture, à savoir le dessin sur papier, et de la manière de peindre, « à la Carmontel », est tout à fait exceptionnelle ; relevant de la picturalité seconde, elle fait que cette description du petit portrait de la Comtesse peut être considérée comme relativement riche. Dans la *Correspondance littéraire*, Grimm a défini la technique de dessin de Louis de Carmontelle, dont il est sans doute ici question : on peut retenir de ses remarques la

---

1   Pour le rapport entre autoréflexivité et description dans ce roman, je me permets de renvoyer à ma contribution « Zur Selbstreflexivität der Beschreibung », 2008.

préférence pour les portraits, la rapidité et la facilité de l'exécution, mais aussi l'idée que la ressemblance véritable dépasse en fait la reproduction exacte des traits[1].

LA PEINTURE D'HISTOIRE, OU LA REPRÉSENTATION PARFAITE

Le deuxième genre pictural occupant une place importante dans les romans étudiés ici est la peinture d'histoire, qui apparaît sous forme soit de tableaux individuels, soit de « galeries de peinture ». Les descriptions de tableaux d'histoire se distinguent assez clairement des descriptions de portraits peints : en général, ces tableaux sont décrits plus longuement que les portraits. Leurs sujets relèvent le plus souvent de l'histoire moderne ou ancienne, plus rarement de l'histoire sainte ou de la mythologie. Comme ils ne concernent pas directement des événements relatés dans le roman, il n'y a pas de redondance du pictural par rapport au verbal. Cependant, les descriptions de tableaux d'histoire sont la plupart du temps concentrées entièrement sur le contenu représenté : les événements évoqués dans le tableau sont restitués dans le texte, sans qu'une valeur propre soit reconnue à la peinture. Autrement dit, ces représentations verbales de tableaux reproduisent de manière narrative des contenus picturaux pensés comme narratifs. La picturalité première prime clairement, dans la plus grande partie de ces descriptions, qui peuvent donc être comprises comme les manifestations d'une conception discursive de la peinture. Elles ne prennent pas en compte la spécificité de la représentation picturale, et la picturalité seconde ne joue donc presque jamais un rôle important. Tout au plus peut-on dire parfois qu'il y a une représentation détaillée du contenu du tableau, mais il s'agit dans ce cas de détails narratifs plutôt que descriptifs. L'histoire représentée (ou évoquée) dans le tableau est racontée en détail, mais ce n'est pas le tableau lui-même qui est décrit précisément. Très rares sont les descriptions plus détaillées de tableaux d'histoire, qui prennent également en compte, contrairement à la très grande majorité des descriptions de portraits peints, les modalités de représentation ou la manière de peindre propres à un tableau précis

---

1   Dans sa « Lettre du 1er mai 1763 », Grimm note à propos de Louis Carrogis, dit Carmontelle (1717-1806), auteur de proverbes dramatiques et dessinateur : « M. de Carmontelle se fait depuis plusieurs années un recueil de portraits dessinés au crayon et lavés en couleurs de détrempe. Il a le talent de saisir singulièrement l'air, le maintien, l'esprit de la figure plus que la ressemblance des traits. Il m'arrive tous les jours de reconnaître dans le monde des gens que je n'ai jamais vus que dans ses recueils. Ces portraits de figures, toutes en pied, se font en deux heures de temps avec une facilité surprenante » (*Correspondance littéraire*, 1747-1793/1968, vol. 5, p. 282-283).

(quoique fictif). C'est uniquement dans ce cas que l'écriture descriptive joue un rôle de premier plan. En accord avec cette conception de la peinture, certaines descriptions de tableaux d'histoire insistent sur l'illusion de présence que les tableaux créent. Cependant, en dehors d'une certaine stupeur face à la perfection de la représentation, on ne trouve pas, dans ces descriptions, de mise en scène de l'effet émotionnel des tableaux.

Les galeries de tableaux, que l'on rencontre à plusieurs reprises dans les romans étudiés ici, mettent clairement l'accent sur le contenu représenté. Comme ces galeries contiennent des tableaux d'histoire organisés en séries, elles sont doublement narratives : chaque tableau pris pour lui-même représente un événement appartenant à l'*historia* et pensé comme narratif ; et chaque tableau de la série représente une étape dans une suite d'événements qui se sont déroulés les uns après les autres et dont l'unité est assurée parce que l'acteur est toujours le même ou qu'un même pays est toujours concerné. Elles correspondent de ce point de vue à la conception de la « galerie à la française » de la première moitié du XVIIe siècle sous l'influence décisive d'Antoine de Laval, à la fois marquée par une volonté politique ou un dessein didactique et caractérisée par son organisation chronologique ou généalogique, sa lisibilité et sa fonction mémorative[1].

Dans *Giphantie*, roman de voyage imaginaire, le protagoniste découvre une série de tableaux représentant « la fortune du genre humain » et donnant une illusion de présence extrêmement grande (*Giphantie* 1046-1049). Dans *L'An deux mille*, roman uchronique, le protagoniste découvre au « Salon » une série de tableaux d'histoire à visée moralisatrice et instructive (*L'An deux mille* 307-310). Dans les deux cas, la fonction des galeries de tableaux est de mettre en relief une vision critique tantôt de l'histoire de l'humanité, tantôt de l'historiographie française. Enfin dans *L'Émigré*, est évoquée une série imaginaire de tableaux d'histoire qui représenteraient les étapes de la vie de Marie-Antoinette, sur le modèle du cycle célébrant la vie de Marie de Médicis par Rubens ; l'idée directrice est que la peinture se situe au-dessus de l'écriture pour montrer, avec force et vérité, la vie d'un tel personnage (*L'Émigré* 277-278 XCIII). Plutôt que d'une galerie, les protagonistes du *Compère Mathieu* font la visite d'une collection de tableaux d'histoire et de paysages, laquelle appartient à un collectionneur hollandais ; dans ce cas, le lien entre les tableaux n'est pas chronologique ou thématique, mais repose sur le fait que tous les tableaux appartiennent à l'école flamande, ce qui provoque

---

1   Pour l'histoire et les enjeux de la « galerie à la française », voir Moncond'huy, « La galerie et sa "description" en France : le modèle Richelieu », 1998.

une dispute sur les mérites respectifs des peintres flamands et ceux des écoles italienne et française (*Mathieu* 1.286-292). Dans le même roman apparaît encore, dans une veine parodique, la description d'une série de bas-reliefs représentant des motifs d'histoire sainte et moderne sur un moutardier qui se présente comme une allusion parodique au bouclier d'Achille dans l'*Iliade* (*Mathieu* 1.396-400).

L'évocation de la galerie de tableaux dans *L'An deux mille* intervient après que le protagoniste a visité la bibliothèque du roi, le siège de l'Académie française et le cabinet du roi ; enfin, il entre à l'Académie de peinture où il fait la visite du « Salon ». Les tableaux, au lieu de répéter « cette éternelle mythologie », donnent chacun « l'équivalent d'un livre moral et instructif ». Le protagoniste constate avec admiration qu'on « n'exposait plus que des sujets propres à inspirer des sentiments de grandeur et de vertu » (*L'An deux mille* 307 et 308). Cependant, le rejet de la mythologie comme prétexte narratif de la peinture et le privilège accordé à la peinture morale ne signifient pas que la conception discursive de la peinture soit abandonnée ; l'emploi de la métaphore du tableau comme « livre » montre clairement que la peinture continue d'être conçue comme « lisible » et que le contenu prime par rapport à la représentation. Avec l'instruction morale, la seconde fonction de la peinture est celle d'être une mémoire collective, la peinture étant « destiné[e] au soin de transmettre à l'avenir les faits les plus importants » (*L'An deux mille* 308).

Une première série de tableaux traite « tous les beaux sujets qui méritaient de passer à la postérité » (*L'An deux mille* 308). En accord avec la conception discursive de la peinture, le protagoniste ne fait qu'indiquer rapidement les sujets des tableaux de cette série :

> J'aperçus Saladin faisant promener un linceul ; Sully comptant avec lenteur une somme d'argent que son maître destinait à ses plaisirs ; Louis XIV au lit de mort, disant : j'ai trop aimé la guerre ; Trajan déchirant ses vêtements pour bander les plaies d'un infortuné ; [...] c'étaient de grands tableaux tirés d'après l'histoire. (*L'An deux mille* 309)

Ensuite, le protagoniste donne une appréciation générale sur la manière de peindre propre à ces tableaux, reprenant un certain nombre de lieux communs empruntés au discours sur la peinture de l'époque :

> Tous ces tableaux attachaient l'œil, et par le sujet et par l'exécution. Les peintres avaient su réunir le trait italien au coloris flamand, ou plutôt ils les avaient surpassés par une étude approfondie. [...] La nature semblait rendue comme dans un miroir. (*L'An deux mille* 310)

L'idée que la peinture doit arrêter le spectateur, la distinction fondamentale entre le dessin et la couleur, enfin l'idée de la peinture comme miroir, tout cela sont des poncifs du discours sur la peinture. L'idée de la représentation parfaite qu'exprime ici la métaphore du miroir est encore renforcée chez Tiphaigne de la Roche. Pendant sa découverte du pays des esprits, le protagoniste de *Giphantie* découvre une galerie de tableaux d'histoire. Plus clairement encore que chez Mercier, l'accent dans l'appréciation des tableaux est mis sur la perfection et la transparence de ces représentations. La galerie de peintures d'histoire est précédée de la découverte, par le protagoniste, d'une marine qu'il prend pour une fenêtre donnant sur la mer. C'est à propos de cet exemple que le procédé de fabrication des tableaux parfaits est expliqué :

> Nous entrâmes ; et mon guide, après m'avoir conduit par quelques détours obscurs, me rendit enfin à la lumière.
> Il m'introduisit dans une salle médiocrement grande et assez nue, où je fus frappé d'un spectacle qui me causa bien de l'étonnement. J'aperçus, par une fenêtre, une mer qui ne me parut éloigné que de deux ou trois stades. L'air chargé de nuages ne transmettait que cette lumière pâle qui annonce les orages : la mer agitée roulait des collines d'eau, et ses bords blanchissaient de l'écume des flots qui se brisaient sur le rivage. (*Giphantie* 1044)

Le contraste entre l'obscurité des couloirs et la lumière de la salle renforce l'apparition soudaine de la vision, ce qui prépare l'« étonnement » provoqué par le « spectacle ». Au lieu des métaphores du livre et du miroir, comme chez Mercier, la représentation picturale est maintenant conçue, littéralement, comme une « fenêtre », modèle de la peinture depuis la théorie de la « finestra aperta » qu'Alberti exposa dans son *De Pictura* en 1435. Dans un premier temps, le texte n'évoque pas seulement, comme c'était le cas chez Mercier, l'illusion de référence, mais la concrétise dans le texte, puisque le protagoniste prend pour une vue réelle par une fenêtre ce qui se révélera n'être qu'un tableau. L'illusion est si grande que les vagues semblent en mouvement ; et ce n'est que lorsque le protagoniste s'approchant se heurte à la « fenêtre » que celle-ci se révèle être un tableau :

> « Ta précipitation cause ton erreur, me dit le préfet. Cette fenêtre, ce vaste horizon, ces nuages épais, cette mer en fureur, tout cela n'est qu'une peinture. » D'un étonnement je ne fis que passer à un autre : je m'approchai avec un nouvel empressement ; mes yeux étaient toujours séduits, et ma main put à peine me convaincre qu'un tableau m'eût fait illusion à tel point. (*Giphantie* 1044)

Comme toujours dans ce petit roman, le guide prend en charge l'explication pseudo-scientifique des phénomènes étonnants que le protagoniste découvre dans le pays des esprits. Cette peinture parfaite, explique-t-il, est en réalité non pas l'ouvrage d'« habiles peintres », mais d'« adroits physiciens ». Le principe de ces tableaux est maintenant décrit comme celui d'un miroir dont on aurait fixé l'image qu'il reflète :

> Le miroir vous rend fidèlement les objets, mais n'en garde aucun ; nos toiles ne les rendent pas moins fidèlement, et les gardent tous. Cette impression des images est l'affaire du premier instant où la toile les reçoit : on l'ôte sur le champ, on la place dans un endroit obscur ; une heure après, l'enduit est desséché et vous avez un tableau d'autant plus précieux qu'aucun art ne peut en imiter la vérité, et que le temps ne peut en aucune manière l'endommager. (*Giphantie* 1045)

Ce procédé – qui préfigure le principe de la plaque photosensible dans la photographie argentique, sans toutefois régler les problèmes du temps d'exposition, du cadrage et de la focalisation optique – est dit responsable de la « vérité » de la représentation :

> La précision du dessin, la vérité de l'expression, les touches plus ou moins fortes, la gradation des nuances, les règles de la perspective, nous abandonnons tout cela à la nature, qui, avec cette marche sûre qui jamais ne se dément, trace sur nos toiles des images qui en imposent aux yeux, et font douter à la raison si ce qu'on appelle réalités ne sont pas d'autres espèces de fantômes qui en imposent aux yeux, à l'ouïe, au toucher, à tous les sens à la fois. (*Giphantie* 1045)

Quelques « détails physiques » sont encore soulevés sans être réellement expliqués, et le passage se termine sur deux appréciations du tableau, l'une du protagoniste, l'autre du guide. Le protagoniste remarque qu'« un spectateur sensible, qui, du rivage, contemple une mer que l'orage bouleverse, ne ressent point des impressions plus vives : de telles images valent les choses » ; il souligne donc autant l'illusion de présence que l'efficacité pragmatique d'une telle peinture, mais il efface du même mouvement toute spécificité de l'expérience esthétique telle que l'abbé Dubos l'avait précisément développée au sujet du naufrage vue de loin[1]. Le guide, quant à lui, explique le sens du tableau représentant une tempête « par laquelle les esprits élémentaires ont voulu représenter allégoriquement l'agitation du monde et le cours orageux de la fortune des hommes » (*Giphantie* 1045).

---

1   Voir Dubos, *Réflexions critiques*, 1719/1993, p. 5 (I.2) et Delon, « Naufrages vus de loin », 1988.

Après cette première explication longue et précise de la marine, le guide montre au protagoniste une galerie de tableaux réalisés selon le même principe, et qui représentent « la fortune du genre humain ». Le protagoniste explique comment la salle des tableaux est arrangée : sur toute la longueur de la salle, une série de fenêtres donnant sur le pays des esprits alterne avec des tableaux d'histoire, et le protagoniste note : « Je ne savais à chaque instant si ce que je voyais par quelqu'une des croisées n'était pas une peinture, ou si ce que j'apercevais dans quelqu'un des tableaux n'était pas une réalité » (*Giphantie* 1046-49). Ensuite, le guide prend la parole et commente chaque tableau : il transforme la série de tableaux en un récit des principaux événements historiques, évoquant les uns après les autres les haut faits de Sardanapale, des Grecs, de Cyrus, d'Alexandre, des Italiens. Après une vingtaine de tableaux, le protagoniste interrompt le préfet, bouleversé par le récit de tant d'événements. Derrière la représentation parfaite, les tableaux peints disparaissent et ne sont plus présents que par le contenu narratif et historique qu'ils illustrent. Le regard sur le tableau et l'effet qu'il produit ne sont plus mentionnés, et même les instructions contenues dans les épisodes représentés ne sont plus explicitées. La perfection de la peinture comme représentation parfaite est en même temps sa ruine[1].

C'est précisément pour cette raison que l'on trouve, dès le début de la période étudiée, des parodies de ce type de séries de tableaux d'histoire : on trouve par exemple, dans *Le Compère Mathieu*, une description de bas-reliefs qui se trouvent sur un moutardier que Don Diège dit avoir vu pendant son séjour en enfer. L'objet lui-même, dont la coupe est faite du « crâne d'un de ces mille philistins que Samson tua avec une mâchoire d'âne » (*Mathieu* 1.396) est aussi disparate que le nombre et le choix des sujets représentés sur l'objet. Bien qu'il emploie un vocabulaire spécialisé, Don Diège poursuit en louant de manière exagérée et stéréotypée les qualités des bas-reliefs qui se trouvent sur le moutardier et dont « la composition, la disposition, la correction, le goût, l'élégance, le caractère, la variété, l'expression, la délicatesse, le fini, portés au plus haut point, semblaient être réunis pour former ce chef-d'œuvre accompli » (*Mathieu* 1.396-397). Enfin, Don Diège énumère les différents sujets représentés

---

1   Diderot butera, dans les natures mortes de Chardin, sur l'autre extrême de cette « limite de l'art » où « l'image est comme happée par le visible qu'elle avait su si bien – trop bien – capter », comme le dit Annie Mavrakis (« "Ce n'est pas de la poésie ; ce n'est que de la peinture" », 2008, p. 76).

sur le moutardier lequel, faut-il le rappeler, n'est que « de la grandeur d'un œuf d'autruche » :

> [...] on voyait d'un côté les passages de la mer-Rouge & du Jourdain par les israélites, ainsi que celui de la Manche par le roi Jacques lorsqu'il se sauva en France ; d'un autre, c'étoit la chute des murs de Jéricho au bruit des cornets à bouquins des prêtres de l'ancienne loi, & la démolition du temple de Charenton ; puis le repos du soleil pendant la défaite d'Adonibesec & de ses confrères, & la même complaisance de cet astre pour Charles-Quint, lorsqu'il battit les protestans à Mulberg ; enfin le séjour de Jonas dans la baleine, l'enlèvement d'Habacuc, & quelques autres sujets d'histoire ; mais plus simples, & qui n'excitèrent point tant mon admiration que la représentation au naturel, non-seulement de tous les israélites qui se sauvèrent d'égypte, mais encore celle de toute l'armée de Pharaon, depuis le chef jusqu'au moindre fifre ; ainsi des autres, jusques & y compris les trois cents renards qui mirent le feu aux plaines de Thamnata, & dont j'avais oublié de vous parler. (*Mathieu* 1.397-398 ; *graphies originales*)

Le nombre et la richesse des sujets représentés sur ce moutardier peuvent être compris comme une référence ironique au célèbre bouclier d'Achille dont Homère décrit, au chant XVIII de l'*Iliade*, la fabrication par Héphaïstos. Or, le bouclier d'Achille, par la multitude des sujets, la perfection de l'exécution et le soin apporté à sa composition, reflète de manière autoréflexive certaines qualités du texte d'Homère. Le même principe de mise en abyme vaut pour le moutardier de Don Diège : brisant volontairement toute cohérence historique, les bas-reliefs décrits par Don Diège conjuguent systématiquement histoire sainte et histoire moderne : la mer rouge et la Manche, Jéricho et Charenton, Adonibesec et Charles-Quint, etc. Le moutardier reflète la structure disparate de ce roman picaresque et philosophique qui mène les protagonistes à la découverte d'aucune vérité et d'aucune sagesse définitives. On voit bien, cependant, que la dimension autoréflexive importe plus dans ce passage que le souci de rendre les qualités visuelles des bas-reliefs. À la fin de l'époque étudiée ici, *L'Émigré* de Sénac de Meilhan saura échapper à l'impasse à laquelle aboutit l'idéal de la peinture discursive et de la représentation transparente.

LA PEINTURE ALLÉGORIQUE, OU LA LECTURE DU TABLEAU

Plus encore que la peinture d'histoire, la peinture allégorique s'inscrit dans la logique d'une peinture discursive : chaque élément pictural y traduit en principe une signification précise et non équivoque qu'il s'agit de « lire ». Des tableaux relevant de ce genre de peinture sont décrits à plusieurs reprises dans les romans du corpus. Dans *L'An deux mille*, on trouve deux séries de « tableaux emblématiques », c'est-à-dire de peintures allégoriques, la première série représentant « les siècles », la seconde le « caractère des nations » (*L'An deux mille* 314-317 et 317-318). Des tableaux allégoriques individuels sont évoqués rapidement dans *Le Paysan perverti*, dans *Aline et Valcour* et dans *Imirce ou la fille de la nature*. L'unique évocation longue et complexe d'un tableau allégorique concerne celui peint par Edmond dans *Le Paysan perverti*.

Le plus souvent, les évocations de tableaux allégoriques individuels s'épuisent dans l'identification du sujet. Dans *Aline et Valcour*, Sainville séjourne quelque temps sur l'île de Tamoé où il se lie d'amitié avec Zamé, le sage dirigeant de cet état utopique. À l'issue d'un long entretien sur la manière dont cet état est gouverné, Zamé explique que seuls les arts utiles sont permis à Tamoé ; les beaux-arts, proscrits au plus grand nombre, ne sont pratiqués que par Zamé lui-même dans ses « instants de repos ». Il montre à Sainville un tableau qu'il a peint lui-même, en disant :

> [...] voilà un tableau de ma composition : comment le trouvez-vous ? C'est la Calomnie traînant l'Innocence par les cheveux au tribunal de la Justice.
> — Ah ! dis-je, c'est une idée d'Apelle, vous l'avez rendue d'après lui.
> — Oui, me répondit Zamé, *la Grèce m'a donné l'idée et la France m'a fourni le sujet*. (*Aline* 660 **XXXV** ; *souligné dans l'original*)

Le tableau prend sens, dans le contexte de l'état utopique que Zamé montre à Sainville, comme un contre-exemple de ce qui se passe en France. Que la description du tableau se limite à l'énoncé de son sujet allégorique n'a de sens que dans la perspective d'une peinture discursive[1]. Or, la manière dont le tableau est évoqué révèle également la conviction qu'un tel sujet peut être transposé du texte à l'image et vice-versa sans dommage. Les tableaux du peintre grec de l'époque alexandrine étant perdus, une version peinte de sa célèbre « Calomnie » ne saurait reposer que sur ses évocations écrites ; on peut notamment penser à la description du tableau que fournit d'Alembert dans l'article « Calomnie » (1751) de l'*Encyclopédie* et dont les sources sont à chercher chez Pline l'Ancien et Lucien de Samosathe[2]. Or, cette chaîne complexe de transmissions intermédiales est entièrement gommée dans le texte de Sade.

---

1   De même, l'énoncé du sujet tient lieu de la description dans *Paysan* 1.161 **XXXIX** et *Imirce* 99-100.
2   Voir *Encyclopédie*, 1751-65/2010, t. II, p. 564. Sur les sources et l'iconographie du sujet, voir Massing, *La calomnie d'Apelle et son iconographie*, 1990.

Chez Mercier, dans *L'An deux mille*, les tableaux allégoriques connaissent un traitement différent : le narrateur ne se contente pas d'énoncer leur sujet, mais en décrit réellement les différents éléments. Tantôt il se limite à l'évocation des éléments visuels, tantôt il y ajoute les équivalents discursifs, explicitant donc le sens codé des éléments visuels. De plus, ces descriptions peuvent être assez détaillées. La description d'une figure allégorique du XVIIIe siècle est particulièrement riche et précise :

> Les ornements les plus recherchés fatiguaient sa tête superbe et délicate. Son cou, ses bras, sa gorge étaient couverts de perles et de diamants ; ses yeux étaient vifs et brillants, mais un sourire un peu forcé faisait grimacer sa bouche ; ses joues étaient enluminées. L'art semblait devoir percer dans ses paroles, comme dans son regard : il était séduisant, mais il n'était pas vrai. (*L'An deux mille* 316)

À chaque étape, le texte évoque d'abord quelques traits positifs, infléchis cependant par une pointe de critique. La description se limite surtout au domaine visible, se calquant donc sur les possibilités propres à la peinture. Le narrateur décrit ensuite quelques détails picturaux ouvertement ambivalents : « Elle avait à chaque main deux longs rubans couleur de rose, qui semblaient un ornement, mais ces rubans cachaient deux chaînes de fer auxquelles elle était fortement attachée » (*L'An deux mille* 316). Enfin, en examinant le tableau plus minutieusement, le narrateur découvre des aspects franchement négatifs :

> J'examinai cette figure en détail, et suivant de l'œil la draperie de ses vêtements, je m'aperçus que cette robe si magnifique était toute déchirée par le bas et couverte de boue. Ses pieds nus plongeaient dans une espèce de bourbier et elle était aussi hideuse par les extrémités qu'elle était brillante par le sommet. (*L'An deux mille* 316)

La description de cette figure allégorique, qui se poursuit encore, repose sur la modalité du *passage descriptif*, avec des descriptions dynamisées et perceptives. Le regard sur le tableau est plusieurs fois rappelé, et indique toujours un examen précis de celui-ci : « je m'arrêtai un peu plus longtemps devant le XVIIIe… » ; « J'examinai cette figure en détail, et suivant de l'œil la draperie de ses vêtements… » ; « Je découvris derrière elle… ». La description relève avant tout les contrastes de la figure, donc de la France du XVIIIe siècle, entre richesse et pauvreté, entre liberté et contrainte. Le tableau est décrit tel qu'on peut le voir, sans que le sens parfaitement « lisible » en soit précisé, ce qui constitue une limitation volontaire au visuel ; mais les modalités de son exécution ne sont ni précisées ni jugées, comme si l'appréciation générale des tableaux d'histoire énoncée plus haut dans le roman (et citée plus haut ici) valait également pour ce tableau allégorique. D'autres descriptions de tableaux allégoriques dans *L'An deux mille* mêlent l'évocation des éléments visibles avec l'énoncé de leur signification allégorique ; c'est le cas de la série d'allégories des « caractères des nations » décrites à la suite des « siècles ». De manière caractéristique, le narrateur dit de l'Anglais qu'il est montré « dans une attitude plutôt fière que majestueuse » et du Français que « l'imagination et l'esprit se peignaient dans ses regards » (*L'An deux mille* 317-318).

Dans tous les tableaux décrits dans le roman de Mercier, ce qui compte essentiellement est la signification que l'on peut leur attribuer. Même quand elle est ambivalente, elle l'est clairement et ne laisse que peu de place à l'interprétation. Dans le contexte d'un roman uchronique opposant le Paris de l'Ancien Régime à celui de l'an 2440, cette signification prend place dans un commentaire et un jugement sur la France du XVIIIe siècle. Les tableaux exposés au salon, comme les livres trouvés dans la bibliothèque du roi, représentent un moyen utile pour faire la critique de la France du XVIIIe siècle. Les fonctions attribuées à la peinture, celle de l'instruction morale et celle de la mémoire collective, donnent à la peinture sa place dans le Paris de l'an 2440, mais aucune qualité spécifique qui rendrait la peinture particulièrement apte à ces fonctions n'est évoquée, et aucune valeur propre, non-discursive ne lui est attribuée.

L'unique véritable exception à cette règle de l'indifférence à la modalité de la représentation se rencontre une fois de plus dans *Le Paysan perverti*, qui est probablement le roman du corpus dans lequel la peinture joue le plus grand rôle. Il s'agit du tableau allégorique peint par Edmond et déposé clandestinement dans l'église de S**, le village d'où sa famille était originaire. Si dans un premier temps, la peinture a été pour Edmond un moyen de séduction, elle est devenue maintenant un moyen d'exprimer et de sublimer sa culpabilité. Il l'appelle lui-même son « tableau expiatoire » (*Paysan* 2.393 CCLXXVI), et celui-ci fait l'objet, dans l'édition de 1782, d'une gravure accompagnée d'un « sujet », c'est-à-dire d'une explication de la gravure. La gravure ne représente pas seulement le tableau peint, mais le moment décisif dans l'épisode pendant lequel Edmond dépose le tableau sur l'autel Saint-Edme et le voue à ce saint. La gravure est riche d'un quadruple paratexte : elle porte un titre, « Le tableau voué », une souscription citant la lettre de

Pierre et l'indication du passage pertinent du roman (correspondant non pas au dépôt du tableau dont il n'a pas encore été question, mais à sa découverte). Enfin, le « sujet » de l'illustration renseigne sur trois aspects de l'illustration : le contexte de création du tableau, le dépôt du tableau dans l'église représenté dans l'illustration, une description des personnages du tableau redondante par rapport au texte du roman, puisqu'elle reprend essentiellement la description de Pierre (*Paysan* 2.344, 77ᵉ figure). Dans le texte, le tableau est décrit à deux reprises : une fois par Pierre, le frère aîné d'Edmond, et une fois par Zéphire qui rapporte le « mérite du tableau » (*Paysan* 2.350 CCXLIX).

Pierre, écrivant à Mme Parangon, rapporte les circonstances de la découverte du tableau et se limite, dans sa description, à en indiquer la taille ainsi que les personnages représentés :

> Le matin, on a trouvé ouverte la grand'porte de notre église, qui ne ferme en-dedans qu'au verrou. On a soigneusement regardé s'il n'y avait pas quelque désordre de commis : point ; mais on visitant, on a aperçu, à l'autel *Saint-Edme*, un tableau de quatre pieds de haut, sur deux et demi de large, représentant un homme qui poignardait une femme. L'homme ressemble à l'infortuné ; la femme à Ursule. Il y a encore trois autres figures dans le tableau, deux de femmes ; dont l'une vous intéresse, madame, et l'autre Madame Zéphire. En haut est un ange qui tient une épée flamboyante : les deux femmes tendent les mains en suppliant pour détourner le coup qu'il va porter : au bas, sous les pieds de l'infortuné, on voit un gouffre de feu qui s'entr'ouvre. (*Paysan* 2.343 CCXLVI)

Pierre donne d'abord le sujet du tableau et précise ensuite, l'une après l'autre, à qui correspondent les figures représentées. Il s'agit clairement d'une représentation de la culpabilité d'Edmond responsable de la mort d'Ursule, du désir de Mme Parangon et de Zéphire de le détourner du vice et de la punition promise ; de manière implicite, Pierre indique également la composition du tableau. Pierre n'étant pas un spécialiste de peinture (« je ne m'y connais pas », dit-il un peu plus loin), il se contente d'une lecture discursive du tableau, lequel s'y prête bien. Il ajoute cependant : « je trouve que les personnages (comme disent ces Messieurs) sont tout comme s'ils étaient en vie, et l'on dirait qu'ils vont parler » ; Pierre ne prend même pas en charge le terme « personnages », les « Messieurs » en question étant le curé et le bailli du lieu (*Paysan* 2.343 CCXLVI).

La seconde description du tableau, de la main de Zéphire, met bien davantage l'accent sur les qualités proprement picturales et le « mérite » du tableau, c'est-à-dire sur des aspects relevant de la picturalité seconde. Bien versée dans l'art de la peinture, Zéphire peut aussi s'appuyer sur des opinions réellement éclairées, en particulier sur celle de Mme Parangon. La distribution des tâches descriptives entre Pierre et Zéphire paraît motivée par un souci de vraisemblance pragmatique (au sens de Cécile Cavillac). De plus, leurs connaissances divergentes sont établies depuis longtemps et ne relèvent pas d'une nécessité narrative *ad hoc*, Rétif faisant preuve ici d'un réalisme psychologique relativement grand. Tandis que la distribution des tâches descriptives parmi plusieurs personnages est un procédé bien établi et présent déjà, par exemple, dans *Giphantie*, le réalisme psychologique de Rétif se rapproche de la pratique constatée par Philippe Hamon dans le roman du XIXe siècle. Libérée de la nécessité d'indiquer le sujet du tableau, Zéphire apporte les éléments capables de l'identifier :

> Le tableau est réellement un chef-d'œuvre ; on l'a jugé tel ici. Rien n'y manque, coloris, vigueur, grâces, beauté de têtes, vaguesse des draperies, mollesse de pinceau, et le reste : tous les artistes l'ont admiré. [...] Mon amie, en le voyant, n'a pas douté qu'il ne fût d'Edmond ; elle y a reconnu sa *manière* perfectionnée. Mais si elle en avait pu douter, ce que j'ai trouvé en défaisant le cadre, l'en aurait convaincue ; c'est le nom d'Edmond, avec l'épithète de *monstre*, qu'il se donne depuis la mort d'Ursule. (*Paysan* 2.350 CCXLIX)

De manière explicite, il s'agit d'un jugement du tableau qui s'appuie sur une appréciation des qualités proprement picturales et use d'un ensemble de termes techniques relevant du vocabulaire des peintres ou de la terminologie de la critique d'art. De plus, Zéphire rapporte que Mme Parangon a reconnu la « manière » d'Edmond, sans que cette technique personnelle soit cependant définie autrement que par sa perfection. En même temps, le tableau en tant qu'objet continue de jouer un rôle : il est question de son simple cadre en bois que Mme Parangon veut doubler d'un second, plus riche. Mais surtout, la signification du tableau est une fois de plus soulignée, puisque Zéphire rapporte avoir découvert la signature d'Edmond, « avec l'épithète de *monstre* » sous le cadre. Quoiqu'il en soit, il s'agit là d'un exemple rare dans les romans étudiés ici où un tableau peint est décrit à l'aide de catégories relevant de la technique picturale.

Que peut-on conclure de ce panorama pour la place des trois ordres de picturalité dans les descriptions de tableaux peints ? Premièrement, ces descriptions ne déploient qu'un éventail limité de la picturalité, quoique leur rapport à la peinture soit évident. L'aspect le plus important concerne la picturalité première, puisque les descriptions se limitent le plus souvent à évoquer les seuls contenus représentés, et parfois même de manière assez sommaire. Dans le cas des portraits peints, les tableaux sont traités moins comme des représentations picturales que comme des objets matériels doués d'une certaine fonction thématique dans l'intrigue romanesque. De même, ne compte dans les tableaux d'histoire et allégoriques que le contenu représenté.

Pour ce qui est de la picturalité seconde, le seul aspect qui intéresse dans la modalité de représentation est sa perfection, le contraire en fin de compte d'une mise en avant des modalités picturales. Dans le cas des portraits, cette perfection s'exprime par l'insistance sur la ressemblance, et dans celui des tableaux d'histoire ou allégoriques, par l'accent mis sur l'illusion de présence. D'autres qualités spécifiques à la peinture sont effacées : dans les portraits, on constate notamment qu'il n'y a aucune aspiration à une représentation détaillée, comparable à celle qui est attribuée à la peinture. Les évocations des tableaux d'histoire ne respectent nullement la limitation à l'instant attribuée à la peinture, mais remplacent la description du tableau par le récit de l'histoire évoquée par le tableau. Cependant, pour les tableaux allégoriques, on constate parfois un respect de la limitation au visible, lorsque les éléments visuels sont décrits sans que leur signification abstraite soit explicitée par le texte. Ce n'est qu'exceptionnellement que les descriptions de tableaux peints précisent une manière particulière de peindre, ou que la ressemblance devient un problème plutôt qu'un acquis des portraits.

L'absence presque totale d'un souci pour la picturalité seconde n'entraîne pas l'absence d'une mise en scène de la picturalité tertiaire. Cependant, dans la logique de ces descriptions de tableaux peints, cette dernière ne dépend pas des qualités propres à la représentation picturale : ce qui provoque un effet chez les personnages regardant des tableaux n'est pas la peinture, mais le référent rendu en quelque sorte présent par la peinture. Il est assez rare également que les représentations de tableaux peints insistent sur la contemplation des tableaux par les personnages qui les regardent.

LES ÉPISODES ROMANESQUES

Le traitement des trois niveaux de la picturalité caractéristique des épisodes romanesques se distingue fortement de celui observé dans le cas des descriptions de tableaux. Tous les épisodes romanesques ne sont pas pertinents pour l'analyse de la picturalité, car tous ne recourent pas à l'écriture descriptive, même au sens large donné ici à ce terme. Lorsque l'écriture descriptive y tient une place importante, ces épisodes se composent souvent d'un ou de plusieurs « tableaux » descriptifs insérés dans un contexte narratif plus ou moins élaboré et qui peut former une « scène ». Parmi les épisodes romanesques recourant à l'écriture descriptive et participant de la picturalité, on peut distinguer plusieurs types thématiques : les « tableaux » romanesques libertins, les épisodes domestiques ou pathétiques ainsi que les épisodes oniriques. Quoique l'analyse dégage une tendance commune en ce qui concerne le traitement des trois dimensions de picturalité dans les épisodes romanesques, cette tendance se trouve infléchie légèrement en fonction des types thématiques.

TABLEAUX LIBERTINS

Dans le roman libertin, les thèmes de la séduction, de l'intimité surprise, des ébats amoureux et du voyeurisme donnent lieu à un grand nombre d'épisodes ou de scènes dans lesquels l'écriture descriptive joue un rôle important. À l'enjeu de l'évidence visuelle s'ajoute par ailleurs celui de la puissance pragmatique des textes érotiques, « ces livres qu'on ne lit que d'une main », selon la formule que Jean Marie Goulemot reprend à Rousseau[1]. L'on n'est donc point surpris que la peinture comme art de la représentation efficace par excellence joue un rôle particulièrement important dans ce genre de romans.

Dans son roman libertin *Ma Conversion*, Mirabeau fait parler un libertin s'adressant à un interlocuteur ressemblant fort au diable. Comme d'autres écrits de Mirabeau, ce texte présente « un flot déferlant de scènes des plus débridées, qui nous submerge d'emblée littéralement[2] ». Dans une scène spécialement raffiné et moins crue que d'autres dans le même

---

1   Goulemot, *Ces livres qu'on ne lit que d'une main*, 1991.
2   Hirsch, « Introduction générale » aux *Œuvres érotiques*, 1984, p. 9.

roman, le libertin rend visite à une jeune femme dont il a récemment fait la connaissance et la surprend dans son cabinet de bain :

> [...] je la trouve un matin dans son cabinet de bain ; elle en sortait comme Vénus Anadyomène, parée de sa seule beauté ; une jambe était encore dans la baignoire ; elle appuyait l'autre sur un fauteuil ; ses beaux cheveux flottaient sur ses épaules ; sa main caressait une gorge d'albâtre ; elle contemplait tous ses charmes avec un doux sourire ; placé dans l'embrasure de la porte que j'avais entrouverte : observateur bandant, je jouissais de ce spectacle délicieux, et le feu coulait dans mes veines. Un bruit léger que je fais, m'offre un nouveau tableau. Elle se baisse toute honteuse ; la rougeur la colore ; elle cherche à se faire un voile de sa longue chevelure... Un petit caniche assis sur le fauteuil, s'élance justement où il fallait, entre ses cuisses, lève sa tête, voile le sanctuaire, jappe de toute sa force, et remplace par sa petite gueule une autre fente... J'entre en riant à gorge déployée, ma belle fut bientôt consolée et devinez comment ? (*Conversion* 1059-60)

Le passage relève bien du *discours descriptif*, car il est dominé par des descriptions d'actions et de situations, et évoque des gestes et attitudes présentés tantôt comme successifs, tantôt comme simultanés. Le rapport à la peinture est explicitement établi à travers la comparaison initiale de la jeune femme sortant du bain avec la Vénus sortant de l'écume de la mer ainsi que par le recours au terme « tableau ». De surcroît, le texte mobilise toutes les ressources de la picturalité : le renvoi à un motif pictural s'allie à la mise en scène de la dimension pragmatique du « tableau » romanesque ainsi qu'à un jeu raffiné avec la structure temporelle de la peinture.

La picturalité première est présente puisque le texte évoque un motif pictural et sculptural fréquemment repris surtout au XVᵉ siècle et qui peut facilement être détourné à des fins érotiques : celui de la naissance de Vénus. Le texte renvoie même à une version précise du motif ; plusieurs détails descriptifs (l'attitude de la jambe, le geste de la main, les longs cheveux) indiquent qu'il s'agit d'une allusion à la « Vénus anadyomène » de Botticelli. Sans que le tableau soit lui-même décrit, le motif pictural est transposé dans le roman, réalisé par un personnage pour former un « tableau vivant ». Le personnage féminin du roman et le motif de Vénus sortant de la mer, mis en équivalence, se superposent dans l'esprit du lecteur[1].

---

1 Une telle superposition d'un tableau précis avec une scène romanesque est exceptionnelle ; ailleurs, le renvoi à un motif pictural est tantôt moins explicite, tantôt moins fortement sous-tendu d'une écriture descriptive développée. Dans *Le Paysan perverti*, Edmond observe et peint Ursule et Fanchette nues, et les décrit en renvoyant au motif du « jugement de

Quant à la picturalité seconde, le texte montre surtout ici un jeu raffiné avec les structures temporelles respectives de la peinture et de la description. La scène romanesque se décompose en deux temps, soulignant la limitation du tableau à l'instant ; plus précisément, le texte joue de sa capacité à la fois de se conformer à l'instant pictural et de le dépasser. En effet, le motif pictural n'est pas transposé tel quel dans la description, mais décomposé en deux « tableaux » : le premier insiste sur le geste de la main qui couvre ou caresse les seins et indique seulement au sujet des cheveux qu'ils « flottent sur ses épaules ». Or, dès que la jeune femme remarque qu'elle est observée, elle se baisse « toute honteuse », elle rougit, puis fait un mouvement pour cacher ses « charmes » avec ses longs cheveux, offrant ainsi au libertin « un nouveau tableau ». Les deux gestes des mains que le tableau de Botticelli réunit dans un même espace-temps, sont séparés dans la scène de Mirabeau en deux moments successifs : la spatialité du tableau est transposée en deux instants fixes et successifs. Le second tableau est rompu par l'approche du petit chien, puis par l'entrée du narrateur dans le cabinet de bain, laquelle relance la narration. Par ailleurs, le principe du corps éloquent est aussi présent, quoique de manière discrète : la scène est muette, son silence n'est interrompu que par le « petit bruit » que fait le libertin ; les gestes et la rougeur de la jeune fille signalent sa honte de se voir observée.

La picturalité tertiaire est présente par la mise en scène du regard autant que par l'effet sur « l'observateur ». Une particularité dans cette mise en scène est son apparition tardive : la motivation narrative initiale est faible, car aucun regard n'est mis en scène. Cela s'explique peut-être par les implications thématiques de la scène, puisque la découverte de la jeune femme nue dans le cabinet de bain soulève évidemment le problème de l'intimité et de la pudeur ; en effet, dans un premier temps, la jeune femme ne se sait pas observée, elle est au contraire « absorbée » (pour reprendre le terme de Michael Fried) dans la contemplation de ses charmes, notation qui implique clairement un certain auto-érotisme. La mise en place du regard du libertin, essentielle pour la picturalité tertiaire, n'intervient qu'après cette première étape, mais elle est d'autant plus précise : la porte est seulement « entrouverte » pour laisser passer le regard sans que l'observateur soit remarqué ; la porte et son embrasure

---

Pâris » (*Paysan* 1.448 CXV). Dans *Aline et Valcour*, Valcour s'imagine M. de Blamont et son ami Dolbourg s'acharnant contre Aline et évoque le motif de « Suzanne et les vieillards » (*Aline* 497-98 XXV).

forment le cadre de la vision autant qu'ils encadrent l'observateur. Quoiqu'imprécise, la disposition spatiale de la scène renforce sa dimension spectaculaire. Enfin, la mention du « spectacle délicieux » que forme la vision de la jeune femme conduit à ce que son effet sur le libertin soit indiqué : la métaphore du « feu » coulant dans les veines du libertin dit bien l'exaltation tout sauf platonique qu'il ressent, ce qui revient à souligner l'évidence pragmatique du tableau qu'il contemple.

Dans le roman de Mirabeau, structuré comme une succession d'épisodes plus ou moins indépendants et qui ne forment pas véritablement une courbe dramatique, les tableaux forment bien le centre de ces épisodes, mais ne peuvent pas être considérés comme des éléments décisifs dans la structure de l'intrigue. Par contraste, on trouve dans *Les Sacrifices de l'amour* de Dorat un tableau important intervenant à un moment stratégique et culminant de l'intrigue, à la fin de la première partie du roman. Le Chevalier de Versenai, instruit en matière de libertinage par Mme d'Ercy, a quitté son éducatrice pour faire la cour à la vertueuse Mme de Senanges auprès de laquelle il semblait faire, « par degrés », de beaux progrès. Mais dans l'épisode en question, il détruit la progression continue de leur relation. En effet, après un souper tête à tête avec Madame de Senanges, le chevalier décide de passer secrètement la nuit dans le jardin, sous les fenêtres de la femme aimée ; vers le matin, il cède à un « désir coupable de la voir » et s'introduit par la fenêtre dans la chambre à coucher de Madame de Senanges[1].

Le passage mi-libertin mi-sentimental qui suit fait référence à la peinture de plusieurs manières. Tout d'abord, il est placé sous le signe de la peinture par la présence de la métaphore picturale. De plus, il fait l'objet d'une des deux seules illustrations que contient l'édition originale du roman. La topographie de l'épisode oppose le jardin à la chambre et est marquée par le désir et la transgression : « D'une main à la fois audacieuse et timide, je lève les jalousies ; je franchis ce faible obstacle », rapporte le Chevalier (*Sacrifices* 173 I.LXX). Une fois que le Chevalier est dans la chambre, le tableau proprement dit est décrit en deux temps.

La première partie de la description renvoie à l'immédiateté de la perception picturale : « Quel tableau ! Madame de Senanges endormie !

---

1   Cet épisode n'est pas chez Dorat une occurrence isolée, un épisode analogue apparaissant dans *Les Malheurs de l'inconstance :* le comte de Mirbelle y découvre Madame de Syrcé dans son jardin et celle-ci, le prenant pour le sylphe qu'elle avait vu dans un rêve, lui accorde ses faveurs (*Malheurs* 504-505 I.XLIII). Comme dans *Les Sacrifices de l'amour*, l'épisode intervient en fin d'une partie du roman, est illustré par une gravure et renvoie presque de la même manière aux trois dimensions de la picturalité.

C'est la peindre que la nommer » (*Sacrifices* 173-174). La curieuse formule met en équivalence l'action de nommer le personnage et son image ; le nom, considéré comme le condensé du personnage dans toute sa complexité, se substitue à la description détaillée. Seul un tel substitut à une longue description peut être perçu aussi instantanément que le serait une peinture. Ici comme dans la théorie de la perception immédiate de la peinture chez Dubos, l'immédiateté nécessite que le contenu du tableau soit connu d'avance et doive seulement être reconnu : il faut donc déjà connaître Madame de Senanges, ce qui est bien sûr le cas du chevalier, mais pas du lecteur[1]. Dans ce contexte, il est parfaitement logique que ce soit cet instant précis qui ait été choisi pour la gravure. De façon analogue au tableau peint par Edmond dans *Le Paysan parvenu*, la gravure ne montre pas le « tableau » que voit le Chevalier (Madame de Senanges endormie), mais la scène toute entière dans la perspective d'un tiers (la pièce avec la fenêtre, Madame de Senanges et le Chevalier qui la regarde). Cette perspective n'inscrit pas seulement le regard dans la gravure, elle est aussi analogue à la perspective textuelle de l'ami qui reçoit la lettre.

L'aperçu instantané de Mme de Senanges arrête le chevalier et le conduit à contempler longuement la femme aimée, à l'admirer en tant que tableau. La description de Mme de Senanges qui correspond à cette contemplation, c'est-à-dire le contenu du tableau, est rendu par un passage descriptif dynamisé. Plusieurs détails assez précis sont mentionnés, à la différence de la première partie de la description. Le regard du chevalier est pris dans un jeu subtil de dissimulation et de reconnaissance :

> Jamais rien de si ravissant ne s'offrit à mes regards ; ses paupières formoient un voile qui, en cachant l'éclat de ses yeux, n'empêchoit pas qu'on n'en devinât la beauté. Une gaze légère laissoit apercevoir la blancheur de son sein… Que dis-je ! Son attitude, quoiqu'abandonnée, étoit encore décente ; la pudeur ne peut la quitter, même pendant le désordre du sommeil. (*Sacrifices* 173-174)

Dans la description de Mme de Senanges, différents aspects sont linéarisés par le récit de la perception successive du chevalier qui regarde les yeux de Mme de Senanges puis son buste. La durée de cette contemplation s'exprime par la phrase qui à la fois clôt et résume la description : « J'étois immobile d'admiration & de plaisir » (*Sacrifices* 174). La description de Mme de Senanges endormie contient les trois aspects qu'à l'époque on

---

1   Malgré plusieurs descriptions dont elle est l'objet, le lecteur n'a que très peu de renseignements sur l'aspect physique de Madame de Senanges (voir *Sacrifices* 20, 36-38 et 44).

attribue à la perception de la peinture : l'arrêt du regard et la perception immédiate sont suivis de la perception progressive, cette dernière explicitant en quelque sorte la première. Par ailleurs, cette description renvoie clairement au motif pictural de la « belle endormie » dont on connaît de nombreuses variantes au XVIIIᵉ siècle, sans que ce soit cependant accentué dans le texte[1]. Le renvoi au motif pictural pourrait peut-être expliquer la formule du Chevalier citée plus haut : nommer Madame de Senanges endormie, c'est la peindre, parce qu'il suffit de faire allusion au motif pictural de la « belle endormie » pour évoquer dans l'esprit du destinataire l'image à laquelle Madame de Senanges ressemble. Par ailleurs, comme c'est le cas dans l'épisode en question, l'ambivalence du motif joue en général entre l'ignorance innocente de la belle et le regard voyeur et coupable du spectateur. Chez le Chevalier, la contemplation prolongée de la belle endormie mêle plaisir et crainte : « je m'enivrois à genoux d'une vue aussi dangereuse », écrit-il.

Auparavant et à plusieurs reprises dans son récit, le Chevalier avait souligné que Madame de Senanges n'éveillait en lui qu'un amour puissant et sublime mais aucun désir érotique et coupable. La fin de l'épisode montre que le Chevalier s'est trompé sur lui-même : ses désirs, réprimés jusque-là, s'échappent au moment où le tableau s'anime : Madame de Senanges est « agitée d'un rêve » dans lequel elle semble prononcer le nom du Chevalier. La fixité du tableau et la durée de la contemplation sont interrompues ; l'effet sur le Chevalier est immédiat et les événements s'accélèrent :

> [Je] crus qu'elle m'avoit appelé [...] ; je m'y précipite ; mes lèvres ardentes se collent sur les siennes ; je couvre son sein de baisers, & mes caresses alloient ne plus connoître de frein... (*Sacrifices* 174)

L'effet du tableau a une force d'autant plus impérieuse qu'il n'éclate que tardivement, au moment où sa contemplation est interrompue. Le passage du passé simple (qui assure une certaine distance entre le temps de l'histoire et le temps de la narration) au présent de l'indicatif exprime une actualisation des événements. La parataxe, elle-aussi, est là pour traduire la simple suite rapide des actions. On retrouve l'emploi du présent et de la parataxe lorsque le Chevalier évoque la réaction de Mme de Senanges : « Madame de Senanges me reconnoît, me foudroie

---

1   On peut mentionner la « Bacchante endormie » attribuée à Fragonard ou la « Vénus endormie » de Challe, critiquée durement par Diderot dans le *Salon de 1763* (*Salons de 1759, 1761, 1763*, 1984, p. 219).

d'un regard, & m'anéantit avec ce seul mot : *lâche, & c'est ainsi que tu aimes !* » (*Sacrifices* 174). Un seul regard, un seul mot suffisent : il ne reste plus au chevalier qu'à s'enfuir. L'instant joue ici un rôle décisif, puisque c'est l'erreur d'un instant qui fait tout le désespoir du Chevalier, qui avait introduit la scène proprement dite en disant : « voici l'instant du forfait, de la honte et du repentir » (*Sacrifices* 173). Tout comme l'événement interrompt la progression prévue de l'intrigue, l'instant du tableau rompt puis relance la temporalité narrative.

Si cet épisode des *Sacrifices de l'amour* renvoie, de manière assez complexe, aux différents niveaux de la picturalité, il se distingue cependant de l'épisode de *Ma Conversion*. Le marquage de la picturalité y est plus discret, l'allusion au motif pictural moins explicite (picturalité première) ; le jeu avec la temporalité picturale s'est déplacé de l'instant représenté vers la perception avec sa dialectique propre de l'immédiateté et de la contemplation dans la durée (picturalité seconde et tertiaire) ; enfin, la mise en scène de la contemplation et l'irrésistible attrait que la vue du tableau exerce sur le Chevalier sont soulignés, bien que l'effet du tableau n'apparaisse que tardivement (picturalité tertiaire).

Chez Sade, de nombreux épisodes prennent la peinture comme modèle. Je n'en commenterai qu'un, particulièrement riche de ce point de vue. Il fait partie de « l'Histoire de Léonore », le second des deux longs récits enchâssés dans *Aline et Valcour*, et hésite, thématiquement, entre le tableau libertin et le tableau pathétique. Dans son récit, Léonore raconte à ses hôtes du château de Vertfeuille comment, après avoir été séparée de Sainville à Venise, elle a vécu toute une série d'aventures qui l'ont menée de Venise en Afrique puis en Espagne. L'épisode en question se déroule peu de temps avant les retrouvailles de Léonore et Sainville ; Léonore, accompagnée de M. et de Mme de Bersac dont elle a récemment fait la rencontre, décide de passer la nuit dans une modeste auberge de Burgos en Espagne.

Au milieu de la nuit, dans le dortoir de l'auberge, Léonore est réveillée par les gestes « peu équivoques » d'un homme, mais se libère rapidement de cette intimité non voulue. M. de Bersac apporte de la lumière, et Léonore aperçoit alors un homme en train de « remplir des devoirs conjugaux » auprès de Mme de Bersac. Léonore découvre que son amie Clémentine est également présente. Dans un premier temps, la description de la situation, montrant les attitudes, gestes et sentiments des personnages, semble marquée avant tout par la surprise et la joie des retrouvailles. Dans un second temps cependant, l'atmosphère bascule vers quelque chose de plus sombre lorsqu'il est manifeste que Mme de Bersac vient effectivement, même si c'est à son insu, de tromper son mari. La rage et la vengeance, la consternation et la honte prennent le dessus. Cependant, avant d'en venir aux mains, les personnages se réconcilient.

L'épisode semble bien construit d'après le modèle du *quiproquo* théâtral avec sa thématique des fausses apparences. Cependant, son véritable enjeu est celui de « l'instant terrible », comme l'appelle Léonore : l'instant décisif qui échappe à la prévision et au contrôle conscient, l'instant dans lequel une existence bascule et où l'ordre fait soudainement place au désordre. L'histoire de Léonore a été marquée jusqu'ici par une suite de tels instants qui chaque fois risquent de lui faire perdre l'innocence qu'elle se doit pourtant de conserver pour Sainville. Souvent, et c'est également le cas ici, d'autres personnages subissent cet instant à sa place. Léonore comprend ce que vient d'endurer Mme de Bersac comme une illustration d'un proverbe qu'elle cite : « Un instant suffit, dit-on, à déshonorer la femme la plus sage » (*Aline* 946 XXXVIII). De plus, l'isotopie de l'instant est présente dans tout l'épisode : Léonore est étreinte « tout à coup » par un homme ; elle se réveille « en sursaut ». Puis elle poursuit son récit par une série de groupes verbaux à l'infinitif : « Me dégager lestement de ses bras, sauter à terre, en criant au secours, et me précipiter dans le lit où je supposais Mme de Bersac, est pour moi l'affaire d'un instant » (*Aline* 945). La parataxe, le choix de l'infinitif, l'absence d'aspect accompli réduisent ici l'iconicité de la liste qui implique la suite successive des actions mentionnées. Sans que la temporalité soit abolie, la continuité narrative ne se trouve pas au premier plan ; l'accent est plutôt mis sur le surgissement soudain et la succession rapide des événements. Léonore thématise elle-même le problème de la structure linéaire du langage et de la simultanéité des événements à représenter. Elle demande : « Comment vous rendre ici les sentiments divers qui nous agitèrent tous à la fois ? » (*Aline* 946). L'instant et le simultané apparaissent à la fois comme essentiels et difficiles à représenter verbalement : non seulement Léonore doit expliquer les positions et attitudes des différents personnages dans l'espace, mais elle veut aussi rendre les différents sentiments de chaque personnage ; enfin, elle se sent obligée d'expliquer qui sont les personnages et comment ils ont pu se retrouver, contre toute vraisemblance, dans la même auberge qu'elle. Léonore s'efforce de reconstituer toute l'épaisseur et toute la complexité à ces deux instants décisifs et fugitifs, ce qui ne devient possible qu'à travers la référence à la peinture. Ce lien hypothétique entre instant et peinture est confirmé par la métaphore picturale filée dans ce passage : à plusieurs reprises, les termes « tableau », « peindre » et « pinceau » sont employés, fonctionnant comme des marqueurs de picturalité.

Pour le premier instant, qui concerne le moment où Mme de Bersac vient de devenir l'objet involontaire des désirs de Sainville, Léonore emploie une stratégie descriptive particulière : elle décrit plusieurs fois la même constellation des personnages et ajoute ainsi plusieurs couches de signification au tableau qu'elle décrit. Tout d'abord, elle recourt à une description procédurale orientée vers le destinataire, assez répandue dans les romans du corpus : le narrateur invite son interlocuteur à s'imaginer successivement les divers éléments d'un objet ou d'une constellation de personnages, pensés comme immobiles. Lorsque M. de Bersac apporte de la lumière, Léonore peut soudainement voir « les différentes parties d'une scène aussi bizarre que peu attendue » ; elle s'adresse directement à ses interlocuteurs : « Représentez-vous d'abord le comédien Bersac à moitié nu, tenant d'une main mal affermie deux flambeaux » (*Aline* 945). Ensuite, les autres acteurs de la scène sont nommés l'un après l'autre : le malfaiteur inconnu, Mme de Bersac, enfin Léonore et Clémentine. Léonore évoque successivement pour ses interlocuteurs les éléments d'une image mentale de la scène dans l'auberge[1]. Mais les positions des différents personnages ne suffisent pas pour décrire le « tableau », Léonore y revient une seconde fois, cette fois-ci pour préciser quels « sentiments divers […] agitèrent » les personnages :

> […] de quelles expressions se servir pour vous peindre Bersac, frémissant de rage du forfait trop certain qu'il éclaire ; sa femme apercevant son erreur, jetant des cris de désespoir ; le malheureux qui fait leur honte commune, s'esquivant à la hâte, fuyant à travers les ténèbres, et la femme qu'il déshonore, et le mari qu'il outrage ; et pour terminer en un mot la scène, Clémentine et moi, nous reconnaissant, nous embrassant toutes deux dans le même lit, nous accablant de questions réciproques, et ne pouvant venir à bout de nous entendre, par la multitude des mouvements qui nous agitent tour à tour. (*Aline* 945-946)

Outre qu'elle forme une longue prétérition, cette description n'emploie que le participe présent, tous les gestes et actions des personnages se déroulant en même temps, et elle qualifie brièvement chaque personnage. Ces différentes qualifications construites sur des participes présents, et

---

1   Cette technique d'évoquer un *tableau* mental fait évidemment penser au fameux épisode dans *Jacques le fataliste* où Jacques « raconte » avec beaucoup d'adresse un tableau à son maître. C'est un épisode qui problématise également les rapports entre peinture et roman et entre description et narration (voir *Jacques* 814-815).

reliées de manière paratactique, imitent l'absence d'hiérarchisation temporelle ou logique propres aux différents éléments d'un tableau, même si elles sont présentées successivement dans le texte. Elles représentent une recherche de structures iconiques et relèvent de ce point de vue de la picturalité seconde. Les qualifications qu'emploie Léonore combinent chaque fois les signes extérieurs d'une émotion avec sa désignation explicite : « Bersac, frémissant de rage » et sa femme, « jetant des cris de désespoir », etc. : on ne peut donc pas parler ici d'une limitation aux pouvoirs de la peinture, puisque éloquence du corps et désignation explicite sont présentes toutes deux.

Or, Léonore n'est pas encore à la fin de sa description, elle doit ajouter une dernière couche au tableau qu'elle dit montrer à ses auditeurs : « Ne vous laissons pas contempler plus longtemps ce tableau singulier, ce serait refroidir votre attention que de ne pas vous l'expliquer tout de suite » (*Aline* 947). Léonore rappelle ici qu'elle est toujours en train de décrire un « tableau » que ses auditeurs doivent se représenter avant qu'elle ne passe à une longue explication des différentes raisons qui ont amené chacun dans cette auberge. Finalement, cette stratégie descriptive permet à Léonore de donner une certaine complexité à sa description sans que l'on perde jamais de vue l'ensemble de la scène.

Léonore revient cependant au temps de l'action ; le second tableau, qu'elle décrit plus rapidement que le premier, correspond à l'instant pendant lequel tout le monde prend conscience du « forfait » et qui risque de déboucher sur un règlement de comptes violent. Il est décrit à travers une description d'actions qui évoque les déplacements de plusieurs personnages :

> Voyant les choses devenir lugubres, nous volons, Clémentine et moi ; je nomme mon amie, elle implore les grâces de son époux. Santillana, en honnête homme, accourt lui-même aux genoux de Mme de Bersac, la supplie d'oublier une faute qu'il n'a commise que par inadvertance [...]. (*Aline* 947)

Les personnages, chacun à un endroit précis dans la salle, s'organisent en différentes positions autour de M. et Mme de Bersac ; prises dans leur ensemble, ces remarques indiquent une constellation des personnages. Pour terminer, Léonore note le caractère figé de cette constellation : « L'attitude est fixe ; un moment chacun s'observe et réfléchit » (*Aline* 947). Avec cette remarque, qui fige un instant le « tableau vivant », le second tableau est terminé, et la scène continue jusqu'à ce que tout le monde se soit réconcilié.

Puisque les deux tableaux de cette scène sont concentrés sur la configuration spatiale des personnages et sur la fixité momentanée de celle-ci, l'accent dans cet épisode est clairement mis sur la représentation de l'instant pictural, qui est un aspect de la picturalité seconde. D'autres aspects de la référence à la peinture n'y jouent qu'un rôle subordonné : par exemple, l'insistance sur la constellation de personnages et sur la dimension pathétique renvoient de manière diffuse à la peinture de genre (picturalité première) ; l'apparition de la lumière, apportée par M. de Bersac, souligne principalement comment la constellation de personnages apparaît soudainement au regard de Léonore, mais ne peut s'inscrire dans une véritable mise en scène du regard, relativement faible dans le passage. Par ailleurs, c'est un épisode qui montre très bien comment le *discours descriptif*, participant en particulier à la description de plusieurs « tableaux », se combine et alterne avec des passages de narration et de dialogue pour former une scène romanesque.

Cependant, il ne faudrait pas occulter la dimension théâtrale de cet épisode : non seulement il s'agit d'une version libertine d'un *quiproquo* théâtral, mais encore Thalie et Melipomène sont évoquées : chacune des deux muses est explicitement associée à l'un des deux instants : Thalie, la muse de la comédie, au premier, et Mélipomène, la muse de la tragédie, au second. La pertinence thématique de la référence au théâtre ne fait pas de doute, mais sa pertinence structurelle me semble plus sujette à caution. Certes, les deux tableaux pourraient renvoyer autant au tableau théâtral qu'au tableau peint, mais seulement dans la mesure où le premier dérive du second. Le tableau pictural, lui-même influencé par le modèle scénique, devient le modèle du tableau dramatique, et le roman s'inspire des tableaux pictural et dramatique pour former le tableau romanesque : en ce sens, le rapport entre peinture, théâtre et roman que l'on constate dans cet épisode me semble assez représentatif de la situation générale[1].

Par ailleurs, le souci de représenter un instant dans toute sa complexité, la volonté de tout dire sur les personnages, leurs attitudes, leurs senti-ments, leurs motivations, leur histoire, me semblent rejoindre l'une des ambitions profondes de l'écriture chez Sade, celle du discours totali-sant ; pourtant, dans l'épisode d'*Aline et Valcour*, l'ambition de tout dire, appliquée à la représentation d'un bref instant, aboutit paradoxalement à de longs développements. Dans ce sens, cet épisode où tout serait à

---

1   Voir ci-dessus, chap. « Le tableau et le pittoresque ».

dire en même temps, illustre également une solution alternative à celle pratiquée par Sade dans les *Journées de Sodome*, écrits à peu près à la même époque, où l'écrivain détache, comme on a vu, tout l'arrière-plan du récit – les portraits des personnages, la description des lieux, les règles de fonctionnement du château – de la narration des « passions ».

ÉPISODES DOMESTIQUES PATHÉTIQUES

Dans les romans étudiés ici, les épisodes pathétiques se rencontrent avant tout sous deux formes : d'une part, on observe des épisodes dans lesquels quelqu'un fait la découverte d'un ou de plusieurs personnages qui se trouvent dans une situation misérable ; d'autre part, on note des épisodes domestiques dans lesquels plusieurs personnages appartenant à une famille forment une constellation fixe, signifiante, dont la charge pathétique est soulignée.

Dans le roman du XVIIIe siècle, les épisodes de misère et de bienfaisance sont assez fréquents et s'inscrivent dans une configuration narrative récurrente précise, inventoriée dans la *Satorbase* et définie comme suit : « Un personnage éprouve de la compassion pour un autre qui se trouve dans une situation malheureuse[1] ». Comme les tableaux libertins, ces épisodes tirent une grande partie de leur efficacité d'une inscription dans la picturalité. Cependant, les aspects de la picturalité qui sont le plus soulignés diffèrent des tableaux libertins, puisque ces épisodes insistent surtout sur le corps éloquent (picturalité seconde) et l'effet émotionnel (picturalité tertiaire) du tableau.

Dans *De Langres et Juliette d'Est...*, De Langres fait la connaissance de Juliette et des sentiments réciproques naissent rapidement entre les deux jeunes gens. Un jour, le père de Juliette se promène avec les deux jeunes gens dans une forêt appartenant à la famille d'Est... ; ils rencontrent un paysan en train de voler du bois dans la forêt. Monsieur d'Est, « humain, bienfaisant & généreux », invite l'homme à garder ce bois et à les conduire chez lui.

> Où demeures-tu ? – Monseigneur, à deux pas. – Reprends ton bois, & conduis-nous chez toi.
> Tout ce que la misere a de plus terrible se présenta à leurs yeux, dès qu'ils furent entrés dans l'humble cabane du paysan. Une jeune fille, couchée à côté de sa mere, fut le premier objet auquel ils s'arrêterent. Un visage pâle & livide, des yeux enfoncés & presqu'éteints, n'annonçaient que trop la cause

---

1 *Satorbase*, 2000-2006 (topos « Malheur causer compassion »).

de sa maladie. Est-il possible, s'écria Juliette ?... Ses larmes qui coulaient en abondance, l'empêcherent d'en dire davantage. M. d'Est... aussi pénétré que sa fille, n'avait pu encore prononcer un seul mot, & De Langres ne s'exprimait que par des soupirs. Ah ! Monsieur, dit-il enfin, rendez la vie à ces malheureuses victimes qui vont la perdre, si vous les abandonnez. Il ne donne point le temps à M. d'Est... de lui répondre ; il vole au Château & en apporte de quoi soulager cette famille infortunée. (*De Langres* 24-26)

Dans cet épisode, la référence à la peinture est moins présente que dans les épisodes analysés jusqu'ici. Le marquage de l'épisode comme relevant de la picturalité n'intervient que quelques pages plus loin : après leur retour au château, Juliette dit à son jeune ami : « De Langres, quel triste tableau vous venez de présenter à mes yeux ! », recourant à la métaphore picturale et insistant sur l'aspect de la vision (*De Langres* 31-32). Il n'y a pas de motif pictural précis suffisamment bien établi pour faire l'objet d'une référence même implicite. Le rapport à la peinture, plus indirect, repose sur la circulation de l'émotion entre les paysans et les châtelains : elle s'établit à travers le regard, ne repose que sur le visible et se manifeste de manière non-verbale. Au début de l'épisode, les châtelains sont introduits dans la cabane ; ce qui « se présenta à leurs yeux », le cadre concret et la misère des conditions de vie des paysans, n'est évoqué que de manière abstraite, par la notation de « tout ce que la misere a de plus terrible ». Ce sont une jeune fille et sa mère, couchées et malades, qui attirent l'attention des regards. Le visible prend le dessus : « Un visage pâle & livide, des yeux enfoncés & presqu'éteints » sont le signe d'une maladie non identifiée explicitement. Cependant, la vue de la misère de la jeune fille déclenche immédiatement des réactions émotionnelles chez les trois protagonistes : ces émotions s'expriment à travers des signes physiologiques empêchant en même temps les personnages de parler : les larmes de Juliette « l'empêcherent d'en dire davantage » et De Langres « ne s'éxprimait que par des soupirs ». D'une part, le corps éloquent rend la parole à la fois inutile et impossible ; d'autre part, le corps éloquent comme élément d'une esthétique picturale participe à la fois de la picturalité seconde – parce qu'il signale l'état misérable et malheureux de la jeune fille – et de la picturalité tertiaire – parce que c'est à travers lui que la réaction de ceux qui regardent le « tableau » de la misère se manifeste.

À plusieurs reprises, on trouve de tels épisodes dans les romans étudiés ici : on peut penser à l'épisode de la cruche d'huile cassée dans *Jacques le fataliste* (*Jacques* 728) ou à l'épisode du vieillard vivant dans

un grenier dans le roman de Sénac de Meilhan (*L'Émigré* 157-159 XLV).
Ces épisodes apparaissent également sous une forme subvertissant
consciemment le *topos*, comme lorsque Valmont feint la bienfaisance
vis-à-vis d'un paysan, à l'intention, *in fine*, de Mme de Tourvel (*Liaisons*
46-47 XXI) ou qu'Edmond est la dupe de M. et de Mme Parangon
qui lui jouent la comédie (*Paysan* 1.202-206 XLIX) ; toutefois, dans
ces deux derniers cas, la dimension narrative et théâtrale prime sur la
dimension descriptive.

Les épisodes domestiques entre parents et enfants sont également
souvent très pathétiques et recourent, dans des degrés plus ou moins
fortement marqués, à une écriture descriptive picturale. Dans *Aline et*
Valcour par exemple, plus la fin du roman approche et plus les scènes
domestiques de désespoir se multiplient : M. de Blamont, méchant, auto-
ritaire et libertin, s'acharne sur ses vertueuses victimes. Dans l'épisode
qui intéresse ici, Mme de Blamont vient de mourir empoisonnée par son
époux. Déterville rapporte à Valcour comment Aline et lui ont rendu
un dernier hommage à Mme de Blamont. Ils entrent dans la pièce ;
Mme de Blamont et le lit de mort sont décrits avec de nombreux détails :

> Mme de Blamont était sur un lit de damas bleu, où je l'avais fait parer avec
> décence [...] ; elle avait une robe de gros de Tours blanc ; ses cheveux, dans leur
> couleur naturelle, proprement peignés sous un grand bonnet, sa tête reposait
> sur un oreiller garni de dentelles, et son attitude était celle d'une femme qui
> dort ; huit cierges brûlaient autour du lit dont les rideaux étaient relevés avec
> des gros flots de rubans blancs ; deux prêtres modestement recueillis récitaient
> des prières à basse voix. (*Aline* 1074 LXVII)

La description passe du centre vers la périphérie : de Mme de Blamont
au lit et aux cierges puis aux prêtres ; sans se limiter à la représentation
d'un seul instant, la description est statique. Ce n'est qu'après la description que s'effectue la mise en place du regard de Déterville et d'Aline :
« Par la porte où nous entrions, le tableau s'offrit à nous en entier... Ta
malheureuse Aline ne l'a pas plus tôt aperçu qu'elle recule et tombe
dans mes bras... » (*Aline* 1074). La mise en place tardive du regard,
inhabituelle, n'est pas gratuite : elle permet d'articuler directement la
vision du tableau (déjà décrit) à l'effet émotionnel sur Aline. La porte
donne un cadre au tableau, l'entrée dans la pièce déclenche la vision ;
l'immédiateté de la réaction d'Aline est soulignée. Dans un second
temps, Aline s'approche de sa mère et, sous le regard de Déterville, se
joint au tableau :

[…] elle s'approche de la tête, considère un instant le calme pur qui règne sur les traits de cette femme… admire la beauté qui s'y peint encore… ici son âme se déchire ; elle élance ses bras autour du cou de cette mère adorée, l'arrose de ses larmes, l'accable de ses baisers, et lui adresse des mots si tendres… lui fait des questions si touchantes, que la crainte de la voir succomber à cet excès de sensibilité me fait approcher d'elle, et la supplier de ne pas s'abandonner ainsi ; (*Aline* 1074 LXVII)

La modalité descriptive passe du *passage descriptif* statique de la mère à la description des gestes et attitudes d'Aline ; Déterville observe Aline qui donne libre cours à ses émotions, lesquelles s'expriment à travers ses gestes et ses actes. Aline, d'abord sujet du regard mis en scène, forme une partie du tableau que maintenant, Déterville contemple.

Cet épisode s'inscrit dans le motif de la scène funèbre, présent dans les domaines romanesque et pictural. La scène funèbre en tant que motif pictural a déjà été évoquée ; son lien avec les scènes romanesques se manifeste par le fait qu'elle fait souvent l'objet d'illustrations dans les romans du XVIIIe siècle, ce qui souligne à la fois son importance stratégique dans l'intrigue et son caractère « pittoresque » au sens premier, c'est-à-dire « propre à être peint ». Les scènes funèbres romanesques fonctionnent le plus souvent selon un certain schéma : la découverte d'un parent ou d'une personne aimée morts est suivie d'une disposition des personnages autour du lit de mort, de la mise en place d'un regard et de l'évocation d'une réaction pathétique[1]. Cependant, dans la plupart des épisodes domestiques pathétiques présents dans les romans étudiés ici, le personnage de l'observateur n'est pas présent, ce qui réduit sensiblement leur potentiel de picturalité. Par conséquent, une partie seulement des scènes de famille pathétiques renvoie clairement au paradigme pictural et en particulier à la picturalité tertiaire, qui est l'aspect de la peinture lié à la vision et à l'effet émotionnel. D'autres épisodes pathétiques ne retiennent du paradigme pictural que certains aspects de la picturalité seconde, comme la constellation de personnages, l'insistance sur le corps éloquent et la scène muette.

Par exemple, cette problématique est sensible dans un épisode familial de *La Nouvelle Clarice*. Après la mort de sa tante, Clarice hérite de la

---

1   Les exemples abondent dans les romans étudiés ici : outre les exemples célèbres, comme la mort de la sœur Moni, chez Diderot (*Religieuse* 268-269), on peut penser à l'épisode final de *Mirtil* dans lequel Vénus fait ériger un bûcher pour son fils mort (*Mirtil* 134-135), à l'épisode dans lequel le comte de Mirbelle découvre Madame de Syrcé morte (*Malheurs* 584-585 II.LI) ou enfin à celui dans lequel Thérèse et Faldoni sont découverts dans l'église après s'être suicidés ensemble (*Amants* 317-320 LXIII).

fortune de celle-ci, mais ne pourra en dispenser librement qu'une fois mariée. Son père, que la tante méprisait pour son mode de vie débauché et dépensier, décide donc de la marier à un ami afin de pouvoir mettre la main sur la fortune de la jeune fille. Celle-ci refuse d'épouser cet homme qu'elle n'aime pas ; en même temps, elle est consciente du respect qu'elle doit à la volonté parentale et propose à son père de lui accorder tous ses revenus ; elle rapporte elle-même l'épisode suivant :

> Après avoir employé une heure entière à demander le secours de Dieu, j'ai suivi mon pere dans le jardin, (c'étoit le soir du jour où je lui avois offert mon revenu) il s'est enfoncé dans une allée, & assis sur un banc, il paroissoit rêver profondément, ensorte que j'étois à ses pieds avant qu'il m'eut apperçue ; j'embrassois ses genoux avec ardeur, & mes larmes me laissoient à peine la liberté de lui faire entendre ma voix. Oh mon pere ! mon cher pere, me suis-je écriée, pardonnez à votre audacieuse fille, la liberté qu'elle va prendre ; permettez-lui de vous ouvrir son cœur, il est surchargé d'un poids qui l'opprime & le tue, déchiré par des devoirs contraires qui lui sont également chers. Mon pere avoit passé les bras autour de moi, & s'efforçoit de me relever : non, lui dis-je, il faut que ma posture, d'accord avec les sentiments du plus profond respect, expie la liberté de ma langue : mon pere me permet-il... (*Clarice* 1.85-86)

Un certain nombre d'éléments constitutifs du tableau littéraire et de la picturalité sont bien présents. Le thème même de la confrontation entre père et fille, avec l'accent mis ici sur le « déchirement » de cette dernière entre des « devoirs contraires », relève sinon d'un motif pictural précis, du moins d'un thème habituel de la peinture de genre ; cependant, ce n'est pas un thème spécifiquement pictural, et il n'est en aucune manière marqué comme tel. Clarice insiste beaucoup sur les attitudes et les gestes : elle est agenouillée aux pieds de son père, embrassant ses genoux ; il l'embrasse à son tour, et tente de la relever. Ces éléments renvoient aux ressources picturales du « corps éloquent » et à l'importance de la disposition spatiale des personnages propre à la peinture, toutes deux relevant de la picturalité seconde. L'alternance entre le *discours descriptif* portant sur les gestes « éloquents » qui remplacent et empêchent la parole (« mes larmes me laissoient à peine la liberté de lui faire entendre ma voix ») d'une part, et les passages de dialogue qui explicitent le dilemme émotionnel d'autre part (Clarice explicite par exemple la valeur symbolique de sa posture) est typique de ce genre de scène pathétique ; or, le dialogue dépasse le cadre de la limitation volontaire au visible, laquelle est une marque de la picturalité seconde. La topographie de la scène, avec l'espace clos et délimité du banc dans un coin de jardin, participe d'une concentration spatiale et donne un cadre au tableau. Cependant, cette picturalité seconde reste pour ainsi dire potentielle : d'abord, on constate une absence de tout marquage de la picturalité, ensuite, l'épisode n'emploie pas les ressources pourtant essentielles de la picturalité tertiaire. En l'absence d'un observateur de la scène, ni la vision, ni l'effet émotionnel propre à la picturalité tertiaire ne sauraient transformer l'épisode ou le *topos* narratif en tableau.

On voit clairement ici que la picturalité et son potentiel d'évidence visuelle et pragmatique deviennent seulement effectifs lorsqu'un grand nombre de références à la peinture sont réunies et se renforcent mutuellement. Le thème pathétique de l'épisode n'en fait pas nécessairement un tableau romanesque ni un passage doué d'évidence : ici, seule la picturalité secondaire est présente, la picturalité première étant diffuse, la picturalité tertiaire et le marquage absents.

ÉPISODES ONIRIQUES

Il convient maintenant d'interroger le potentiel de picturalité des épisodes oniriques lesquels peuvent inclure une forte composante descriptive et se font souvent sur le mode de la vision. Plus précisément, ils s'apparentent à des scènes romanesques qui se figent un instant pour former un tableau littéraire ; dans ce cas, la picturalité seconde et tertiaire est fortement soulignée. Les rêves sont relativement rares dans le corpus, avec environ vingt-quatre occurrences, et n'apparaissent le plus souvent qu'une fois dans chaque roman. Des exceptions notables sont *Le Paysan parvenu*, qui dans l'édition de 1782 ne comporte pas moins de huit épisodes oniriques, et *L'An deux mille quatre cent quarante*, roman se présentant comme un long récit de rêve.

Les épisodes oniriques constituent souvent des moments forts de l'intrigue et peuvent avoir une signification symbolique accentuée : par exemple, vers la fin du *Paysan parvenu*, Edmond fait un rêve dans lequel il se revoit, plus jeune, tiraillé entre une jeune femme blonde et effrontée qui le séduit et une jeune femme brune et réservée l'appelant à la vertu ; il cède à la première, au désespoir de la seconde. Ce rêve se présente comme une image de l'existence qu'il a menée (*Paysan* 2.256-257 CCVIII, 1782). Fréquemment, les rêves ont une fonction prémonitoire : dans *Les Amours de Mirtil*, la jeune Florise rêve que son amant Mirtil va la délaisser pour s'attacher à une autre, ce qui arrivera peu après (*Mirtil* 89-91) et dans *Émilie de Varmont*, l'héroïne rêve que son frère va tenter de la tuer, ce qu'il fera effectivement la nuit même de ce rêve (*Émilie* 45-46). Parfois, des désirs secrets et des non-dits peuvent s'exprimer dans les rêves, comme dans celui de Félicia où des abeilles de forme phallique tentent de pénétrer dans une « ruche parée de fleurs » (*Félicia* 632) ou encore dans celui du Sylphe que fait la Marquise de Syrcé, et qui ne manquera d'ailleurs pas de se réaliser (*Malheurs* 502-505).

Plutôt que des rêves d'évasion agréables, presque tous les songes sont des visions cauchemardesques, désignées comme d'« affreuses images » (*Clarice* 1.177), des « songes fâcheux » (*Religieuse* 347), ou comme une « vision lugubre » (*Aline* 1046 LXV). Qu'il soit agréable ou terrifiant, le rêve est toujours assimilé à une image ou à une vision, soulevant donc dès le départ la question de son rapport à l'évidence visuelle et à la peinture. Par le biais du rêve, une imagination libérée des contraintes narratives et de la vraisemblance, participant de la recherche d'évidence peut apparaître dans le roman. Cette imagination se manifeste souvent comme une force pathologique, et le rêve est envisagé comme la production d'un esprit déréglé ; tel est le cas de Faublas qui se demande si ce ne sont pas les histoires épouvantables qu'on lui a racontées sur la maison hantée où il a trouvé refuge qui auraient « dérangé [son] cerveau » au point de lui donner des visions étranges (*Semaines* 460). Toujours est-il que dans le récit de rêve, l'imagination créatrice, les limites de la raison et l'évidence visuelle se trouvent côte à côte[1]. Aussi la problématique de l'évidence est-elle tout à fait centrale dans le récit de rêve : dans la mesure où celui-ci jette souvent un doute sur les limites claires entre réalité et illusion et met en scène un moment où le personnage prend l'illusion pour la réalité, il constitue une mise en abyme de la fiction elle-même. Cela implique également que le rêve est un lieu stratégique de la mise en scène de l'évidence visuelle : c'est dans le récit de rêve qu'il convient de reproduire l'image saisissante qui aurait frappé le rêveur au point de la confondre avec la réalité.

Un récit de rêve relativement développé se trouve dans *La Nouvelle Clarice*. Le rêve dans lequel Clarice voit son libérateur intervient juste après qu'elle s'est échappée de la maison familiale et a fait la rencontre du jeune homme qui sera son époux. Clarice raconte à Hariote, sa confidente, comment, épuisée et encore sous le choc, elle s'est endormie :

> Quelles affreuses images ont assailli mon ame pendant mon sommeil ! J'ai cru voir mon libérateur devenu celui de ma mere ; il me la ramenoit lorsqu'il a rencontré son cruel époux. Le vaillant jeune homme a essayé de la défendre contre ces cinq hommes qui vouloient la lui ravir, je l'ai vu tomber percé de coups, ma mere qui avoit cherché à le garantir aux dépens de sa propre

---

1   Voir, sur le rêve au siècle des Lumières, Goulemot, « Aperçus du rêve au siècle des lumières », 1988 et Dervieux, *Le rêve des Lumières*, 2008.

vie est tombée à côté de lui, leur sang se confondoit, & mon libérateur lui disoit : il est doux de le verser pour Clarice. Tout-à-coup la terre s'est ouverte, & a englouti mon malheureux pere : Montalve est tombé à mes genoux, & joignant ma main à celle de mon libérateur expirant, il m'a dit : je répare les maux que je vous ai causés. Tout cela a disparu, je vous ai vue à côté de moi ; mais d'une maniere si froide, si glacée, que je n'osois vous exprimer le plaisir que j'avois de vous revoir. Milord tout-à-coup vous a pris par le bras & vous a dit : fuyons, fuyons, je me suis élancé vers vous pour vous retenir, cet effort m'a réveillé couverte d'une sueur froide, & prête à m'évanouir. […] [Ce songe] me laisse une impression de terreur, qu'il ne m'est pas possible de dissiper. (*Clarice* 1.177-178 ; *graphies originales*)

Dès le début, ce récit de rêve est placé sous le signe de l'image et de la vision : « Quelles affreuses images ont assailli mon ame », écrit Clarice ; elle introduit sa relation par la phrase « J'ai cru voir », qui marque encore un léger doute sur la vision, lequel disparaît au cours du récit où Clarice ne dit plus que « je l'ai vu tomber » et « je vous ai vue ». Ensuite, cette vision relatée sous forme de description d'actions est entièrement centrée sur les apparitions et disparitions d'un certain nombre de personnages – apparitions et disparitions dont le caractère subit et imprévisible indique la tonalité onirique du récit – ainsi que sur leurs actions, leurs gestes et leurs paroles. Ce n'est que ponctuellement que les gestes des personnages s'approchent d'un statut de corps éloquent, sans remplacer le discours verbal. Le cadre de ces événements et l'apparence extérieure des personnages restent dans une entière indétermination. Tandis que le début du rêve est clairement établi sans être nettement mis en scène, la fin du rêve intervient, comme c'est souvent le cas, par une volonté du rêveur d'intervenir activement dans son rêve, ce qui entraîne son réveil. Mais c'est surtout l'émotion vécue pendant le rêve et attachée à la vision du rêve qui est fortement soulignée, puisque Clarice déclare qu'elle se réveille « couverte d'une sueur froide, & prête à [s]'évanouir ». L'« impression de terreur » que le rêve lui inspire est si forte que Clarice n'arrive pas à la « dissiper », précisant ainsi la persistance mnémonique produite par le rêve. Les trois principaux aspects de la picturalité tertiaire sont donc très présents, mais la picturalité seconde n'est réalisée que sur le mode de la description d'actions, ce qui fait de ce récit de rêve plutôt une scène animée qu'un tableau littéraire.

Dans *Aline et Valcour*, un rêve de Valcour conjugue un certain degré de précision descriptive avec une réalisation saisissante de la picturalité tertiaire. Valcour, qui est obligé de quitter Paris où M. de Blamont le fait poursuivre, a vu Aline une dernière fois, dans le petit village de

Haut-Chêne. Dans la lettre qu'il adresse à son ami Déterville, Valcour dit qu'il a « d'horribles pressentiments, fruits des détails de ces cruels adieux », le prie d'écouter « les circonstances lugubres de cette dernière entrevue » et ajoute : « et dis si tu n'y vois pas, comme moi, *l'arrêt du Ciel écrit en traits de sang* » (*Aline* 1039 LXV), signifiant ainsi la dimension symbolique et prémonitoire des événements qu'il s'apprête à relater. Après son entrevue avec Aline et sa mère, à la fin de laquelle ils se quittent sans savoir s'ils se reverront un jour, Valcour doit retraverser la forêt. Encore une fois, la nuit qui tombe le surprend pendant son voyage ; Valcour s'allonge au pied d'un arbre :

> Je m'endormis… À peine le fus-je, qu'un fantôme effroyable apparut aussitôt à mes sens enchaînés… Je le vois encore… J'écris que je rêvais… mais je n'oserais pas l'affirmer… l'impression fut trop vive… Non, mon ami, je ne rêvais pas… Je l'ai vu ce fantôme… il était vêtu de noir… il avait une figure que je peindrais sans doute… il avait celle du père d'Aline… il tenait à la main… pardonne mon désordre… il tenait par les cheveux la tête de cette fille chérie… il la secouait sur mon sein… il mêlait les flots de sang qui en découlaient à ceux qui jaillissaient de mes blessures rouvertes… et il me disait, en m'offrant cet épouvantable spectacle… oui, mon ami, il me le disait… ses paroles ont frappé mon oreille, je ne dormais point… il me disait, le cruel : « Voilà celle que tu veux épouser… frémis, tu ne la reverras plus. » J'ai jeté mes bras vers ce fantôme, j'ai voulu lui ravir cette tête précieuse et la porter sanglante sur mes lèvres, mais je n'ai pu saisir qu'une ombre : tout a disparu dans l'instant, il n'est plus resté de réel que la terreur et le désespoir. Je me suis levé dans une mortelle agitation… j'ai poursuivi ma route au hasard. Différentes ombres gigantesques, produites par les reflets de la lune sur les arbres qui m'environnaient, semblaient prêter encore plus de réalité à la vision lugubre que je venais d'avoir. En ce moment cruel, j'aurai donné ma vie pour entendre encore une seule parole de mon Aline, pour fixer un instant ses regards ; (*Aline* 1045-46 LXV)

Ce rêve, à la fois rêve extériorisant les craintes et le désespoir de Valcour et rêve prémonitoire, est illustré par une gravure[1]. Dans son rêve, un « fantôme effroyable » apparaît à Valcour et « l'impression » de cette apparition était si « vive » qu'il dit ne pas pouvoir affirmer que c'était un rêve : « Non mon ami, je ne rêvais pas… Je l'ai vu ce fantôme… ». Cette affirmation est suivie d'une description d'actions très détaillée, laquelle indique l'apparence et les gestes du père d'Aline ainsi que l'image

---

1   Michel Delon compare l'illustration du rêve de Valcour à celle, dans *La Nouvelle Héloïse*, du « rêve pénible » que fait Saint-Preux, les deux illustrations s'opposant par ce que « le graveur de Sade explicite et extériorise une violence qui restait morale chez Rousseau » (*Aline* 1208, « Notice »).

terrifiante de la tête coupée et sanglante d'Aline que Valcour qualifie de
« spectacle épouvantable ». Malgré leur peu d'ambigüité, les gestes et les
actions du père sont explicités à travers les paroles du père que Valcour
affirme avoir entendues réellement, l'évocation ne se limitant pas au seul
visible. Comme souvent, c'est au moment où le rêveur fait un effort pour
agir dans le rêve que celui-ci s'interrompt et que le rêveur se réveille :
« tout a disparu dans l'instant, il n'est plus resté de réel que la terreur
et le désespoir ». La soudaineté de cette disparition marque également
le caractère onirique de la vision. Tandis que pour Valcour, le rêve avait
toutes les apparences de la réalité, la réalité prend maintenant toutes les
apparences d'un rêve, puisque « différentes ombres gigantesques, produites
par les reflets de la lune sur les arbres » apparaissent et renforcent, par
leur ressemblance aux fantômes du rêve, l'impression de réalité de la
vision onirique. La vision est marquée comme relevant d'une picturalité
par la présence de la gravure ainsi que par l'isotopie de la vision. Pour ce
qui est de la picturalité première, le rêve ne comporte pas de contenus
spécifiques à la peinture. L'apparition, la vision, la disparition de la vision
sont soulignées, la vive impression émotionnelle qu'elle produit ainsi
que la persistance de la « terreur » et du « désespoir » sont accentuées :
tous les éléments de la picturalité tertiaire se conjuguent ici. L'évocation
de l'apparition elle-même est assez détaillée, selon un mode qui relève
autant du spectacle théâtral que de la vision picturale.

Certains rêves échappent plus encore à la logique narrative, comme
dans le cas d'un rêve que la très sensible supérieure du couvent d'Arpajon,
dans *La Religieuse*, décrit à Suzanne au milieu de la nuit. Elle dit faire de
mauvais rêves depuis que Suzanne lui a fait « le récit de ses souffrances ».
Si le récit de Suzanne l'a fortement émue, la vision onirique a une force
encore plus grande. C'est la supérieure qui parle :

> Ce sont des songes fâcheux qui me tourmentent. À peine ai-je les yeux fermés,
> que les peines que vous avez souffertes se retracent à mon imagination ; je
> vous vois entre les mains de ces inhumaines, je vois vos cheveux épars sur
> votre visage ; je vous vois les pieds ensanglantés, la torche au poing, la corde
> au cou, je crois qu'elles vont disposer de votre vie ; je frissonne, je tremble, une
> sueur froide se répand sur tout mon corps ; je veux aller à votre secours ; je
> pousse des cris ; je m'éveille, et c'est inutilement que j'attends que le sommeil
> revienne. (*Religieuse* 347)

Après avoir évoqué le récit que Suzanne lui a fait de ses infortunes, la
supérieure passe rapidement au régime descriptif de la vision : elle dit que
les peines de Suzanne « se retracent à [son] imagination », insistant donc

sur le fait qu'il s'agit d'une vision intérieure ; la répétition du syntagme
« je vous vois » le confirme également. Les différents éléments descriptifs,
sans entrer en contradiction, ne dessinent pas réellement une situation
précise, cohérente et fixe ; de plus, aucun cadre ou arrière-plan n'est
indiqué. Au contraire, il s'agit de brefs aperçus, de détails descriptifs, et
la limitation au visible dans cette scène s'exprime à travers l'absence de
toute parole. Mais ce que la supérieure souligne surtout, c'est la capacité
de la vision de produire une puissante émotion, capacité qui relève de
la picturalité tertiaire. Enfin, l'effet émotionnel n'est pas mentionné de
manière abstraite, par la supérieure, mais sur le mode du corps éloquent,
c'est-à-dire à travers des signes physiologiques très forts : « je frissonne,
je tremble, une sueur froide se répand sur tout mon corps ».

Dans le *discours descriptif* correspondant à l'épisode onirique, on constate
donc surtout une insistance sur la dimension visuelle et l'effet émotionnel de
la vision, ainsi que sur la limitation au visible. Accessoirement, le principe
du corps éloquent est employé pour décrire l'effet émotionnel que ressent
la supérieure. De manière générale, les épisodes oniriques participent
d'une logique de la picturalité comparable à celle des tableaux libertins
ou pathétiques. Les gravures accompagnant parfois les épisodes oniriques
montrent soit la vision elle-même, soit le rêveur en même temps que les
personnages du rêve. En ce qui concerne la picturalité seconde, le récit de
rêve est constitué, le plus souvent, de descriptions d'actions qui indiquent
avec une grande précision l'apparition, l'approche et les gestes des personnages du rêve. Cela implique notamment que la limitation volontaire à
l'instant, la fixité momentanée du tableau littéraire, ne sont en général
pas respectées, le récit de rêve étant une vision non pas statique, mais
explicitement animée. De plus, la parole n'est nullement exclue du rêve,
ce qui veut dire qu'il ne s'agit pas non plus d'un tableau « muet », comme
c'est la plupart du temps le cas dans le tableau littéraire. On n'y trouve
que très rarement des notations descriptives concernant le cadre concret
du rêve et qui permettraient de parler d'une description détaillée du décor.
En revanche, la picturalité tertiaire est de la plus grande importance dans
le récit de rêve : elle semblerait suggérer qu'il est entièrement tributaire
de la nouvelle conception figurative et pragmatique de la peinture ; la
mise en place et la cessation du regard jouent un rôle important dans le
récit de rêve, mais surtout, l'effet émotionnel y est très fortement marqué.
Pour résumer, on pourrait donc dire que le récit de rêve est tributaire à
la fois de la peinture (à travers le traitement de la picturalité tertiaire) et
du théâtre (à travers la mise en mouvement de la picturalité seconde).

Avant d'aller plus loin, je voudrais tirer un bilan quant à la présence des trois niveaux de la picturalité, dans les épisodes romanesques analysés ici. Il apparaît assez clairement que le *discours descriptif*, remplacé ou augmenté parfois par des *passages descriptifs*, participe de la recherche de l'évidence visuelle qui passe par la référence à la peinture : les constellations de personnages, les descriptions du corps éloquent sont réalisées presque toujours à l'aide du discours descriptif. Cependant, il est aussi manifeste que la picturalité notamment tertiaire, reposant sur la mise en place d'un regard, sur le déploiement de la perception dans sa dimension temporelle, sur la mise en scène de l'effet émotionnel du tableau vu, dépasse parfois le domaine de l'écriture descriptive, même dans sa définition large incluant le *discours descriptif*. La picturalité tertiaire a besoin, pour se déployer réellement, du contexte du tableau, c'est-à-dire le plus souvent de la scène dans laquelle il se trouve inséré, qui en fournit non seulement le cadre narratif mais celui de sa perception.

Les analyses documentées ici aboutissent à une conclusion qui, quoiqu'elle ne doive pas surprendre, n'est pas sans importance : par rapport au grand nombre d'épisodes qui, selon des critères moins restrictifs que ceux proposés ici, seraient des tableaux romanesques, le nombre des épisodes analysés ici et qui relèvent véritablement d'une esthétique picturale de l'écriture descriptive est beaucoup plus limité. En même temps, ce modèle permet d'analyser ces épisodes identifiés parfois comme des tableaux et de montrer précisément en quoi ils comportent des références à la peinture, plus vagues, moins cohérentes, moins complètes ou moins complexes que les épisodes que l'on peut considérer vraiment comme relevant de l'esthétique picturale.

Même parmi des épisodes considérés ici comme très marqués par l'esthétique picturale, il existe des différences selon les types d'épisodes. Ainsi, les scènes pathétiques de relations familiales tendent à omettre la mise en place d'un observateur et dans ce cas, distinguent la nature pathétique de l'épisode de son inscription dans la picturalité tertiaire ; les visions oniriques ne respectent pas aussi clairement que les tableaux libertins la limitation volontaire à l'instant ou celle au corps éloquent, et tendent donc vers la théâtralité ; de nombreuses scènes de voyeurisme mettent en scène un observateur et une topographie précise de l'observation, mais omettent parfois de fournir des éléments concernant l'effet de la vision sur l'observateur, et omettent dans ce cas une dimension importante de la picturalité tertiaire. Ces remarques sur les réalisations parfois incomplètes des trois niveaux de la picturalité dans certains types d'épisodes ne doivent pas faire oublier que dans de très nombreux épisodes, l'esthétique de la picturalité se déploie pleinement, c'est-à-dire aux trois niveaux de la picturalité (le contenu représenté, les modalités et les effets de la représentation) ainsi qu'à travers le marquage explicite de la relation à la peinture et la présence de gravures correspondant à l'épisode décrit. De plus, les épisodes romanesques analysés ici se conforment très souvent et délibérément à des restrictions étrangères aux pouvoirs narratifs du roman mais propres à l'art de la peinture, comme celles concernant la limitation à l'instant ou au visible ; en revanche, les descriptions de tableaux peints qui pourraient légitimement dériver de telles restrictions de leur référent ne s'y conforment pas.

LA PICTURALITÉ DANS *L'ÉMIGRÉ*

Je voudrais clore l'analyse de la picturalité dans l'écriture descriptive par la lecture du roman de Gabriel Sénac de Meilhan intitulé *L'Émigré* et paru en 1797. L'auteur était un représentant des aristocrates de l'Ancien Régime qui, avant la Révolution, avaient occupé des postes importants dans l'administration monarchique. Il a vraisemblablement écrit ce roman épistolaire en 1793, pendant qu'il vivait lui-même en exil, fuyant les dangers qu'il courait sous la Révolution. Le roman a été publié en 1797, à Braunschweig, et n'a connu qu'un succès très limité tout à la fin du XVIIIe et au cours du XIXe siècle[1]. C'est un « roman d'émigration » qui, sous forme épistolaire, parle de la situation des (ci-devant) nobles qui se trouvent en exil pendant et juste après la Révolution. L'intrigue du roman est rapidement résumée : en fuite devant les violences révolutionnaires, le Marquis de Saint-Alban se retrouve blessé du côté allemand du Rhin. Il est accueilli et soigné dans le château de la belle Comtesse de Loewenstein. Quoique le marquis soit sans moyens et la comtesse mariée, ils ne peuvent que tomber amoureux l'un de l'autre. Le combat entre l'amour et le devoir éclate inévitablement, mais Sénac de Meilhan lie avec habileté l'intrigue sentimentale à l'évocation de la situation des émigrés français en Allemagne et ailleurs.

---

1   Voir, sur Sénac de Meilhan, la monographie de Henry A. Stavan (*Gabriel Sénac de Meilhan (1736-1803)*, 1968) et, sur *L'Émigré*, le volume collectif consacré au roman d'émigration (Jaquier, Lotterie & Seth, éd., *Destins romanesques de l'émigration*, 2007), dans lequel ample place est accordée à *L'Émigré*.

Jusque-là, le roman a reçu avant tout des lectures historiques et politiques, d'autant plus que Sénac de Meilhan est également l'auteur d'un certain nombre d'écrits politiques, dont *Des principes et des causes de la Révolution en France* publié dès 1790. Récemment, la question de la représentation littéraire des événements révolutionnaires, très présente dans *L'Émigré*, a attiré l'attention des critiques, par exemple par le biais des nombreuses références à l'Antiquité que l'on trouve dans le roman[1]. Catriona Seth a analysé comment, dans le roman, la peinture devient un point de départ pour une réflexion sur l'écriture et, en fin de compte, un modèle pour l'écriture et un moyen pour « dire l'indicible[2] ». *L'Émigré* représente un aboutissement en même temps qu'un dépassement de l'esthétique picturale de l'écriture descriptive dans les romans étudiés ici. Il dépasse le traitement contrasté de la peinture constaté dans le corpus car, contrairement à la plus grande partie des autres romans, le roman réunit épisodes picturaux et tableaux peints et parmi ces derniers, il rassemble encore tableaux d'histoire et portraits. De plus, on trouve dans *L'Émigré* tous les aspects des trois niveaux de picturalité impliqués aussi bien dans les descriptions d'épisodes romanesques que dans les descriptions de tableaux peints. Ainsi, ce roman figure en quelque sorte l'apparition relativement tardive d'une conception pleinement figurative et pragmatique de la peinture dans la description non seulement des épisodes romanesques, mais aussi dans celle des portraits et des tableaux d'histoire peints. Enfin, on constate dans ce roman une très nette problématisation de la spécificité de la peinture et des rapports entre écriture et peinture.

La peinture, sans être au cœur de l'intrigue de *L'Émigré*, joue un rôle relativement important au niveau des thèmes du roman, parce que c'est en partie par le biais de la peinture que le roman traite ses deux sujets principaux, celui de la relation amoureuse entre les deux protagonistes et celui des événements révolutionnaires. D'un côté, le Marquis de Saint-Alban, condamné à l'inaction et privé de ressources financières, redécouvre son don de la peinture et pratique cet art pour lutter contre le désœuvrement de l'exil. Il produit ainsi quelques dessins des environs de sa demeure, puis peint surtout, sur l'injonction de ses hôtes, les portraits de plusieurs membres de la famille de Loewenstein. De l'autre côté, la peinture fait l'objet d'une réflexion sur la manière de représenter de

---

1   Ritz, « L'Antiquité dans *L'Émigré* de Sénac de Meilhan », 2010 et Brousteau, « L'esthétique littéraire à l'épreuve de la Révolution : *L'Émigré* de Sénac », 2007.

2   Seth, « Dire l'indicible : peinture et histoire dans *L'Émigré* », 2007.

manière adéquate les événements complexes, tragiques, invraisemblables, de la Révolution française : la peinture est sollicitée pour représenter ces événements mieux que la parole, les livres d'histoire ou peut-être même le roman ne pourraient le faire. La peinture se trouve ainsi fortement reliée aux deux thématiques centrales du roman sans devenir pour autant une thématique en elle-même : on ne peut pas parler d'un roman d'artiste, puisque l'activité de peintre de Saint-Alban est trop accessoire à la trajectoire de sa vie et que l'intrigue amoureuse, la situation des émigrés et les événements révolutionnaires restent au premier plan.

Toujours est-il que le discours des personnages est saturé, tout particulièrement lorsqu'il s'agit des modalités écrite et picturale du portrait, de la métaphore picturale. Pour parler des portraits peints ou écrits de personnages – dont la réalisation et la critique sont, dans le roman, une sorte de divertissement en société – les personnages distinguent à peine la modalité de peindre et celle d'écrire. Pour ne citer qu'un exemple, Victorine commente de la manière suivante deux portraits écrits que Saint-Alban a faits d'elle-même et d'Émilie, son amie et confidente à laquelle elle s'adresse :

> Êtes-vous satisfaite de ce portrait [celui d'Émilie qu'elle vient de citer], qui a tellement frappé ma mère que, ravie du talent de l'auteur, elle lui a demandé instamment de faire le mien. Les traits flatteurs qu'il [le portrait de Victorine] referme ne sont pas exacts, mais je crois que si les couleurs sont trop brillantes, elles ne sont pas sans quelque vérité. Il m'a prodigieusement embellie, voilà tout le tort du peintre. (*L'Émigré* 92 XV)

« Auteur » au début de la citation, Saint-Alban est devenu « peintre » à sa fin ; les éléments verbaux sont désignés comme des « traits flatteurs » et des « couleurs [...] brillantes » ; enfin, le critère axiologique de la « vérité » (donc de la ressemblance) du portrait, sans être spécifique au jugement des portraits, est une catégorie typique du discours sur la peinture. Ici comme ailleurs, la métaphore picturale dépasse souvent chez Sénac le simple domaine des termes comme « peindre » et « tableau » : au portrait de Victorine que Saint-Alban lui a fait, le Président de Longueil répond par le portrait de son hôtesse, une vieille femme juive. Il compare les deux portraits écrits dans des termes picturaux :

> Pour n'être pas en reste envers vous, j'ai cru devoir à votre exemple vous faire la peinture de mon hôtesse ; votre tableau est du Corrège et le mien est d'un peintre flamand ; mais je crois qu'il n'est pas celui qui a le moins de vérité. (*L'Émigré* 86 XI)

Le portrait (écrit) élogieux de Victorine, jeune, belle, sensible et intelligente est dit « du Corrège », peintre italien associé à une manière de peindre idéalisante, tandis que le portrait (également écrit) de la vieille Juive, âpre au gain, est dit « d'un peintre flamand », école de peinture associée à une manière réaliste de représentation. Au-delà des portraits, la métaphore picturale est également sollicitée à de nombreuses reprises pour l'exposé écrit des événements révolutionnaires. Le président de Longueil, par exemple, prévoit comme conséquence de la Révolution une modification dans la manière d'écrire l'histoire :

> Les tableaux terribles et multipliés que présenteront le souvenir, et la peinture des sanglantes scènes de la Révolution ; le récit de crimes affreux et d'actes héroïques suffiront à la curiosité et à l'intérêt et ne laisseront point de place aux petites anecdotes de Cour. (*L'Émigré* 262 LXXXVI)

Les qualités attribuées au discours sur l'histoire lorsqu'il est désigné comme « peinture » sont révélatrices d'une forte valorisation de la peinture : Victorine parle de « l'énergique peinture » qu'elle croit que Rousseau aurait pu faire de la Révolution (*L'Émigré* 103 XIX), et le président de Longueil évoque La Bruyère comme quelqu'un qui « a peint de si vives couleurs » ses contemporains (*L'Émigré* 264 LXXXVI). Par la place de la peinture dans l'intrigue et la forte présence de la métaphore picturale dans le discours des personnages sur leur propre représentation et sur celle des événements historiques, on peut s'attendre à ce que la peinture joue un rôle important dans l'écriture descriptive de ce roman.

LES DESCRIPTIONS DE TABLEAUX PEINTS

Comme dans l'ensemble du corpus, il est vrai dans *L'Émigré* que les tableaux décrits sont avant tout des portraits et des tableaux d'histoire. En accord avec les deux thématiques centrales du roman, ces deux genres picturaux sont utilisés pour symboliser les relations entre les personnages et pour thématiser les événements révolutionnaires. Cependant, les fonctions contrastées des portraits et des tableaux d'histoire sont moins clairement réparties ici que dans les autres romans du corpus. Surtout cependant, les descriptions de tableaux peints ne se limitent plus à l'évocation de leur sujet et à une fonctionnalisation dans l'intrigue ; les modalités de la représentation peinte et ses effets deviennent plus importants qu'ils ne l'étaient dans l'ensemble du corpus.

Parmi les portraits peints, le premier, un dessin en miniature représentant Victorine, est fonctionnalisé, comme dans l'ensemble du corpus, pour symboliser les relations entre le marquis de Saint-Alban et Victorine ; il s'inscrit dans une logique du portrait comme objet permettant de « négocier » l'amour. Saint-Alban a peint en secret un portrait « d'après un très maussade tableau » de Victorine qu'il a pu voir au château et dont on n'apprend rien de plus. Peindre en secret un portrait de la femme aimée équivaut quasiment au vol d'un portrait tel que le duc de Nemours le commet dans *La Princesse de Clèves*. Dans un premier temps cependant, ce vol reste un secret. Le portrait n'est pas du tout décrit, à cet endroit de l'histoire : il en est dit seulement qu'il est « très ressemblant » et qu'il forme « un très joli médaillon » (*L'Émigré* 144 XXXVIII). Saint-Alban l'a mis dans un portefeuille qu'il garde toujours sur lui et y a joint une mèche des cheveux de Victorine qu'il a pu se procurer. Enfin, il a ajouté en bas du portrait un vers tiré de *Phèdre* de Racine : « Présente je vous fuis, absente je vous cherche », exprimant le caractère à la fois irréalisable et inextinguible de son amour et inscrivant le portrait dans une dialectique du secret et de l'aveu[1]. En principe, le portrait devait lui permettre de « ne rendre qu'en secret un culte désintéressé à l'objet de [son] idolâtrie » (*L'Émigré* 145 XXXVIII), formule qui identifie la représentation avec la personne représentée. Or, n'ayant pas bien fermé le portefeuille, le marquis perd le portrait au château et risque involontairement, « par étourderie », de découvrir son secret. Si Victorine trouve le portrait, cela équivaut à un aveu que Saint-Alban juge inadmissible ; si son mari le découvre, cela l'amènerait à conclure au don du portrait par Victorine, donc à son infidélité et son déshonneur[2]. Quoiqu'il en soit, l'amour de Saint-Alban n'en deviendrait que plus difficilement réalisable. En fait, c'est Victorine qui trouve le portrait, comme elle le rapporte à son amie Émilie :

> Un moment après son départ j'ai vu à terre un petit papier plié, de la grandeur d'un billet, je l'ai ramassé et l'ayant ouvert, j'ai trouvé... quoi ?... mon portrait à la mine de plomb ! et de l'autre côté des cheveux [...]. Je suis sortie à l'instant toute troublée, la rougeur sur le front et les joues brûlantes comme une coupable. Dès que j'ai été dans mon appartement, j'ai examiné ce portrait ;

---

1   Il s'agit d'un vers tiré d'une célèbre tirade d'Hippolyte, dans laquelle ce dernier avoue son amour à Aricie (acte II, scène 2). – Roland Galle (*Geständnis und Subjektivität*, 1986) a analysé l'aveu et sa dialectique de la défense et de la nécessité, dont les modalités changent cependant de la *Princesse de Clèves* à *La Nouvelle Héloïse*.

2   C'est ce qui se passe effectivement dans « L'Histoire de la Vicomtesse de Vassy », *L'Émigré* 279-306 XCIV.

il n'est pas possible de s'y tromper, c'est le mien copié d'après celui du salon ; mais singulièrement embelli ; le même ajustement, la même coiffure ; mais il faut tout vous dire, ma chère amie, au bas est un vers célèbre de Racine : *Présente je la fuis, absente je la trouve*. (*L'Émigré* 150 XLI)

Ici, et contrairement à presque tous les autres portraits en miniature du corpus, le portrait est caractérisé en ce qui concerne la technique de peinture retenue : c'est un portrait « à la mine de plomb » et exécuté sur « un petit papier plié ». De manière significative, le portrait n'est pas comparé au modèle, mais au portrait dont il est la copie : tandis que Saint-Alban trouvait le portrait du salon « très maussade », Victorine juge maintenant le portrait « singulièrement embelli ». Comme c'était le cas dans *La Nouvelle Héloïse*, mais contrairement aux autres exemples du corpus dans lesquels la ressemblance parfaite des portraits allait de soi, la possibilité même de plusieurs portraits divergents ouvre la possibilité d'une relation qui ne soit pas uniquement mimétique entre référent et tableau. En effet, la multiplication des portraits peints et écrits dans ce roman est tributaire d'une logique qui, sans remettre en question la capacité de la peinture de représenter un personnage, implique un poids du support sémiotique dans cette représentation qui n'est plus pensée comme intrinsèquement ou idéalement transparente[1]. La réaction émotionnelle de Victorine est également notée, et est décrite comme rapide et intense : « je suis sortie à l'instant toute troublée ». Dans la suite, le portrait continue cependant d'être employé dans sa logique d'objet symbolique : il est d'abord gardé par Victorine, puis Saint-Alban en demande la restitution, que Victorine refuse dans un premier temps, puisque ce serait consacrer par un « don » le « vol » que Saint-Alban a commis en peignant le portrait en secret. Enfin, elle le lui laisse parce qu'il pourrait facilement s'en procurer un nouveau lors d'une des séances de peinture qui sont prévues au château.

Dans les différents épisodes qui s'y rapportent, le portrait apparaît donc à la fois comme un objet symboliquement chargé ou narrativement fonctionnalisé et comme une représentation picturale avec ses qualités propres. Cependant, le portrait peint dans *L'Émigré* ne devient réellement l'objet d'une description détaillée et précise que lorsque l'objet symbolique et la représentation peinte se doublent de la séance de peinture dont ils sont le résultat ; c'est le cas, en particulier, dans le portrait en

---

1   Si la *Clarisse* de Richardson est lue et commentée par les personnages, le roman de Rousseau constitue, à travers la reprise de cette thématique, une référence importante dans *L'Émigré*.

pied que Saint-Alban est prié de peindre de Victorine. En effet, l'oncle de Victorine a prié Saint-Alban de faire les portraits de sa nièce et de lui-même. Saint-Alban rapporte à sa correspondante quelle composition a été choisie pour le portrait de Victorine et comment les séances de peinture se sont déroulées[1]. Il dit de son projet qu'il « exigerait le talent de Titien et du Corrège, pour n'être pas trop au-dessous de l'original » (*L'Émigré* 215 LXVI), louant donc la beauté de Victorine tout en exprimant un hommage aux deux grands peintres de la Renaissance italienne, dont le premier est particulièrement connu pour son habileté de portraitiste. En premier lieu donc, Saint-Alban rapporte la composition de son tableau :

> L'oncle voulut qu'elle fût en habit d'amazone, et si on l'avait cru, le tableau aurait tenu la moitié de l'appartement ; il aurait représenté, en outre de l'objet principal, des chevaux, des chiens et une forêt toute entière : il a été décidé qu'elle serait assise près d'une table, et vêtue d'une robe blanche avec une ceinture bleue ; un petit chapeau, que vous lui connaissez, ne dérobera rien de ses traits ; ses beaux cheveux épars tomberont en grosses boucles sur un cou d'albâtre, et elle aura à la main un livre qu'elle ne lira pas, mais sur lequel elle aura l'air de réfléchir : voilà, ma chère cousine, l'ordonnance de mon tableau. (*L'Émigré* 215-216 LXVI)

Catriona Seth a signalé que ces deux versions projetées du tableau représentent, la première « l'expression stéréotypée de la noblesse chasseresse », et la seconde, la « représentation plus sensible » d'un « individu[2] ». Cette modification du sujet revendique une dimension sensible et individuelle du portrait qui jusqu'ici était exclue, mais exprime également un refus de la peinture allégorique et de son principe de signification abstraite. Parce que la description du portrait n'est pas celle du portrait fini, mais se fait à travers le récit de sa réalisation, portrait peint et épisode pictural se confondent. Dans les lignes citées, la différence entre la description de « l'ordonnance du tableau » et celle du modèle du tableau est minime : seul le temps verbal souligne qu'il s'agit bien de la description du tableau projeté. Mais le glissement amorcé prend le dessus dans la suite. Saint-Alban prévient sa correspondante :

---

1 La composition du portrait de l'oncle sera traitée de manière analogue (voir *L'Émigré* 217-218 LXVIII).

2 Seth, « Dire l'indicible : peinture et histoire dans *L'Émigré* », 2007, p. 193. – Ce traitement nouveau du portrait peint correspond à une modification effective dans la pratique des portraits peints de l'époque, mais apparaît ici pour la première fois, du moins dans les romans du corpus.

> On lui tient compagnie pendant que je travaille, ainsi ne soyez pas trop en peine des indiscrétions du *peintre amoureux de son modèle*; plaignez-le plutôt, car s'il éprouve un grand plaisir à contempler ainsi l'objet de son adoration, à pouvoir en détailler toutes les beautés, à lui faire prendre l'expression qu'il désire, la nécessité de contenir ses transports est un tourment insupportable, et j'ai quitté deux fois l'ouvrage sous prétexte d'un mal de tête; parce qu'un regard qu'elle a laissé tomber sur moi, m'a transporté hors de moi-même, il m'a semblé y lire ces mots : « Je sens quelle doit être votre contrainte ; et je n'en suis pas exempte moi-même »... Adieu, ma chère cousine. (*L'Émigré* 216 LXVI)

Saint-Alban reprend le motif du « peintre amoureux de son modèle[1] » tout en en récusant les risques. Non seulement il s'agit d'un portrait sensible, mais encore la circulation des regards et des émotions, lors des séances de portraiture, devient centrale. En un mot, d'une représentation transparente, l'on est passé ici à une représentation s'inscrivant dans une esthétique picturale soulignant le processus de création et la circulation des émotions qu'il implique.

Dans *L'Émigré*, le traitement des tableaux d'histoire prend également une nouvelle direction, par rapport au reste des romans étudiés ici. En particulier, le contraste entre portraits et tableaux d'histoire – les uns révélateurs des relations entre les personnages, les autres porteurs d'une instruction morale ou d'une signification politique – s'efface dans le roman de Sénac. Par exemple, Victorine renvoie à un tableau d'histoire pour thématiser ses relations avec Saint-Alban : ce dernier, après avoir recouvré la santé et s'être installé dans une modeste maison non loin du château, est venu visiter la famille de Loewenstein. La jeune femme comprend sa situation et évoque, dans une lettre qu'elle adresse à Émilie, que Saint-Alban « avait l'air en quelque sorte affligé, et bien aise » (*L'Émigré* 198 LVIII). D'un côté, le marquis est bien sûr heureux de voir Victorine, dont il est toujours très amoureux ; d'un autre côté, il pense devoir cacher son bonheur aux jeux de Victorine. Cette dernière remarque cette ambivalence et constate que « les figures expriment quelquefois ces sentiments contraires » (*L'Émigré* 198 LVIII). Comme preuve de son observation, elle évoque un tableau appartenant au cycle de tableaux d'histoire que Pierre Paul Rubens a peints pour Marie de Médicis, entre 1622 et 1625, célébrant la vie de l'épouse de Henri IV ;

---

1   Au-delà de la référence à la peinture, Saint-Alban fait référence à un opéra-comique à succès, *Le peintre amoureux de son modèle*, en deux actes et en vers libres, musique d'Egidio Duni, paroles de Louis Anseaume, représenté pour la première fois en 1757. Voir Cook, « Peintre amoureux de son modèle, Le », 1992.

le tableau en question peut être identifié comme étant « La Naissance du Dauphin[1] » :

> On m'a parlé d'un fameux tableau de Rubens, qui représente une reine de France, qui vient d'accoucher d'un Dauphin ; on voit, dit-on, sur sa figure, l'impression d'une douleur récente, et la satisfaction d'avoir donné naissance à un prince. (*L'Émigré* 198 LVIII)

Le sujet du tableau est rapidement évoqué, mais le tableau n'est pas explicitement identifié ; un aspect précis est instrumentalisé, de manière très sélective, pour servir de preuve dans l'argumentation de Victorine. L'enjeu du passage repose sur les sentiments ambivalents des deux protagonistes dans leur situation de dilemme ; en effet, Victorine transpose l'expression ambivalente de Saint-Alban et du tableau sur elle-même, lorsqu'elle ajoute : « Je crois que bien souvent un observateur pénétrant aurait pu voir sur mon visage, et le sentiment du plaisir que j'éprouve à l'arrivée du Marquis, et la raison qui m'ordonne d'en modérer l'expression » (*L'Émigré* 198 LVIII). Ainsi, le principe du corps éloquent se trouve détourné d'une logique discursive, dans laquelle chaque geste et chaque mimique ont une signification claire et unique, pour ouvrir le champ à l'ambivalence et à l'interprétation ; au lieu de disparaître au profit de leur signification, les tableaux peints comme les visages d'autrui, doivent être scrutés et interprétés[2].

D'autres descriptions de tableaux d'histoire dans *L'Émigré* sont non seulement des moyens pour représenter la Révolution, mais aussi des occasions pour réfléchir sur la nature des événements révolutionnaires et les capacités spécifiques de la peinture à les représenter. On trouve chez Sénac une réflexion constante sur la manière dont on peut ou doit écrire l'histoire de la Révolution. Dans son *Des principes et des causes de la Révolution en France*, il montre une volonté de privilégier, par rapport au simple récit des faits, une réflexion sur les origines profondes de la Révolution dans l'évolution des mentalités tant bourgeoises

---

1 C'est, avec la « Vénus anadyomène » de Botticelli chez Mirabeau, un des rares tableaux dans le corpus qui soit clairement identifiable. – D'abord installé au Palais du Luxembourg, pour lequel le cycle de tableaux avait été conçu, le tableau se trouve aujourd'hui au Louvre (huile sur toile, 394 x 295 cm, 1622-1625). Voir le catalogue établi par Jaffé, *Catalogo completo : Rubens*, 1989, nos. 726 et 727.

2 Dans la même perspective d'une ambivalence de l'expression et dans le contexte de l'*ut pictura poesis*, Bérardier de Bataut (*Essai sur le récit*, 1776/2010, p. 523-524) compare le tableau de Rubens à une description homérique du visage d'Andromaque, entre joie et tristesse.

qu'aristocratiques[1]. Dans *L'Émigré*, cette réflexion est reprise mais prend un tour nouveau. D'une part, le président de Longueil évoque dans une longue lettre sur la Révolution la difficulté de saisir avec justesse « les nuances les plus imperceptibles de l'altération d'un ordre de choses existant ; en assigner les causes, en prévoir les effets » (*L'Émigré* 183 LVII). Dans un premier temps, les *Annales* de Tacite sont bien pour lui un modèle pour le discours sur les événements révolutionnaires ; mais ensuite, il remet en question la capacité de l'historiographie de rendre compte de ces événements. Différentes alternatives sont explorées : dans une lettre sur sa bibliothèque (*L'Émigré* 254-268 LXXXVI), le président de Longueil propose de remplacer les écrits des historiens par des romans[2]. Plus loin, il affirme cependant que la peinture est supérieure à l'écrit lorsqu'il s'agit de représenter réellement le destin de l'humanité sous la Révolution. L'origine de ce privilège accordé à la peinture semble être le fait que ce qui frappe le plus dans les événements révolutionnaires, ce qui reste dans l'esprit des témoins, ce sont des souvenirs sous forme d'images, de « tableaux terribles » (*L'Émigré* 262 LXXXVI). Le président de Longueil indique que la France sous la Révolution « présente alors l'image d'un grand incendie, qui s'alimente sans cesse de nouvelles matières combustibles » : image visuelle et image rhétorique se rejoignent. L'analyse reste cependant abstraite ; le récit que le président de Longueil fait de son expérience de la Révolution et de l'émigration, quoiqu'il contienne des situations poignantes et des moments denses, n'opère pas par « tableaux » descriptifs doués d'évidence.

Il y a cependant un cas où la supériorité de la peinture pour représenter les moments forts d'une trajectoire personnelle et historique est affirmée concrètement. Les principaux événements de la vie de Marie-Antoinette sont le sujet d'une série de tableaux imaginaires, sur le modèle du cycle de tableaux de Rubens déjà mentionné. La comtesse de Loewenstein rapporte à son amie Émilie ce que le président de Longueuil a écrit à Saint-Alban, à propos du procès intenté à Marie-Antoinette[3] :

---

1 Sénac de Meilhan, *Des principes et des causes de la Révolution en France*, 1790/1987.
2 À partir de cette problématique, Olivier Ritz (« L'Antiquité dans *L'Émigré* de Sénac de Meilhan », 2010) éclaire les rapports complexes qui s'établissent dans *L'Émigré* entre les écrivains de l'Antiquité, du siècle classique et des Lumières.
3 Ce procès eût lieu dans la première quinzaine d'octobre 1793. Dans l'acte d'accusation contre Marie-Antoinette, l'accusateur du Tribunal révolutionnaire Fouquier-Tinville fait un rapprochement entre l'épouse de Louis XVI et les « Messalines Frédégonde et Médicis ». Sénac inverse évidemment la valeur de cette référence à Marie de Médicis.

> La parole, Monsieur, est trop impuissante pour décrire ses malheurs, et je crois que ce n'est pas un historien, mais un grand peintre qui pourrait dans plusieurs tableaux en donner une juste idée. Le premier la représenterait dans la fleur de la brillante jeunesse arrivant à Strasbourg, et excitant des transports d'admiration par sa beauté et la noblesse de sa figure ; dans un autre on la verrait à Reims dans tout l'éclat de la royauté, avec son auguste et malheureux époux, l'objet des bénédictions touchantes d'un peuple immense ; [...] (*L'Émigré* 277-278 XCIII)

L'évocation de toute une série d'événements importants dans la vie de Marie-Antoinette continue, pour s'achever sur les deux tableaux suivants :

> [...] enfin on verrait dans un autre tableau une femme en habit malpropre, un paquet de linge sous le bras, descendre d'un misérable fiacre aux portes d'une prison, et cette femme serait la même qu'on aurait vue triomphante, adorée, serait la reine du plus superbe royaume de l'univers. Je frémis au tableau qui suivrait !... Ces tableaux, Monsieur, mon imagination me les présente sans cesse, et aucun historien ne pourra en tracer les terribles et étonnantes gradations. (*L'Émigré* 278 XCIII)

La supériorité du peintre par rapport à l'historien est exprimée très clairement. Ces tableaux, formant une série, seraient plus à même de représenter la « cruelle destinée » de Marie-Antoinette que le texte d'un historien ne pourrait l'être. Certes, la peinture d'histoire peut être doublement narrative : elle représente le moment décisif et culminant d'un événement dont elle implique l'avant et l'après (selon le principe de l'instant prégnant de Lessing) ; mise en série, elle peut représenter une suite d'événements. Ce qui fonde cependant ici la supériorité de la peinture sur l'écriture, c'est sa capacité de produire des représentations qui correspondent aux images intérieures que l'on peut avoir des événements-clés de la vie de Marie-Antoinette, des représentations qui auraient une capacité analogue de toucher, de faire « frémir » celui qui les regarde ; c'est l'évidence visuelle et pragmatique de la peinture qui la rend supérieure à l'écriture.

Cependant, on atteint ici une aporie de *L'Émigré* : d'une part, l'idée d'une supériorité du roman par rapport à l'historiographie, qui justifie l'entreprise même de *L'Émigré*[1], est concurrencée par l'idée d'une supériorité de la peinture par rapport à l'écriture romanesque elle-même ; d'autre part, le roman doit se contenter d'affirmer cette supériorité mais renoncer à donner aux descriptions des tableaux peints imaginaires toute

---

1   Dans sa « Préface », Sénac défend l'idée d'un roman qui, avec des personnages fictionnels, ne contiendrait cependant que des événements véritables (*L'Émigré* 32-33).

l'évidence attribuée à la peinture et refusée à l'écriture ; en effet, réaliser dans l'écrit l'évidence de la peinture serait implicitement affirmer le pouvoir de l'écriture. Par conséquent, la picturalité secondaire et tertiaire dans la description de ces tableaux imaginaires ne se déploie que de manière limitée, précisément à l'endroit dans le texte où elle est le plus explicitement affirmée. C'est pourquoi l'intégration de l'évidence visuelle et pragmatique dans les descriptions de tableaux peints trouve finalement des limites même dans ce roman qui semble prédestiné à la réaliser de la manière la plus grande.

LES ÉPISODES ROMANESQUES

Par rapport aux descriptions de tableaux, on constate dans le cas des épisodes romanesques un mouvement correspondant mais inverse. En l'absence d'épisodes libertins et de voyeurisme dans ce roman sentimental célébrant les vertus de ses protagonistes, on trouve plusieurs épisodes domestiques et pathétiques ainsi qu'un épisode de misère et de bienfaisance. Dans *L'Émigré*, tous les épisodes picturaux ne se distinguent pas de ceux rencontrés jusqu'ici : cependant, plus clairement encore que ce n'était le cas dans les autres romans étudiés, certains épisodes réunissent toutes les modalités descriptives de la picturalité.

Au début du roman, Victorine, accompagnée de sa mère et de son oncle, fait la rencontre du marquis de Saint-Alban, épisode qui culmine dans un tableau littéraire conventionnel :

> À peine étions-nous descendus de voiture pour nous promener à pied, que nous apercevons un jeune homme en uniforme rouge brodé d'or, qui était évanoui au pied d'un arbre ; un domestique, aidé d'un paysan s'empressait autour de lui, et une espèce de charretier arriva, son chapeau plein d'eau pour la lui jeter sur le visage ; une petite charrette attelée d'un cheval et remplie de paille, formait le reste du tableau. Ma mère tout émue d'un tel spectacle, tira aussitôt son flacon de sels d'Angleterre, et mon oncle le lui fit respirer. Le jeune homme reprit ses sens, et nous regardant avec des yeux étonnés : où suis-je, dit-il, est-ce un rêve ? Il pouvait à peine parler, mais des regards touchants nous peignaient sa reconnaissance de nos soins, et une sorte de plaisir à nous voir. (*L'Émigré* 37 II)

La picturalité potentielle du passage est marquée par le fait, d'une part, que Victorine emploie les termes « tableau » et « spectacle » pour désigner ce qu'ils ont vu, d'autre part, que l'épisode fait l'objet d'une des quatre gravures illustrant le roman. Pour ce qui est de la picturalité première, la découverte d'un personnage évanoui sous un arbre n'est pas un motif pictural bien établi ; en fait, il faudrait plutôt penser ici au *topos* romanesque de la première rencontre décrit par Jean Rousset. Quant aux éléments formant le tableau, seul l'essentiel est indiqué, résultant en une picturalité seconde peu accentuée : le jeune homme, le domestique, le paysan, le charretier, la charrette sont nommés, puis certains de ces éléments sont qualifiés plus précisément : le jeune homme « en uniforme rouge brodé d'or » et la petite charrette « attelée d'un cheval et remplie de paille ». La modalité descriptive est celle du *discours descriptif*, et la composition du tableau est peu à peu mise en place : d'abord le marquis au centre, puis les personnages accessoires que sont le domestique, le paysan et le charretier, la charrette formant l'arrière-plan. Les diverses activités sont envisagées comme simultanées. Le charretier arrive, mais n'a pas encore jeté l'eau de son chapeau au visage du jeune homme (quoique la logique picturale de l'instant prégnant veuille qu'il le fasse bientôt). Comme souvent dans les romans étudiés ici, le potentiel d'illusion ne découle pas de la richesse des détails, mais doit être mis en scène. Le « jeune homme » est à peine capable de parler, mais Victorine interprète sans peine ses regards : elle parle des « yeux étonnés », puis des regards qui expriment (« peignent », dit-elle, recourant une fois de plus à la métaphore picturale) la reconnaissance et le plaisir.

En effet, comme c'est souvent le cas, la picturalité n'apparaît pleinement que lorsqu'on prend en compte les éléments de la picturalité tertiaire : quoiqu'il n'y ait pas de cadre, le regard et la perspective sur le tableau sont établis, avec Victorine et ses compagnes qui descendent de leur carrosse, font quelques pas et « aperçoivent » soudainement quelque chose. Dans un second temps, après la description du tableau, la picturalité tertiaire est mise en scène avec une insistance presque un peu lourde, lorsque Victorine note que sa mère, « tout émue d'un tel spectacle », risque apparemment de s'évanouir. La métaphore du « spectacle » peut être comprise comme une référence au théâtre, mais elle en retient avant tout l'idée de « ce qui s'offre au regard », à savoir la dimension visuelle. Cette réaction émotionnelle et physiologique, quoiqu'elle ne soit pas inhabituelle dans les romans du XVIIIe siècle, doit avant tout être comprise comme la référence à une peinture envisagée comme le moteur d'une réaction émotionnelle. Par ailleurs, la remarque figure la compassion de la mère et annonce la prise en charge du marquis par la famille de Loewenstein.

Un autre épisode illustre particulièrement la réunion, qui me paraît caractériser ce roman, des descriptions de tableaux peints et des épisodes romanesques picturaux. Il se déroule pendant que le marquis de Saint-Alban, blessé, est soigné au château par toute la famille de Victorine ; il le rapporte à sa cousine :

> Il y a quelque temps qu'ayant horriblement souffert, je m'endormis profondément ; à mon réveil, mes yeux se portèrent vers une glace qui est en face du sopha sur lequel je suis pendant la journée, et cette glace m'offrit une femme vêtue de blanc ; les cheveux épars et bouclés tombaient sur un cou d'albâtre entouré d'un rang de perles, une rose était à quelque distance et s'élevait et s'abaissait… deux bras arrondis par l'amour étaient nus jusqu'au coude, et des mains d'une blancheur éblouissante parfilaient des fils d'or. Je restai quelques moments sans faire connaître que j'étais éveillé, et je vis cette figure céleste, jeter des regards d'intérêt de mon côté ; ils ont pénétré, ces regards, jusqu'au plus profond de mon cœur […]. Sa mère était près d'elle et contemplait avec délice sa charmante fille, et un vieillard respectable lisait et s'arrêtait quelquefois pour jeter un regard de satisfaction. […] Ce réveil, ce tableau, car c'en était un, puisque je ne les voyais que dans la glace, seront sans cesse présents à mon esprit. (*L'Émigré* 126 XXVIII)

Tout d'abord, l'épisode est explicitement marqué comme « pictural », puisque Saint-Alban le caractérise comme un « tableau », avec la précision emphatique « car c'en était un », signifiant qu'il s'agit bien pour lui de l'équivalent d'un tableau *peint*. Parce que le tableau littéraire se trouve réfléchi dans le miroir, ce qui le réduit à deux dimensions et lui donne un cadre semblable à celui d'un tableau, on peut dire que l'épisode réunit réellement épisode pictural et description d'un tableau peint. La description des personnages que Saint-Alban voit dans le miroir, quoiqu'elle ne renvoie pas à un motif pictural précis, s'inscrit clairement dans la thématique picturale plus diffuse des constellations familiales, réunissant parents et enfants. Cependant, par la noblesse des personnages, cette constellation ou cette « composition » se distingue nettement des constellations familiales peintes par Greuze. Au niveau des contenus représentés, l'inscription de la description dans le cadre de la picturalité première reste donc limitée.

Les références aux aspects concernant la picturalité seconde sont plus nombreuses. En premier lieu, on peut constater le degré relativement élevé de détails : bien que la description des cheveux, des bras et des mains de Victorine s'inscrive dans des *topoi* descriptifs bien rôdés (« cheveux épars et bouclés », « cou d'albâtre », « bras arrondis par l'amour »), elle dessine une image relativement précise de Victorine. La rose qui s'élève et se baisse figure, de manière métonymique et suggestive, le mouvement des seins provoqué par la respiration de Victorine. Sans que la vision soit fixe, tout mouvement d'une ampleur plus grande que celle du mouvement respiratoire ou de l'acte de « jeter un regard » est exclu, ce qui représente bien une référence à la fixité du tableau peint et à sa limitation à la représentation d'un instant. Par ailleurs, la description passe de la modalité du *passage descriptif*, dans la description de Victorine, à celle du *discours descriptif*, dans la description des regards. Aucune parole n'est prononcée : seul le jeu des regards exprime les sentiments des différents personnages impliqués, bien que la qualification des regards soit chaque fois précisée de manière explicite : Victorine jette « des regards d'intérêt » vers Saint-Alban, sa mère la « contempl[e] avec délice » et son père lui jette parfois « un regard de satisfaction ». Le principe du corps éloquent est donc tout entier concentré dans la mise en scène des regards. La picturalité seconde ne s'en trouve pas moins clairement présente.

Évidemment, ce relevé des regards doit être complété par le regard de Saint-Alban, qui observe tout le « tableau » se reflétant dans un miroir. Le fait que le marquis contemple ce tableau sans faire comprendre qu'il a les yeux ouverts fait de cet épisode une variante sentimentale et vertueuse d'une scène de voyeurisme, dont Henri Lafon a montré que le principe était de « voir sans être vu[1] ». La temporalité de la perception de la peinture n'est que suggérée dans la notation que Saint-Alban « restai[t] quelques moments sans faire connaître [qu'il était] éveillé » afin de mieux contempler ses trois hôtes. Si l'illusion de présence n'a pas lieu d'être soulignée, elle est cependant thématisée indirectement à travers la mise en place du miroir, qui figure la représentation picturale parfaite. Cependant, Saint-Alban est surtout frappé et ému par le regard de Victorine qui fait une impression profonde et durable sur lui. Ainsi, l'épisode réunit-il les ressources de la picturalité typique de l'épisode de voyeurisme (qui privilégie le regard au détriment de l'effet) à celles de l'épisode domestique et pathétique (qui privilégie l'émotion ressentie au détriment du regard).

Sans épuiser la richesse de l'esthétique picturale dans l'écriture descriptive du roman, ces quelques analyses montrent que dans *L'Émigré*, le traitement des tableaux peints et des épisodes romanesques se distingue de celui dans les autres romans étudiés ici. La peinture comme thème est liée très étroitement aux deux thématiques centrales du roman. Dans le corpus, une telle relation étroite n'est encore présente que dans *Le Paysan perverti*. La métaphore picturale, sans innover par rapport

---

1   Lafon, « "Voir sans être vu" : un cliché, un phantasme », 1977.

au corpus, est particulièrement riche et variée et ne se limite pas aux métaphores usuelles du « tableau » ou de l'activité de « peindre » ; elle recourt également à des noms de peintres et d'écoles de peinture. À la différence de la plupart des autres romans du corpus, on trouve dans ce roman à la fois des épisodes romanesques doués d'évidence et de longues descriptions de tableaux peints.

Comme dans l'ensemble du corpus, les tableaux décrits dans ce roman sont avant tout des portraits et des tableaux d'histoire. Pourtant, il est plutôt inhabituel que ces deux genres picturaux soient présents dans un même roman. En fait, ils sont utilisés dans *L'Émigré* pour symboliser les relations entre les personnages et pour thématiser les événements révolutionnaires, la particularité du roman étant que la peinture d'histoire révèle les relations entre les personnages et se focalise parfois sur les trajectoires de personnages uniques ; de même, les portraits peints ne se réduisent pas à une représentation transparente de leur modèle ; plutôt que d'être envisagés comme redondants par rapport aux portraits écrits, leur ressemblance plus ou moins grande et les modalités de leur exécution deviennent l'enjeu central des portraits tant peints qu'écrits.

Enfin, certains épisodes picturaux joignent les modalités descriptives des épisodes romanesques à celles des tableaux peints ; les trois niveaux de la picturalité y prennent une importance à peu près égale. Parce qu'il remplace la description des portraits peints finis par l'évocation des séances de peinture et que l'évocation des tableaux d'histoire imaginaires se substitue au récit du contenu des tableaux d'histoire, le roman tend à effacer les limites entre épisode pictural et tableau peint. En somme, le contraste entre le traitement des descriptions de tableaux peints et celui des tableaux romanesques est donc nettement moins accentué dans *L'Émigré* que dans l'ensemble du corpus, constat qui soulève la question de l'évolution de la pratique descriptive au cours de l'époque étudiée. Qu'en est-il en particulier du traitement contrasté des tableaux peints et des épisodes romanesques ?

Pour terminer ce parcours concernant la picturalité de l'écriture descriptive dans le roman, je voudrais donc revenir sur la double hypothèse proposée au début : selon cette hypothèse, on peut d'une part constater un traitement contrasté des tableaux peints et des épisodes romanesques picturaux, et d'autre part rattacher ce traitement contrasté à deux conceptions de la peinture coexistant au XVIIIᵉ siècle, l'une discursive et transparente, l'autre figurative et pragmatique.

Le premier volet de cette hypothèse, celui du traitement contrasté, doit être vérifié en deux temps. Une partie des différences de traitement entre les tableaux peints et les épisodes romanesques découle logiquement de la nature différente des deux référents ; ces différences ne pèsent donc pas dans la balance : en particulier, l'insistance sur la ressemblance dans les portraits peints et sur l'illusion de présence dans les tableaux d'histoire ne saurait avoir un équivalent dans les épisodes romanesques où il n'y a pas de modèle distinct de la représentation auquel on pourrait les comparer, et où la perfection de la représentation en tant que telle n'a pas de sens. De même, la métaphore picturale ne saurait avoir de fonction de « marquage » dans le contexte des tableaux peints dont le caractère pictural va de soi. Cependant, d'autres différences vont à l'encontre des modalités descriptives qui découlent des différences de nature des référents. Dans le cas des tableaux peints, l'écriture descriptive ne respecte pas certaines propriétés de la peinture quoique celles-ci soient en quelque sorte inhérentes aux tableaux décrits. Par exemple, les descriptions des tableaux d'histoire, loin de respecter la limitation de la peinture à la représentation d'un seul instant, l'ignorent pour évoquer non pas le contenu du tableau, mais les événements représentés, souvent complexes, duratifs, narratifs. En fait, les descriptions des tableaux d'histoire connaissent une tendance à la narration. De même, la plupart du temps, les descriptions de tableaux peints ne se limitent nullement à l'évocation de ce qui est visible dans un tableau : par exemple, elles passent sous silence l'expression du visage pour évoquer explicitement l'émotion attribué à un personnage du tableau. Inversement, dans le cas des épisodes romanesques, qui ne sont pas *a priori* soumis aux limitations que l'on attribue à la peinture, l'écriture descriptive s'y conforme cependant ; c'est précisément ainsi que la picturalité de ces épisodes devient apparente : la limitation à l'instant est strictement respectée dans le cas des épisodes romanesques, bien que ceux-ci s'inscrivent immédiatement dans un contexte narratif où une telle limitation ne s'impose pas. De même, la limitation au visible au détriment de la signification abstraite, dans la communication des émotions des personnages, est mieux observée dans les épisodes romanesques que dans les tableaux peints, quoique dans ces deux cas, le langage permette aisément d'ajouter l'identification explicite de l'émotion en question. Dans l'ensemble, il y a donc bien un traitement contrasté selon lequel l'écriture descriptive est pour ainsi dire moins picturale lorsqu'il s'agit de référents picturaux, et plus picturale lorsqu'il s'agit de référents *a priori* non-picturaux.

Le second volet de l'hypothèse déplace quelque peu la perspective. Au lieu d'affirmer que l'écriture descriptive dans le cas des tableaux peints est moins picturale que dans le cas des épisodes romanesques, je propose de comprendre ce traitement différent comme le reflet d'une tension, dans la manière d'envisager la peinture, entre une conception discursive et une conception figurative de la peinture. L'argument principal pour cette hypothèse est que les descriptions de tableaux peints tendent à effacer, d'un côté, la matérialité sémiotique de la peinture, les modalités de la représentation picturale et soulignent, d'un autre côté, la signification ou le contenu des tableaux. Inversement, l'écriture descriptive dans les épisodes romanesques vise à souligner les qualités attribuées spécifiquement à la représentation picturale et insiste, davantage que sur la signification du tableau littéraire, sur son effet émotionnel.

On pourrait objecter que la picturalité tertiaire, associée avant tout à la conception figurative et pragmatique de la peinture, est présente aussi bien dans les tableaux peints que dans les épisodes romanesques : ils s'inscriraient donc tous deux dans la logique de la peinture figurative. Il me semble pourtant qu'ils le font d'une manière différente : l'illusion de présence et l'effet émotionnel souvent notés dans le contexte des tableaux peints se distinguent de l'effet émotionnel sur lequel insistent si souvent les épisodes romanesques. Dans le premier cas, l'illusion de présence et l'effet émotionnel découlent non pas des modalités picturales, mais de leur effacement dans la représentation parfaite : ce n'est pas le tableau qui frappe, mais la femme aimée ou l'événement tragique qu'il rend comme présent. Dans le second cas, l'effet émotionnel découle de la situation soit libertine soit pathétique des personnages, mais est surtout mis en scène comme le résultat d'une topographie des regards, d'une constellation spatiale, d'une force du visible, donc de propriétés associées spécifiquement à la représentation picturale.

Compte tenu de la grande variété, selon les auteurs et les romans, du traitement de la picturalité dans l'écriture descriptive, on ne saurait conclure à la confirmation ou l'invalidation monolithique de la double hypothèse. Je pense cependant qu'elle décrit avec quelque justesse une tendance générale dans le cadre de laquelle la plupart des romans étudiés ici s'inscrivent, mais de laquelle certains se distinguent également ; je pense en particulier à Rousseau, qui remet en question la supériorité de la peinture sur l'écriture pour préférer un modèle dynamique de l'écriture descriptive, plus musical que pictural. On peut également penser à Sade, chez qui les épisodes romanesques conjuguent la référence picturale avec une référence théâtrale non moins importante, ou encore à Sénac de Meilhan qui, dans son traitement de la picturalité dans l'écriture descriptive, dépasse du moins partiellement le traitement contrasté caractérisant le corpus dans son ensemble.

Une explication partielle de cette constellation particulière dans la « picturalité » de l'écriture descriptive est peut-être fournie par les principaux genres de peinture concernés. Dans le cas des tableaux peints, le portrait, les tableaux d'histoire et la peinture allégorique dominent. Les deux derniers au moins sont associés non seulement au sommet de l'échelle des genres héritée du XVIIe siècle, mais également à la conception discursive de la peinture, qui ne fait que retranscrire, en couleur et sur la toile, soit un texte narratif, soit une signification abstraite qui lui préexiste. Par opposition, les épisodes romanesques picturaux, qu'ils soient libertins et érotiques ou familiaux et pathétiques, se réfèrent plutôt à la peinture de genre, genre plus récent, moins estimé et par conséquent moins fortement codifié sous le règne de la peinture discursive. La peinture de genre est associée thématiquement à l'émotion et au pathétique, à la transmission d'un sentiment moral plutôt que d'une vérité historique, et s'inscrit moins dans la logique discursive d'une signification clairement lisible. Enfin, la peinture de genre ne recourt pas forcément, dans ses sujets, à des textes préexistants et peut donc être plus difficilement réduite à une textualité narrative ou abstraite. Une fois de plus, l'innovation de *L'Emigré* peut se comprendre comme consistant à dépasser une telle opposition, puisque c'est le premier roman parmi ceux étudiés ici qui contienne un portrait sensible, décrit comme composition picturale projetée et dans le cadre de l'épisode romanesque dans lequel il est peint.

L'hypothèse des deux conceptions de la peinture implique une sorte de « non-simultanéité du simultané » (Wilhelm Pinder), selon laquelle deux conceptions historiquement successives de la peinture se trouvent projetées dans le roman non pas uniquement selon une distribution dans le temps, mais selon une logique dépendant des référents des descriptions picturales. Cela permettrait d'expliquer également pourquoi, dans un roman comme *L'Émigré*, un des romans les plus tardifs du corpus, le contraste entre les descriptions de peinture et les descriptions picturales n'est plus aussi marqué : tout se passe comme si la conception figurative de la peinture, introduite dans le roman par le biais de l'écriture descriptive dans les épisodes romanesques calqués sur des genres plus récents comme la peinture de genre, avait progressivement gagné l'ensemble de l'écriture descriptive et jusqu'aux descriptions de tableaux peints relevant des genres picturaux plus anciens, tributaires à l'origine de la conception discursive de la peinture. De cette manière, l'esthétique descriptive dans les descriptions de tableaux peints rattrape en quelque sorte le retard qu'elle a pris par rapport à l'esthétique descriptive dans les épisodes romanesques et à la réflexion sur la peinture de manière plus générale. Cela veut dire également que la conception de la peinture qui prend davantage en compte la différence entre les contenus circulant librement entre les arts et les modalités de représentations spécifiques à chaque art finit par l'emporter dans l'esthétique descriptive du roman de l'époque étudiée. Ainsi peut-on observer au sein même de l'écriture descriptive du roman, la prise de conscience de plus en plus grande de l'autonomie des arts qui caractérise la seconde moitié du XVIIIe siècle.

CONCLUSION

> Plus on sait, plus on découvre en
> observant.
> DAUBENTON[1]

Au terme d'un parcours qui cherchait à circonscrire trois enjeux centraux de l'écriture descriptive dans le roman français de la seconde moitié du XVIIIe siècle, j'aimerais revenir sur les objectifs et les résultats de cette étude. L'objectif était de mettre en relief un épisode encore trop négligé de l'histoire de l'écriture descriptive dans le roman et d'en dégager la spécificité à travers l'analyse de la notion de description, du statut de celle-ci et des modalités de son intégration dans le roman ainsi que de son aspiration à l'évidence par une référence à la peinture.

L'époque étudiée est caractérisée par une double notion de l'écriture descriptive. La coexistence d'une ancienne notion rhétorique de la description avec une notion plus moderne de celle-ci découle de la terminologie quelque peu confuse qui caractérise les réflexions théoriques de cette époque. Or, il s'est avéré indispensable, pour apprécier précisément l'écriture descriptive de l'époque, d'envisager l'objet d'étude de cette manière. L'existence de cette « description double » s'explique par le fait que l'héritage de l'évidence se trouve réinterprété en dehors du cadre rhétorique tandis que dans le roman, l'opposition entre description et narration devient structurellement pertinente. La double notion de la description s'articule de façon complexe avec la variété des formes que l'écriture descriptive peut prendre dans le roman du XVIIIe siècle et qui sont regroupées ici en deux catégories : les passages descriptifs et le discours descriptif. Plus encore que dans les discours théoriques, la « description double » se manifeste dans la pratique de l'écriture descriptive, où des enjeux spécifiques répondent à chacune des deux notions ;

---

1   Daubenton, « De la description des animaux », 1753, p. 113.

d'une part, l'enjeu de la notion moderne de l'écriture descriptive, associée aux passages descriptifs, est le statut et l'intégration de ceux-ci dans le contexte narratif du roman ; d'autre part, l'enjeu de la notion rhétorique de l'écriture descriptive, liée de manière privilégiée mais non exclusive au discours descriptif, est l'évidence visuelle et pragmatique, qu'elle cherche à atteindre par une référence à la peinture.

Quant au statut de la description au XVIIIᵉ siècle, l'essentiel est son ambivalence profonde, qui résulte de la conjonction d'une promotion de l'écriture descriptive dans le domaine des belles-lettres et des sciences en général et de la permanence de conventions spécifiquement romanesques, lesquelles empêchent le libre épanouissement de l'écriture descriptive dans le roman. Ce n'est qu'à la lumière de ce statut ambivalent que s'explique la présence de stratégies particulières de légitimation et d'intégration de la description dans le contexte narratif. J'en ai distingué deux, le métadiscours et la motivation narrative. Le fonctionnement systémique dans lequel entrent ces deux stratégies, similaires dans leur fonction de légitimation de la description, mais complémentaires dans la manière dont elles accomplissent cette fonction, est également spécifique à l'époque étudiée. Même le traitement si contrasté que Sade et Rétif imposent à l'écriture descriptive, le premier privilégiant le métadiscours, le second la motivation narrative, s'inscrit dans la logique d'une complémentarité des stratégies de légitimation. Le fonctionnement systémique des stratégies de légitimation appartient – par son omniprésence et sa cohérence – à une véritable poétique de l'écriture descriptive. Les formes narratives sont les principaux facteurs déterminant les variations dans l'importance des différentes stratégies de légitimation. Enfin, la projection de ces variations synchroniques sur l'axe diachronique permet d'expliquer comment s'est opérée la transition du XVIIIᵉ au XIXᵉ siècle, dans le domaine du métadiscours et de la motivation narrative.

Pour ce qui est du rapport entre écriture descriptive, évidence et peinture, la spécificité de l'époque étudiée m'a paru être la dissociation de la peinture et de la picturalité, c'est-à-dire du référent et de la qualité d'une description. Dans le contexte d'une permanence paradoxale de l'*ut pictura poesis* sous les auspices d'une prise de conscience de la spécificité des arts, cette dissociation se manifeste dans le succès de notions comme le « tableau » ou le « pittoresque », où des qualités picturales renvoient à des référents autres que la peinture. Dans la pratique descriptive, cette dissociation se manifeste par un traitement contrasté des descriptions de tableaux peints et des épisodes romanesques picturaux, le traitement des premiers étant moins fortement marqué par la picturalité que celui des seconds. Plus précisément, les deux types de descriptions insistent différemment sur les trois niveaux de picturalité, ce qui suggère qu'en fait, le traitement contrasté étudié correspond à deux notions de la peinture, la première discursive, héritée du XVIIᵉ siècle, la seconde figurative, apparaissant sous l'influence du sensualisme. Les genres picturaux concernés en premier lieu par les deux types de descriptions, portraits et peinture d'histoire pour les descriptions de tableaux peints, peinture de genre pour les épisodes romanesques, peuvent expliquer, du moins partiellement, ce traitement contrasté, parce qu'à leur tour, ces genres sont associés à l'une et à l'autre conception de la peinture. Ce traitement contrasté tend à s'effacer, vers la fin de la période étudiée, chez Sénac de Meilhan.

Les lignes directrices que j'ai tenté de dégager à partir de l'analyse de l'écriture descriptive dans le roman des quatre dernières décennies du XVIIIᵉ siècle acquièrent encore plus de relief si on les compare à quelques caractéristiques de l'écriture descriptive aux XVIIᵉ et XIXᵉ siècles. Au XVIIᵉ siècle, la description relève, avant tout, du domaine rhétorique, qui en définit les conventions et lui accorde une légitimité : les descriptions de personnes sont tributaires des conventions du portrait physique et moral et les descriptions de lieux s'inscrivent dans les traditions du *locus amœnus* ou *locus terribilis*. De même, l'évidence conçue dans un cadre rhétorique se manifeste surtout dans l'hypotypose, souvent à dominante narrative et brillant de quelques éclats descriptifs. Légitimée au XVIIᵉ siècle par la rhétorique, la description a un statut nettement moins problématique ; par conséquent, les remarques métadiscursives et la motivation narrative y jouent un rôle beaucoup moins grand qu'au XVIIIᵉ siècle, quoique les premières soient très présentes dans les romans autoréflexifs de Furetière ou de Scarron. Par contraste, au XIXᵉ siècle, la notion moderne de la description domine, mais son rôle programmatique la rend légitime, lui permet de s'émanciper de la rhétorique et en fait une partie intégrante du roman. Par ailleurs, dans la narration hétérodiégétique devenue prépondérante, on trouve un ancrage autrement plus profond de la motivation narrative et un effacement correspondant des remarques métadiscursives. Enfin, grâce à une poétique narrative plus souple, le roman du XIXᵉ comporte des descriptions plus détaillées et plus riches ; cette richesse devient la modalité dominante aussi bien dans les descriptions de tableaux peints que dans les descriptions de lieux, de personnages et d'objets.

En conclusion, je souhaiterais m'interroger sur les enseignements qu'il convient peut-être de tirer de ce travail pour l'étude de l'histoire et de la théorie de la description littéraire. Dans le cadre de cette recherche, j'ai cherché à redresser un tant soit peu deux idées préconçues concernant l'histoire de la description romanesque. La première estime que l'écriture descriptive ne joue qu'un rôle mineur dans le roman de la seconde moitié du XVIIIe siècle. La seconde, quoiqu'elle ait le mérite de dépasser la première, suppose que l'écriture descriptive dans le roman du XVIIIe siècle ne fonctionne finalement que d'une manière analogue à celle du roman du XIXe siècle, dont elle ne serait qu'un stade préparatoire et encore imparfaitement réalisé. Par rapport à ces idées préconçues, la stratégie poursuivie ici, que ce soit dans le domaine de la motivation narrative, des remarques métadiscursives ou de la picturalité descriptive, a consisté à décomposer les catégories analytiques en leurs unités minimales : cela a permis d'étudier ensuite les configurations diverses de ces unités minimales dans la pratique descriptive, et de mettre au jour aussi bien les enjeux et le fonctionnement de l'écriture descriptive propres au roman du XVIIIe siècle que les liens se tissant dans ce domaine entre la seconde moitié du XVIIIe siècle et la première moitié du XIXe siècle. Par exemple, tandis que l'équilibre, spécifique au XVIIIe siècle, entre les remarques métadiscursives et la motivation narrative disparaît au XIXe siècle, la technique de la motivation narrative, qui s'est développée au XVIIIe siècle, se généralise dans le roman du XIXe siècle.

Ce dont on se rend compte, dans ce contexte, c'est de l'intérêt et de l'utilité qu'il y aurait dans l'étude de l'écriture descriptive (mais également dans la narratologie) à rendre plus « historiques » les catégories analytiques. Au lieu de penser narration et description comme régies par des structures profondes abstraites et transhistoriques, il faudrait davantage travailler sur les manières dont des configurations changeantes marquent chaque grande époque littéraire. Cet enseignement s'applique également à la définition même de la description ; on se rend compte de la vanité et même de l'inutilité qu'il y a à chercher un critère unique et transhistorique qui définirait une fois pour toutes la description par sa différence avec narration. Deux éléments mettent en garde contre une manière trop bipolaire d'envisager narration et description : d'une part l'éventail particulièrement étendu des formes de l'écriture descriptive au XVIIIe siècle, lesquelles recouvrent les descriptions statiques, dynamisées ou procédurales, les descriptions de situations ou d'actions, enfin le récit circonstancié riche en détails descriptifs ; d'autre part l'émergence relativement tardive et la permanence finalement limitée d'une notion de description conçue comme représentation statique d'objets dans l'espace et s'opposant à la narration envisagée comme représentation dynamique d'actions évoluant dans le temps.

Finalement, par la présente étude, j'espère avoir contribué à modifier le regard porté sur l'écriture descriptive dans le roman du XVIIIe siècle, sachant que la formule de Daubenton cité en épigraphe, autant qu'elle affirme la possibilité d'acquérir de nouvelles connaissances, souligne qu'il s'agit d'un processus qui peut se poursuivre à l'infini.

RÉFÉRENCES BIBLIOGRAPHIQUES

CORPUS ROMANESQUE

TABLE DES ABRÉVIATIONS

Aline	Sade, *Aline et Valcour*, 1788/1795.
Amants	Léonard, *Lettres de deux amants habitants de Lyon*, 1783.
L'An deux mille	Mercier, *L'An deux mille quatre cent quarante*, 1771.
Année	Louvet de Couvray, *Une Année de la vie de Faublas*, 1787.
Clarice	Leprince de Beaumont, *La Nouvelle Clarice*, 1766
Conversion	Mirabeau, *Ma Conversion, ou le Libertin de qualité*, 1783.
Découverte	Rétif, *La Découverte australe, par un homme volant*, 1781.
De Langres	[Anonyme], *De Langres et Juliette d'Est...*, 1771.
Émigré	Sénac de Meilhan, *L'Émigré*, 1797.
Émilie	Louvet de Couvray, *Émilie de Varmont*, 1791.
Félicia	Nerciat, *Félicia ou mes Fredaines*, 1775.
Fin	Louvet de Couvray, *La Fin des amours de Faublas*, 1790.
Galligènes	Tiphaigne de La Roche, *Histoire des Galligènes*, 1765.
Giphantie	Tiphaigne de La Roche, *Giphantie*, 1760.
Imirce	Dulaurens, *Imirce, ou la Fille de nature*, 1765.
Jacques	Diderot, *Jacques le fataliste et son maître*, [1778-1780].
Journées	Sade, *Les Cent Vingt Journées de Sodome*, [1785].
Julie	Rousseau, *Julie ou la Nouvelle Héloïse*, 1761.
Justine	Sade, *Justine, ou les Malheurs de la vertu*, 1791.
Liaisons	Choderlos de Laclos, *Les Liaisons dangereuses*, 1782.
Malheurs	Dorat, *Les Malheurs de l'inconstance*, 1772.
Mathieu	Dulaurens, *Le Compère Mathieu, ou les Bigarrures de l'esprit humain*, 1766.
Mendiant	Castilhon, *Le Mendiant boiteux*, 1770.
Mirtil	Sacy, *Les Amours de Mirtil*, 1761.
Nuit	Bellin de La Liborlière, *La Nuit anglaise*, 1799.

Paul	Bernardin de Saint-Pierre, *Paul et Virginie*, 1788.
Pauliska	Révéroni Saint-Cyr, *Pauliska ou la Perversité moderne*, 1798.
Paysan	Rétif, *Le Paysan perverti, ou les Dangers de la ville*, 1775/1782.
Religieuse	Diderot, *La Religieuse*, [1780-82].
Sacrifices	Dorat, *Les Sacrifices de l'amour*, 1771.
Semaines	Louvet de Couvray, *Six Semaines dans la vie de Faublas*, 1788.
Zingha	Castilhon, *Zingha, reine d'Angola*, 1769.

RÉFÉRENCES COMPLÈTES

Sont indiquées ici les références complètes des œuvres constituant le corpus romanesque, avec l'indication de leur première parution et, le cas échéant, de l'édition moderne utilisée[1].

[Anonyme]. *De Langres et Juliette d'Est..., anecdote française*, Ornée de Figures en Taille-Douce. À Londres, et se trouve à Paris : F.-G. Deschamps, 1771 (MMF 71.3).

BELLIN DE LA LIBORLIÈRE, Louis-François-Marie. *La Nuit anglaise, ou les Aventures, jadis un peu extraordinaires, mais aujourd'hui toutes simples et très communes, de M. Dabaud, marchand de la rue St. Honoré, à Paris ; roman comme il y en a trop*. Hambourg : [s.n.], 1799 (MMF 99.44). – Édition de Maurice Lévy, Toulouse : Anacharsis, 2006.

BERNARDIN DE SAINT-PIERRE, Henri. *Paul et Virginie*, dans *Études de la nature*, Paris : Didot le Jeune et Méquinon l'Aîné, 1788, t. 4, p. 1-227. – Édition d'Étiemble, dans *Romanciers du dix-huitième siècle*, t. 2, Paris : Gallimard, Pléiade, 1965, p. 1229-1325.

CASTILHON, Jean-Louis. *Zingha, reine d'Angola. Histoire africaine, en deux parties*, paru dans le *Journal encyclopédique* (1768-1769), puis en volume, Paris : A. Bouillon / Lacombe, 1769 (MMF 69.23). – Édition de Patrick Graille & de Laurent Quillerié, Bourges : Ganymède, 1993[2].

CASTILHON, Jean-Louis. *Le Mendiant boiteux, ou les Aventures d'Ambroise Gwinett, balayeur du pavé de Spring-Garden*, d'après des notes écrites de sa main. Bouillon / Société Typographique, 1770.

CHODERLOS DE LACLOS, Pierre Ambroise François. *Les Liaisons dangereuses ou Lettres recueillies dans une société, et publiées pour l'instruction de quelques autres*, Paris : Durand, 1782 (MMF 82.17). – Édition de Laurent Versini, dans *Œuvres complètes*, Paris : Gallimard, Pléiade, 1979, p. 1-386.

DIDEROT, Denis. *Jacques le fataliste et son maître*, paru dans la *Correspondance littéraire* (1778 à 1780) puis en volume en 1797 (MMF 97.21). – Édition d'Henri Lafon, dans *Contes et romans*, dir. Michel Delon, Paris : Gallimard, Pléiade, 2004, p. 697-894[3].

DIDEROT, Denis. *La Religieuse*, paru dans la *Correspondance littéraire* (1780 à 1781), puis en volume en 1796 (MMF 97.22). – Édition de Michel Delon, dans *Contes et romans*, Paris : Gallimard, Pléiade, 2004, p. 239-415[4].

---

1 Les romans sont identifiés, partout où cela a été possible, par leur sigle dans Martin, Mylne & Frautschi, *Bibliographie du genre romanesque français, 1751-1800*, 1977, abrévié MMF.

2 L'édition reproduit le texte de 1770 (révisé et amplifié par Castilhon), mais indique les variantes par rapport à l'édition de 1769.

3 Rédaction entre 1765 et 1786 ; voir la « Notice » d'Henri Lafon dans l'édition de référence.

4 Rédaction d'une première version vers 1760-61, remaniement et augmentations importantes vers 1780 ; voir la « Notice » de Michel Delon dans l'édition de référence.

DORAT, Claude-Joseph. *Les Sacrifices de l'amour, ou Lettres de la vicomtesse de Senanges et du chevalier de Versenay*. 2 vol., Amsterdam & Paris : Delalain, 1771 (MMF 71.25). – Édition d'Alain Clerval, Paris : Le Promeneur, 1996.

DORAT, Claude-Joseph. *Les Malheurs de l'inconstance, ou Lettres de la marquise de Circé et du comte de Mirbelle*, 2 vol., Amsterdam & Paris : Delalain, 1772 (MMF 72.19). – Édition de Peter Cryle, dans *Romanciers libertins du XVIIIᵉ siècle*, t. 2, dir. Patrick Wald Lasowski, Paris : Gallimard, Pléiade, 2005, p. 409-590[1].

DULAURENS, Henri Joseph. *Imirce, ou la Fille de la nature*, Berlin : chez l'imprimeur du Philosophe Sans-Souci, 1765, p. 61-187 (MMF 65.21). – Édition d'Annie Rivara, Saint-Étienne : Publications de l'Univ. de Saint-Etienne, 1993[2].

DULAURENS, Henri Joseph. *Le Compère Mathieu, ou les Bigarrures de l'esprit humain*. 3 vol., Londres : aux dépens de la Compagnie, 1766 (MMF 66.21)[3].

LÉONARD, Nicolas Germain. *Lettres de deux amants habitants de Lyon*, Londres & Paris : Desenne, 1783 (MMF 83.31). – Édition de Vincent Campenon, dans *Œuvres de Léonard*, t. 3, Paris : Didot jeune, an VII-1798[4].

LEPRINCE DE BEAUMONT, Jeanne-Marie. *La Nouvelle Clarice, histoire véritable*. À Lyon, chez Pierre Bruyset-Ponthus, à Paris, chez Desaint, 1767, 2 vol. (MMF 67.36)[5].

LOUVET, Jean-Baptiste, dit Louvet de Couvray. *Une Année de la vie du Chevalier de Faublas*, Londres & Paris : Bailly, 1787 (MMF 87.56). – Édition de Michel Delon, dans *Les Amours du Chevalier de Faublas*, Paris : Gallimard, folio classique, 1996, p. 53-444[6].

LOUVET, Jean-Baptiste, dit Louvet de Couvray. *Six Semaines de la vie du chevalier de Faublas, pour servir de suite à sa première année*, Londres & Paris : Bailly, 1788 (MMF 88.83). – Édition de Michel Delon, dans *Les Amours du Chevalier de Faublas*, Paris : Gallimard, folio classique, 1996, p. 445-611.

LOUVET, Jean-Baptiste, dit Louvet de Couvray. *La Fin des amours du chevalier de Faublas*, Londres & Paris : Bailly, 1790 (MMF 90.47). – Édition de Michel Delon, dans *Les Amours du Chevalier de Faublas*, Paris : Gallimard, folio classique, 1996, p. 613-1101.

LOUVET, Jean-Baptiste, dit Louvet de Couvray. *Emilie de Varmont, ou le Divorce nécessaire, et les Amours du Curé Sévin*, par l'auteur de Faublas, Paris : Bailly, 1791 (MMF 91.34). – Édition de Geneviève Goubier-Robert & de Pierre Hartmann, Aix-en-Provence : Publications de l'Univ. de Provence, 2001.

MERCIER, Louis-Sébastien. *L'An deux mille quatre cent quarante. Rêve s'il en fut jamais*, Londres [Amsterdam : Van Harrevelt], 1771. – Édition de Raymond Trousson, Paris : Duclos, 1971[7].

---

1 L'édition d'Alain Clerval (Paris : Desjonquères, 1983) a également été consultée.

2 L'édition reproduit le texte de 1774. Voir l'étude de Michèle Bokobza-Kahan (*Dulaurens et son œuvre*, 2010), qui met en résonance « marginalité sociale » et « déviance discursive » chez Dulaurens.

3 *Le Compère Mathieu* est considéré comme une réécriture et une amplification sur le modèle du *Candide* (voir Rustin, « Les "suites" de Candide au XVIIIᵉ siècle », 1972) et comme un précurseur de *Jacques le fataliste* (voir Cherpack, « *Jacques le fataliste* and *Le Compère Mathieu* », 1970).

4 L'édition retenue comporte de nombreuses modifications stylistiques par rapport à l'édition de 1784 (Londres & Paris : Desenne), qui a également été consultée. L'édition de 1783 n'a pu être consultée.

5 Sur ce roman librement inspiré du roman épistolaire à succès de Samuel Richardson, *Clarissa, or the History of a Young Lady* (1748, trad. franç, incomplète, par l'abbé Prévost, en 1751), voir Johns, « Reproducing Utopia », 1999.

6 L'édition reproduit le texte de la première édition réunissant les trois parties du roman de Louvet sous le titre *Amours du chevalier de Faublas*, Paris : Bailly, an VI-1798.

7 Cette édition reproduit le texte de la première édition. Rédaction vraisemblablement entre 1768 et 1770, selon Raymond Trousson.

MIRABEAU, Honoré-Gabriel Riqueti. *Ma conversion*, par M.D.R.C.D.M.F., Londres : [s.n.], 1783 (MMF 83.40). – Édition de Jean-Pierre Dubost, dans *Romanciers libertins du XVIIIe siècle*, t. 2, dir. Patrick Wald Lasowski, Paris : Gallimard, Pléiade, 2005, p. 973-1072[1].

NERCIAT, André-Robert Andréa de. *Félicia ou mes Fredaines*, Londres : [s.n.], 1775 (MMF 75.37). – Édition de Jean-Michel Raynaud, dans *Romans libertins du XVIIIe siècle*, t. 2, dir. Patrick Wald Lasowski, Paris : Gallimard, Pléiade, 2005, p. 591-872[2].

RÉTIF DE LA BRETONNE, Nicolas-Edme. *Le Paysan perverti, ou les Dangers de la ville* ; histoire récente, mise au jour d'après les véritables lettres des personnages, par N. E. Rétif de la Bretonne. La Haye [s.n.], 1776. – Édition de François Jost, 2 vol., Lausanne : L'Age d'homme, 1977[3].

RÉTIF DE LA BRETONNE, Nicolas-Edme. *La Découverte australe par un homme-volant, ou le Dédale français, nouvelle très-philosophique, suivi de la Lettre d'un singe*, etc., 4 vol., Leipsick & Paris : [s.n.], 1781 (MMF 81.29). – Édition de Françoise Adelstain et Jacques Lacarrière, dans *Voyages aux pays de nulle part*, dir. Francis Lacassin, Paris : Laffont, Bouquins, 1990, p. 1087-1261[4].

RÉVÉRONI SAINT-CYR, Jacques Antoine de. *Pauliska ou la Perversité moderne, mémoires récents d'une polonaise*, Paris : Lemierre, An VI-1798 (MMF 98.85). – Édition de Michel Delon, Paris : Desjonquères, 1991.

ROUSSEAU, Jean-Jacques. *Julie ou la Nouvelle Héloïse, Lettres de deux amants habitans d'une petite ville aux pieds des Alpes*, Amsterdam : Marc Michel Rey, 1761 (MMF 61.18). – Édition de Bernard Gagnebin et de Marcel Raymond, dans *Œuvres complètes*, t. 2, Paris : Gallimard, Pléiade, 1961, p. 3-793.

SACY, Claude Louis Michel de. *Les Amours de Mirtil*, à Constantinople [Paris : Joseph-Gérard Barbou], 1761 (MMF 61.19)[5].

SADE, Donatien Alphonse François. *Les Cent Vingt Journées de Sodome, ou l'École du libertinage*, première édition du manuscrit par Iwan Bloch en 1904. – Édition de Michel Delon, dans *Œuvres*, t. 1, Paris : Gallimard, Pléiade, 1990, p. 14-383[6].

SADE, Donatien Alphonse François. *Aline et Valcour, roman philosophique, écrit à la Bastille un an avant la Révolution de France*, Paris : Girouard, 1795 (MMF 95.36). – Édition de Michel Delon, dans *Œuvres*, t. 1, Paris : Gallimard, Pléiade, 1990, p. 385-1109[7].

---

1 Titre alternatif : *Le Libertin de qualité ou Confidences d'un prisonnier au château de Vincennes écrites par lui-même* (1784). L'édition de Charles Hirsch (*Œuvres érotiques*, t. 1, Paris : Fayard, L'Enfer de la Bibliothèque nationale, 1984) a également été consultée.

2 L'édition de Jean-Christophe Abramovici (Paris : Zulma, Dix-huit, 2002) a également été consultée.

3 Quoique l'édition originale porte la date de 1776, le roman a bien paru à la fin de l'année 1775. L'édition utilisée corrige et modernise l'édition de 1782 et reproduit les 85 gravures avec leurs légendes.

4 Comme dans l'édition utilisée, seule la partie narrative de l'ouvrage est ici prise en compte, l'édition originale en quatre volumes contenant en outre quatre textes non narratifs. L'édition de Jacques Lacarrière (Paris : France Adel, Bibliothèque des utopies, 1977), qui reproduit les illustrations, a également été consultée.

5 La dédicace est signée ***, l'ouvrage est attribué à de Sacy par MMF ; avec six gravures dessinées par Gravelot et gravées sur cuivre par Louis Legrand ainsi qu'avec une « Explication des figures ». – La filiation de ce roman pastoral remonte jusqu'à *L'Aminta* de Torquato Tasso, pastorale écrite en 1573. Sur les avatars de *L'Aminta* en France, entre 1574 et 1778, voir Simpson, *Le Tasse et la littérature et l'art baroque en France*, 1962.

6 Seul existe la mise au net d'une version inachevée, datée de 1785.

7 Rédaction en cours en 1786 et terminée pour l'essentiel en 1788 ; quelques coupures et reprises en 1793-95, selon Michel Delon.

SADE, Donatien Alphonse François. *Justine, ou les Malheurs de la vertu*, en Hollande, chez les Libraires réunis [Paris : Girouard], 1791 (MMF 91.42). – Édition de Michel Delon, dans *Œuvres*, t. 2, Paris : Gallimard, Pléiade, 1995, p. 123-390[1].

SÉNAC DE MEILHAN, Gabriel (1736-1803). *L'Émigré*, 4 vol., Brunsvick : P. F. Fauche et Compagnie, 1797 (MMF 97.74). – Édition de Michel Delon, Paris : Gallimard, folio classique, 2004[2].

TIPHAIGNE DE LA ROCHE, Charles-François. *Giphantie*, Babylone [Paris : Durand], 1760 (MMF 60.32). – Édition de Francis Lacassin, dans *Voyages aux pays de nulle part*, Paris : Laffont, Bouquins, 1990, p. 1019-1085.

TIPHAIGNE DE LA ROCHE, Charles-François. *Histoire des Galligènes, ou Mémoires de Duncan*, Amsterdam : Arkstée & Merkus et Paris : Durand, 1765 (MMF 65.50). – Édition en fac-similé, avec une préface de Raymond Trousson, Genève : Slatkine, Bibliothèque des voyages aux pays de nulle-part, 1979[3].

OUVRAGES PUBLIÉS AVANT 1820

ABBÉ D'AUBIGNAC. « Observations nécessaires pour l'intelligence de cette allégorie » (1664), *Poétiques du roman*, éd. Camille Esmein. Paris : Honoré Champion, 2005, p. 285-305.

AELIUS THÉON. *Progymnasmata*, éd. Michel Petillon. Paris : Les Belles Lettres, 1997.

ANGELET, Christian, éd. *Recueil de préfaces de romans du XVIIIe siècle*, t. 2 : *1750-1800*. Saint-Étienne / Louvain : Publications de l'Univ. de Saint-Étienne / Presses Univ. de Louvain, 1999.

[Anonyme]. « Essai sur le récit », *Journal encyclopédique*, 8, 1776, p. 273-286.

[Anonyme]. « Lettre VI : *Essai sur le récit* », *L'Année littéraire*, 6, 1776, p. 121-137.

APHTONIOS. *Progymnasmata*, dans *Corpus rhetoricum I*, éd. Michel Patillon. Paris : Les Belles Lettres, 2008.

BARY, René. *La Rhétorique françoise, où pour principale argumentation, l'on trouve les secrets de notre langue*. Paris : Pierre le Petit, 1665.

BATTEUX, Charles. *Les Beaux-arts réduits à un même principe* (1746), éd. Jean-Rémy Mantion. Paris : Aux Amateurs de Livres, 1989.

BÉNOUVILLE, Madame de. « Préface qui contient tout » (1758), *Recueil de Préfaces de romans du XVIIIe siècle II, 1750-1800*, Saint-Étienne / Louvain : Publications de l'Univ. de Saint-Étienne / Presses Univ. de Louvain, 1999, p. 95-97.

BÉRARDIER DE BATAUT, François-Joseph. *Précis de l'histoire universelle*. Paris : Hérissant fils, 1766.

BÉRARDIER DE BATAUT, François-Joseph. *Essai sur le récit, ou Entretiens sur la manière de raconter* (1776). Édition électronique, éd. Christof Schöch, 2010. URL : http://www.berardier.org.

BERNIS, François-Joachim de Pierres. « Discours sur la poésie » (1743), *Œuvres de François-Joachim de Pierre, Cardinal de Bernis*. Paris : Stéréotype d'Herhan, 1803, p. 1-13.

---

1 Rédaction entre 1787 et 1791, selon Michel Delon.

2 L'édition d'Étiemble (*Romanciers du XVIIIe siècle*, Paris : Gallimard, Pléiade, 1965) a également été consultée.

3 Il existe une deuxième édition anonyme, inchangée quant au texte, mais intitulée de manière significative *Histoire naturelle civile et politique des galligènes antipodes de la nation française dont ils tirent leur origine : où l'on développe la naissance, les progrès, les mœurs et les vertus singulières de ces insulaires, les révolutions et les productions merveilleuses de leur isle, avec l'histoire de leur fondateur*. 2 vol., Genève / Paris : Frères Cramer / Humaire, 1770.

BOILEAU, Nicolas. « Dialogue des héros de roman » (1688), *Œuvres complètes*, éd. Françoise Escal. Paris : Gallimard, Pléiade, 1966, p. 441-489.

BOUGEANT, Guillaume-Hyacinthe. *Voyage merveilleux du prince Fan-Férédin dans la Romancie, contenant plusieurs observations historiques, géographiques, physiques, critiques et morales* (1735), éd. Jean Sgard & Geraldine Sheridan. Saint-Étienne : Publications de l'Univ. de Saint-Étienne, 1992.

BOUHOURS, Dominique. *La Manière de bien penser dans les ouvrages d'esprit*. Paris : chez la Veuve de Sébastien Mabre-Cramoisy, 1687.

BRICAIRE DE LA DIXMERIE, Nicolas. « Discours sur l'origine, les progrès & le genre des Romans », *Toni et Clairette*. Paris : Didot l'aîné, 1773, vol. 1, p. V-LXXVI.

BUFFON, Georges Louis Leclerc. *Œuvres*, éd. Stéphane Schmitt. Paris : Gallimard, Pléiade, 2007.

BUFFON, Georges-Louis Leclerc. « De l'art d'écrire » (s.d.), *Discours sur le style suivi de De l'art d'écrire*. Castelnau-le-Lez : Climats, 1992.

CAYLUS, Anne Claude Philippe de. *Tableaux tirés de l'Iliade, de l'Odysée d'Homere et de l'Éneide de Virgile. Avec des observations générales sur le costume*. Paris : Tilliard, 1757.

CHATEAUBRIAND, François-René de. « Préface à la première édition » (1801), *Atala. René*, éd. Pierre Moreau. Paris : Gallimard, 1971, p. 258-264.

COINTRE, Annie & Annie Rivara, éd. *Recueil de préfaces de traducteurs de romans anglais (1721-1828)*. Saint-Etienne : Publications de l'Univ. de Saint-Etienne, 2006.

CONDILLAC, Étienne Bonnot de. *Essai sur l'origine des connaissances humaines* (1746), éd. Aliénor Bertrand. Paris : Vrin, 2002.

CONDILLAC, Étienne Bonnot de. *Traité des sensations* (1754), dans *Œuvres complètes*, t. 3. Genève : Slatkine, 1970.

Correspondance littéraire, philosophique et critique par Grimm, Diderot, Raynal, Meister etc. (1747-1793), éd. Maurice Tourneux. Nendeln : Krauss reprint, 1968.

DAUBENTON, Louis-Jean-Marie. « De la description des animaux », *Histoire naturelle, générale et particulière*. Paris : Imprimerie royale, 1753, t. 4, p. 113-141.

DELILLE, Jacques. « Discours préliminaire », *Trois règnes de la nature*, Paris : H. Nicolle / Giguet & Michaud, 1808, t. 1, p. 11-36.

DIDEROT, Denis. *Contes et romans*, éd. Michel Delon. Paris : Gallimard, Pléiade, 2004, p. 895-911.

DIDEROT, Denis. *Salons de 1759, 1761, 1763. Essais sur la peinture*, éd. Gita May & Jacques Chouillet. Paris : Hermann, 1984.

DIDEROT, Denis. *Salon de 1765*, éd. Else Marie Bukdhal & Annette Lorenceau. Paris : Hermann, 1984.

DIDEROT, Denis. *Salon de 1767, Salon de 1769*, éd. Else Marie Bukdhal, Michel Delon & Annette Lorenceau. Paris : Hermann, 1990.

DIDEROT, Denis. « Pensées détachées sur la peinture, la sculpture, l'architecture et la poésie, pour servir de suite aux *Salons* » (1777), *Salons de 1769, 1771, 1775, 1781. Pensées détachées sur la peinture, la sculpture, l'architecture et la poésie*, éd. Else Marie Bukdhal, Michel Delon, Didier Kahn, Annette Lorenceau & Gita May. Paris : Hermann, 1995, p. 365-450.

DIDEROT, Denis. *Œuvres*, t. 4 : *Esthétique – théâtre*, éd. Laurent Versini. Paris : Laffont, Bouquins, 1996.

DORAT, Claude Joseph. « Idée sur la poésie allemande », *Sélim et Sélima, poéme imité de l'allemand, suivi du Rêve d'un musulman, traduit d'un poete arabe ; et précédé de quelques réfléxions sur la poësie allemande*. Sébastien Jorry : Leipzig & Paris, 1769, p. 3-33.

DORAT, Claude-Joseph. « Idées sur les romans », *Les Sacrifices de l'amour, ou Lettres de la vicomtesse de Senanges et du chevalier de Versenay*. Paris : Delalain, 1771, p. vol. 1, p. 3-19.

DUBOS, Jean-Baptiste. *Réflexions critiques sur la poésie et sur la peinture* (1719), préface de Dominique Désirat. Paris : École nationale supérieure des beaux-arts, 1993.

Encyclopédie, ou Dictionnaire raisonné des sciences, des arts et des métiers, dir. Denis Diderot & Jean le Rond D'Alembert (1751-65). Édition électronique, éd. Robert Morrissey. University of Chicago : ARTFL, 2010. URL : http://encyclopedie.uchicago.edu/.

ESMEIN, Camille, éd. *Poétiques du roman. Scudéry, Huet, Du Plaisir et autres textes théoriques et critiques du XVIIe siècle sur le genre romanesque*. Paris : Champion, 2005.

FÉLIBIEN, André. « Préface aux *Conférences de l'Académie royale de peinture et de sculpture pendant l'année 1667* » (1668), *Les Conférences de l'Académie royale de peinture et de sculpture au XVIIIe siècle*, éd. Alain Mérot, Paris : École nationale supérieure des beaux-arts, 1996, p. 45-59.

FÉNELON. *Les Aventures de Télémaque* (1699), éd. Jacques Le Brun. Paris : Gallimard, folio classique, 1995.

FRAIN DU TREMBLAY, Jean. *Traité des langues, où l'on donne des principes et des règles pour juger du mérite et de l'excellence de chaque langue, et en particulier de la langue françoise*. Paris : Jean-Baptiste Delespin, 1703.

GAIN DE MONTAGNAC, Louis-Laurent-Joseph. « Avant-Propos », *Mémoires du Chevalier de Kilpar. Traduits ou imites de l'Anglais de M. Fielding. Par M. D. M. C. D.* Paris : Veuve Duchesne, 1768, t. 1, p. V-XII.

GIBERT, Baltasar. *La rhétorique, ou les règles de l'éloquence* (1730), éd. Samy Ben Messaoud. Paris : Honoré Champion, 2004.

HORACE. *Épîtres*, éd. François Villeneuve. Paris : Les Belles Lettres, 2002.

HERMAN, Jan, éd. *Recueil de préfaces de romans du XVIIIe siècle, t. 1 : 1700-1750*. Saint-Étienne / Louvain : Publications de l'Univ. de Saint-Étienne / Presses Univ. de Louvain, 1999.

HUET, Pierre-Daniel. « Traité sur l'origine des romans » (1670), *Poétiques du roman*, éd. Camille Esmein. Paris : Champion, 2005.

IRAIL, Simon-Augustin. « Les romans », *Querelles littéraires, ou Mémoires pour servir à l'histoire des révolutions de la république des lettres, depuis Homère jusqu'à nos jours*. Paris : Durand, 1761, t. 2, p. 334-353.

JACQUIN, Armand-Pierre. *Entretiens sur les romans. Ouvrage moral et critique, dans lequel on traite de l'origine des Romans & de leurs différentes espèces, tant par rapport à l'esprit, que par rapport au cœur* (1755). Genève : Slatkine Reprints, 1970.

LACLOS, Choderlos de. « Observations du général Laclos sur le roman théâtral de M. Lacrételle aîné » (1803), *Œuvres complètes*, éd. Laurent Versini. Paris : Gallimard, Pléiade, 1979, p. 487-529.

LAMY, Bernard. *La Rhétorique, ou l'art de parler* (1675). Troisième édition, revue et augmentée. Paris : A. Pralart, 1688.

LE BRUN, Charles. *L'Expression des passions & autres conférences & correspondance*, éd. Julien Philipe. Maisonnneuve et Larose : Éditions Dédale, 1994.

LE MIERRE, Antoine-Marin. *La Peinture. Poëme en trois chants*. Paris : Merigot le jeune, 1769.

LENGLET DU FRESNOY, Nicolas. *De l'usage des romans où l'on fait voir leur utilité et leurs différents caractères. Avec une Bibliothèque des romans accomp. de remarques critiques sur leur choix et leurs éditions* (1734). Genève : Slatkine Reprints, 1970.

LESSING, Gotthold Ephraim. *Laokoon. Oder über die Grenzen der Malerei und Poesie* (1766), *Werke und Briefe in zwölf Bänden, 5.2 : Werke 1766-1769*. Frankfurt am Main : Deutscher Klassiker Verlag, 1990, p. 9-321.

MARIVAUX. *Journaux et Œuvres diverses*, éd. Frédéric Deloffre & Michel Gilot. Paris : Garnier, 1988.

MARIVAUX. *La Vie de Marianne* (1731-1739), éd. Jean Dagen. Paris : Gallimard, folio classique, 1997.

MARMONTEL, Jean-François. *Poétique française*, 2 vol. Paris : Lesclapart, 1763.

MARMONTEL, Jean-François. *Éléments de littérature* (1787), éd. Sophie Le Ménahèze. Paris : Desjonquères, 2005.

MELCHIOR DE POLIGNAC. *L'Anti-Lucrèce*. Traduit par François-Joseph Bérardier de Bataut. Paris : Charles-Pierre Berton, 1786.

MEUSNIER DE QUERLON, Anne-Gabriel. « Préface », *Serpille et Lilla, ou le roman d'un jour*, dans *Les Impostures innocentes, ou les opuscules de M****. Magdebourg : [s.n.], 1761, p. 159-185.

MOYLIN-FLEURY. « Avertissement du traducteur », *Julia, ou les souterrains du château de Mazzini*, par Anne Radcliffe. Paris : A. Cl. Forget, 1797.

PERRAULT, Charles. *La Peinture* (1668), éd. Jean-Luc Gautier-Gentès. Genève : Droz, 1992.

PILES, Roger de. *Cours de peinture par principes* (1708), préface de Jacques Thuillier. Paris : Gallimard, 1989.

PORÉE, Charles. *De Libris qui vulgo dicuntur romanenses.* Discours prononcé le 25 février 1736 au collège Louis-le-Grand. Paris : Bordelet, 1736.

PRÉVOST. *Histoire du Chevalier Des Grieux et de Manon Lescaut* (1731), éd. Georges Matoré. Genève : Droz, 1953.

QUINTILIEN. *Institution oratoire*, 5 vol., éd. Jean Cousin. Paris : Les Belles Lettres, 1975-1980.

ROUSSEAU, Jean-Jacques. *Œuvres complètes*, t. 1, éd. Bernard Gagnebin & Marcel Raymond. Paris : Gallimard, Pléiade, 1959.

ROUSSEAU, Jean-Jacques. *Essai sur l'origine des langues* (1781), *Œuvres complètes*, t. 5, éd. Bernard Gagnebin & Marcel Raymond. Paris : Gallimard, Pléiade, 1995, p. 371-429.

SADE, D.A.F. de. *Idée sur les romans* (1799), suivi de *L'Auteur des Crimes de l'Amour à Villeterque*, éd. Jean Glastier. Bordeaux : Ducros, 1970.

SAINT-LAMBERT. « Discours préliminaire », *Les Saisons, poème* (1769). Paris : Salmon, 1823, p. I-XIX.

SEIGNEUX DE CORREVON, Gabriel. « Avant-propos », *Usong, histoire orientale*, par le Baron de Haller. Lausanne : François Grasset, 1772, p. V-X.

SÉNAC DE MEILHAN, Gabriel. *Des Principes et des causes de la Révolution en France* (1790), éd. Michel Delon. Paris : Desjonquères, 1987.

SENANCOUR, Étienne Pivert de. « Du style dans les descriptions » (1811), *Obermann*, éd. Jean-Maurice Monnoyer. Paris : Gallimard, folio classique, 1984, p. 503-513.

SENSARIC, Dom Jean Bernard. *L'Art de peindre à l'esprit. Ouvrage dans lequel les preceptes sont confirmés par ces exemples tirés des meilleurs orateurs et poètes françois.* 3 vol. Paris : A.-M. Lottin l'aîné, 1758.

TOUSSAINT, François-Vincent. « Préface du traducteur », *La Vie et les aventures du petit Pompée. Histoire critique traduite de l'anglois par M. Toussaint.* Paris : Michel-Étienne David, 1752, p. III-VI.

OUVRAGES PUBLIÉS APRÈS 1820

ABOUT, Ilsen & DENIS, Vincent. *Histoire de l'identification des personnes.* Paris : Découverte, 2010.

ADAM, Jean-Michel & PETITJEAN, André. *Le texte descriptif. Poétique historique et linguistique textuelle.* Paris : Nathan, 1989.

ADAM, Jean-Michel. « L'analyse linguistique du récit. Rhétorique, poétique et pragmatique textuelle », *Zeitschrift für französische Sprache und Literatur*, 100, 1990, p. 7-24.

ADAM, Jean-Michel. *La description.* Paris : PUF, 1993.

ADAM, Jean-Michel. « Décrire des actions : raconter ou relater ? », *Littérature*, 95, 1994, p. 3-22.

ADAM, Jean-Michel. « Gradients de narrativité », *Recherches en communication*, 7, 1997, p. 11-35.

ADAM, Jean-Michel. *Les textes : types et prototypes. Récit, description, argumentation, explication et dialogue* (1992). Paris : Armand Colin, 2008.

ALBERTAN(-Coppola), Sylviane. « La poésie au service de l'apologétique. *L'Anti-Lucrèce en vers français* de Bérardier de Bataut », *Cahiers Roucher-André Chénier*, 10-11, 1990-1991, p. 137-148.

AUERBACH, Erich. *Mimesis. Dargestellte Wirklichkeit in der abendländischen Literatur* (1946). Bern & Stuttgart : Francke, 1988.

BAASNER, Frank. *Der Begriff « sensibilité » im 18. Jahrhundert. Aufstieg und Niedergang eines Ideals.* Heidelberg : Winter, 1988.

BAERE, Benoît de. « Représentation et visualisation dans l'*Histoire naturelle* de Buffon », *Dix-huitième siècle*, 39, 2007, p. 613-638.

BAL, Mieke. « Fonction de la description romanesque. La description de Rouen dans *Madame Bovary* », *Revue des langues vivantes*, 40.2, 1974, p. 132-149.

BAL, Mieke. *Narratologie*. Paris : Klincksieck, 1977.

BAL, Mieke. « Description. Étude du discours descriptif dans le texte narratif ». *Lalies*, 1, 1979, p. 99-102.

BARTHES, Roland. « Introduction à l'analyse structurale des récits », *Communications*, 8, 1966, p. 1-27.

BECQ, Annie. *Genèse de l'esthétique française moderne. De la raison classique à l'imagination créatrice. 1680-1814* (1984). Paris : Albin Michel, 1994.

BENDER, John & MARRINAN, Michael, éd. *Regimes of Description. In the Archive of the Eighteenth Century*. Stanford : Stanford Univ. Press, 2005.

BENREKASSA, Georges. « Décrire, écrire, instruire. L'ensemble "Épingle-Épinglier" dans l'*Encyclopédie* », *Le langage des Lumières. Concepts et savoir de la langue*. Paris : PUF, 1995, p. 203-231.

BOEHM, Gottfried & PFOTENHAUER, Helmut, éd. *Beschreibungskunst – Kunstbeschreibung. Ekphrasis von der Antike bis zur Gegenwart*. München : Fink, 1995.

BOKOBZA-KAHAN, Michèle. *Dulaurens et son œuvre. Un auteur marginal au XVIIIᵉ siècle : déviances discursives et bigarrures philosophiques*. Paris : Champion, 2010.

BORDAS, Éric. *Balzac, discours et détours. Pour une stylistique de l'énonciation romanesque*. Toulouse : Presses Univ. du Mirail, 2003.

BOULERIE, Florence. « L'objet scientifique ou la possibilité du progrès moral. L'exemple de *Giphantie*, fiction narrative de Charles-François Tiphaigne de la Roche », *Lumières*, 5, 2005, p. 79-91.

BOURDIEU, Pierre. *Les règles de l'art. Genèse et structure du champ littéraire*. Paris : Seuil, 1992.

BROUSTEAU, Anne. « L'esthétique littéraire à l'épreuve de la Révolution : *L'Émigré* de Sénac », *Destins romanesques de l'émigration*, éd. Claire Jaquier, Florence Lotterie & Catriona Seth. Paris : Desjonquères, 2007, p. 204-211.

BRYSON, Norman. *Word and Image. French Painting of the Ancien Régime*. Cambridge : Cambridge Univ. Press, 1981.

BUCH, Hans Christoph. *Ut Pictura Poesis. Die Beschreibungsliteratur und ihre Kritiker von Lessing bis Lukács*. München : Hanser, 1972.

BUCHNER, Margaret Louise. *A Contribution to the Study of the Descriptive Technique of Jean-Jacques Rousseau*. Baltimore : Johns Hopkins Univ. Press, 1937.

BUFFAT, Marc. « Sur la notion de *description* dans l'*Encyclopédie* », *Rhétorique et discours critique. Échanges entre langue et métalangages*. Paris : ENS, 1989, p. 113-121.

BUKDHAL, Else Marie. *Diderot critique d'art*. 2 vol., Copenhague : Rosenkilde & Bagger, 1980-82.

BUSCH, Werner. *Das sentimentalische Bild. Die Krise der Kunst im 18. Jahrhundert und die Geburt der Moderne*. München : Beck, 1993.

CALAME, Claude. « Quand dire, c'est faire voir. L'évidence dans la rhétorique antique », *Études de lettres* 4, 1991, p. 3-22.

CAMERON, Margeret C. *L'influence des Saisons de Thomson sur la poésie descriptive en France. (1759-1810)* (1927). Genève : Slatkine Reprints, 1975.

CAMPE, Rüdiger. « Vor Augen Stellen. Über den Rahmen rhetorischer Bildgebung », *Poststrukturalismus. Herausforderung an die Literaturwissenschaft*, éd. Gerhard Neumann. Stuttgart : Metzler, 1997, p. 208-225.

CASSIRER, Ernst. *Die Philosophie der Aufklärung* (1932). Hamburg : Meiner, 1998.

CASTONGUAY-BÉLANGER, Joël. *Les écarts de l'imagination. Pratiques et représentations de la science de la science dans le roman au tournant des Lumières*. Montréal : Presses de l'Univ. de Montréal, 2008.

CAVILLAC, Cécile. « Vraisemblance pragmatique et autorité fictionnelle », *Poétique*, 101, 1995, p. 23-46.

CHERPACK, Clifton. «*Jacques le fataliste* and *Le Compère Mathieu* », *Studies on Voltaire and the Eighteenth Century*, 73, 1970, p. 165-91.

CHOUILLET, Jacques. *Diderot, poète de l'énergie*. Paris : PUF, 1984.

CHUPEAU, Jacques. « Les récits de voyages aux lisières du roman », *Revue d'histoire littéraire de la France*, 77, 1977, p. 536-553.

CIORANESCU, Alexandre. « La découverte de l'Amérique et l'art de la description », *Revue des sciences humaines*, 106, 1962, p. 161-168.

CLÜVER, Claus. « On Intersemiotic Transposition », *Poetics Today*, 10.1, 1989, p. 55-90.

COOK, Elisabeth. « Peintre amoureux de son modéle, Le », *The New Grove Dictionary of Opera*, éd. Stanley Sadie. London : Macmillan, 1992, t. 3, p. 932.

COUDREUSE, Anne. *Le goût des larmes au XVIIIe siècle*. Paris : PUF, 1999.

COURTINE, Jean-Jacques & HAROCHE, Claudine. *Histoire du visage. Exprimer et taire ses émotions, XIVe-début XIXe siècle*. Paris : Rivages, 1998.

CURTIUS, Ernst Robert. *Europäische Literatur und lateinisches Mittelalter* (1948). Tübingen & Basel : Francke, 1993.

DANDREY, Patrick. « "Pictura loquens". L'ekphrasis poétique et la naissance du discours esthétique en France au XVIIe siècle », *La Description de l'œuvre d'art. Du modèle classique aux variations contemporaines*, éd. Olivier Bonfait. Paris : Somogy, 2004, p. 93-120.

DASTON, Lorraine. « Description by Omission. Nature Enlightened and Obscured », *Regimes of Description. In the Archive of the Eighteenth Century*, éd. John Bender & Michael Marrinan. Stanford : Stanford Univ. Press, 2005, p. 11-24.

DELON, Michel. « Machines gothiques », *Europe*, 659, 1984, p. 72-79.

DELON, Michel. *L'idée d'énergie au tournant des Lumières (1770-1820)*. Paris : PUF, 1988.

DELON, Michel. « Portrait de l'écrivain en artiste-peintre », *Revue des sciences humaines*, 212.4, 1988, p. 7-17.

DELON, Michel. « Naufrages vus de loin. Les développements narratifs d'un thème lucrétien », *Rivista di letteratura moderne e comparate*, 61.2, 1988, p. 91-119.

DELON, Michel & SCHLOBACH, Jochen, éd. *Le regard et l'objet. Diderot critique d'art*. Heidelberg : Winter, 1989.

DELON, Michel. « L'esthétique du tableau et la crise de la représentation classique à la fin du XVIIIe siècle », *La lettre et la figure. La littérature et les arts visuels à l'époque moderne*, éd. Wolfgang Drost & Géraldi Leroy. Heidelberg : Winter, 1989, p. 11-29.

DELON, Michel. « La réflexivité du roman libertin », *Offene Gefüge. Literatursystem und Lebenswirklichkeit*. Festschrift für Fritz Nies zum 60. Geburtstag, éd. Henning Krauss. Tübingen : Narr, 1994, p. 75-89.

DELON, Michel. « L'idée de gradation chez Crébillon », *Songe, illusion, égarement dans les romans de Crébillon*, éd. Jean Sgard. Grenoble : Ellug, 1996, p. 105-118.

DELON, Michel. « L'espace de la séduction dans le roman français du XVIIIe siècle », *Littérature et séduction*. Mélanges en l'honneur de Laurent Versini, éd. Roger Marchal & François Moureau. Paris : Klincksieck, 1997, p. 377-386.

DELON, Michel. « Procès de la rhétorique, triomphe de l'éloquence (1775-1800) », *Histoire de la rhétorique dans l'Europe moderne, 1450-1950*, éd. Marc Fumaroli. Paris : PUF, 1999, p. 1001-1017.

DELON, Michel. *Le savoir-vivre libertin*. Paris : Hachette Littératures, 2000.

DELON, Michel. « L'ottomane et la chaise longue », *Europe*, 885-886, 2003, p. 35-45.

DELON, Michel. « Le détail et l'histoire », *Destins romanesques de l'émigration*, éd. Claire Jaquier, Florence Lotterie & Catriona Seth. Paris : Desjonquères, 2007, p. 158-168.

DELON, Michel. « Du portrait au signalement. Pratiques romanesques, pratiques sociales », *Cartouche, Mandrin et autres brigands du XVIIIe siècle*, éd. Lise Andries. Paris : Desjonquères, 2010, p. 44-61.

DÉMORIS, René. « Le langage du corps et l'expression des passions de Félibien à Diderot », *Des mots et des couleurs*, éd. Jean-Pierre Guillerm. Lille : Presses Univ. de Lille, 1986, t. 2, p. 39-67.

DÉMORIS, René. « La peinture et le "temps du voir" au siècle des Lumières », *L'ordre du descriptif*, éd. Jean Bessière. Paris : PUF, 1988, p. 47-61.

DÉMORIS, René. « Ut poesis pictura ? Quelques aspects du rapport roman-peinture au siècle des Lumières », *Dilemmes du roman. Essays in Honor of Georges May*, éd. Catherine Lafarge. Saratoga : ANMA Libri, 1989, p. 269-281.

DÉMORIS, René. « Du texte au tableau. Les avatars du lisible de Le Brun à Greuze », *La Licorne*, 23, 1992, p. 55-69.

DÉMORIS, René, éd. *L'artiste en représentation*. Paris : Desjonquères, 1993.

DÉMORIS, René. « La hiérarchie des genres en peinture de Félibien aux Lumières », *Majeur ou mineur ? Les hiérarchies en art*, éd. Georges Roque. Paris : Jacqueline Chambon, 1999, p. 53-66.

DÉMORIS, René & FERRAN, Florence, éd. *La peinture en procès. L'invention de la critique d'art au siècle des Lumières*. Paris : Presses de la Sorbonne Nouvelle, 2001.

DÉMORIS, René. *Le roman à la première personne. Du Classicisme aux Lumières* (1975). Genève : Droz, 2002.

DÉMORIS, René. « Les enjeux de la critique d'art en sa naissance. Les *Réflexions* de La Font de Saint-Yenne (1747) », *Écrire la peinture entre XVIIIe et XIXe siècles*, éd. Pascale Auraix-Jonchière. Clermont-Ferrand : Presses Univ. Blaise Pascal, 2003, p. 25-38.

DENIS, Vincent. « Fiction dans les archives ? Le signalement au siècle des Lumières », *Cartouche. Mandrin et autres brigands du XVIIIe siècle*, éd. Lise Andries. Paris : Desjonquères, 2010, p. 33-43.

DERVIEUX, Françoise. *Le rêve des Lumières : savoir et suggestion*. Thèse de doctorat. Lille : ANRT, 2008.

DESJARDINS, Lucie. *Le corps parlant. Savoirs et représentation des passions au XVIIe siècle*. Saint-Nicolas, Québec / Paris : Presses de l'Univ. Laval / L'Harmattan, 2001.

DESPOIX, Philippe. « Histoire naturelle et imagination littéraire. La Découverte australe, ou Rétif lecteur de Buffon », *Études rétiviennes*, 32, 2000, p. 95-111.

DIETERLE, Bernard. *Erzählte Bilder. Zum narrativen Umgang mit Gemälden*. Marburg : Hitzeroth, 1988.

DOLAN, John C. « Source and Strategy in Sade : Creation of "Natural" Landscapes in *Aline et Valcour* », *French Forum* 11.3, 1986, p. 301-316.

DOWLEY, Francis H. « The Moment in Eighteenth-Century Art Criticism », *Studies in Eighteenth-Century Culture*, 5, 1976, p. 317-336.

DRÜGH, Heinz. *Ästhetik der Beschreibung. Poetische und kulturelle Energie deskriptiver Texte (1700-2000)*. Tübingen : Francke, 2006.

DUBOST, Jean-Pierre. « Lieux de séduction, séduction des lieux ou comment le lieu se phrase dans la littérature libertine », *Locus in Fabula. La topique de l'espace dans les fictions françaises d'Ancien Régime*, éd. Nathalie Ferrand. Louvain et Paris : Peeters, 2004, p. 144-156.

DUCHET, Michèle. « Aspects de la littérature française de voyages au XVIIIe siècle », *Cahiers du Sud*, 53, 1966, p. 7-53.

DUCHET, Michèle. *Anthropologie et histoire au siècle des Lumières*. Paris : Maspero, 1971.

DUMARSAIS, César Chesneau. *Traité des tropes* (1730). Paris : Le Nouveau Commerce, 1977.

EDLER, Markus. *Der spektakuläre Sprachursprung. Zur hermeneutischen Archäologie der Sprache bei Vico, Condillac und Rousseau*. München : Fink, 2001.

EHRARD, Jean. « Le jardin de Paul », *L'invention littéraire au XVIIIe siècle : fictions, idées, société*. Paris : PUF, 1997.

ESCH, Arnold. « Anschauung und Begriff. Die Bewältigung fremder Wirklichkeit durch den Vergleich in Reiseberichten des späten Mittelalters », *Historische Zeitschrift*, 253.2, 1991, p. 281-312.

ESMEIN-SARRAZIN, Camille. *L'essor du roman. Discours théorique et constitution d'un genre littéraire au XVIIe siècle.* Paris : Champion, 2008.

Études romanesques, 7, 2002 : « Le parti du détail : enjeux narratifs et descriptifs ».

FERRAND, Nathalie. *Livre et lecture dans les romans français du XVIIIe siècle.* Paris : PUF, 2002.

FERRAND, Nathalie, éd. *Locus in Fabula. La topique de l'espace dans les fictions françaises d'Ancien Régime.* Louvain et Paris : Peeters, 2004.

FORT, Bernadette. « Peinture et féminité chez Jean-Jacques Rousseau », *Revue d'histoire de la littérature française*, 2, 2004, p. 363-394.

FORTIER, Paul. « La sémiotique corporelle de Marivaux », *Tangence*, 60, 1999, p. 64-83.

FRANTZ, Pierre. *L'esthétique du tableau dans le théâtre du XVIIIe siècle.* Paris : PUF, 1998.

FRIED, Michael. *Absorption and theatricality. Painting and Beholder in the Age of Diderot.* Berkeley : Univ. of California Press, 1980.

FUNKE, Hans-Günter. « Die *Histoire des Galligènes* von Tiphaigne de la Roche : Utopie, Parodie, Utopie-Kritik », *Romanische Forschungen*, 105.3-4, 1993, p. 332-355.

GAILLARD, Aurélie. « Un monde de machines : l'objet inventé au XVIIIe siècle. Réflexions à partir de quelques machines célèbres », *Lumières*, 5, 2005, p. 65-78.

GALLE, Roland. « Diderot – oder die Dialogisierung der Aufklärung », *Neues Handbuch für Literaturwissenschaft*, vol. 13 : *Europäische Aufklärung III*, éd. Jürgen von Stackelberg. Wiesbaden : Athenaion, 1980, p. 209-247.

GALLE, Roland. *Geständnis und Subjektivität. Untersuchungen zum französischen Roman zwischen Klassik und Romantik.* München : Fink, 1986.

GENETTE, Gérard. « Frontières du récit » (1966), *Figures II*. Paris : Seuil, 1969, p. 49-69.

GEVREY, Françoise. *L'illusion et ses procédés. De* La Princesse de Clèves *aux* Illustres Françaises. Paris : Corti, 1988.

GOMBRICH, Ernst H. « Moment and Movement in Art », *Journal of the Warburg and Courtauld Institutes*, 27, 1964, p. 293-306.

GOUBIER-ROBERT, Geneviève. « Le topos du manuscrit trouvé : de la tradition à la subversion (1745-1799) », *L'épreuve du lecteur*, éd. Jan Herman & Paul Pelckmans. Louvain : Peeters, 1995, p. 217-224.

GOULEMOT, Jean Marie. « Aperçus du rêve au siècle des lumières », *Revue des sciences humaines*, 211, 1988, p. 237-244.

GOULEMOT, Jean Marie. *Ces livres qu'on ne lit que d'une main. Lecture et lecteurs de livres pornographiques au XVIIIe siècle.* Aix-en-Provence : Alinéa, 1991.

GRACZYK, Annette. *Das literarische Tableau zwischen Kunst und Wissenschaft.* München : Fink, 2004.

GRAEBER, Wilhelm. *Der englische Roman in Frankreich (1741-1763). Übersetzungsgeschichte als Beitrag zur französischen Literaturgeschichte.* Heidelberg : Winter, 1995.

GRAF, Fritz. « Ekphrasis : Die Entstehung der Gattung in der Antike », *Beschreibungskunst – Kunstbeschreibung*, éd. Gottfried Boehm & Helmut Pfotenhauer. München : Fink, 1995, p. 143-155.

GREIF, Stefan. *Die Malerei kann ein sehr beredtes Schweigen haben. Beschreibungskunst und Bildästhetik der Dichter.* München : Fink, 1998.

GREIMAS, Algirdas J. « Description et narrativité. À propos de "La Ficelle" de Maupassant », *Revue canadienne de linguistique romane*, 1, 1973, p. 13-24.

GREVLUND, Merete. *Paysage intérieur et paysage extérieur dans les* Mémoires d'outre-tombe. Paris : Nizet, 1968.

GUITTON, Edouard. *Jacques Delille (1738-1813) et le poème de la nature en France de 1750 à 1820.* Paris : Klincksieck, 1974.

HAGSTRUM, Jean H. *The Sister Arts. The Tradition of Literary Pictorialism and English Poetry from Dryden to Gray.* Chicago : Univ. of Chicago Press, 1958.

HALSALL, A. W. « Descriptio », *Historisches Wörterbuch der Rhetorik*, éd. Gert Ueding. Tübingen : Niemeyer, 1994, t. 2, col. 549-553.

HAMON, Philippe. « Qu'est ce-qu'une description ? », *Poétique*, 12, 1972, p. 465-485.

HAMON, Philippe. *Du descriptif* (1981). Paris : Hachette, 1993.

HAQUETTE, Jean-Louis. « Le jardin de Julie dans *La Nouvelle Héloïse*. Un état des lieux critiques », *Le paysage. État des lieux*, éd. Françoise Chenet, Michel Collot & Baldine Saint-Girons. Bruxelles : Ousia, 2001, p. 175-194.

HAQUETTE, Jean-Louis. *Échos d'Arcadie. Les transformations de la tradition littéraire pastorale des Lumières au romantisme*. Paris : Classiques Garnier, 2009.

HEFFERNAN, James. *Museum of Words. The Poetics of Ekphrasis from Homer to Ashbery*. Chicago : Univ. of Chicago Press, 2004.

HIRSCH, Charles. « Introduction générale », Honoré-Gabriel de Riqueti, comte de Mirabeau, *Œuvres érotiques*. Paris : Fayard, 1984, p. 9-18.

HORLACHER, Stefan. « Heterogenität, Kohärenz und das Prinzip der Reise. *Amilec, Giphantie* und die *Histoire des Galligènes ou Mémoires de Duncan* von Tiphaigne de la Roche », *Romanistische Zeitschrift für Literaturgeschichte – Cahiers d'histoire des littératures romanes*, 21.3-4, 1997, p. 269-296.

HORLACHER, Stefan. *Visualität und Visualitätskritik im Werk von John Fowles*. Tübingen : Narr, 1998.

IMBROSCIO, Carmelina. « Le *Paysan* et la *Paysanne* pervertis. Représentation et autoreprésentation de l'artiste », *L'artiste en représentation*, éd. René Démoris. Paris : Desjonquères, 1993.

IMDAHL, Max. « Caritas und Gnade. Zur ikonischen Zeitstruktur in Poussins *Mannalese* », *Französische Klassik : Theorie. Literatur. Malerei*, éd. Fritz Nies & Karlheinz Stierle. München : Fink, 1985, p. 133-166.

JACOT GRAPA, Caroline. « Formes du souci de l'instant au XVIIIe siècle », *Modernités*, 10, 1998, p. 33-45.

JACQUES, Georges. *Paysages et structures dans* La Comédie humaine. Louvain : Publications de l'Univ. de Louvain, 1975.

JAFFÉ, Michael. *Catalogo completo : Rubens*. Milano : Rizzoli, 1989.

JAQUIER, Claire, LOTTERIE, Florence & SETH, Catriona, éd. *Destins romanesques de l'émigration*. Paris : Desjonquères, 2007.

JOHNS, A. « Reproducing Utopia : Jeanne-Marie Leprince de Beaumont's *The New Clarissa* », *Historical Reflections*, 25.2, 1999, p. 307-322.

JOMAND-BAUDRY, Régine, éd. *Marivaux journaliste. Hommage a Michel Gilot*. Saint-Étienne : Publications de l'Univ. de Saint-Étienne, 2009.

JOOSS, Birgit. *Lebende Bilder. Körperliche Nachahmungen von Kunstwerken in der Goethezeit*. Berlin : Reimer, 1999.

JURT, Joseph. « La peinture et le paradigme littéraire au XVIIe siècle », *Papers on French Seventeenth Century Literature*, 14.26, 1987, p. 61-81.

JURT, Joseph. « L'Abbé Du Bos et la spécificité des arts », *Recherches et travaux*, 52, 1997, p. 49-65.

KAPP, Volker. « Le corps éloquent et ses ambiguïtés : l'action oratoire et le débat sur la communication non-verbale à la fin du XVIIe siècle », *Biblio* 17, 89, 1995, p. 87-99.

KÄUSER, Andreas. « Ut pictura poesis – ut musica poesis. Modifikationen und Modalitäten von Anschaulichkeit um 1800 », *Bildersturm und Bilderflut um 1800. Zur schwierigen Anschaulichkeit der Moderne*, éd. Helmut J. Schneider, Ralf Simon, & Thomas Wirtz. Bielefeld : Aisthesis, 2001, p. 229-247.

KAVANAGH, Thomas M. *Esthetics of the Moment. Literature and Art in the French Enlightenment*. Philadelphia : Univ. of Pennsylvania Press, 1996.

KEMMANN, Ansgar. « Evidentia, Evidenz », *Historisches Wörterbuch der Rhetorik*, éd. Gert Ueding. Tübingen : Niemeyer, 1996, t. 3, col. 33-47.

KEMP, Wolfgang. « Ellipsen, Analepsen, Gleichzeitigkeiten. Schwierige Aufgaben für die Bilderzählung », *Der Text des Bildes. Möglichkeiten und Mittel eigenständiger Bilderzählung*. München : edition text + kritik, 1989, p. 62-88.

KERBY, William Moseley. *The Life. Diplomatic Career and Literary Activities of Nicolas Germain Léonard*. Paris : Librairie ancienne Édouard Champion, 1925.

KIBÉDI VARGA, Aron. « La rhétorique et la peinture à l'époque classique », *Rivista di letterature moderne e comparate*, 37, 1984, p. 105-122.

KIBÉDI VARGA, Aron. « Visuelle Argumentation und visuelle Narrativität », *Text und Bild, Bild und Text*, éd. Wolfgang Harms. Stuttgart : Metzler, 1990, p. 356-367.

KITTAY, Jeffrey. « Descriptive Limits », *Yale French Studies*, 61, 1981, p. 225-243.

KLAUS, Peter. « Description and Event in Narrative », *Orbis Litterarum*, 37, 1982, p. 201-216.

KLINKERT, Thomas. *Epistemologische Fiktionen. Zur Interferenz von Literatur und Wissenschaft seit der Aufklärung*. Berlin : W. de Gruyter, 2010.

KOELB, Janice Hewlett. *The Poetics of Description. Imagined Places in European Literature*. New York : Palgrave Macmillan, 2006.

KOFMAN, Sarah. « La ressemblance des portraits. (À propos du *Salon de 1767* consacré à La Tour) », *L'Esprit créateur*, 24.1, 1984, p. 13-32.

KÖHLER, Erich. « "Je ne sais quoi". Ein Kapitel aus der Begriffsgeschichte des Unbegreiflichen » (1955), *Esprit und arkadische Freiheit. Aufsätze aus der Welt der Romania*. Frankfurt am Main : Athenäum, 1966, p. 230-286.

KÖRNER, Hans. « Die Sprachen der Künste. Die Hieroglyphe als Denkmodell in den kunsttheoretischen Schriften Diderots », *Text und Bild, Bild und Text*, éd. Wolfgang Harms. Stuttgart : Metzler, 1990, p. 385-398.

KOVACS, Katalin. « La naissance d'un genre littéraire : la critique d'art au XVIIIe siècle », *Théories et débats esthétiques au dix-huitième siècle : éléments d'une enquête / Debates on Aesthetics in the Eighteenth Century : Questions of Theory and Practice*, éd. Elisabeth Décultot & Mark Ledbury. Paris : Champion, 2001, p. 211-232.

KRIEGER, Murray. *Ekphrasis. The Illusion of the Natural Sign*. Baltimore : Johns Hopkins Univ. Press, 1992.

KULLMANN, Dorothea. *Description. Theorie und Praxis der Beschreibung im französischen Roman von Chateaubriand bis Zola*. Heidelberg : Winter, 2004.

LABARTHE-POSTEL, Judith. *Littérature et peinture dans le roman moderne. Une rhétorique de la vision*. Paris : L'Harmattan, 2002.

LABROSSE, Claude & RÉTAT, Pierre. *L'instrument périodique*. Lyon : Presses Univ. de Lyon, 1985.

LABROSSE, Claude. « La figure de Julie dans *La Nouvelle Héloïse* », *Le Portrait littéraire*, éd. Kazimierz Kupisz, G.-A. Pérouse & J.-Y. Debreuille. Lyon : Presses univ. de Lyon, 1988, p. 153-158.

LAFON, Henri. « "Voir sans être vu" : un cliché, un phantasme », *Poétique*, 29, 1977, p. 50-60.

LAFON, Henri. « Sur la description dans le roman du XVIIIe siècle », *Poétique*, 51, 1982, p. 303-313.

LAFON, Henri. « Machines à plaisir dans le roman français du XVIIIe siècle », *Revue des sciences humaines*, 186-187, 1982, p. 111-121.

LAFON, Henri. *Les décors et les choses dans le roman français du dix-huitième siècle de Prévost à Sade*. Oxford : Taylor Institution, 1992.

LAFON, Henri. *Espaces romanesques du XVIIIe siècle (1670-1820). De Madame de Villedieu à Nodier*. Paris : PUF, 1997.

LANGENBERGER, Volker. « Tiphaigne de la Roche et son *Histoire des Galligènes* », *De l'utopie à l'uchronie : formes, significations, fonctions*, éd. Hinrich Hudde & Peter Kuon. Tübingen : Narr, 1988, p. 63-73.

LEE, Rensselaer W. « Ut pictura poesis. The Humanist Theory of Painting », *The Art Bulletin*, 22.4, 1940, p. 197-269.

LE GUERN, Michel. « Les antécédents rhétoriques de la notion de circonstance », *Autour du circonstant*, éd. Sylvianne Rémi-Giraud & André Roman. Lyon : Presses Univ. de Lyon, 1998, p. 53-63.

LE HUENEN, Roland. « Le discours du découvreur », *L'Esprit créateur*, 30.3, 1990, p. 27-36.

LICHTENSTEIN, Jacqueline. *La couleur éloquente* (1989). Paris : Flammarion, 1999.

LITTÉRATURE, 38, 1980 : « Le décrit ».

LOBSIEN, Eckhard. *Landschaft in Texten. Zur Phänomenologie der literarischen Beschreibung*. Stuttgart : Metzler, 1981.

LOBSIEN, Eckhard. « Bildlichkeit, Imagination, Wissen. Zur Phänomenologie der Vorstellungsbildung in literarischen Texten », *Bildlichkeit. Internationale Beiträge zur Poetik*, éd. Volker Bohn. Frankfurt am Main : Suhrkamp, 1990, p. 89-114.

LOJKINE, Stéphane. *La scène de roman. Méthode d'analyse*. Paris : Armand Colin, 2002.

LOJKINE, Stéphane. *L'œil révolté. Les Salons de Diderot*. Paris : Jacqueline Chambon, 2007.

LOJKINE, Stéphane. « "Dans le moment qui précède l'explosion". Temporalité, représentation et pensée chez Diderot », *Zeitlichkeit in Text und Bild*, éd. Franziska Sick & Christof Schöch. Heidelberg : Winter, 2007, p. 41-57.

LOJKINE, Stéphane. « Le problème de la description dans les *Salons* de Diderot », *Diderot Studies*, 30, 2008, p. 53-72.

LOQUIN, Jean. *La peinture d'histoire en France de 1747 à 1785* (1912). Paris : Arthena, 1978.

LO TUFO, Ilaria. « Nature et histoire naturelle dans les images des "hommes-bêtes" de *La Découverte australe* », *Études rétiviennes*, 31, 2000, p. 29-48.

LO TUFO, Ilaria. « *La Découverte australe* et la littérature de voyage », *Études rétiviennes*, 32, 2000, p. 113-127.

LOUVEL, Liliane. « Nuances du pictural ». *Poétique*, 126, 2001, p. 175-189.

LOUVEL, Liliane. *Le tiers pictural. Pour une critique intermédiale*. Rennes : Presses Univ. de Rennes, 2010.

LUKÁCS, Georg. « Beschreiben oder Erzählen » (1936), *Werke*, 4 : *Probleme des Realismus*, t. 1 : *Essays über Realismus*. Berlin : Luchterhand, 1971, p. 197-242 ; trad. franç., « Raconter ou décrire ? », *Problèmes du réalisme*, Paris : L'Arche, 1975, p. 130-175.

Lumières, 5, 2005 : « Esthétique et poétique de l'objet au XVIIIe siècle », éd. Christophe Martin & Catherine Ramond.

MACÉ, Stéphane. « Les mutations de l'espace pastoral dans la poésie baroque », *Études littéraires*, 34.1-2, 2002, p. 169-177.

MARIN, Louis. « La lecture du tableau d'après Poussin », *Cahiers de l'Association internationale des études françaises*, 24, 1972, p. 251-266.

MARIN, Louis. *Détruire la peinture*. Paris : Galilée, 1977.

MARKIEWICZ, Henryk. « Ut Pictura Poesis. A History of the Topos and the Problem », *New Literary History*, 18.3, 1987, p. 535-558.

MARTIN, Angus, G. MYLNE, Vivienne & FRAUTSCHI, Richard. *Bibliographie du genre romanesque français, 1751-1800*. Londres / Paris : Mansell / France Expansion, 1977.

MARTIN, Christophe. « Espaces "incitatifs", de la *Prison sans chagrin* (1669) à *La Petite maison* (1763). Genèse et ambiguïtés d'un chronotope libertin », *L'Esprit créateur*, 43.4, 2003, p. 16-27.

MARTIN, Christophe. *Espaces du féminin dans le roman français du dix-huitième siècle*. Oxford : Voltaire Foundation, 2004.

MARTIN, Christophe. *Éducations négatives. Fictions d'expérimentation pédagogique au dix-huitième siècle*. Paris : Classiques Garnier, 2010.

MASSING, Jean-Michel. *La calomnie d'Apelle et son iconographie. Du texte à l'image*. Strasbourg : Presses univ. de Strasbourg, 1990.

MAVRAKIS, Annie. « Le roman du peintre », *Poétique*, 116, 1998, p. 425-445.

MAVRAKIS, Annie. « "Ce n'est pas de la poésie ; ce n'est que de la peinture". Diderot aux prises avec l'*ut pictura poesis* », *Poétique*, 153, 2008, p. 63-80.

MAY, Georges. *Le dilemme du roman au XVIIIe siècle. Étude sur les rapports du roman et de la critique (1715-1761)*. New Haven : Yale Univ. Press, 1963.

MAYR, Monika. *Ut pictura descriptio ? Poetik und Praxis künstlerischer Beschreibung bei Flaubert, Proust, Belyi, Simon*. Tübingen : Narr, 2001.

MERCIER, Roger. « Sade et le thème des voyages dans *Aline et Valcour* », *Dix-huitième siècle*, 1, 1969, p. 337-352.

MICHOV, Vassili. « Le récit de voyage. Champ de la pratique intertextuelle aux XVIIIe et XVIIIe siècles », *Romanistische Zeitschrift für Literaturgeschichte – Cahiers d'histoire des littératures romanes*, 29.3-4, 2005, p. 461-481.

MÖLK, Ulrich. « Gustave Flaubert, *Madame Bovary* : Winterlandschaften. Französischer Text und deutsche Übersetzungen », *Romanistische Zeitschrift für Literaturgeschichte – Cahiers d'histoire des littératures romanes*, 17.3-4, 1993, p. 326-349.

MONCOND'HUY, Dominique. « La galerie et sa "description" en France : le modèle Richelieu », *La Licorne*, 47, 1998, p. 21-35.

MORNET, Daniel. *Le sentiment de la nature en France de J.-J. Rousseau à Bernardin de Saint-Pierre. Essai sur les rapports de la littérature et des mœurs* (1907). Genève : Slatkine, 2000.

MOSER-VERREY, Monique. « L'émergence de la notion d'intérêt dans l'esthétique des Lumières », *Man and Nature / L'homme et la nature*, éd. Kenneth W. Graham. Edmonton : Academic Printing & Publ., 1987, p. 193-207.

MOSHER, Harold F. « Toward a Poetics of "Descriptized" Narration », *Poetics Today*, 12.3, 1991, p. 425-445.

MOTHU, Alain. « La bibliothèque du marquis de Sade à La Coste », *Bibliothèque Sade*, t. 2 : *Papiers de famille, 2 : Le marquis et les siens*, éd. Maurice Lever. Paris : Fayard, 1995, p. 595-606.

MUNSTERS, Wilhelmus J. *La poétique du pittoresque en France de 1700 à 1830*. Genève : Droz, 1991.

NEUMANN, Michael. « Prägnante Szenen in Schillers Balladen », *Zeitlichkeit in Text und Bild*, éd. Franziska Sick & Christof Schöch. Heidelberg : Winter, 2007, p. 59-70.

NOILLE-CLAUZADE, Christine. « La figure de la description dans la théorie rhétorique classique », *Pratiques*, 109/110, 2001, p. 5-14.

NÜNNING, Ansgar. « Towards a Typology, Poetics and History of Description in Fiction », *Description in Literature and Other Media*, éd. Werner Wolf & Walter Bernhart. Amsterdam & New York : Rodopi, 2007, p. 91-128.

OGILVIE, Brian W. *The Science of Describing. Natural History in Renaissance Europe*. Chicago : Univ. of Chicago Press, 2006.

O'NEAL, John C. *The Authority of Experience. Sensationist Theory in the French Enlightenment*. University Park : Pennsylvania State Univ. Press, 1996.

OSCHMANN, Dirk. « "Versinnlichung" der Rede. Zu einem Prinzip aufklärerischer Sprach- und Dichtungstheorie », *Monatshefte für deutsche Literatur und Kultur*, 94.3, 2002, p. 286-305.

OSCHMANN, Dirk. *Bewegliche Dichtung*. Paderborn : Fink, 2007.

OUELLET, Réal. « Épistolarité et récit de voyage », *La Lettre au XVIIIe siècle et ses avatars*, éd. Georges Bérubé & Marie-France Silver. Toronto : Editions du Cerf, 1996, p. 179-199.

PFLUGMACHER, Torsten. *Die literarische Beschreibung. Studien zum Werk von Uwe Johnson und Peter Weiss*. Paderborn : Fink, 2007.

PINDER, Wilhelm. *Das Problem der Generation in der Kunstgeschichte Europas* (1926), München : Bruckmann, 1961.

PLANTIÉ, Jacqueline. *La mode du portrait littéraire en France, 1641-1681*. Paris : Champion, 1994.

PLETT, Heinrich F. « Pictura Rhetorica. The Rhetorical Conceptualization of the Visual Arts and Pictorial Poetry », *Rhetoric and renaissance culture*. Berlin : W. de Gruyter, 2004, p. 297-364.

Poétique, 43, 1980 : « Sur la description ».

POMMIER, Édouard. *Théories du portrait. De la Renaissance aux Lumières*. Paris : Gallimard, 1998.

PORRET, Michel. « "Signalement", "portrait parlé", cliché judiciaire. Le visage des scélérats, essai », *Images*, 4, 1998, p. 34-41.

POULET, Georges. *Études sur le temps humain*, t. 4 : *La mesure de l'instant* (1964). Paris : Pocket, 1990.

Pratiques, 109/110, 2001 : « Histoire de la description scolaire ».

PRINCE, Gerald. *A Dictionary of Narratology*. Lincoln / London : Univ. of Nebraska Press, 1987.

PROUST, Jacques. *Diderot et l'Encyclopédie* (1962). Paris : Colin, 1995.

PROUST, Jacques. « De l'*Encyclopédie* au *Neveu de Rameau* : l'objet et le texte » (1972), *L'objet et le texte. Pour une poétique de la prose française du XVIIIe siècle*. Genève : Droz, 1980, p. 157-203.

PUJOL, Stéphane. *Le dialogue d'idées au dix-huitième siècle*. Oxford : Voltaire Foundation, 2005.

PUTTFARKEN, Thomas. *Roger de Piles' Theory of Art*. New Haven : Yale Univ. Press, 1985.

RABAU, Sophie. *Fictions de présence. La narration orale dans le texte romanesque du roman antique au XX⁰ siècle*. Paris : Honoré Champion, 2000.

RACAULT, Jean-Michel. « Le motif de *l'enfant de la nature* dans la littérature du XVIII⁰ siècle, ou la recréation expérimentale de l'origine », *Primitivisme et mythe des origines dans la France des Lumières. 1680-1820*, éd. Chantal Grell & Christian Michel. Paris : Presses de l'Univ. Paris-Sorbonne, 1989, p. 101-117.

RACAULT, Jean-Michel. « Voyages et utopies », *Histoire de la France littéraire*, t. 2 : *Classicismes*, éd. Jean-Charles Darmon & Michel Delon. Paris : PUF, 2006, p. 291-340.

REVAZ, Françoise. « Narration, description ou tableau ? Approche linguistique d'une classification rhétorique », *Études de lettres*, 3, 1991, p. 113-133.

Revue des sciences humaines, 186-187, 1982 : « La machine dans l'imaginaire (1650-1800) ».

REYNAUD, Denis. « Pour une théorie de la description au XVIII⁰ siècle », *Dix-huitième siècle*, 22, 1990, p. 347-366.

RICARDOU, Jean. *Une maladie chronique. Problèmes de la représentation écrite du simultané*. Paris : Les Impressions nouvelles, 1989.

RIEGER, Angelica. *Alter ego. Der Maler als Schatten des Schriftstellers in der französischen Erzählliteratur von der Romantik bis zum Fin de siècle*. Köln : Böhlau, 2000.

RITZ, Olivier. « L'Antiquité dans *L'Émigré* de Sénac de Meilhan », *Romanistische Zeitschrift für Literaturgeschichte – Cahiers d'Histoire des Littératures Romanes*, 1-2, 2010, p. 71-87.

ROBBE-GRILLET, Alain. « Temps et description dans le récit d'aujourd'hui », *Pour un nouveau roman*. Paris : Gallimard, 1963, p. 123-134.

ROBICHEZ, Jacques. « Le refus de la description dans *Gil Blas* », *Travaux de linguistique et de littérature*, 13.2, 1975, p. 483-489.

ROBILLARD, Valerie, éd. *Pictures into Words. Theoretical and Descriptive Approaches to Ekphrasis*. Amsterdam : VU Univ. Press, 1998.

ROELENS, Maurice. « La description inaugurale dans le dialogue philosophique aux XVII⁰ et XVIII⁰ siècles », *Littérature*, 18, 1978, p. 51-62.

ROSENBERG, Raphael. « André Félibien et la description de tableaux. Naissance d'un genre et professionnalisation d'un discours », *Revue d'esthétique*, 31-32, 1997, p. 148-159.

ROUSSET, Jean. *Narcisse romancier. Essai sur la première personne dans le roman*. Paris : Corti, 1973.

ROUSSET, Jean. *Leurs yeux se rencontrèrent. La scène de première vue dans le roman*. Paris : Corti, 1984.

RUSTIN, Jacques. « Les "suites" de Candide au XVIII⁰ siècle », *Studies on Voltaire and the Eighteenth Century*, 90, 1972, p. 1404-1407.

SABRY, Randa. *Stratégies discursives. Digression, transition, suspens*. Paris : Éditions de l'E.H.E.S.S., 1992.

SAISSELIN, Rémy G. « Ut pictura poesis. Du Bos to Diderot », *Journal of Aesthetics and Art Criticism*, 20.2, 1961, p. 144-156.

SAISSELIN, Rémy G. « The Space of Seduction in the Eighteenth-Century French Novel and Architecture », *Studies on Voltaire and the Eighteenth Century*, 319, 1994, p. 417-431.

SAISSELIN, Rémy G. « Portraiture and the Ambiguity of Being », *Studies on Voltaire and the Eighteenth Century*, 1, 2006, p. 91-102.

SAUVAGE, Emmanuelle. « Récit, description, tableau, image. Les avatars du descriptif au XVIII⁰ siècle », *Savoirs et fins de la représentation sous l'Ancien Régime*, éd. Annie Cloutier, Catherine Dubeau & Pierre-Marc Gendron. Sainte-Foy, Québec : Presses de l'Univ. Laval, Cahiers du CIERL, 2005, p. 35-50.

SAUVAGE, Emmanuelle. *L'œil de Sade. Lecture des tableaux dans Les Cent Vingt Journées de Sodome et les trois Justine*. Paris : Honoré Champion, 2007.

SCHAEFER, Christina & RENTSCH, Stefanie. « Ekphrasis. Anmerkungen zur Begriffsbestimmung in der neueren Forschung », *Zeitschrift für französische Sprache und Literatur*, 114.1, 2004, p. 132-165.

SCHMID, Wolf. *Narratology : an Introduction* (2003). Berlin & New York : W. de Gruyter, 2010.

SCHMIDT, Siegfried J. *Die Selbstorganisation des Sozialsystems Literatur im 18. Jahrhundert.* Frankfurt am Main : Suhrkamp, 1989.

SCHNEEMANN, Peter Johannes. *Geschichte als Vorbild. Die Modelle der französischen Historienmalerei 1747-1789.* Berlin : Akademie-Verlag, 1994.

SCHÖCH, Christof. « "La mesure de l'instant". Romanszene und Malerei in der französischen Spätaufklärung », *Zeitlichkeit in Text und Bild*, éd. Franziska Sick & Christof Schöch. Heidelberg : Winter, 2007, p. 25-40.

SCHÖCH, Christof. « Zur Selbstreflexivität der Beschreibung. Erzählerkommentare über die Beschreibung im Roman des ausgehenden 18. Jahrhunderts », *Selbstreflexivität. Beiträge zum 23. Forum Junge Romanistik*, éd. Steffen Buch, Álvaro Ceballos & Christian Gerth. Bonn : Romanistischer Verlag, 2008, p. 233-249.

SEBBAH, Alain. « Le mobilier libertin », *Lumières*, 5, 2005, p. 107-119.

SEIFERT, Hans-Ulrich. *Sade, Leser und Autor. Quellenstudien, Kommentare und Interpretationen zu Romanen und Romantheorie von D. A. F. de Sade.* Frankfurt am Main : Peter Lang, 1983.

SERMAIN, Jean-Paul. *Métafictions (1670-1730). La réflexivité dans la littérature d'imagination.* Paris : Champion, 2002.

SETH, Catriona. « Dire l'indicible : peinture et histoire dans *L'Émigré* », *Destins romanesques de l'émigration*, éd. Claire Jaquier, Florence Lotterie & Catriona Seth. Paris : Desjonquères, 2007, p. 188-203.

SGARD, Jean. « Poétique des vies particulières », *Les vies de Voltaire : discours et représentations biographiques*, XVIIIᵉ-XXIᵉ siècles. Oxford : Voltaire Foundation, 2008, p. 29-41.

SHOWALTER, English. « Symbolic Space and Fictional Forms in the Eighteenth-Century French Novel », *Novel*, 8.3, 1975, p. 214-225.

SIMON, Claude. *Discours de Stockholm.* Paris : Minuit, 1986.

SIMONIN, Michel. « Le statut de la description à la fin de la Renaissance », *L'automne de la Renaissance, 1580-1630*, éd. Jean Lafond & André Stegmann. Paris : Vrin, 1981, p. 129-140.

SIMPSON, Joyce C. *Le Tasse et la littérature et l'art baroque en France.* Paris : Nizet, 1962.

Satorbase, éd. Stéfan Sinclair & Société d'analyse de la topique romanesque, 2000-2006. URL : http ://www.satorbase.org/.

SOURIAU, Étienne. « Time in the Plastic Arts », *Journal of Aesthetics and Art Criticism*, 7.4, 1949, p. 294-307.

SPICA, Anne-Elisabeth. *Savoir peindre en littérature. La description dans le roman du XVIIᵉ siècle : Georges et Madeleine Scudéry.* Paris : Honoré Champion, 2002.

SPIELHAGEN, Friedrich. « Der Ich-Roman » (1883), *Beiträge zur Theorie und Technik des Romans.* Göttingen : Vandenhoeck & Ruprecht, 1967, p. 129-241.

SPITZER, Leo. « The "Ode on a Grecian Urn", or content vs. metagrammar », *Comparative Literature*, 7, 1955, p. 203-255.

STALNAKER, Joanna. *The Unfinished Enlightenment. Description in the Age of the Encyclopedia.* Ithaca : Cornell Univ. Press, 2010.

STAVAN, Henry A. *Gabriel Sénac de Meilhan (1736-1803). Moraliste, romancier, homme de lettres.* Paris : Lettres modernes Minard, 1968.

STEWART, Philip. *Engraven Desire. Eros, Image and Text in the French Eighteenth Century.* Durham : Duke Univ. Press, 1992.

STEWART, Philip. « Tableaux imaginaires », *Le dialogue des arts*, t. 1 : *Littérature et peinture du Moyen Âge au XVIIIᵉ siècle*, éd. Jean-Pierre Landry & Pierre Servet. Lyon : C.E.D.I.C, 2001, p. 297-311.

STIERLE, Karlheinz. « Diderots Begriff des "Interessanten" », *Archiv für Begriffsgeschichte*, 23, 1979, p. 55-76.

STIERLE, Karlheinz. « Das bequeme Verhältnis. Lessing und die Entdeckung des ästhetischen Mediums im 18. Jahrhundert », *Das Laokoon-Projekt. Pläne einer semiotischen Ästhetik*, éd. Gunter Gebauer. Stuttgart : Metzler, 1984, p. 23-58.

STIERLE, Karlheinz. « Ästhetik des Interessanten. Dargestellte Bilderfahrung in Diderots *Salons* », *Présence de Diderot*, éd. Siegfried Jüttner. Frankfurt am Main : Peter Lang, 1990, p. 251-263.

TANE, Benoît. « Discours, peinture, gravure dans l'édition illustrée du *Paysan perverti* de Rétif de la Bretonne (1782) : de l'exposition à l'impression », *Écrire la peinture entre XVIIIe et XIXe siècles*, éd. Pascale Auraix-Jonchière. Clermont-Ferrand : Presses de l'Univ. Blaise Pascal, 2003, p. 93-115.

TANE, Benoît. *Avec des figures. Roman et illustration au XVIIIe siècle*. Thèse, dir. Stéphane Lojkine. Montpellier : Univ. Paul Valéry, 2004.

TARTE, Kendall. « Seductive Topographies. The Languages of Landscape in *La Puce de Madame des-Roches* », *Romanic Review*, 95.3, 2004, p. 249-269.

THEOBALD, Catherine. « From Portrait to Person. Representation and Reality in Rousseau's *Julie ou la Nouvelle Héloïse* », *The Word and Image in the Long Eighteenth Century : An Interdisciplinary Dialogue*, éd. Christina Ionescu & Renata Schellenberg. Newcastle : Cambridge Scholars Press, 2008, p. 210-26.

THUILLIER, Jacques. « Temps et tableau. La théorie des "péripéties" dans la peinture française du XVIIe siècle », *Stil und Überlieferung in der Kunst des Abendlandes*, t. 3 : *Theorien und Probleme*. Berlin : Mann, 1967, p. 191-206.

TODOROV, Tzvetan. « Introduction au vraisemblable », *Poétique de la prose*. Paris : Seuil, 1971, p. 92-99.

TODOROV, Tzvetan. « Esthétique et sémiotique au XVIIIe siècle », *Critique*, 308, 1973, p. 26-39.

TOMARKEN, A. E. « The Rise and Fall of the Sixteenth-Century French Blason », *Symposium*, 29, 1975, p. 139-163.

TUNSTALL, Kate. « Hieroglyph and device in Diderot's *Lettre sur les sourds et muets* », *Diderot Studies*, 28, 2000, p. 161-172.

TUNSTALL, Kate. « "Crânement beau tout de même" : Still Life and *Le Ventre de Paris* », *French Studies*, 58.2, 2004, p. 177-187.

TYTLER, Graeme. *Physiognomy in the European Novel. Faces and Fortunes*. Princeton : Princeton Univ. Press, 1982.

VAN ELSLANDE, Jean-Pierre. *L'imaginaire pastoral du XVIIe siècle : 1600-1650*. Paris : PUF, 1999.

VAN ROSSUM-GUYON, Françoise. *Balzac : la littérature réfléchie. Discours et autoreprésentations*. Montréal : Univ. de Montréal, 2002.

VAN TIEGHEM, Paul. *Le sentiment de la nature dans le préromantisme européen*. Paris : Nizet, 1960.

VIROLLE, Roland. « Diderot : La critique d'art comme création romanesque dans les *Salons* de 1765 et 1767 », *La critique artistique. Un genre littéraire*. Paris : PUF, 1983, p. 151-168.

VOUILLOUX, Bernard. « La description du tableau dans les *Salons* de Diderot. La figure et le nom », *Poétique*, 73, 1988, p. 27-50.

VOUILLOUX, Bernard. *La peinture dans le texte. XVIIIe à XXe siècles*. Paris : CNRS Éditions, 1994.

VOUILLOUX, Bernard. « Du figural iconique », *Poétique*, 146, 2006, p. 131-146.

WAGNER, Peter, éd. *Icons. Texts. Iconotexts. Essays on Ekphrasis and Intermediality*. Berlin : W. de Gruyter, 1996.

WALKER, Thomas Capell. *Chateaubriand's Natural Scenery. A Study of his Descriptive Art*. Baltimore : Johns Hopkins Univ. Press, 1946.

WALL, Cynthia Sundberg. *The Prose of Things. Transformations of Description in the Eighteenth Century*. Chicago : Univ. of Chicago Press, 2006.

WANDHOFF, Haiko. *Ekphrasis. Kunstbeschreibungen und virtuelle Räume in der Literatur des Mittelalters*. Berlin : W. de Gruyter, 2003.

WANLIN, Nicolas. « Remarques sur les problématiques actuelles de la théorie du descriptif. En relisant Philippe Hamon », *Polysèmes*, 9, 2007, p. 177-187.

WILLEMS, Gottfried. *Anschaulichkeit. Zu Theorie und Geschichte der Wort-Bild-Beziehungen und des literarischen Darstellungsstils*. Tübingen : Niemeyer, 1989.

WILSON, Dudley Butler. *Descriptive Poetry from Blason to Baroque.* Manchester : Manchester Univ. Press, 1967.

WITTHAUS, Jan Henrik. *Fernrohr und Rhetorik. Strategien der Evidenz von Fontenelle bis La Bruyère.* Heidelberg : Winter, 2005.

WITTMANN, Reinhart. *Buchmarkt und Lektüre im 18. und 19. Jahrhundert. Beiträge zum literarischen Leben 1750-1880.* Tübingen : Niemeyer, 1982.

WOLFZETTEL, Friedrich. *Le discours du voyageur. Le récit de voyage en France, du Moyen Âge au XVIIIe siècle.* Paris : PUF, 1996.

Yale French Studies, 61, 1981 : « Towards a Theory of Description ».

ZOLA, Émile. « De la description » (1880), *Le roman expérimental.* Paris : Garnier-Flammarion, 1971, p. 231-235.

INDEX DES ROMANS DU CORPUS

L'index répertorie les romans faisant partie du corpus étudié ici.

TABLE DES MATIÈRES

TROISIÈME PARTIE

L'ESTHÉTIQUE PICTURALE
DE L'ÉCRITURE DESCRIPTIVE

 **IMPRIM'VERT®**

Achevé d'imprimer par Corlet Numérique,
à Condé-sur-Noireau (Calvados), en octobre 2013
N° d'impression : 101866 – Dépôt légal : octobre 2013
Imprimé en France